SPÉCIALITÉ

SVT

Objectif BAC Tle

Maxime CAUCHOIS
Professeur agrégé de SVT
(Lycée Olympe de Gouges, Noisy-le-Sec)

Manon CORBIN
Professeure agrégée de SVT
(Lycée international des Pontonniers, Strasbourg)

Auteurs du dépliant
Conseils généraux : **Isabelle de LISLE et Sylvie BEAUTHIER**
Exemples de questions : **Maxime CAUCHOIS et Manon CORBIN**

hachette
ÉDUCATION

MODE D'EMPLOI

Ce livre reprend à la base toutes les notions du nouveau programme de l'enseignement de SVT de Terminale, et les met en œuvre à travers des exercices simples qu'il est indispensable de maîtriser. Il vous permettra ainsi d'assimiler parfaitement le cours et de savoir l'appliquer dans des exercices de difficulté variée. Un **lexique** des termes signalés par un astérisque complète utilement cet ouvrage (voir p. 403).

Chacun des **vingt chapitres** comporte quatre grandes parties :

LE COURS

Un cours clair et structuré, avec tout ce qu'il faut savoir

De nombreux schémas pour illustrer chaque thème

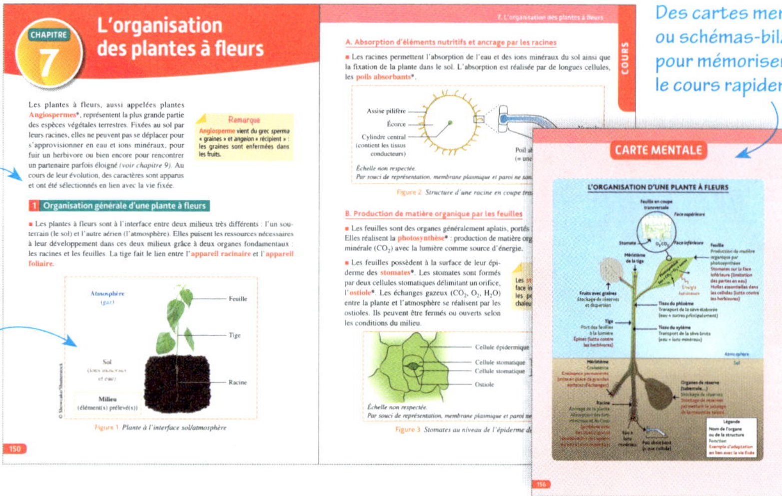

Des cartes mentales ou schémas-bilans, pour mémoriser le cours rapidement

LES EXERCICES

Des exercices pour vérifier ses connaissances et revoir les notions du cours

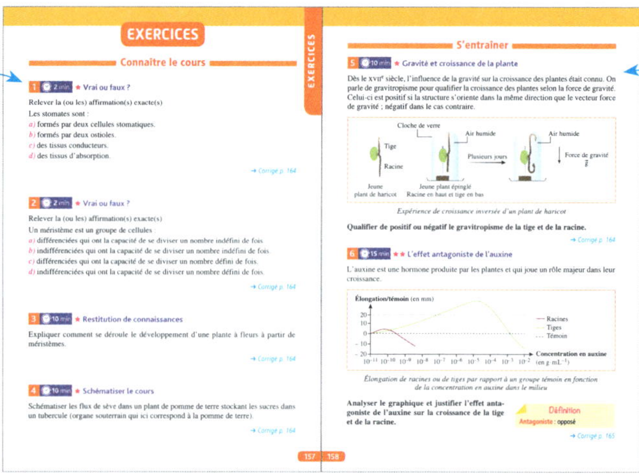

Des exercices progressifs (2 niveaux de difficulté) et minutés pour bien s'entraîner

LE SUJET DU BAC

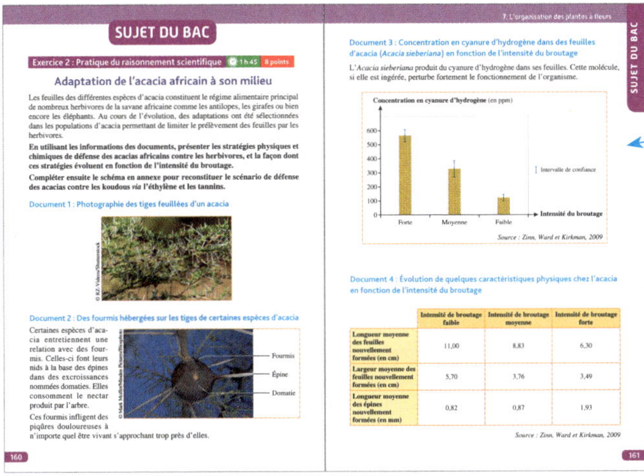

Des sujets du Bac (exercices 1 et 2) corrigés pour bien s'entraîner à l'épreuve écrite

TOUS LES CORRIGÉS

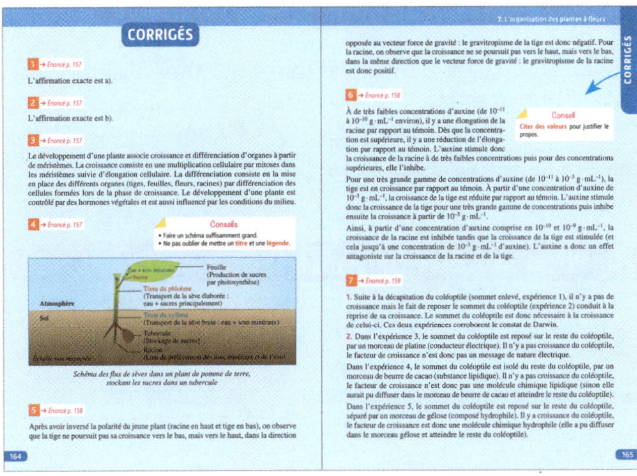

Les corrigés détaillés permettent de s'auto-évaluer tout au long de l'année

Conception graphique

Couverture : Stéphanie Benoit
Intérieur : Alicia Dassonville

Composition, schémas et mise en pages : STDI

I.S.B.N. 978-2-01-787351-8

www.hachette-education.com

Achevé d'imprimer en juin 2020 en Slovaquie par Polygraf
Dépôt légal : Juillet 2020 - Édition 01
27/6869/1

SOMMAIRE

LA TERRE, LA VIE ET L'ORGANISATION DU VIVANT

1. Les conséquences génétiques des divisions cellulaires

2. La diversification des génomes hors reproduction

3. L'évolution des génomes au sein des populations

4. La diversification des êtres vivants sans modification du génome

5. La chronologie des événements géologiques par l'étude des roches

ENJEUX PLANÉTAIRES CONTEMPORAINS

CORPS HUMAIN ET SANTÉ

16. La contraction musculaire

17. Origine de l'énergie nécessaire à la contraction musculaire

18. Le contrôle des flux de glucose

19. Le stress aigu

20. Le stress chronique

DÉFINITION DE L'ÉPREUVE

L'épreuve de Spécialité de Sciences de la Vie et de la Terre comporte **deux parties** : une **partie écrite**, comptant pour 15 points sur 20, et une **partie pratique** avec l'évaluation des compétences expérimentales (ECE), comptant pour 5 points sur 20. La note globale de l'épreuve est donnée sur **20 points**. Cette épreuve a pour **coefficient 16**.
Les thématiques des sujets portent sur le programme de terminale et les compétences mobilisées sont celles du cycle terminal (classe de 1re et classe de Terminale).
Les parties suivantes du programme de Terminale ne pourront pas faire l'objet d'une évaluation lors de cette épreuve en raison de la date de l'examen écrit :

- La diversification des êtres vivants sans modification du génome (chapitre 4)
- La domestication des plantes (chapitre 10)
- Le réchauffement climatique (chapitre 12)
- Le stress chronique (chapitre 20)

1. L'épreuve écrite

Durée	3 h 30
Notée sur	15 points

Cette épreuve a pour objectif de valider la maîtrise des connaissances et compétences acquises dans le cadre du programme du cycle terminal.
L'épreuve est constituée de **deux exercices** détaillés ci-dessous.

A Exercice 1 (noté sur 6 ou 7 points) : Maîtrise des connaissances

Dans cette première partie de l'épreuve écrite, le candidat **rédige un texte argumenté répondant à la question scientifique posée**.
Le questionnement peut être accompagné d'un ou plusieurs **documents** qui servent de support à la réflexion.
L'exercice permet d'évaluer la capacité du candidat à mobiliser des connaissances, à les organiser et à les exposer avec la syntaxe, le vocabulaire scientifique et tout mode de communication scientifique appropriés (notamment les schémas). Le candidat appuie son exposé et argumente ses propos à partir d'expériences, d'observations, d'exemples éventuellement issus du ou des documents proposés dans le sujet.

B Exercice 2 (noté sur 8 ou 9 points) : Pratique du raisonnement scientifique

Dans cette seconde partie de l'épreuve écrite, le candidat développe un raisonnement scientifique pour **résoudre le problème posé**.
L'exercice permet d'évaluer sa capacité à pratiquer une démarche scientifique, à partir de l'exploitation d'un ensemble de documents et en mobilisant ses connaissances.
Le questionnement amène le candidat à choisir une démarche de résolution du problème posé et à l'exposer ; à analyser les documents fournis et à établir des liens entre eux ; à structurer et rédiger correctement son raisonnement.

Ces deux exercices sont notés à l'aide de barèmes curseurs. Ainsi, les points ne sont pas attribués pour chaque notion attendue mais au regard de l'ensemble de la réponse : la construction de l'argumentaire est donc primordiale.

2. L'épreuve pratique : l'ECE

Durée	1 heure
Notée sur	5 points

L'**évaluation des compétences expérimentales** (ECE) se déroule au cours du second trimestre pendant la période de l'épreuve écrite de spécialité.
Dans cette épreuve, le candidat doit proposer une stratégie et mettre en œuvre un **protocole** pour résoudre une situation-problème présentée par le sujet. Il doit ensuite communiquer et exploiter ses résultats pour répondre au problème.
Les situations d'évaluation seront choisies dans une banque nationale par chaque établissement, en fonction des équipements disponibles et des apprentissages effectués par les élèves.
Les sujets peuvent porter sur l'ensemble des acquis du cycle terminal à l'exception des chapitres précisés page 8.
Le candidat tire son sujet au sort parmi les situations retenues par son établissement.

CONSEILS GÉNÉRAUX

1. Méthodologie pour l'épreuve écrite

Pour répondre correctement à la question posée, il est conseillé d'opérer en trois temps pour les deux exercices :
– un travail préalable au brouillon ;
– la rédaction de la réponse ;
– une phase finale de relecture.

A Exercice 1 : Maîtrise des connaissances

Le travail préalable au brouillon

Un travail préalable au brouillon est nécessaire pour cerner le sujet.
Il est conseillé :
– de lire attentivement le sujet, et de surligner et définir les mots-clés ;
– de lister et organiser les connaissances en rapport avec le sujet ;
– d'identifier les limites du sujet pour éviter de rédiger des paragraphes hors sujet ;
– de réfléchir au(x) schéma(s) pouvant être réalisé(s).

La rédaction de la réponse

La réponse doit être structurée et organisée :

• **L'introduction** ne doit pas être négligée, car elle permet de montrer la logique du raisonnement.
Elle doit comporter :
– **une accroche** pour amener le sujet et justifier que l'on s'y intéresse : il ne faut pas y passer trop de temps et ne pas hésiter à s'inspirer de l'accroche du sujet ;
– **la définition des termes clés** du sujet ;
– **la problématique** à laquelle on va répondre ;
– **l'annonce du plan :** cela permet de montrer la logique de la démarche de résolution du problème. La structure de l'énoncé peut suggérer une organisation de la réponse.

• **Le développement** est structuré en différents paragraphes dont chacun développe un aspect du sujet de manière cohérente et argumentée.
L'argumentation doit s'appuyer sur des connaissances acquises, des expériences, des observations, des exemples éventuellement issus du ou des documents proposés dans le sujet.
Des **schémas** doivent être présents selon les indications de l'énoncé.
Il est vivement conseillé de faire en sorte que **le plan soit apparent** (numéroter les paragraphes, ajouter des titres informatifs et éventuellement des sous-titres).

• **La conclusion** doit comporter :
– un **résumé des grandes idées** permettant de répondre à la problématique ;
– éventuellement **une ouverture :** il faut montrer en quoi la réponse à ce sujet peut

amener à d'autres questions (d'ordre scientifique, social, éthique...). Néanmoins, il ne faut pas y passer un temps excessif.

La phase de relecture

La phase de relecture est une phase importante. Elle permet de corriger les éventuelles erreurs et de s'assurer qu'aucun élément important n'a été omis : il est conseillé de relire attentivement le sujet à plusieurs reprises au cours de la rédaction et avant la phase finale de relecture afin de s'en assurer.

Dans tous les cas, **n'oubliez pas qu'il n'y a pas qu'une seule bonne manière de répondre !** Il faut donc se lancer et ne pas trop tergiverser sur les différentes possibilités. Attention à ne pas passer trop de temps sur le brouillon et en particulier à ne pas rédiger au brouillon : le brouillon ne doit être constitué que de mots-clés reliés entre eux (pourquoi pas sous la forme d'une « carte mentale » ou schéma de synthèse), de définitions ou d'ébauches de schémas.

■ Réaliser un schéma en SVT

Un schéma doit :
– être assez **grand** : une demi-page, voire une page entière. Pour les très grands schémas, on peut même envisager l'intérieur d'une copie double ;
– être en **couleurs** ;
– être **soigné** ;
– être **légendé** ;
– posséder une **échelle** dès que cela est possible (notamment en Sciences de la Terre) ;
– comporter un **titre**.

Attention, il ne s'agit pas toujours de restituer un schéma issu du cours et appris par cœur : il faut parfois l'adapter au sujet.

B Exercice 2 : Pratique du raisonnement scientifique

Le travail préalable au brouillon

Un travail préalable au brouillon est nécessaire pour cerner le sujet.
Il est conseillé :
– de lire attentivement le sujet et de définir les mots-clés ;
– d'identifier dans les documents les différents éléments importants pour construire la réponse ;
– de lister les connaissances nécessaires à l'analyse des documents.

La rédaction de la réponse

La réponse doit être structurée et organisée :

• **L'introduction** ne doit pas être négligée car elle permet de montrer la logique du raisonnement.

Elle doit comporter :

– **une présentation brève du sujet** et justifier que l'on s'y intéresse ;

– **la problématique** à laquelle on va répondre ;

– **l'annonce éventuelle du plan** : la structure de l'énoncé peut suggérer une organisation de la réponse.

• **Le développement** est structuré en différents paragraphes dont chacun développe un aspect du sujet de manière cohérente et argumentée.

L'argumentation doit s'appuyer sur l'**analyse correcte des documents** dans l'ordre choisi par le candidat.

Il est important de faire des **liens entre les documents et les connaissances** dans le but de répondre correctement à la question posée.

Il est possible de faire un **plan apparent** (numérotation des paragraphes, titres informatifs et éventuellement sous-titres).

• **La conclusion** doit comporter :

– un **résumé des grandes idées** permettant de répondre à la problématique ;

– éventuellement **une ouverture** : il faut montrer en quoi la réponse à ce sujet peut amener à d'autres questions (d'ordre scientifique, social, éthique...). Il ne faut pas passer trop de temps sur cela !

■ Analyser un document ou une expérience en SVT

L'analyse d'un document ou d'une expérience doit comporter :

• des **observations,** c'est-à-dire « ce que j'observe » : valeurs chiffrées, comparaison au témoin ...) ;

• des **apports de connaissances,** c'est-à-dire « ce que je sais » : il s'agit d'apporter les connaissances ou éléments nécessaires à la compréhension et à l'interprétation des observations ;

• une **conclusion,** c'est-à-dire « ce que je déduis » de la mise en relation de mes connaissances avec l'apport du ou des documents pour répondre au problème posé : il est important de bien faire le lien avec le sujet dans la conclusion de l'analyse.

Il n'est pas nécessaire d'utiliser exactement et de façon répétitive les expressions « j'observe que », « je sais que » et « j'en déduis que » dans la copie : c'est le principe de la démarche qui est important (partir d'observations interprétées à la lumière de connaissances pour aboutir à une conclusion en lien avec le sujet).

Attention cependant à **ne pas paraphraser les documents** : cela n'est pas une analyse. Vous pouvez néanmoins citer des extraits des documents entre guillemets. De plus, **il ne faut pas chercher à « tout dire » sur un document** : il faut extraire uniquement les informations pertinentes, en lien avec le sujet.

Il est aussi possible d'analyser un même document à deux moments dans la copie, car l'analyse n'apporte alors pas les mêmes informations.

La phase de relecture

La phase de relecture est une phase importante. Elle permet de corriger les éventuelles erreurs et de s'assurer qu'aucun élément important n'a été omis : il est conseillé de relire attentivement le sujet à plusieurs reprises au cours de la rédaction et avant la phase finale de relecture afin de s'en assurer.

Dans tous les cas, **n'oubliez pas qu'il n'y a pas qu'une seule bonne manière de répondre !** Il faut donc se lancer et ne pas trop tergiverser sur les différentes possibilités. Attention à ne pas passer trop de temps sur le brouillon et en particulier à ne pas rédiger au brouillon.

2. Méthodologie pour l'épreuve pratique

• Avant l'épreuve pratique, **il est important de revoir les différents TP effectués dans l'année**. Il est possible de faire une **liste** présentant les notions, les compétences travaillées, le matériel et les logiciels utilisés. L'objectif n'est pas de les apprendre par cœur, car il y a peu de chance de tomber sur un TP exactement identique. Mettez l'accent sur la démarche, la stratégie, la façon de communiquer et d'interpréter les résultats. Demandez-vous toujours pourquoi une expérience a été réalisée, dans quel contexte et dans quel but, à partir de quelle hypothèse pour répondre à quelle question scientifique.

• **L'épreuve pratique se déroule en deux temps majeurs :**

– **La proposition d'une stratégie de résolution réaliste**, à partir des ressources, du matériel et du protocole d'utilisation proposés : il est important d'identifier ce qui doit être démontré.

Le candidat présente à l'**oral** sa stratégie : il doit rappeler le problème, puis préciser ce qu'il compte faire (il n'est pas attendu un protocole détaillé mais le principe de la méthode utilisée), comment il le fait (quelle expérience/manipulation ? quel paramètre mesuré ? quel(s) outil(s) ?) et ce qu'il attend comme résultat.

– **La mise en œuvre du protocole et la présentation des résultats** : le candidat doit réaliser la manipulation en suivant le protocole fourni. Il doit être vigilant aux consignes de sécurité éventuelles.

Le candidat doit présenter ses résultats pour répondre au problème. La forme de présentation est **libre,** mais il est important de choisir la forme la plus adaptée dans le but de mettre en lumière les informations pertinentes pour répondre au problème posé.

Le candidat doit enfin analyser ses résultats pour répondre au problème.

■ Présenter les résultats lors de l'épreuve pratique de SVT

Voici une liste non exhaustive des modes de présentation des résultats possibles en fonction de leur nature :

Type de résultats	Valeurs chiffrées	Observations microscopiques	Image anatomique ou modélisation 3D obtenues par un logiciel	Changement de couleur d'un réactif, formation d'un précipité
Mode de(s) présentation possible(s)	Tableau/ Graphique	– Dessin d'observation – Schéma d'observation – Photo annotée grâce à un logiciel	Capture d'écran annotée grâce à un logiciel	– Tableau – Schéma

Un simple texte n'est en aucun cas une forme de réponse satisfaisante. Si la réponse ne comporte pas au moins un schéma, un tableau, etc., des points seront assurément perdus. De plus, n'oubliez pas de donner un titre au document que vous produisez ainsi que d'indiquer les unités dès qu'il y a des valeurs.

Les conséquences génétiques des divisions cellulaires

CHAPITRE 1

La **mitose*** est une reproduction conforme qui permet de multiplier et renouveler les cellules. Au cours de la reproduction sexuée chez les espèces **diploïdes***, les **gamètes*** **haploïdes*** sont produits grâce à la **méiose***. Les dommages subis par l'ADN, tout comme les erreurs au cours de sa réplication ou lors des divisions, peuvent être transmis à la descendance de la cellule ou de l'individu.

1 Stabilité génétique et évolution clonale

A. Mitose et stabilité génétique des cellules

■ À partir d'une cellule, la succession de mitoses produit un **clone***, c'est-à-dire un ensemble de cellules, toutes génétiquement identiques.

Ex. : Lors de la réponse immunitaire, un lymphocyte B capable de reconnaître un antigène spécifique sera sélectionné. Ainsi stimulé, il produira par mitoses successives un clone de plasmocytes produisant tous les mêmes anticorps circulants, capables de neutraliser les antigènes.

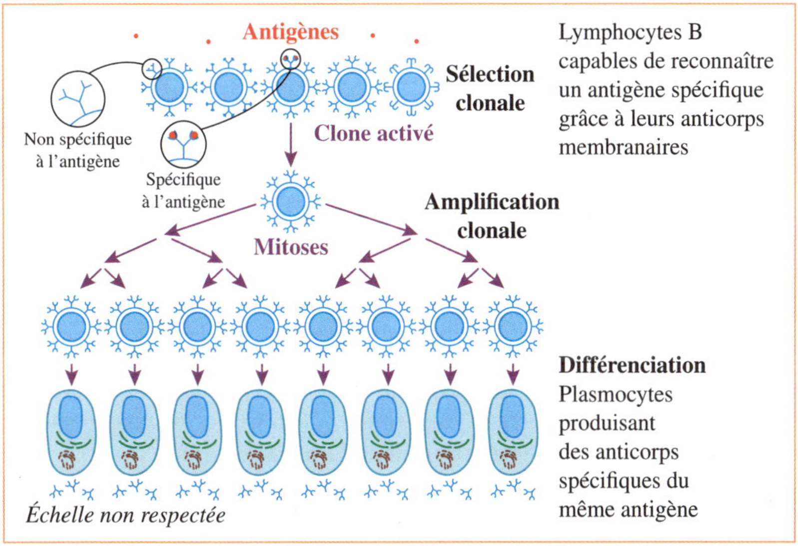

Figure 1 *Exemple de production d'un clone*

Ce schéma présente les cellules sanguines sécrétrices d'anticorps au cours de la réponse immunitaire adaptative. Les cellules immunitaires sont un exemple de « cellules séparées » car elles ne forment pas un tissu solide mais peuvent circuler.

B. Diversité génétique au sein des clones

■ Avant chaque division cellulaire, des erreurs de **réplication*** peuvent survenir malgré l'existence de mécanismes de vérification et de réparation de l'ADN. Une cellule dans laquelle apparaît une mutation la transmet ensuite à toute sa descendance par mitoses.

■ Ainsi, toutes les cellules d'un clone sont identiques… aux **mutations*** près !

■ Lorsqu'une cellule subit une mutation dans un gène impliqué dans le contrôle des divisions cellulaires, cette cellule peut être à l'origine d'une **tumeur***. L'accumulation de ce type de mutations peut conduire à l'apparition d'un **cancer***.

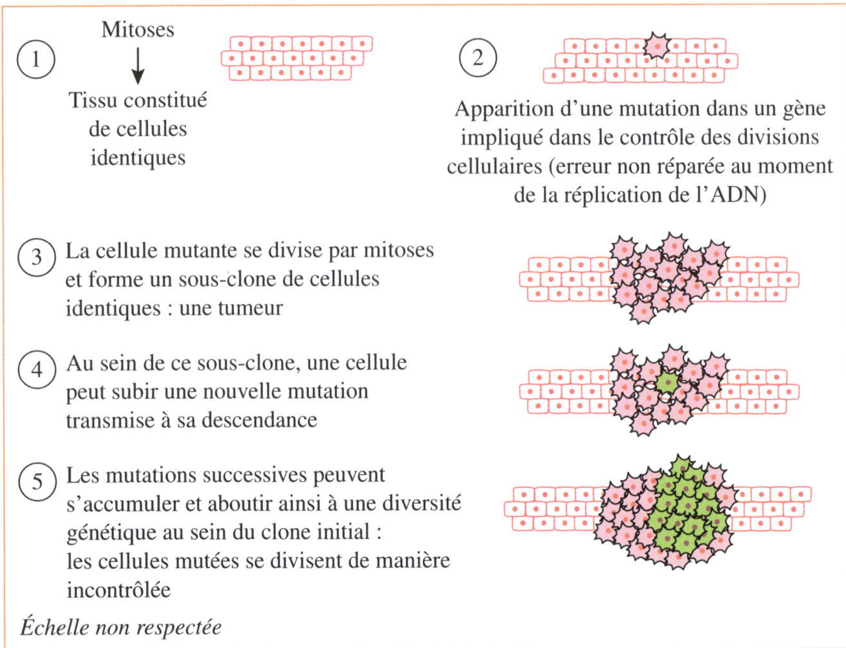

Figure 2 *Premiers stades de l'apparition d'un cancer dans un tissu solide (où les cellules sont associées de façon stable)*

■ Des cassures des deux brins de l'ADN peuvent entraîner la perte d'un fragment de **chromosome*** et donc de **gènes*** dans une cellule. Ces accidents génétiques sont irréversibles : toutes les cellules du sous-clone seront affectées.

■ Toutes les erreurs affectant l'ADN ne sont pas néfastes. Les mutations (**insertion***, **délétion***, **substitution***) sont des variations de la séquence d'un gène qui peuvent également conduire à l'existence de nouveaux **allèles*** et contribuent à la diversité génétique au sein d'une espèce, à condition d'affecter des cellules de la **lignée germinale***, à l'origine des gamètes.

2 Brassage des génomes au cours de la reproduction sexuée

A. Stabilité du caryotype de génération en génération

■ Chez les espèces diploïdes, la méiose mène à la production des gamètes. Elle conduit à la formation de quatre cellules haploïdes, qui ne contiennent plus que la moitié des chromosomes de la cellule diploïde initiale (un chromosome de chaque paire).

■ La **fécondation*** réunit les génomes de deux gamètes haploïdes pour former la première cellule diploïde d'un nouvel individu appelée **zygote***.

■ L'alternance entre méiose et fécondation, au fil des générations, permet de garantir la stabilité du **caryotype***, c'est-à-dire le maintien du nombre de chromosomes caractéristique de l'espèce, tout en assurant un brassage génétique.

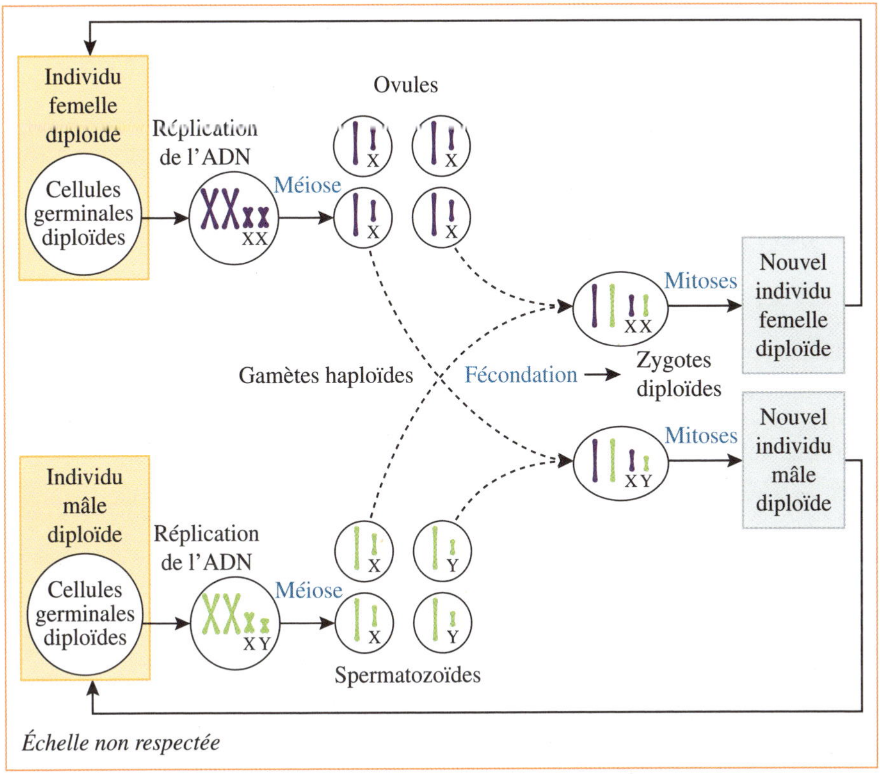

Figure 3 *Cycle biologique d'une espèce diploïde*

Deux paires de chromosomes homologues sont représentées, dont la paire de chromosomes sexuels.

B. Méiose et diversité des gamètes

■ Pour chaque gène, une cellule diploïde peut posséder :
- deux **allèles*** identiques, elle est alors **homozygote*** pour ce gène ;
- deux **allèles*** différents, elle est alors **hétérozygote*** pour ce gène.

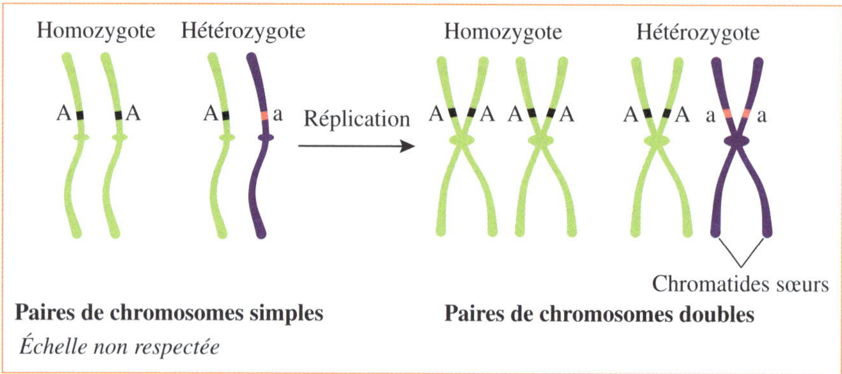

Figure 4 *Deux combinaisons alléliques possibles pour un gène situé sur une paire de chromosomes homologues*

■ Les gamètes haploïdes, issus de la méiose, ne possèdent plus qu'un seul allèle pour chaque gène.

Conventions d'écriture en génétique

Par convention, on écrit les phénotypes entre crochets et les génotypes entre parenthèses.

• Si l'on considère deux gènes A et B indépendants (chacun ayant deux allèles, les allèles dominants étant écrits en majuscules), on écrira pour un individu hétérozygote pour les deux gènes :

$$\mathbf{[A, B]\left(\frac{A}{a}, \frac{B}{b}\right)} \text{ ou } \mathbf{[A, B]\ (A//a, B//b)}$$

• Si l'on considère deux gènes A et D liés, on écrira par exemple pour un individu hétérozygote pour les deux gènes :

$$\mathbf{[AD]\left(\frac{AD}{ad}\right)} \text{ ou } \mathbf{[AD]\ (AD//ad)}$$

• Dans l'écriture du génotype d'une cellule diploïde, les deux traits de fraction représentent les deux chromosomes homologues. Ainsi, on ne mettra qu'un trait de fraction pour le génotype d'un gamète haploïde.

$\mathbf{(\underline{A}, \underline{B})}$ **ou (A/, B/)** $\mathbf{(\underline{ad})}$ **ou (ad/)**

Cas de deux gènes indépendants

■ Deux **gènes indépendants*** sont portés par deux paires différentes de chromosomes. Ces deux paires se séparent de façon indépendante en anaphase I de méiose. Pour une cellule hétérozygote pour les deux gènes, deux situations sont ainsi possibles, aboutissant à quatre combinaisons d'allèles équiprobables. On parle de **brassage interchromosomique***.

■ Soit une cellule diploïde hétérozygote pour deux gènes indépendants A et B présentant chacun deux allèles (respectivement A/a, B/b).

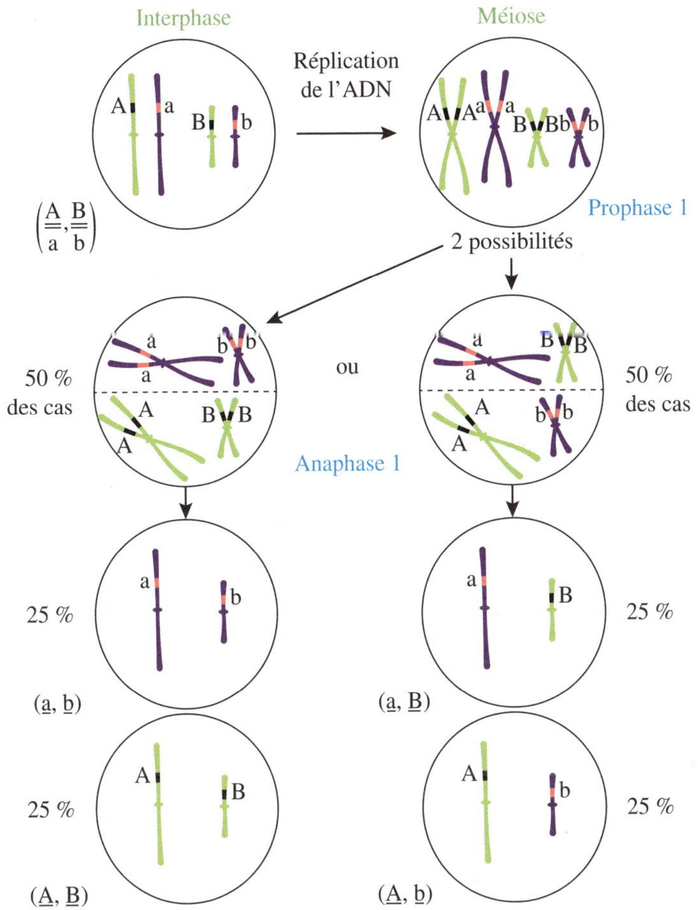

Quatre possibilités équiprobables de combinaisons d'allèles à l'issue de la télophase 2

Échelle non respectée

Figure 5 *Déroulement et résultat de la méiose à partir d'une cellule hétérozygote pour deux gènes indépendants*

Cas de deux gènes liés

■ Soit une cellule diploïde hétérozygote pour deux gènes liés A et D présentant chacun deux allèles (respectivement A/a, D/d).

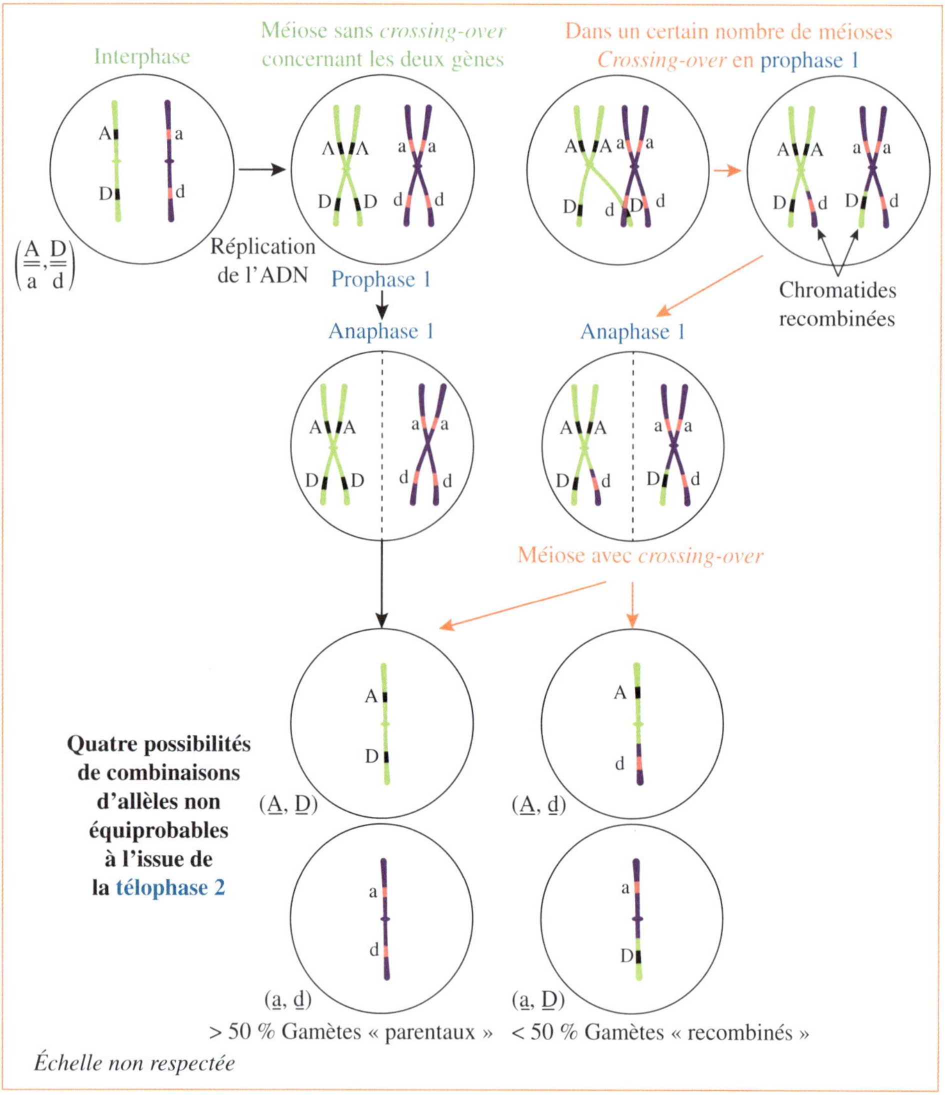

Figure 6 *Déroulement et résultat de la méiose à partir d'une cellule hétérozygote pour deux gènes liés*

Les gamètes « parentaux » sont plus probables car ils sont produits à la fois au cours des méioses avec et sans *crossing-over* concernant les deux gènes étudiés. Le taux de *crossing-over* est variable selon les couples de gènes.

■ Deux **gènes liés*** sont portés par la même paire de chromosomes. La méiose permet également de former quatre combinaisons d'allèles, mais elles ne sont pas équiprobables. Les proportions de gamètes « parentaux » (avec des chromosomes qui portent les mêmes associations d'allèles que l'un des parents) et « recombinés » (avec des chromosomes qui associent des allèles qui ne l'étaient pas chez les parents) dépendent de la fréquence de ***crossing-over**** concernant les deux gènes. Les *crossing-over* se produisent au cours de la prophase I de méiose, lorsque les chromosomes homologues sont appariés et qu'ils peuvent échanger des portions de **chromatides***. On parle de **brassage intrachromosomique***.

Bilan

■ En réalité, le **génome*** d'une espèce comprend un grand nombre de gènes, répartis sur un nombre n de chromosomes. La probabilité que deux chromosomes homologues présentent les mêmes allèles pour tous les gènes qu'ils portent est très faible. Ainsi, le **brassage interchromosomique*** au cours de la méiose permet de former 2^n combinaisons génétiques différentes pour les futurs gamètes.

Ex. : Dans l'espèce humaine, qui présente 23 paires de chromosomes, 2^{23} correspond à plus de huit millions de gamètes génétiquement différents pouvant être produits par un même individu.

■ Le nombre de combinaisons génétiques supplémentaires que le **brassage intrachromosomique*** est susceptible de former est d'autant plus élevé que le nombre de gènes à l'état hétérozygote est grand.

■ La fécondation amplifie encore le brassage génétique en réunissant au hasard deux gamètes parmi de très nombreuses possibilités.

Ex. : Dans l'espèce humaine, un même couple peut produire au moins $2^{23} \times 2^{23} = 2^{46} = 7 \times 10^{13}$ soit 70 000 milliards de zygotes génétiquement différents.

3 Principes de base de l'analyse génétique

A. Transmission héréditaire des caractères

■ Le croisement de deux **lignées pures***, c'est-à-dire homozygotes pour les gènes étudiés, permet d'obtenir une génération « F1 » hétérozygote. L'observation du phénotype de cette génération permet de déterminer les relations de **dominance*** et de **récessivité*** entre les allèles d'un même gène.

Croisement de lignées pures, c'est-à-dire homozygotes pour les deux gènes considérés. Ces gènes déterminent :
- pour l'un, la longueur des ailes : normales ou vestigiales (réduites) ;
- pour l'autre, la couleur du corps : clair ou noir.

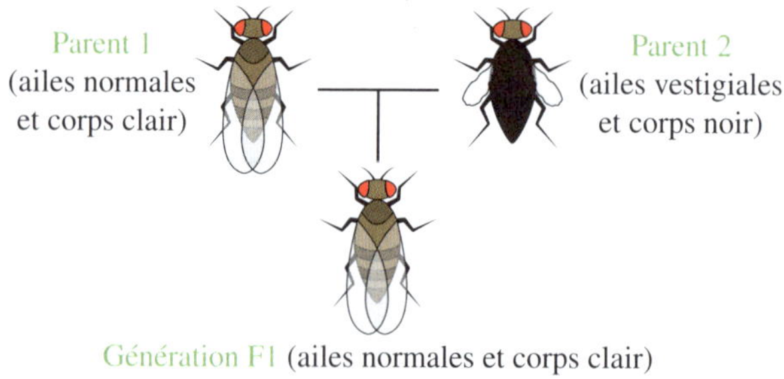

Figure 7 *Un croisement de lignées pures chez la drosophile*

■ La génération F1, ayant hérité d'un allèle de chacun de ses deux parents pour chaque gène, est homogène : tous les descendants sont hétérozygotes pour les gènes considérés.

Le phénotype des individus « F1 » permet de déterminer que :
– l'allèle responsable des ailes normales est dominant, tandis que celui responsable des ailes vestigiales est récessif ;
– l'allèle responsable du corps clair est dominant, tandis que celui responsable du corps noir est récessif.

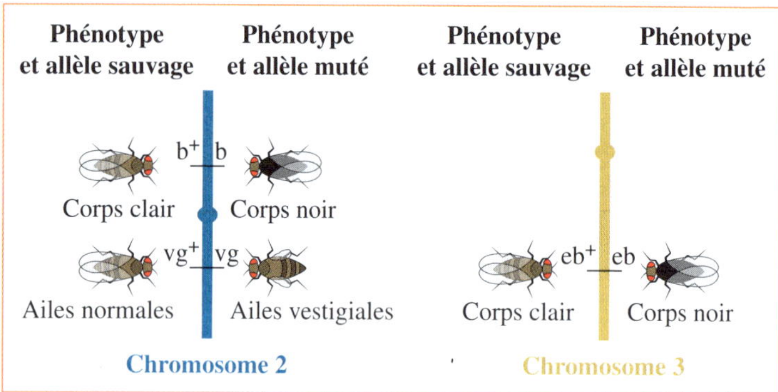

Figure 8 *Carte simplifiée des chromosomes 2 et 3 de la drosophile*

Deux gènes déterminent la couleur du corps b et eb. Ils sont portés par des chromosomes différents. Une mutation sur l'un de ces gènes au moins entraîne la couleur noire.

■ Les **croisements-tests*** sont réalisés entre des individus « F1 » hétérozygotes et des individus ne portant que les **allèles récessifs***. Ces croisements permettent de déterminer si deux gènes sont liés ou indépendants. En effet, le phénotype de la descendance

Objectif **BAC** T^erm SPÉCIALITÉ **SVT**

Le Grand oral du Bac

1 DESCRIPTIF DE L'ÉPREUVE

Le Grand oral se passe au mois de juin.

• **Organisation de l'épreuve**

Durée de l'épreuve	20 minutes	**Notation**	Sur 20 points
Temps de préparation	20 minutes	**Coefficient**	10

• **Le programme sur lequel porte l'épreuve**

Durant votre année de Terminale, vous **formulez** et **préparez deux questions** qui portent sur vos **enseignements de spécialité**. Chaque question peut ne se rapporter qu'à un seul enseignement de spécialité ou associer les deux.

• **Le jury**

Vous êtes évalué(e) par un jury constitué de **deux professeurs de disciplines différentes dont au moins un enseigne un de vos enseignements de spécialité de Terminale**.

2 LES ÉTAPES DE L'ÉPREUVE

Le Grand oral se déroule sans document et sans notes.

• **Choix de la question par le jury**

Le jury vous interroge sur **une seule question** qu'il choisit parmi les deux que vous lui avez proposées.

• **Préparation : 20 minutes**

- Vous utilisez ce temps pour **rassembler vos idées**. On vous fournit des feuilles de brouillon mais vous ne les prendrez pas quand vous parlerez.
- Vous pouvez, si vous le souhaitez, préparer sur une feuille qui vous est fournie un support que vous remettrez au jury au début de votre exposé. **Ce support ne fera pas l'objet d'une évaluation.**

• **Première partie de l'épreuve : un exposé de 5 minutes**

- **Vous vous tenez debout,** sauf aménagement pour raisons médicales.
- Vous expliquez pourquoi vous avez choisi cette question et vous poursuivez en présentant une réponse argumentée à cette question.

• **Deuxième partie de l'épreuve : un échange de 10 minutes avec le jury**

- **Vous vous tenez debout ou assis,** selon votre choix.
- Le jury revient sur votre exposé, vous questionne pour obtenir des **précisions**, des **justifications** et vous demande d'**approfondir votre pensée.**

• **Troisième partie de l'épreuve : un échange de 5 minutes sur votre projet d'orientation**

- **Vous vous tenez debout ou assis(e),** selon votre choix.
- Vous expliquez le **choix de votre question** en lien avec votre **projet d'études,** voire votre **projet professionnel**. Vous présentez les **différentes étapes de votre réflexion.**

Formuler les deux questions

1 LES TYPES DE QUESTIONS

> Assurez-vous de la correction de votre formulation : ordre des mots, accord sujet-verbe, etc.

• Interrogation totale ou partielle

- Une **interrogation totale** vous permettra de bâtir un plan dialectique et d'adopter différents points de vue durant votre exposé.

Ex. : Les recherches sur l'embryon sont-elles l'avenir de la médecine ?

- À l'aide d'un mot interrogatif (*en quoi, dans quelle mesure...*), vous pouvez proposer une **interrogation partielle.**

Ex. : Dans quelle mesure devons-nous investir dans la recherche spatiale ?

• Deux questions qui vous concernent

- Durant l'entretien, vous devrez expliquer en quoi la question vous intéresse et justifier son choix en fonction de votre projet d'orientation. Vos questions doivent donc vous **concerner personnellement.**
- Formulez vos questions en les inscrivant dans une **réflexion en lien avec le monde d'aujourd'hui** et la place que vous pensez y occuper.

Ex. : la question « Comment fonctionne un panneau photovoltaïque ? » ne convient pas. Sur ce thème, préférez : « Quel avenir pour les panneaux photovoltaïques ? ».

2 LA QUESTION, SUPPORT DE L'ÉPREUVE

> Présentez vos questions à vos professeurs pour vous assurer qu'elles sont comprises et cohérentes avec votre plan.

• Une question en accord avec le plan choisi

- Comme votre plan proposera une réponse à la question que vous aurez posée, réfléchissez à la **progression de votre exposé** pour formuler de façon pertinente votre question. Évitez les questions qui, appelant une démarche trop descriptive, ne vous permettront pas de bâtir une progression dynamique.
- Attendez d'avoir effectué vos recherches et bâti les grandes lignes de votre plan pour **fixer définitivement la formulation de votre question.**

• Une question qui facilite l'entretien

- Privilégiez les **questions larges** qui offrent des perspectives que l'entretien pourra approfondir.
- Écartez les formulations trop ambitieuses ; elles risqueraient de vous mettre en danger lors de l'échange avec le jury.

d'un croisement-test reflète exactement le **génotype*** des gamètes produits par le parent hétérozygote.

Deux résultats de croisement-test différents

<table>
<tr><th></th><th colspan="4">Cas de 2 gènes indépendants : vg et eb</th><th colspan="4">Cas de 2 gènes liés : vg et b</th></tr>
<tr><td>Phénotypes et génotypes parentaux</td><td colspan="2">F1 ×
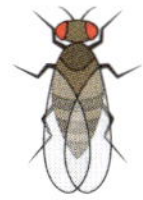
Ailes normales et corps clair
(vg⁺//vg, eb⁺//eb)</td><td colspan="2">Parent 2 (P2)
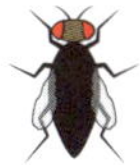
Ailes vestigiales et corps noir
(vg//vg, eb//eb)</td><td colspan="2">F1 ×
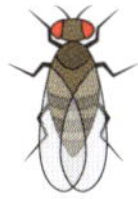
Ailes normales et corps clair
(vg⁺ b⁺//vg b)</td><td colspan="2">Parent 2 (P2)

Ailes vestigiales et corps noir
(vg b//vg b)</td></tr>
<tr><td>Type de brassage</td><td colspan="4">Brassage interchromosomique
→ 4 combinaisons alléliques équiprobables</td><td colspan="4">Brassage intrachromosomique
→ 4 combinaisons alléliques non équiprobables (selon la fréquence des recombinaisons homologues ou crossing-over)</td></tr>
<tr><td rowspan="5">Échiquier de croisement représentant la fécondation</td><td colspan="2">Gamètes de P2 / Gamètes de F1</td><td colspan="2">100 % (vg/, eb/)</td><td colspan="2">Gamètes de P2 / Gamètes de F1</td><td colspan="2">100 % (vg b/)</td></tr>
<tr><td colspan="2">25 % (vg⁺/, eb⁺/)</td><td colspan="2">25 % (vg⁺//vg, eb⁺//eb)</td><td colspan="2">> 25 % (vg⁺ b⁺/)</td><td colspan="2">> 25 % (vg⁺ b⁺//vg b)</td></tr>
<tr><td colspan="2">25 % (vg/, eb/)</td><td colspan="2">25 % (vg//vg, eb//eb)</td><td colspan="2">> 25 % (vg b/)</td><td colspan="2">> 25 % (vg b//vg b)</td></tr>
<tr><td colspan="2">25 % (vg⁺/, eb/)</td><td colspan="2">25 % (vg⁺//vg, eb//eb)</td><td colspan="2">< 25 % (vg⁺b/)</td><td colspan="2">< 25 % (vg⁺ b//vg b)</td></tr>
<tr><td colspan="2">25 % (vg/, eb⁺/)</td><td colspan="2">25 % (vg//vg, eb⁺//eb)</td><td colspan="2">< 25 % (vg b⁺/)</td><td colspan="2">< 25 % (vg b⁺//vg b)</td></tr>
<tr><td rowspan="3">Résultat au niveau de la descendance</td><td colspan="4">4 phénotypes équiprobables</td><td colspan="4">4 phénotypes non équiprobables</td></tr>
<tr><td>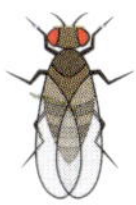
Ailes normales et corps clair</td><td>
Ailes vestigiales et corps noir</td><td>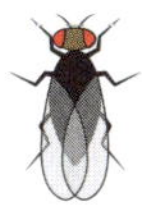
Ailes normales et corps noir</td><td>
Ailes vestigiales et corps clair</td><td>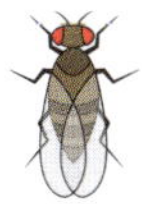
Ailes normales et corps clair</td><td>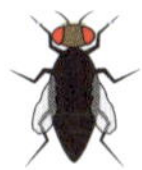
Ailes vestigiales et corps noir</td><td>
Ailes normales et corps noir</td><td>
Ailes vestigiales et corps clair</td></tr>
<tr><td>25 %</td><td>25 %</td><td>25 %</td><td>25 %</td><td colspan="2">> 50 % parentaux</td><td colspan="2">< 50 % recombinés</td></tr>
</table>

L'analyse génétique dans l'espèce humaine

■ En génétique humaine, l'**étude d'un arbre généalogique** permet d'**estimer les risques** de développer une maladie pour un enfant à naître.

Ex. : L'hémophilie A est due à une anomalie d'un facteur de coagulation du sang, le facteur VIII, résultant de l'expression d'un gène situé sur le chromosome X, et absent du chromosome Y. Cette maladie est dite récessive liée à l'X, elle touche préférentiellement les hommes, car ils n'ont qu'un seul chromosome X.

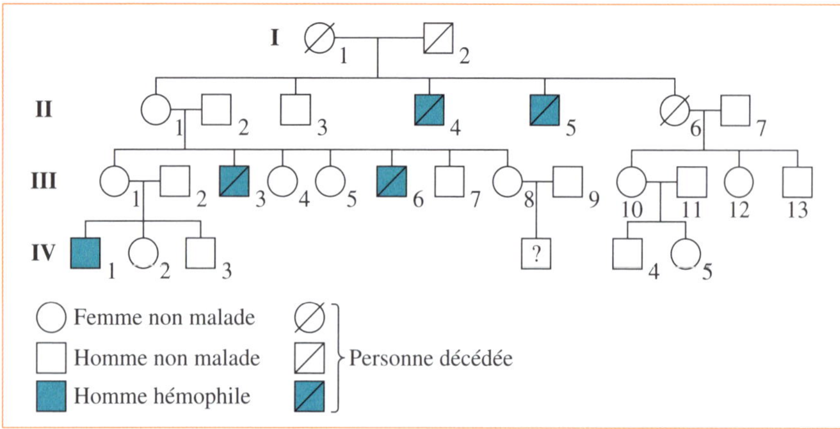

Figure 9 *Arbre généalogique d'une famille où s'exprime l'hémophilie A*

- Dans cette famille, la femme III8 est enceinte. Deux de ses frères ayant été touchés par l'hémophilie, elle cherche à savoir si son futur enfant est malade. Un caryotype du fœtus a permis de déterminer qu'il s'agissait d'un garçon.
- La femme II1, la mère de la femme III8, était forcément porteuse de la mutation puisqu'elle a eu deux fils malades. Elle a 50 % de risque de l'avoir transmise à sa fille, qui serait alors conductrice de la maladie et aurait elle-même dans ce cas 50 % de risque de la transmettre à son fils. Le fœtus a donc un risque sur quatre d'être atteint.

Échiquier de croisement pour un fœtus à naître de sexe masculin

Avec X_H allèle sain et X_h allèle muté.

	Génotype de la mère III8 (inconnu, deux possibilités équiprobables)		
	$(X_H X_H)$ probabilité 0,5	**ou** **$(X_H X_h)$ probabilité 0,5**	
Gamètes de la mère III8 / **Gamètes du père III9 de génotype $(X_H Y)$**	(X_H) probabilité 0,5	(X_H) probabilité 0,25	(X_h) probabilité 0,25
Y	$(X_H Y)$	$(X_H Y)$	$(X_h Y)$
	Garçon non atteint, probabilité : 0,75		Garçon malade, probabilité : 0,25

■ Un diagnostic sûr n'étant pas permis par la seule analyse de l'arbre généalogique, des tests génétiques peuvent être envisagés. Le gène responsable du facteur VIII présente une grande diversité de mutations ponctuelles. On dispose d'une molécule, appelée sonde, capable de repérer différentes versions du gène en se liant à certaines séquences nucléotidiques spécifiques. Dans cette famille, les allèles 2, 3 et 5 sont présents.

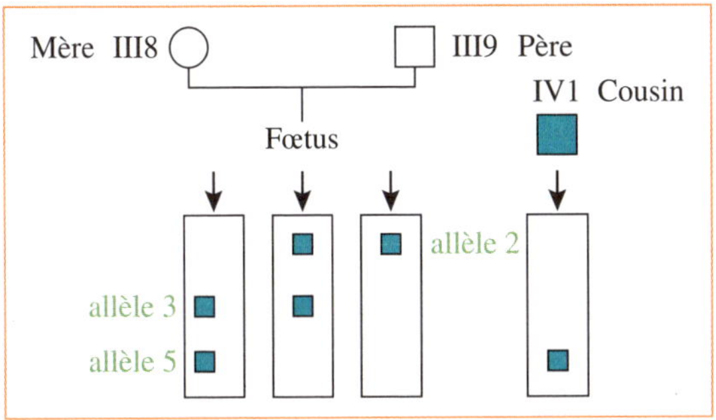

Figure 10 *Autoradiogrammes obtenus avec une sonde radioactive*

Ils permettent de repérer les différents allèles du gène du facteur VIII, pour les parents III8 et III9, le fœtus et son cousin malade IV1.

■ L'analyse de l'ADN du chromosome concerné permet d'affirmer que le fœtus est sain, car il porte les allèles 2 et 3, alors que son cousin malade porte l'allèle 5. La mère III8 est donc porteuse de la mutation mais ne l'a pas transmise à son enfant.

Des progrès récents

■ Le développement des techniques de **séquençage*** de l'ADN donne un accès direct au génotype des individus. Le traitement d'un grand nombre de données, grâce aux progrès de la bio-informatique, permet d'associer des mutations précises à certains phénotypes.

Ex. : Dans le cadre de la recherche sur la mucoviscidose, grâce à la coopération entre de nombreux laboratoires dans le monde, plus de 900 mutations du gène CFTR, en cause dans cette maladie, ont ainsi pu être décrites avec précision et associées à des variations des symptômes des malades. Ces progrès ouvrent la perspective de traitements ciblés selon le génotype du patient.

4 Accidents génétiques de la méiose

A. *Crossing-over* inégaux et familles multigéniques

■ Un ***crossing-over* inégal*** lors de la prophase I de méiose peut entraîner une **duplication génique***, c'est-à-dire le doublement accidentel d'un gène. Si l'une des paires de chromosomes homologues est mal appariée, l'échange de portions de chromatides n'est plus réciproque. Il en résulte la présence en double exemplaire d'une partie de l'information génétique sur l'une des chromatides, et son absence sur l'autre chromatide.

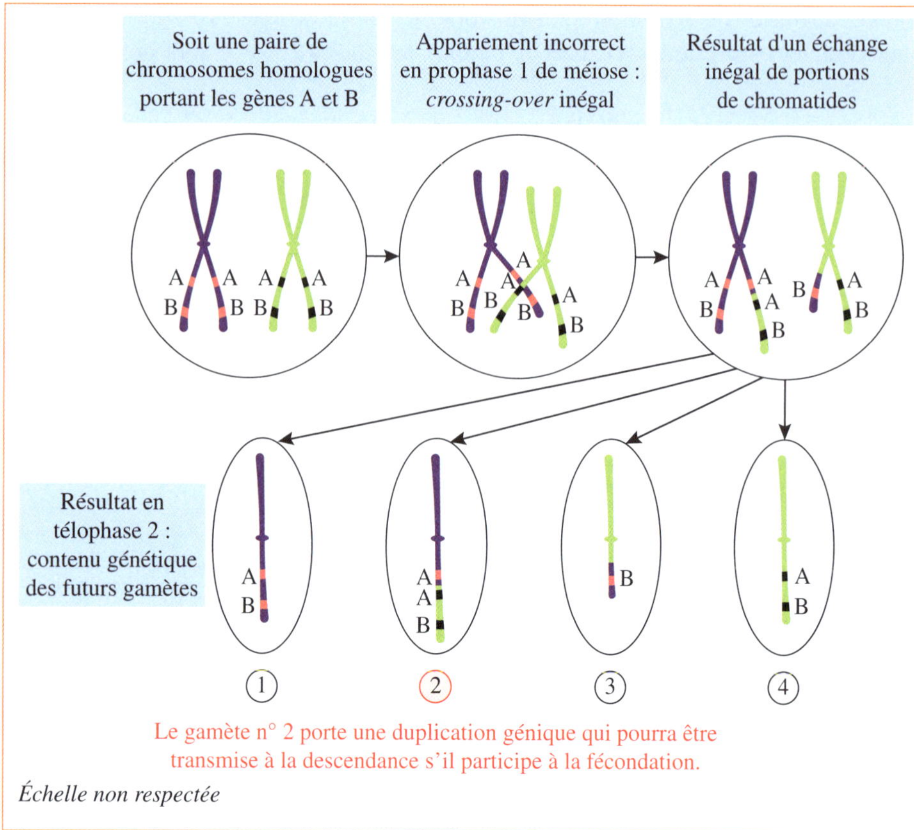

Figure 11 Crossing-over *inégal à l'origine d'une duplication génique*

■ Dans le génome d'une espèce, un ensemble de gènes présentant des séquences ressemblantes forme une **famille multigénique***. Des *crossing-over* inégaux dans les futurs gamètes pourraient expliquer l'apparition de familles multigéniques au cours de l'évolution. Tous les gènes d'une même famille proviendraient de duplications à partir d'un gène ancestral. Les différentes copies du gène accumulent des mutations au cours du temps, pouvant mener à l'apparition de nouvelles protéines, voire de nouvelles fonctions biologiques.

■ La comparaison des séquences des gènes d'une même famille permet de retracer son histoire : le nombre de mutations accumulées est d'autant plus grand que la duplication est ancienne.

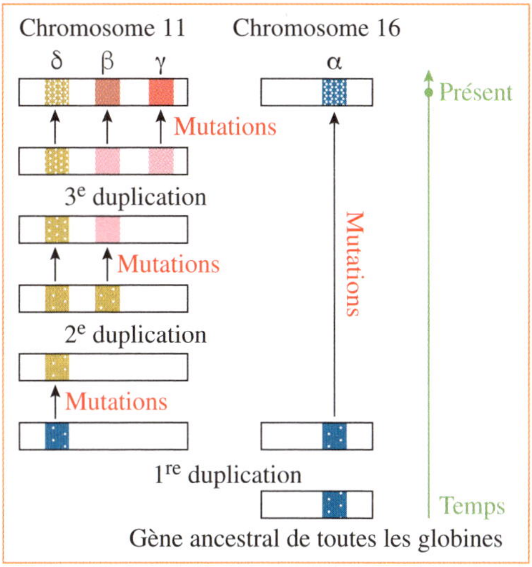

Figure 12 *Histoire de la famille multigénique des globines humaines*

La première duplication a été suivie d'une transposition sur un autre chromosome.

B Variations du caryotype

■ Dans l'espèce humaine, la plupart des anomalies chromosomiques sont létales et entraînent une interruption de la grossesse. Elles peuvent être liées à des anomalies de la répartition des chromosomes au cours de la méiose.

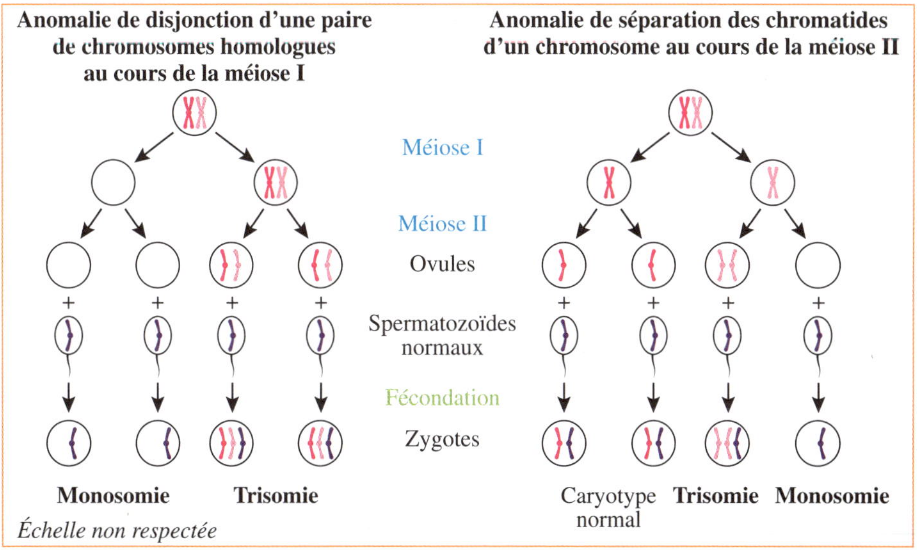

Figure 13 *Origines possibles d'une trisomie ou d'une monosomie dans l'espèce humaine : cas d'anomalies au cours de la méiose chez la mère (NB : également possible chez le père)*

■ L'apparition et la transmission d'une variation non létale du caryotype, au sein d'une population d'une espèce donnée, peuvent constituer une barrière à la reproduction et mener à une **spéciation***, c'est-à-dire à l'apparition d'une nouvelle espèce, sans isolement géographique (*voir chapitre 3*).

■ Chez les végétaux, un doublement accidentel du nombre de chromosomes, en raison d'une non-disjonction de ceux-ci au cours de l'une des phases de la méiose, peut conduire à un changement de **ploïdie*** (nombre de lots de chromosomes) et à une spéciation. Ainsi de nombreuses espèces de plantes à fleurs, en particulier des espèces cultivées par l'être humain, sont **polyploïdes*** (le bananier est triploïde car il présente trois lots de chromosomes 3n = 33, tandis que la pomme de terre est tétraploïde 4n = 48). Cette variation du caryotype s'accompagne de changements morphologiques et contribue donc à la diversification du vivant (*voir chapitre 10*).

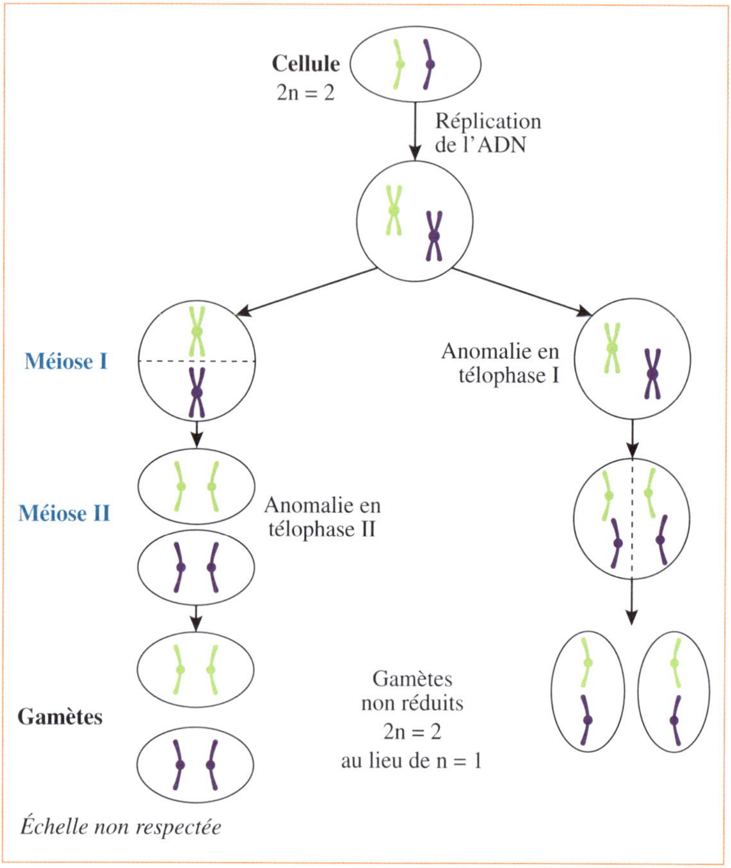

Figure 14 *Des erreurs de la méiose à l'origine de la polyploïdisation*

- Les mutations qui surviennent lors de la réplication de l'ADN, et les erreurs au cours des divisions cellulaires, peuvent être létales pour un individu, mais elles peuvent également être tolérées et à l'origine d'innovations génétiques au sein d'une espèce (nouveaux allèles, nouveaux gènes), ou contribuer à l'apparition de nouvelles espèces (nouveau caryotype).

- Ces processus jouent donc un rôle essentiel dans la diversification génomique du vivant au cours des temps géologiques.

LES CONSÉQUENCES DES DIVISIONS CELLULAIRES CHEZ LES ESPÈCES DIPLOÏDES

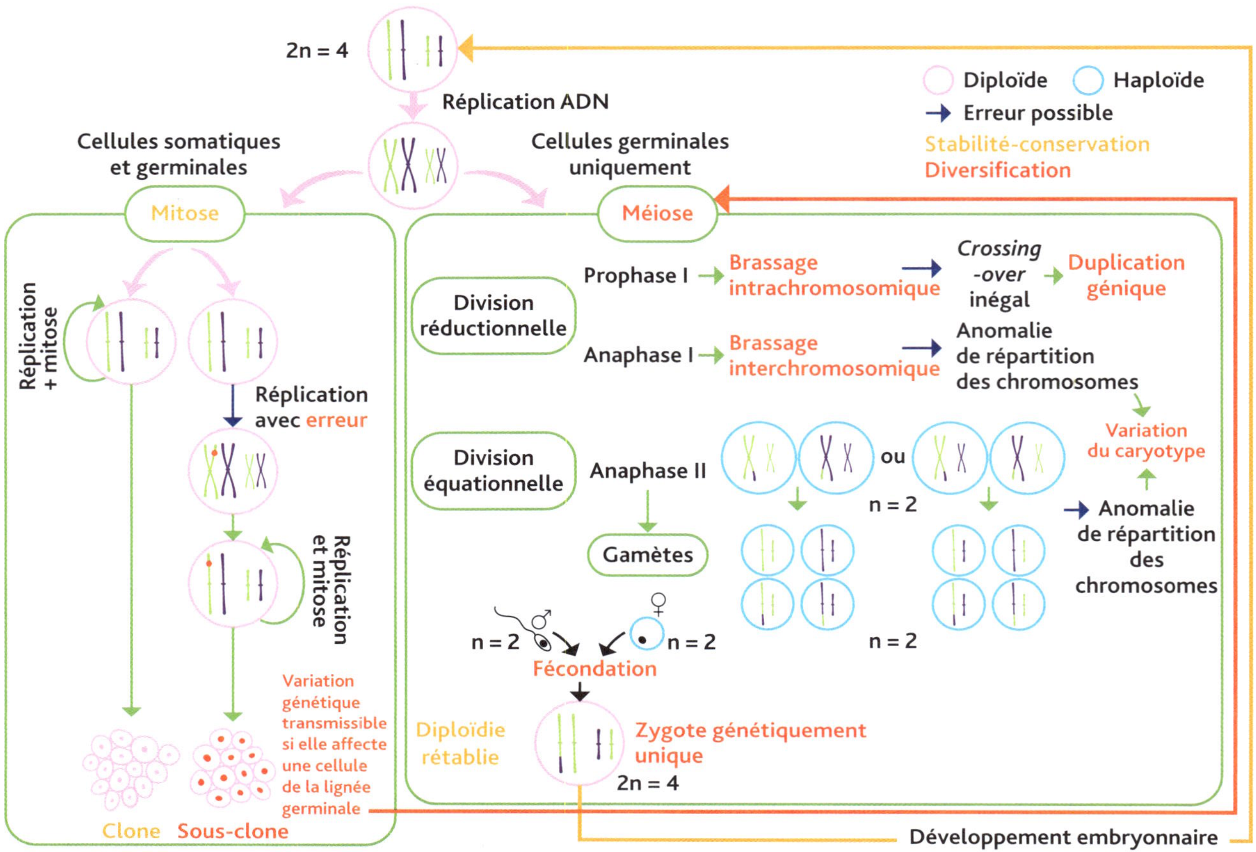

EXERCICES

Connaître le cours

1 2 min ★ Vrai ou faux ?

Relever la (ou les) affirmation(s) exacte(s).

Les mutations génétiques :

a) expliquent à elles seules l'existence de familles multigéniques.
b) sont liées à des erreurs de répartition des chromosomes lors des divisions cellulaires.
c) peuvent être dues à des erreurs lors de la réplication de l'ADN.
d) expliquent l'existence de plusieurs allèles pour un grand nombre de gènes.

→ Corrigé p. 41

2 2 min ★ Vrai ou faux ?

Relever la (ou les) affirmation(s) exacte(s)

Une mitose :

a) n'est possible que dans une cellule diploïde.
b) doit être précédée d'une réplication de l'ADN.
c) produit deux cellules identiques, aux mutations près.
d) permet de former des gamètes haploïdes.

→ Corrigé p. 41

3 10 min ★★ Restitution de connaissances

Expliquer l'intérêt de réaliser un croisement-test dans le cadre d'une analyse génétique.

→ Corrigé p. 41

4 10 min ★ Schématiser le cours

Schématiser une méiose aboutissant à des gamètes présentant un caryotype anormal.

→ Corrigé p. 41

S'entraîner

5 15 min ★★ Nombre théorique de mutations

Estimer le nombre théorique de mutations qui surviennent lors du développement d'un organisme humain.

Données :

– Nombre de cellules dans un organisme humain : 3×10^{13}

– Taux d'erreur au cours de la réplication de l'ADN (après réparations) : 1 mutation pour 10^{10} nucléotides répliqués

– Nombre de paires de nucléotides dans une cellule somatique humaine (diploïde) : $6{,}4 \times 10^{9}$

→ *Corrigé p. 42*

6 15 min ★★ Brassage génétique chez la souris

Chez la souris, comme chez tous les organismes à reproduction sexuée, la diversité génétique s'explique par le brassage génétique ayant lieu lors de la reproduction sexuée. On considère ici quatre caractères phénotypiques de la souris déterminés chacun par un gène (appelés A, B, F et D) ; des croisements sont réalisés pour mettre en évidence ce brassage.

Résultats de deux croisements-tests réalisés entre un individu F1 hétérozygote et un parent double homozygote récessif

Les phénotypes sont indiqués entre crochets.

Phénotypes des parents	Allèles de chaque gène	Résultats (nombre d'individus par phénotype)
Croisement 1 F1 [AB] X Parent double récessif [*ab*]	Gène A : allèle A dominant allèle a récessif Gène B : allèle B dominant allèle b récessif	442 – [AB] 437 – [ab] 64 – [Ab] 59 – [aB]
Croisement 2 F1 [FD] X Parent double récessif [fd]	Gène F : allèle F dominant allèle f récessif Gène D : allèle D dominant allèle d récessif	492 – [FD] 509 – [fd] 515 – [Fd] 487 – [fD]

1. Justifier le fait qu'il y a bien eu brassage génétique dans les deux croisements.

2. Indiquer pour chaque couple de gènes (A et B d'une part, F et D d'autre part), s'ils sont liés ou indépendants en justifiant brièvement.
Aucun schéma explicatif n'est attendu.

→ *Corrigé p. 43*

7 20 min ★★ Résistance aux insecticides

Certains organismes nuisibles à l'espèce humaine deviennent résistants et survivent à des traitements qui les éliminaient auparavant. On cherche à expliquer les origines possibles de la résistance du moustique *Culex pipiens* aux insecticides.

Document 1 : Résistance de *Culex pipiens* aux insecticides

Pour lutter contre le moustique *Culex pipiens*, on utilise des insecticides organo-phosphorés. L'étude du génome du moustique a montré qu'il possédait 2 gènes A et B codant pour des enzymes (estérases), permettant la dégradation des composés organo-phosphorés. On a observé par ailleurs que la quantité d'estérases était 500 fois plus importante chez un moustique résistant que chez un moustique sensible.

Document 2 : Comparaison de l'organisation d'une partie du génome d'un moustique sensible et d'un moustique résistant aux insecticides organo-phosphorés

Représentation schématique d'une portion chromosomique d'un moustique sensible aux insecticides organophosphorés

Représentation schématique d'une portion chromosomique d'un moustique résistant aux insecticides organophosphorés

Proposer une explication à la résistance aux insecticides et à l'apparition de celle-ci dans certaines populations de moustiques.

→ *Corrigé p. 43*

8 45 min ★★ Contrôle génétique de la robe des chevaux

Les chevaux présentent de nombreuses robes (= pelages) différentes. Dans cet exercice, on s'intéresse au contrôle génétique de quelques robes : les robes « Noir », « Alezan » et « Bai ».

Voir les documents page suivante.

Document 1 : Contrôle génétique des robes de base chez le cheval

1.a. : Robes de base chez le cheval

Il existe trois couleurs de robes de base (couleur du pelage et des crins, sans tenir compte des taches blanches) :

La robe « Noir »	La robe « Alezan »	La robe « Bai »
© Zuzule/Shutterstock 	© Olga-i/Shutterstock 	© Kwadrat/Shutterstock 
Couleur noire sur tout le corps	Couleur fauve sur tout le corps	Pelage fauve et crins noirs

1.b. : Gènes successivement impliqués dans la synthèse et la répartition des pigments des robes de base

Ces robes de base résultent de l'expression de deux gènes. Le gène « Extension » est impliqué dans la synthèse d'un pigment, le gène « Agouti » dans la répartition de ce pigment.

Ces deux gènes existent chacun sous deux formes alléliques :

Pour le gène « Extension » :	Pour le gène « Agouti » :
• L'allèle « E » entraîne la synthèse d'un pigment noir dans tout le corps qui masque le pigment responsable de la couleur fauve.	• L'allèle « A » entraîne la dégradation du pigment noir, s'il est synthétisé, excepté au niveau des crins et du pelage autour des sabots. Cet allèle ne s'exprime donc que si l'animal possède au moins un allèle « E ».
• L'allèle « e » ne permet pas cette synthèse et la robe reste de couleur fauve.	• L'allèle « a » n'entraîne pas la dégradation du pigment noir déjà synthétisé.

Document 2 : Résultats de croisements entre chevaux

On organise les croisements suivants :

Chevaux « Bai » homozygotes $\left(\frac{E}{E};\frac{A}{A}\right)$ × Chevaux « Alezan » homozygotes $\left(\frac{e}{e};\frac{a}{a}\right)$

Croisement 1

Chevaux « Bai » $\left(\frac{E}{e};\frac{A}{a}\right)$ 100 %

Croisement 2 (avec les chevaux « Alezan » homozygotes)

Chevaux « Bai »	Chevaux « Noir »	Chevaux « Alezan »
25 %	25 %	50 %

Démontrer que les proportions phénotypiques obtenues dans le croisement n° 2 résultent bien d'un brassage interchromosomique.

→ Corrigé p. 43

9 1 h ★★★ Les chats calico

Certains chats possèdent un pelage composé d'une mosaïque de taches blanches, rousses et noires. On les appelle des « calico ».

Chacune de ces mosaïques forme un motif unique qui permet de reconnaître un individu calico aussi sûrement qu'avec des empreintes digitales. On a découvert que tous les chats calico sont des femelles.

Un chat calico

On ne cherche pas à expliquer la présence de poils blancs : ce travail ne porte que sur le déterminisme des tâches rousses et noires.

On notera :
- X_{O+} un chromosome X portant l'allèle O+ ;
- X_{O-} un chromosome X portant l'allèle O–.

Document 1 : Coloration du poil

Les mélanocytes sont des cellules qui fabriquent les pigments responsables de la coloration d'un poil. Les mélanocytes de chat produisent tous un pigment roux appelé trichochrome. Mais les mélanocytes peuvent aussi former un autre pigment, l'eumélanine, qui masque le trichochrome et rend le poil noir.

On a découvert que l'expression de l'allèle O+, d'un gène porté par le chromosome X, empêche la biosynthèse d'eumélanine.

Document 2 : Relation entre les allèles (O+ et O–) portés par les chromosomes sexuels et la couleur du pelage chez le chat

Chat mâle

Génotype	Phénotype
O+ X, Y	Poils roux
O– X, Y	Poils noirs

Chat femelle

Génotype	Phénotype
O+ X, O+ X	Poils roux
O– X, O– X	Poils noirs
O+ X, O– X	Calico

Source : Jaraud-Darnault, 2015

Remarque

La paire de chromosomes sexuels subit la même méiose que les autres chromosomes.

Document 3 : Résultat d'un croisement

On croise un chat roux avec une chatte calico.

Le tableau suivant présente le résultat de ce croisement.

Proportions	25 % des descendants	25 % des descendants	25 % des descendants	25 % des descendants
Phénotype	calico	poils roux	poils roux	poils noirs
Sexe	femelles	femelles	mâles	mâles

Aspect du pelage de trois des chatons femelles calico

Document 4 : Corpuscule de Barr : hypothèse de Mary Lyon

En 1949, le docteur Murray Barr découvre que le noyau de certaines cellules contient un amas d'ADN qu'il baptise « corpuscule de Barr ». Douze ans plus tard, la généticienne Mary Lyon émet l'hypothèse que le corpuscule de Barr correspond à un chromosome X inactivé. Les gènes de ce chromosome ne pourraient plus s'exprimer et seuls les gènes portés par l'autre chromosome X seraient utilisés par la cellule.

Selon cette hypothèse, dans une cellule embryonnaire possédant deux chromosomes X, c'est le hasard qui déterminerait précocement lequel des deux se transforme en corpuscule de Barr. Toutes les cellules filles de la cellule embryonnaire conserveraient ensuite le même chromosome X inactivé.

On observe un corpuscule de Barr dans tous les mélanocytes responsables des poils roux ou noirs des femelles.

À l'aide de l'exploitation des documents proposés et des connaissances :

1. Montrer que la méiose et la fécondation permettent d'expliquer les résultats du croisement présenté dans le document 3.

2. Expliquer comment les taches de couleur se forment et comment des chattes calico possédant un même génotype peuvent avoir des pelages aux motifs différents.

Conseil

Cet exercice fait appel à différentes parties du chapitre 1 : les **principes de l'analyse génétique** et la **notion de clone**.
Il est important de ne pas cloisonner les connaissances et d'être capable d'établir des liens entre elles, y compris entre différents chapitres.

→ *Corrigé p. 44*

SUJET DU BAC

Exercice 2 : Pratique du raisonnement scientifique — 1 h 45 — 8 points

Le syndrome de Down

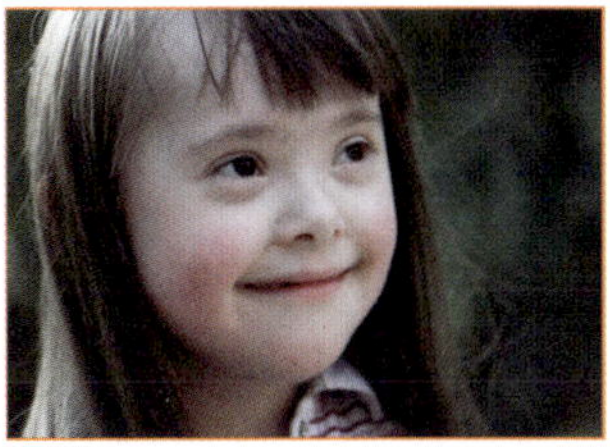

Les personnes atteintes du syndrome de Down présentent diverses caractéristiques : nuque large, visage de forme spécifique, problèmes métaboliques et retard mental plus ou moins important.

Les médecins ont toutefois remarqué que ces personnes ont un risque plus faible de développer un cancer.

Par une étude approfondie des documents et l'utilisation des connaissances, expliquer les origines possibles du syndrome de Down et les conséquences de cette anomalie chromosomique sur le phénotype d'un individu.

Des schémas explicatifs et un schéma-bilan final sont attendus.

Document 1 : Caryotypes d'individus atteints du syndrome de Down

Pourcentage d'individus	Exemples de caryotypes	Explication
92,5 %	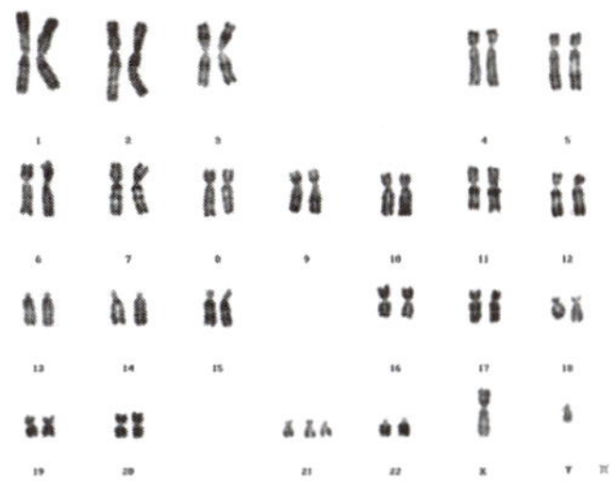	Non-disjonction de la paire n° 21 durant la méiose. Forme de trisomie 21 dont la fréquence dépend de l'âge des parents.
4 %	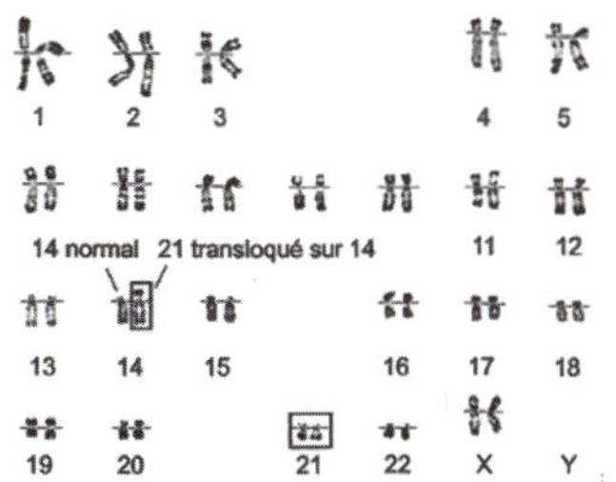	Forme de translocation avec fusion des chromosomes 14 et 21. Forme héréditaire de trisomie 21 dont la fréquence ne dépend pas de l'âge des parents
3,5 %	Autres caryotypes	

D'après le site du laboratoire de cytogénétique, AP/HP – Paris V, consulté en novembre 2017

Document 2 : Un cas particulier d'anomalie chromosomique

Deux chromosomes, dont les centromères sont très proches d'une extrémité, peuvent fusionner. Il s'agit d'un type particulier de translocation chromosomique, qui concerne souvent les chromosomes 14 et 21. Les porteurs de cette translocation présentent un phénotype normal, mais forment des gamètes anormaux.

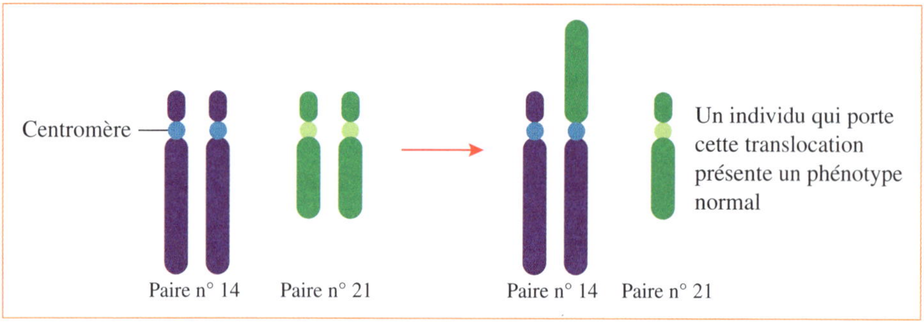

Un type de translocation chromosomique :
la fusion d'un chromosome 21 avec le chromosome 14

Document 3 : Dosage de protéines liées au syndrome de Down

Les scientifiques ont comparé des individus atteints du syndrome de Down à des individus témoins. Le document ci-dessous montre les résultats du dosage de deux protéines exprimées à partir des gènes *DYRK1A* et *DSCR1*. Ces deux gènes sont situés sur les chromosomes 21.

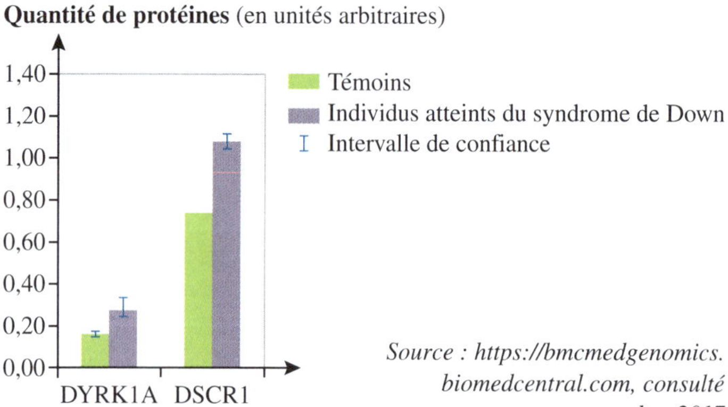

Source : https://bmcmedgenomics.biomedcentral.com, consulté en novembre 2017

Dosage de deux protéines exprimées à partir des gènes
DYRK1A et DSCR1 dans deux populations

Document 4 : Étude de l'effet de *DYRK1A* et *DSCR1* sur le développement cérébral chez la souris

Les chercheurs utilisent des souris transgéniques comme modèle animal du syndrome de Down.

On observe chez ces souris transgéniques un développement anormal de certaines parties du cerveau, qui correspond à ce qui est observé chez l'humain trisomique 21. Ces souris possèdent notamment trois exemplaires des gènes *DYRK1A* et *DSCR1*, qui s'expriment en particulier dans le cerveau au cours du développement fœtal.

Des chercheurs ont montré qu'une quantité plus importante des protéines *DYRK1A* et *DSCR1* contribuait à retarder la différenciation des neurones. *DYRK1A* et *DSCR1* agissent en réduisant l'activité d'une molécule régulatrice de l'expression génétique, qui joue un rôle clé dans le développement : NFATc (*Nuclear factor of activated T-cells, cytoplasmic*).

Source : N. Kurabayashi et K. Sanada, 2013

Document 5 : Croissance de tumeurs cancéreuses chez la souris

Les souris Ts65Dn sont l'un des modèles animaux du syndrome de Down et possèdent trois exemplaires des gènes *DYRK1A* et *DSCR1*.

On provoque artificiellement un cancer chez ces souris et des souris témoins. Le volume des tumeurs cancéreuses est ensuite mesuré pendant trois semaines.

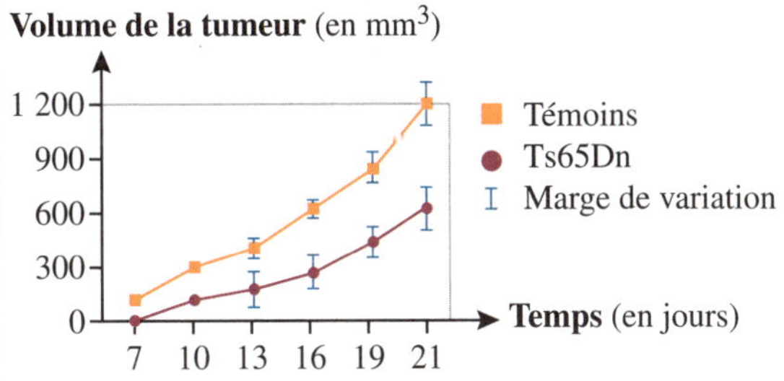

Source : Hesser et al., *2004*

Document 6 : Vascularisation des tumeurs chez la souris

6.a. : Densité des vaisseaux dans les tumeurs cancéreuses chez la souris

Chez les souris Ts65Dn et les souris témoins, on mesure la densité des vaisseaux sanguins dans les tumeurs cancéreuses provoquées artificiellement.

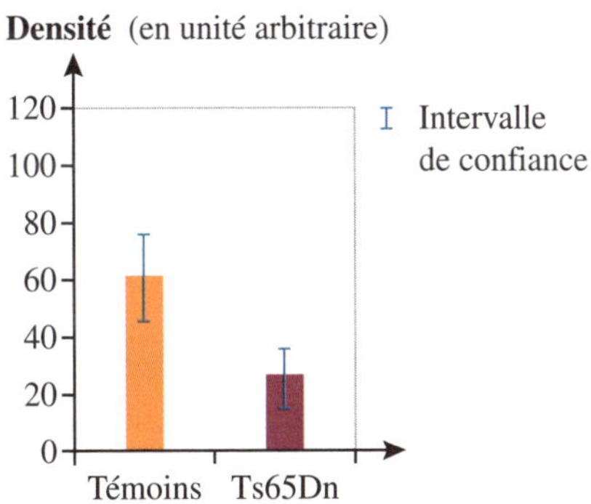

D'après Hesseret et al., *2004*

6.b. : Mutations et vascularisation d'une tumeur

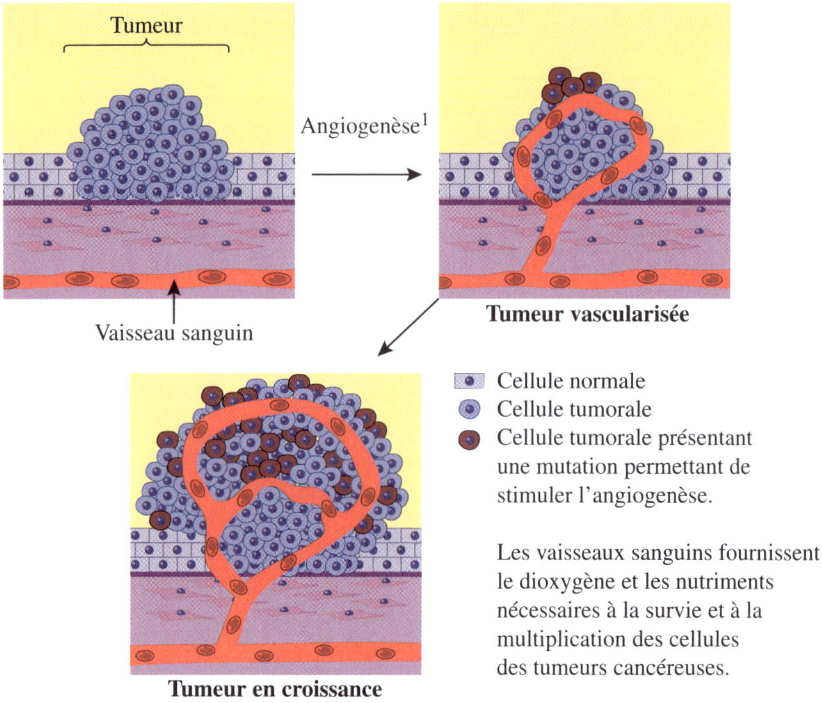

Échelle non respectée

[1]Angiogenèse : croissance de nouveaux vaisseaux sanguins

6.c. : Rôles des protéines NFAT

Les protéines NFAT sont des facteurs de transcription qui ont été très étudiés dans le fonctionnement du système immunitaire.

En réalité, ces molécules régulatrices de l'expression génétique ont des rôles très variés, et leur implication dans le processus de cancérisation a été récemment mise en évidence.

En effet, ces protéines ont de multiples fonctions liées à la croissance cellulaire mais aussi à l'angiogenèse.

Source : Mancini et Toker, 2009

→ Corrigé p. 45

CORRIGÉS

1 → *Énoncé p. 31*

Les affirmations exactes sont c) et d).

2 → *Énoncé p. 31*

Les affirmations exactes sont b) et c).

3 → *Énoncé p. 31*

Remarque

Au-delà d'une simple restitution de connaissances, savoir expliquer le cours nécessite un bon **esprit de synthèse**.

Dans le cadre d'une analyse génétique concernant deux gènes, un croisement-test se réalise entre des individus hétérozygotes pour les deux gènes et des individus ne portant que des allèles récessifs. Les résultats de ce croisement, s'il est effectué avec un nombre suffisant d'individus, permettent de déterminer statistiquement si deux gènes sont liés ou indépendants.

En effet, le phénotype de la descendance d'un croisement-test reflète exactement le génotype des gamètes produits par les parents hétérozygotes.

Ainsi, l'obtention de quatre phénotypes dans des proportions similaires (environ 25 %) permettra d'affirmer que les deux gènes sont indépendants (on met en évidence le brassage interchromosomique). Si les phénotypes parentaux sont plus fréquents que les phénotypes recombinés, cela signifiera que les deux gènes sont liés, mais qu'il y a eu des *crossing-over* durant la prophase I de méiose (c'est le brassage intrachromosomique).

4 → *Énoncé p. 31*

Deux déroulements de méiose peuvent être représentés pour expliquer l'existence de gamètes comportant un nombre anormal de chromosomes *(voir schéma page suivante)*.

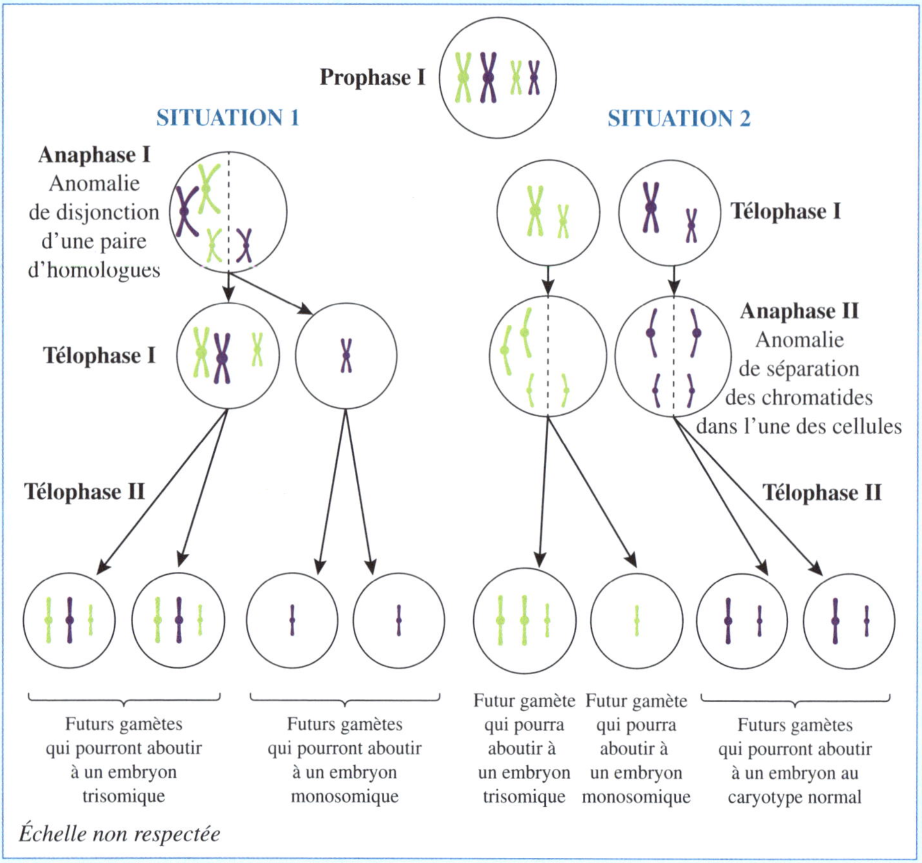

5 → *Énoncé p. 32*

On estime à 3×10^{13} le nombre de cellules qui constituent un organisme humain, soit au moins autant de mitoses précédées d'une réplication de l'ADN (si l'on ne compte pas les cellules qui meurent et doivent être remplacées). Une cellule somatique humaine compte environ 6,4 milliards de paires de nucléotides. Chaque brin d'ADN servant de matrice pour la synthèse d'un nouveau brin, ce sont 12,8 milliards de nucléotides qui sont répliqués à chaque division.

Après réparation, le taux d'erreur est évalué à 1 pour 10 milliards de nucléotides répliqués. On peut donc considérer théoriquement que chaque division s'accompagne d'au moins une mutation !

Ainsi, on peut estimer le nombre théorique minimum de mutations au cours du développement d'un organisme humain :

$(1{,}28 \times 10^{10} \times 3 \times 10^{13}) / 10^{10} = 3{,}84 \times 10^{13}$ soit quasiment 40 000 milliards !

6 → *Énoncé p. 32*

Méthode

Respectez précisément les **notations** indiquées dans l'énoncé pour désigner les **allèles**.

1. Dans les deux cas, la descendance du croisement-test montre l'apparition de nouvelles associations de caractères, par rapport aux phénotypes parentaux : les parents [AB] et [ab] engendrent aussi des descendants [Ab] et [aB], tandis que les parents [FD] et [fd] engendrent aussi des descendants [Fd] et [fD]. Ceci montre qu'il y a bien eu brassage génétique dans les deux croisements.

2. Dans le cas des gènes A et B, le croisement-test donne une descendance constituée d'une majorité d'individus présentant les phénotypes parentaux [AB] et [ab] et une minorité présentant des phénotypes recombinés [Ab] et [aB]. Ceci indique que les gènes A et B sont liés, mais qu'il y a eu brassage intrachromosomique lors de la formation des gamètes du parent F1 : des *crossing-over* entre A et B ont eu lieu en prophase I dans une certaine proportion de méioses.

Dans le cas des gènes D et F, le croisement-test donne une descendance présentant environ 25 % des quatre phénotypes possibles. Ceci indique que les gènes D et F sont indépendants. Ainsi, il y a eu brassage interchromosomique par répartition aléatoire des deux paires de chromosomes en anaphase I de méiose, lors de la formation des gamètes du parent F1.

7 → *Énoncé p. 33*

Les moustiques résistants aux composés organo-phosphorés présentent plusieurs copies des gènes A et B. Or l'expression de ces deux gènes permet de produire des estérases, enzymes capables de dégrader ces insecticides. Toutes les copies supplémentaires des gènes A et B sont transcrites puis traduites en protéines. Ceci pourrait expliquer qu'un moustique résistant présente des quantités d'estérases 500 fois plus importantes qu'un moustique sensible, et puisse survivre ainsi au traitement.

La présence de plusieurs copies des gènes A et B dans le génome d'un moustique résistant pourrait s'expliquer par la survenue de duplications géniques à plusieurs reprises dans l'histoire de sa lignée. Ces duplications auraient été transmises de génération en génération. Une duplication génique peut-être due à un *crossing-over* inégal en prophase 1 de méiose, lors de la formation des gamètes.

8 → *Énoncé p. 33*

Le brassage interchromosomique correspond à la répartition aléatoire des chromosomes de chaque paire, au cours de l'anaphase de la première division de méiose. On peut mettre en évidence le brassage interchromosomique en étudiant les résultats d'un croisement-test, concernant des caractères déterminés par des gènes indépendants, c'est-à-dire portés par des paires différentes de chromosomes. Un croisement-test implique la reproduction d'individus hétérozygotes avec des individus homozygotes ne portant que des allèles récessifs.

Le premier croisement permet d'obtenir des individus hétérozygotes pour les deux gènes. Le phénotype de ces individus hétérozygotes permet d'affirmer que les allèles E et A sont dominants, et que les allèles e et a sont récessifs.

Remarque
Un **échiquier de croisement** est une représentation claire et efficace du résultat des fécondations.

Si l'on considère que les gènes « Extension » et « Agouti » sont bien indépendants, les chevaux « Bai » hétérozygotes peuvent produire quatre types de gamètes de façon équiprobable. On peut représenter la fécondation au cours du croisement 2 dans un échiquier de croisement.

Échiquier de croisement, au cours du croisement 2

Gamètes des chevaux « Bai » hétérozygotes / **Gamètes des chevaux « Alezan » homozygotes**	25 % (E/, A/)	25 % (E/, a/)	25 % (e/, A/)	25 % (e/, a/)
100 % (e/, a/)	25 % (E//e, A//a) Soit [E, A]	25 % (E//e, a//a) Soit [E, a]	25 % (e//e, A//a) Soit [e, A]	25 % (e//e, a//a) Soit [e, a]
	25 % « Bai »	25 % « Noir »	50 % « Alezan »	

Ces résultats correspondent bien à ceux exposés dans le document 2. Les proportions phénotypiques obtenues dans le croisement n° 2 résultent bien d'un brassage interchromosomique.

9 → Énoncé p. 35

1. • Génotype d'un chat mâle roux : $(X_{O+}//Y)$
   • Génotype d'un chat femelle calico : $(X_{O+}//X_{O-})$

À l'issue de la méiose, chaque parent produit deux sortes de gamètes équiprobables. La fécondation réunit au hasard un gamète mâle et un gamète femelle.

L'échiquier de croisement représente les différentes possibilités de fécondation et les proportions des différents phénotypes au niveau de la descendance.

Échiquier de croisement entre un chat mâle roux et un chat femelle calico

	Gamètes Femelle	
Gamètes Mâle	X_{O+}	X_{O-}
X_{O+}	25 % (X_{O+}//X_{O+}) femelles [poils roux]	25 % (X_{O+}//X_{O-}) femelles [calico]
Y	25 % (X_{O+}//Y) mâles [roux]	25 % (X_{O-}//Y) mâles [noir]

Ces résultats sont cohérents avec ceux du document 3.

2. O+ empêche la synthèse d'eumélanine : on pourrait s'attendre à ce que les chattes hétérozygotes aient les poils roux (si O+ s'exprime) ou noirs (si O+ ne s'exprime pas). Or chaque mélanocyte de femelle possède un corpuscule de Barr, c'est-à-dire un chromosome X inactivé : seul l'un des deux allèles s'exprime.

Dans une cellule embryonnaire (cellule encore indifférenciée, issue des divisions de la cellule-œuf) d'une chatte calico (X_{O+}//X_{O-}) le corpuscule de Barr se met en place précocement :

– soit le chromosome X_{O+} est inactivé, donc l'allèle O+ ne s'exprime pas et les mélanocytes issus de cette cellule embryonnaire formeront des poils noirs ;

– soit le chromosome X_{O-} est inactivé, donc l'allèle O+ s'exprime et les mélanocytes issus de cette cellule embryonnaire formeront des poils roux.

L'inactivation de l'un ou l'autre X dans chaque cellule embryonnaire relève du hasard et n'est pas déterminée génétiquement. Toutes les cellules-filles qui descendent d'une même cellule embryonnaire conservent le même X inactivé, formant ainsi des taches. Ceci explique que la répartition des territoires corporels noirs et roux soit différente d'un chaton à l'autre.

Ainsi des chats femelles (X_{O+}//X_{O-}) ayant le même génotype peuvent avoir des pelages différents.

SUJET DU BAC

Exercice 2 : Pratique du raisonnement scientifique

→ Énoncé p. 37

Méthode

Dans cet exercice, les différents documents pouvaient être abordés dans l'ordre de présentation du sujet. Cependant cela n'est pas une obligation et **il peut arriver qu'il soit plus pertinent d'exploiter les documents dans un ordre différent**.

Le syndrome de Down impacte notablement le phénotype d'un individu. Il présente alors des anomalies et déficiences, mais aussi un risque plus faible de développer un cancer. L'analyse de caryotypes et des résultats de recherches récentes permettent d'expliquer les origines possibles de l'anomalie chromosomique et ses conséquences.

I – Origines possibles du syndrome de Down

La majorité des personnes atteintes du syndrome de Down présente une trisomie 21, c'est-à-dire trois chromosomes sur la paire n° 21 au lieu de deux. Cette anomalie chromosomique peut s'expliquer par une erreur lors de la répartition des chromosomes en anaphase 1 ou 2 de méiose chez l'un des parents, au moment de la formation des gamètes.

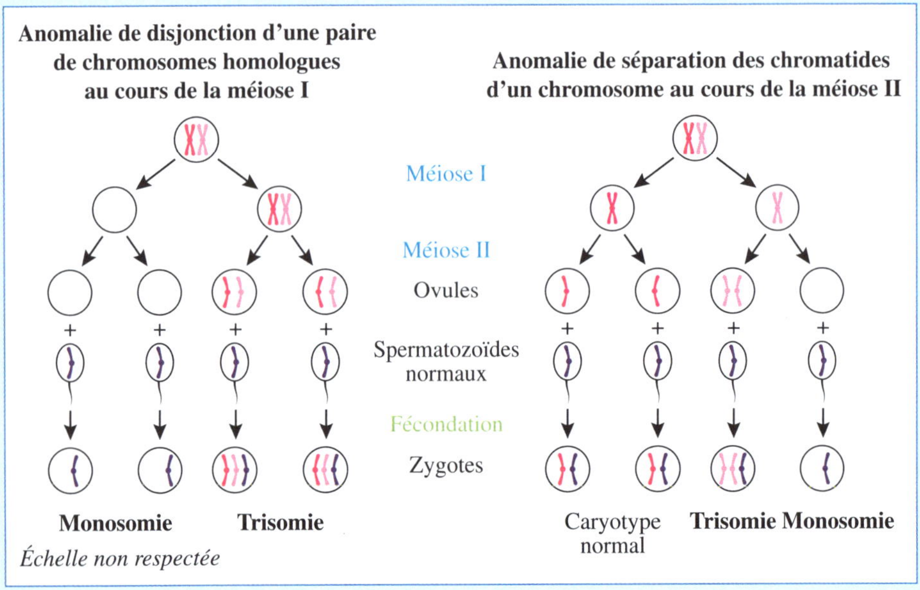

Figure 1 *Origines possibles d'une trisomie ou d'une monosomie dans l'espèce humaine*

Il existe une forme plus rare du syndrome de Down, dans laquelle le troisième chromosome 21 est fusionné avec l'un des chromosomes de la paire n° 14. Il s'agit d'un type de translocation chromosomique. Dans ce cas, l'un des parents est porteur de cette translocation mais présente un phénotype normal, car il possède le bon nombre de chromosomes et la bonne quantité d'information génétique (ce parent ne possède qu'un seul chromosome 21 isolé).

Lors de la méiose, le parent porteur de la translocation va produire 25 % de gamètes qui aboutiront à un enfant trisomique 21 en cas de fécondation.

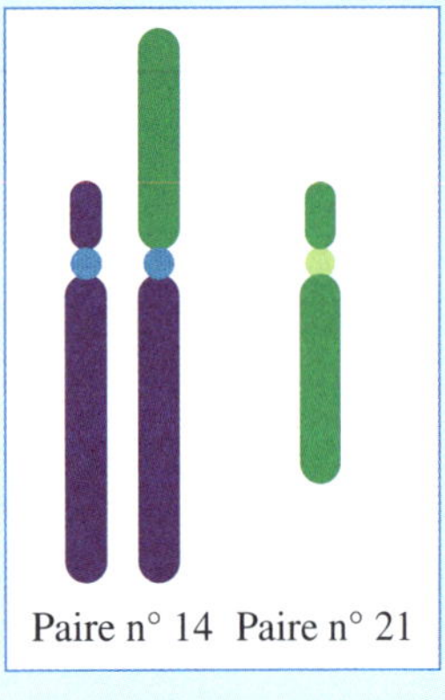

Figure 2 *Paires n° 14 et 21 du caryotype du parent qui a transmis l'anomalie*

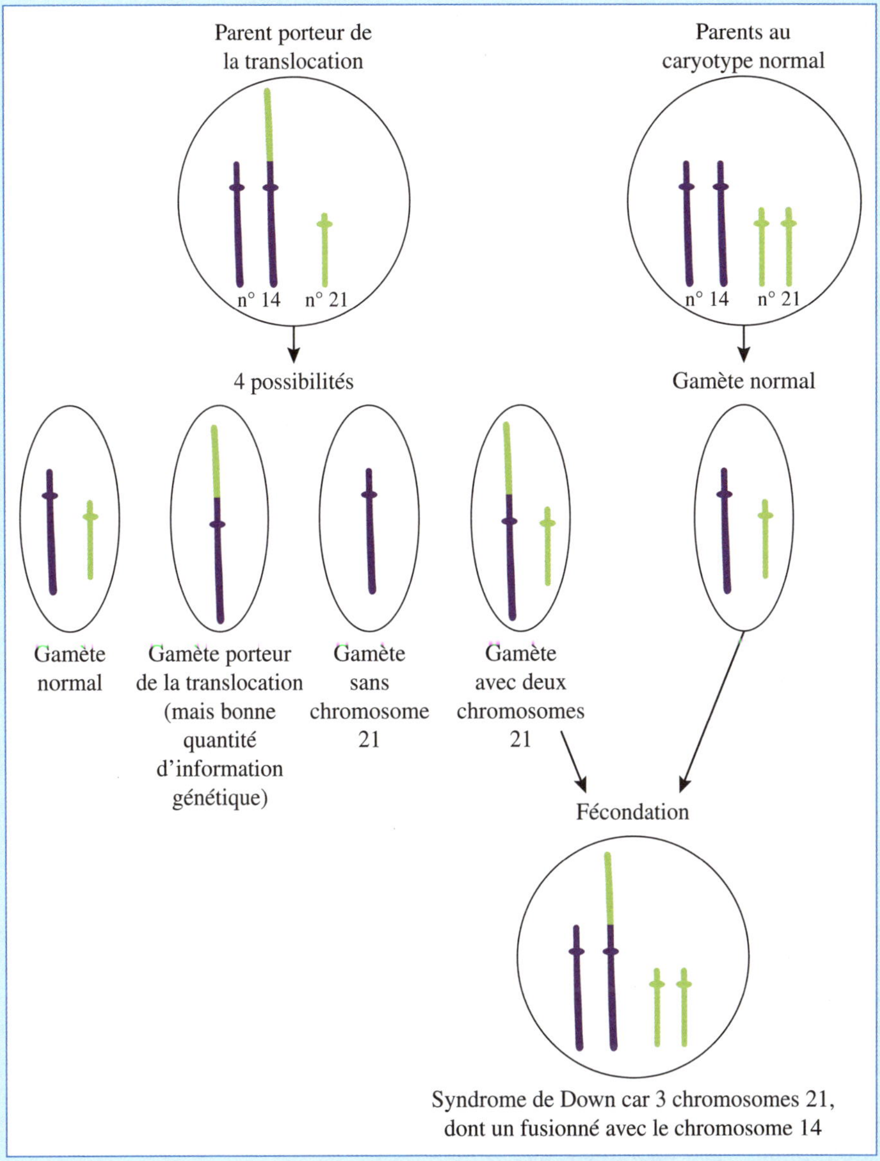

Figure 3 *Gamètes produits par les parents d'un enfant atteint du syndrome de Down en raison d'une translocation chromosomique*

II – Conséquences de la trisomie 21 sur le phénotype de l'individu.

- *Comment peut-on expliquer qu'un surplus d'information génétique puisse avoir des conséquences sur le phénotype ?*

Chez une personne atteinte de trisomie 21, certains gènes sont présents en trois exemplaires au lieu de deux. Ces gènes surnuméraires peuvent s'exprimer, c'est-à-dire être transcrits puis traduits en protéines, qui sont alors présentes en quantités plus importantes dans l'organisme.

C'est en effet le cas pour les protéines codées par les gènes DYRK1A et DSCR1, situés sur le chromosome 21, qui ont été dosées chez différents individus. D'après le graphique du document 3, les individus atteints du syndrome de Down possèdent de façon significative environ 1,5 fois plus de protéines DYRK1A et DSCR1 que les individus témoins (0,25 contre 0,15 U.A. pour DYRK1A et 1,10 contre 0,70 U.A. pour DSCR1).

- *L'origine du retard mental*

D'après le document 4, une quantité plus importante de DYRK1A et DSCR1 au cours du développement fœtal retarde la différenciation des neurones chez la souris (modèle animal du syndrome de Down), en réduisant l'activité d'un régulateur de l'expression génétique (NFATc). Ceci pourrait expliquer le développement anormal du cerveau et le retard mental présenté par la majorité des personnes atteintes du syndrome de Down.

- *Un risque plus faible de développer un cancer*

Cependant, cette surexpression des protéines DYRK1A et DSCR1, observée chez l'adulte humain, pourrait également expliquer un risque plus faible de développer un cancer.

En effet, les souris modèles Ts65Dn qui possèdent trois copies de DYRK1A et DSCR1, et chez lesquelles un cancer a été développé artificiellement, montrent un volume de tumeur deux fois moins important que chez les souris témoins, au bout de 21 jours d'expérience.

Une tumeur cancéreuse est formée de cellules qui ont subi des mutations et se divisent de manière anormale et incontrôlée. Or une nouvelle mutation peut apparaître dans une cellule tumorale et lui permettre de stimuler l'angiogenèse, c'est-à-dire le développement de nouveaux vaisseaux sanguins. La tumeur est alors irriguée et approvisionnée en nutriments et en dioxygène qui lui permettent de continuer à croître.

La vascularisation et la tumeur continuent alors à se développer car, par mitoses successives, la mutation est transmise à toutes les cellules-filles, qui forment un sous-clone.

Le document 6a montre que la densité des vaisseaux sanguins est deux fois moins importante dans les tumeurs cancéreuses des souris modèles Ts65Dn par rapport aux témoins.

Il a été montré précédemment que DYRK1A et DSCR1 pouvaient réduire l'activité de molécules régulatrices NFAT.

Or celles-ci ont de multiples fonctions et sont impliquées dans le processus d'angiogenèse au cours de la cancérisation.

Remarque

Les données issues des découvertes récentes permettent d'effectuer des mises en relation sous la forme d'**hypothèses** qui restent à confirmer par de nouvelles recherches.

Ainsi la surexpression de certains gènes situés sur le chromosome 21 pourrait freiner la vascularisation des tumeurs et limiter leur développement en agissant sur des protéines régulatrices de l'expression génétique, diminuant de cette manière le risque de cancer.

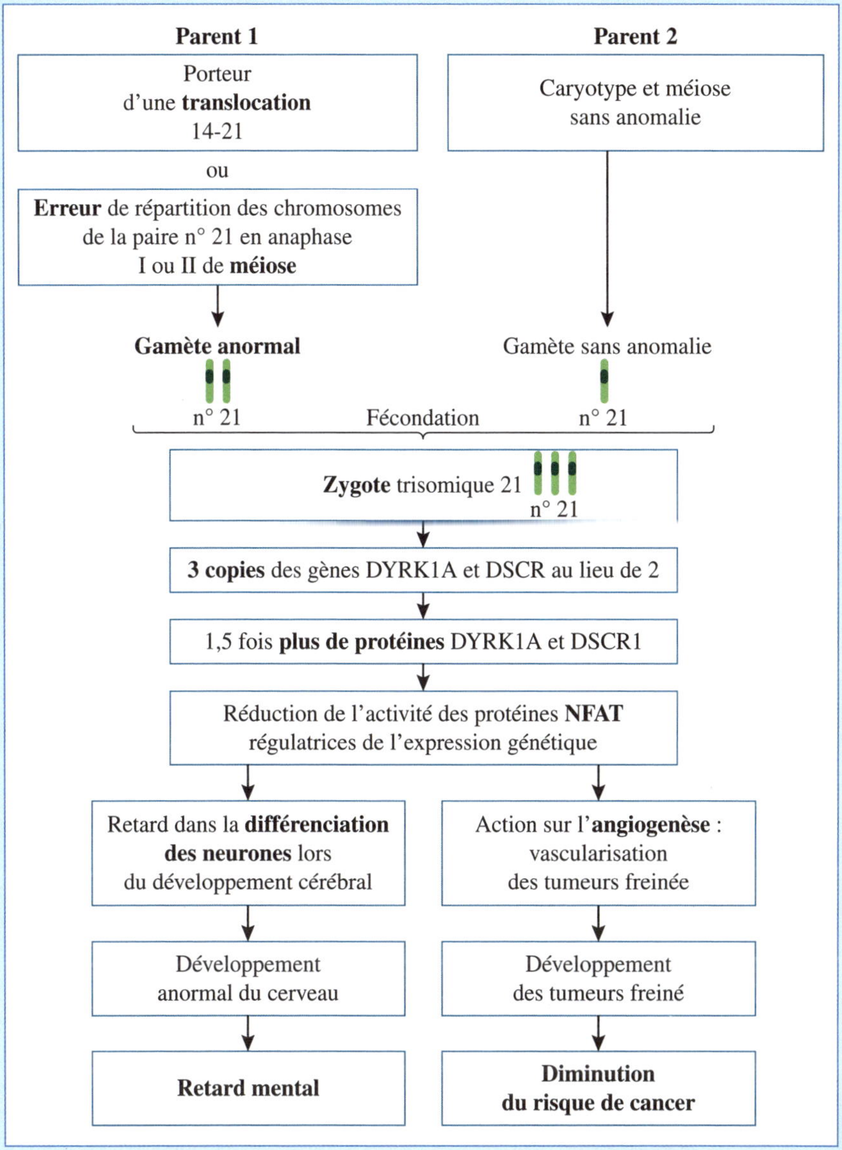

Schéma bilan : origines et conséquences du syndrome de Down

Conclusion

Les recherches concernant les conséquences de la surexpression des gènes situés sur le chromosome 21 permettent de comprendre les conséquences de l'anomalie chromosomique sur le phénotype, et pourraient peut-être permettre d'envisager des pistes thérapeutiques dans le futur, pour atténuer le retard mental tout en veillant à ne pas augmenter le risque de cancer. Ces découvertes pourraient également permettre de progresser dans la recherche contre le cancer.

La diversification des génomes hors reproduction

CHAPITRE 2

Les transmissions de matériel génétique de génération en génération, au cours de la reproduction, sont qualifiées de **transferts verticaux***. Par opposition, les échanges de matériel génétique hors de la reproduction sont appelés **transferts horizontaux***. Ils contribuent à enrichir les **génomes*** des êtres vivants. L'unicité de structure de l'ADN, comme support universel de l'information génétique dans le monde vivant, permet ces transferts génétiques entre des organismes d'espèces différentes, qui peuvent même être très éloignées sur l'arbre **phylogénétique*** du vivant.

1 Transferts horizontaux

A. Mécanismes de transferts horizontaux

■ La **transformation*** est le transfert d'ADN étranger à une cellule receveuse. C'est un processus naturel chez les bactéries, qui peut entraîner l'acquisition de nouveaux caractères transmissibles. La transformation bactérienne a été mise en évidence en 1928 par Frederick Griffith.

Expérience	Interprétation
(1) Bactéries S virulentes → Infection et mort 	Les bactéries S sont létales pour les souris.
(2) Bactéries R (non virulentes) → Pas d'infection, survie 	Les bactéries R sont inoffensives pour les souris.
(3) Bactéries S tuées par la chaleur → Pas d'infection, survie 	Les bactéries S tuées par la chaleur sont inoffensives pour les souris.

▶▶

Expérience	Interprétation
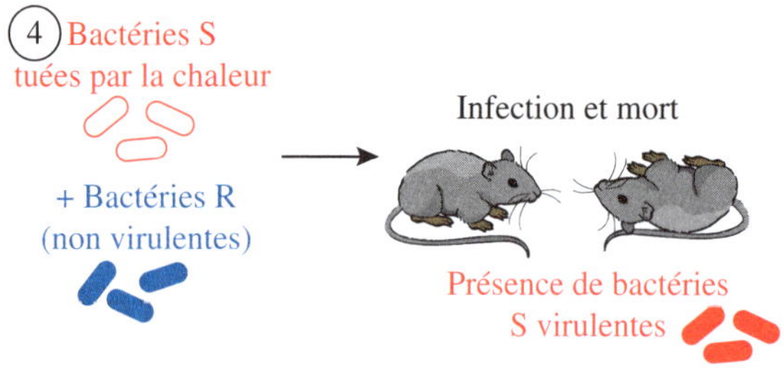	Les bactéries R vivantes ont été « transformées » par un élément provenant des bactéries S tuées. Ainsi les bactéries R sont devenues des bactéries S virulentes.

Échelle non respectée

Figure 1 *Expériences de Griffith vers 1928*

Les bactéries S sont des pneumocoques pathogènes, agents de la pneumonie et létaux pour les souris. Les bactéries R sont des mutants non virulents.

> **Remarque**
>
> En 1928, le facteur transformant n'est pas identifié. C'est en 1944 qu'Oswald Avery montrera qu'il s'agit d'**ADN**. La structure de la molécule d'ADN sera déterminée en 1953.

■ La **conjugaison*** est le transfert d'ADN d'une bactérie à une autre par contact direct et formation d'un « pont » cytoplasmique. L'ADN transféré peut être un **plasmide***, molécule d'ADN circulaire distincte de l'ADN chromosomique. Le plasmide peut comporter, par exemple, des gènes de résistance aux **antibiotiques***.

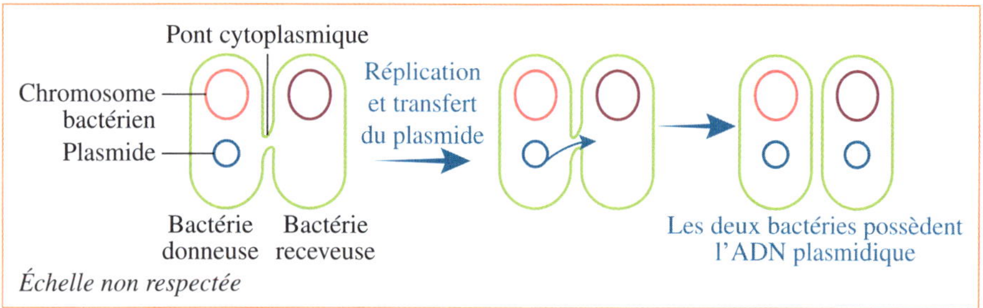

Figure 2 *Transfert d'ADN plasmidique entre deux bactéries au cours de la conjugaison*

■ Certaines bactéries sont capables de transférer de l'ADN plasmidique dans une cellule **eucaryote***. Cette séquence s'intègre alors dans le génome de la cellule. C'est le cas d'*Agrobacterium tumefaciens*, bactérie pathogène à l'origine de **tumeurs*** chez certains végétaux. Cette propriété est utilisée en biotechnologie pour produire des plantes **transgéniques***, en incorporant un gène d'intérêt dans le plasmide.

> **Remarque**
>
> Voir **chapitre 10** : La domestication des plantes p. 214.

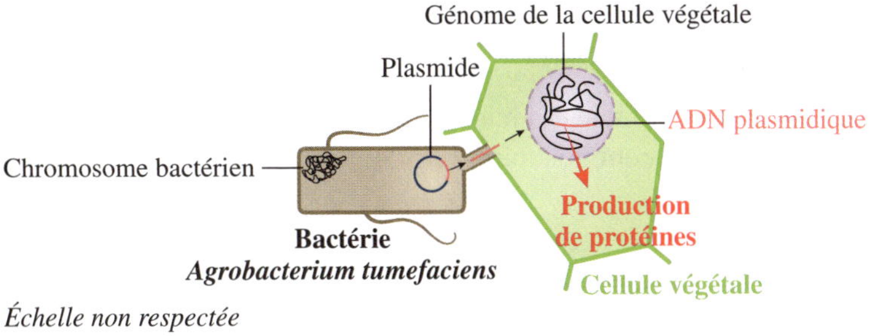

Figure 3 *Transfert d'ADN entre la bactérie* Agrobacterium tumefaciens *et une cellule végétale de plante infectée*

■ Les **virus*** peuvent également jouer le rôle de **vecteurs*** en intégrant leur matériel génétique dans le génome des cellules qu'ils infectent, qu'elles soient **Procaryotes*** ou **Eucaryotes**. Des virus modifiés peuvent ainsi être utilisés en biotechnologie, dans le cadre de thérapies géniques par exemple.

B. Importance des transferts horizontaux au cours de l'évolution

■ Le **séquençage*** complet des génomes d'un grand nombre d'espèces montre que les transferts horizontaux sont très fréquents, aussi bien chez les Procaryotes que chez les Eucaryotes, y compris chez les Animaux.

> **Remarque**
> Le **mécanisme de transfert** n'est pas toujours connu.

Exemples de transferts horizontaux supposés, tirés du séquençage des génomes

Organismes donneurs	Organismes receveurs	Fonction des gènes transférés
Bactéries	Cnidaires (anémones, méduses, coraux)	– Implication dans le métabolisme – Production de toxines
Bactéries	Nématodes (vers ronds non segmentés)	– Synthèse du groupement hème (fixation de l'O_2) – Implication dans le parasitisme des plantes – Synthèse de vitamines B
Bactéries Champignons	Insectes Arachnides	– Synthèse de caroténoïdes (pigments)
Bactéries Champignons	Crustacés	– Implication dans le métabolisme – Implication dans les mécanismes de défense
Bactéries Rétrovirus	Vertébrés	– Production de protéines antigel

Ces exemples ne sont pas à connaître.

Source : Boto, 2014

■ Ainsi, des espèces phylogénétiquement très éloignées, peuvent présenter des ressemblances, et réciproquement des espèces proches parentes peuvent exprimer des caractères très différents, grâce aux informations contenues dans le matériel génétique transféré de manière horizontale. En raison des transferts horizontaux, les arbres phylogénétiques peuvent être contradictoires selon les gènes considérés.

Phylogénie établie à partir de l'étude d'ARN ribosomique

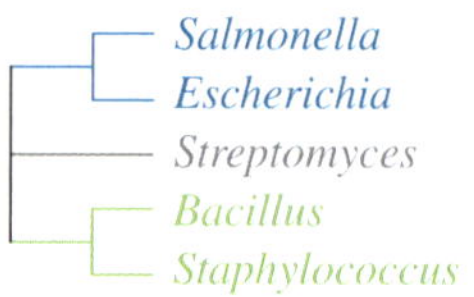

Phylogénie établie à partir de l'étude du gène codant pour l'enzyme phénylalanine ARNt synthétase*

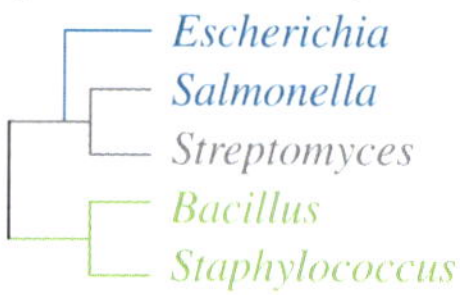

Hypothèse : au cours de l'évolution, il y aurait eu transfert horizontal du gène de la phénylalanine ARNt synthétase d'un ancêtre de l'espèce *Salmonella* à un ancêtre de l'espèce *Streptomyces*.

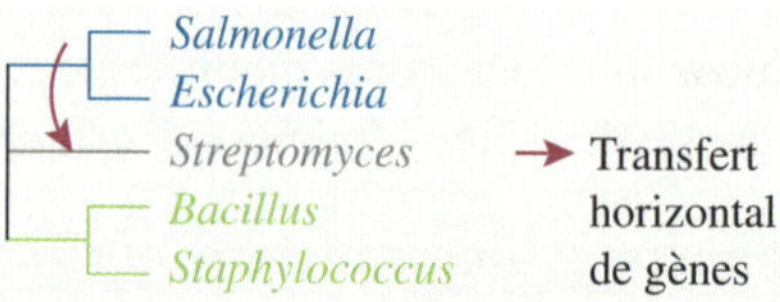

* La phénylalanine ARNt synthétase est une enzyme impliquée dans la traduction.

Source : Université de Montréal

Figure 4 *Transferts horizontaux et phylogénies, exemple chez les bactéries*

Remarques

- L'**ARN*** **ribosomique*** (ARNr) est utilisé comme marqueur de l'évolution des organismes pour construire les arbres phylogénétiques car c'est une molécule très conservée, présente chez toutes les espèces, et peu susceptible de faire l'objet de transferts horizontaux.
- Les détails sur les séquences utilisées pour construire les arbres ne sont pas à connaître.

■ Les transferts horizontaux ont des effets très importants sur l'évolution.

Ex. : Le transfert de gènes entre des **rétrovirus*** (virus à ARN) et les ancêtres des Mammifères actuels ont permis l'apparition du placenta au cours de l'évolution. La comparaison entre les séquences de la syncytine humaine, protéine nécessaire à la mise en place du placenta lors du développement embryonnaire, et d'une protéine de l'enveloppe du rétrovirus MPMV montre plus de 80 % d'identité génétique qui ne peuvent pas être dus au hasard.

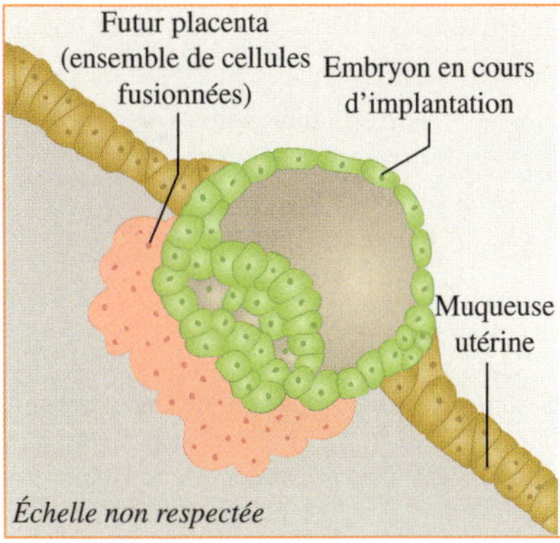

Au cours du développement embryonnaire des Mammifères, le placenta (zone d'échanges avec l'organisme maternel) est obtenu par fusion de cellules, induite par des protéines membranaires appelées syncytines. Or les gènes codants pour ces protéines sont issus de rétrovirus. Ces gènes se sont donc intégrés dans le génome des ancêtres des Mammifères actuels à l'occasion d'une infection virale, ayant touché les cellules germinales (futurs gamètes).

Figure 5 *Des transferts horizontaux expliquent l'apparition du placenta chez les Mammifères*

Syncytine humaine	ThrLeuG1nAspG1nLeuAsnSerLeuA1aA1aVa1Va1LeuG1nAsnArg
Protéine de l'enveloppe de MPMV	Asp - - - - ValAsp - - - Glu - - - - - -
Syncytine humaine	ArgA1aLeuAspLeuLeuThrA1aG1uArgG1yGlyThrCysLeuPhe
Protéine de l'enveloppe de MPMV	- Gly - - - - - - - - G1n - - Ile - - Ala

D'après logiciel Anagène

Figure 6 *Comparaison entre une partie des séquences en acides aminés de la syncytine humaine et d'une protéine de l'enveloppe du rétrovirus MPMV*

Les traits horizontaux indiquent des acides aminés similaires.

■ Les transferts horizontaux permettent aux êtres vivants d'acquérir de nouvelles fonctions qui affectent leur mode de vie et leurs interactions avec les autres espèces. Ils ont donc des effets très importants sur l'évolution des populations et des écosystèmes.

Remarque

Les **séquences d'ADN d'origine rétrovirale** ne sont pas négligeables : elles représentent **8 % du génome humain**.

C. Conséquences et applications en santé humaine

■ Les **antibiotiques*** sont des substances ayant pour effet de détruire ou d'empêcher le développement des bactéries, susceptibles de causer des maladies. Or, les bactéries peuvent se transmettre des gènes de résistance aux antibiotiques par transfert horizontal. Ces gènes diffusent particulièrement facilement entre différentes espèces bactériennes par conjugaison au sein des **microbiotes*** intestinaux. Les bactéries devenues multirésistantes (c'est-à-dire résistantes à plusieurs types d'antibiotiques) peuvent ainsi se répandre dans l'environnement *via* les excréments des animaux. L'utilisation, parfois abusive, des antibiotiques en santé humaine ou dans les élevages favorise donc la propagation de bactéries résistantes et constitue un problème majeur de santé publique.

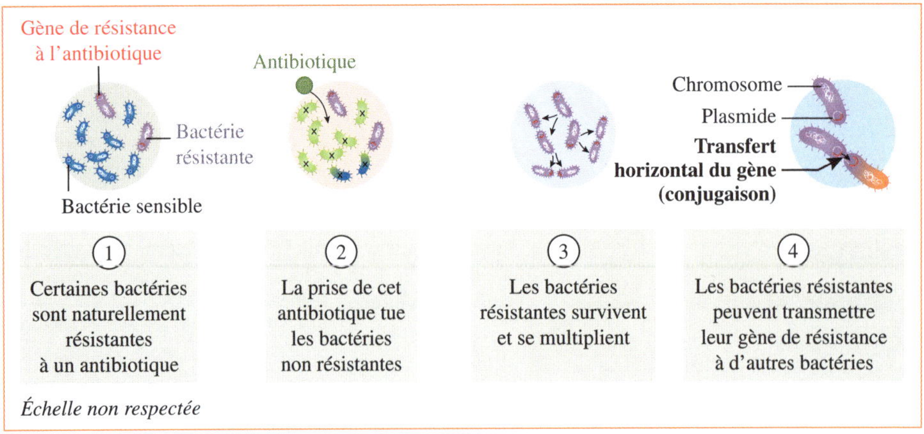

Figure 7 *Sélection et propagation d'un gène de résistance par la prise d'un antibiotique*

■ La connaissance des mécanismes des transferts horizontaux permet des applications biotechnologiques. La possibilité de découper l'ADN au niveau de sites précis grâce à des enzymes permet de concevoir des plasmides portant un gène d'intérêt. Ainsi, la culture de lignées bactériennes transgéniques permet de produire des molécules d'intérêt en grande quantité pour soigner les humains, par exemple des **hormones*** pour traiter le retard de croissance de certains enfants.

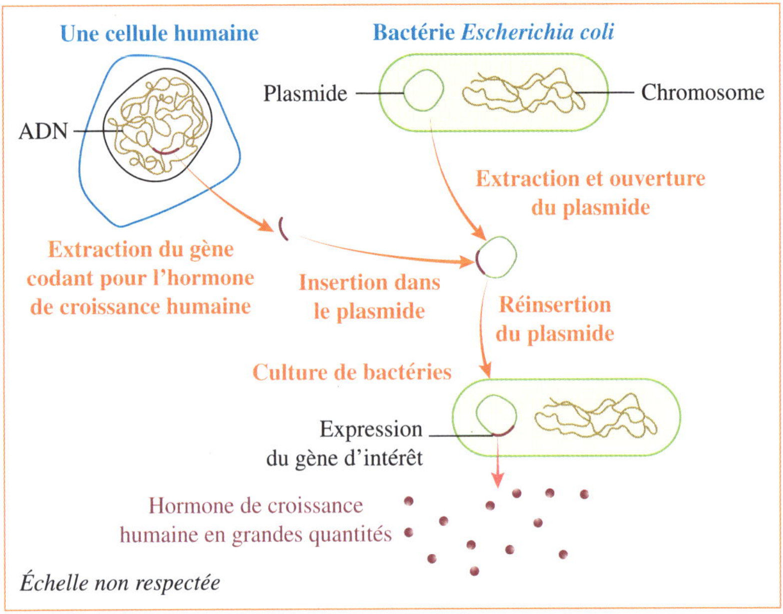

Figure 8 *Production d'hormone de croissance humaine par des bactéries transgéniques*

en dedans

2 Endosymbioses

Remarque

Voir également chapitre 4 : les symbioses p. 96.

■ Les cellules des organismes eucaryotes sont caractérisées par la présence d'organites spécialisés tels les **mitochondries*** (siège de la respiration cellulaire ; *voir chapitre 17 p. 339*) et les **chloroplastes*** (siège de la photosynthèse *; voir chapitre 8 p. 168)*. Différents arguments ont conduit à considérer que ces organites énergétiques étaient issus d'**endosymbioses*** : des bactéries auraient été ingérées par des cellules primitives dans la lignée des eucaryotes et cette association aurait procuré des bénéfices réciproques aux deux organismes. Au cours de l'évolution, plusieurs endosymbioses successives permettent d'expliquer la diversité au sein des organismes eucaryotes.

■ La taille des mitochondries et des chloroplastes est très comparable à celle des bactéries (1 à 10 µm). Ces organites sont limités par une double membrane dont la partie interne a une composition proche d'une membrane de bactérie. Comme les bactéries, les mitochondries et les chloroplastes se divisent en deux par **scissiparité***, indépendamment des divisions du noyau de la cellule eucaryote qui les héberge.

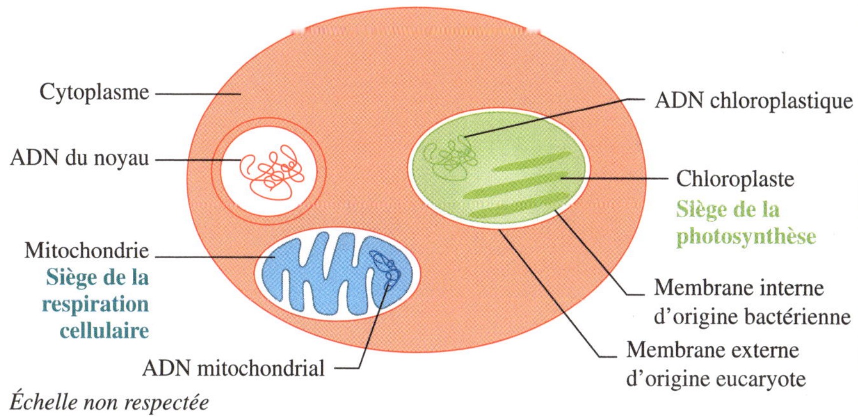

Figure 9 *Structure simplifiée d'une cellule eucaryote végétale*

■ Une cellule eucaryote contient de l'ADN dans son noyau, mais également dans ses organites endosymbiotiques. On parle ainsi de génome mitochondrial et de génome chloroplastique. Comme les bactéries, et contrairement aux cellules eucaryotes, les mitochondries et les chloroplastes comportent de l'ADN nu, non contenu dans un noyau, sous la forme d'un unique chromosome, souvent circulaire.

■ Par comparaison avec des bactéries libres, les mitochondries et chloroplastes ont perdu une grande partie de leur matériel génétique (de 95 à 99 %). Cependant les protéines de ces organites endosymbiotiques sont toujours produites : elles sont en grande partie codées par des gènes du noyau de la cellule eucaryote, puis importées depuis le cytoplasme. En effet, au cours de l'évolution, certains gènes des mitochondries et chloroplastes ont été transférés dans le génome nucléaire. D'autres gènes des endosymbiotes sont devenus inutiles ou leurs fonctions ont pu être assurées par des gènes du noyau : ils ont ainsi pu être perdus sans conséquence. Les organites endosymbiotiques se sont donc étroitement intégrés au fonctionnement de leur cellule-hôte eucaryote.

■ En raison des endosymbioses, si pour une espèce donnée, par exemple le maïs (*Zea mays*), on considère indépendamment les génomes du noyau, des chloroplastes et des mitochondries pour établir une phylogénie, on obtient un arbre dans lequel cette espèce apparaît trois fois. Les mitochondries et les chloroplastes sont phylogénétiquement proches de bactéries différentes, tandis que l'étude du génome nucléaire du maïs le place bien parmi les autres Eucaryotes.

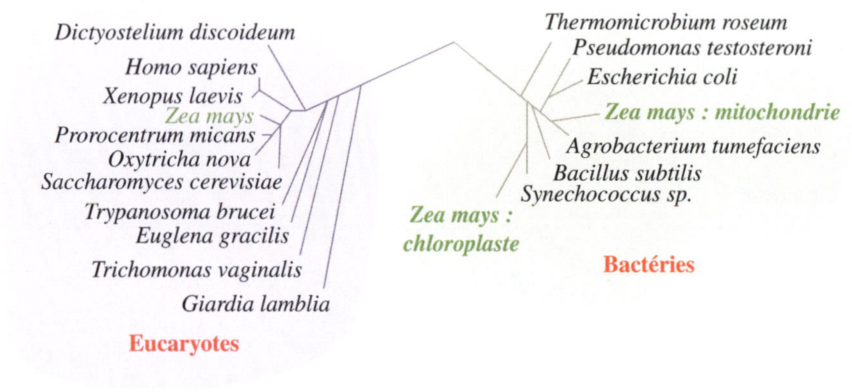

La longueur des branches est proportionnelle au nombre de mutations accumulées.

Source : Lang et al.*, 2000*

Figure 10 *Représentation schématique de l'arbre phylogénétique démontrant les relations évolutives entre des organismes appartenant aux branches des Bactéries et des Eucaryotes*

D'après l'analyse d'un gène codant pour de l'ARN ribosomique. Pour l'espèce *Zea mays* (le maïs), on a étudié indépendamment les génomes du noyau, des mitochondries et des chloroplastes.

■ En raison des transferts horizontaux et des endosymbioses, les relations de parenté entre les organismes sont mieux représentées sous la forme d'un **réseau phylogénétique*** que par un arbre, pour traduire la complexité de l'histoire évolutive du vivant.

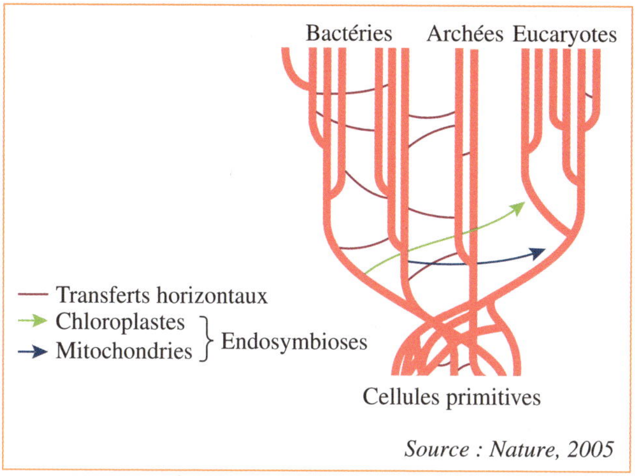

Figure 11 *Réseau phylogénétique simplifié du monde vivant, incluant les transferts horizontaux de gènes et les endosymbioses*

Remarque

Les **Archées** sont des **microorganismes unicellulaires procaryotes**, qui se distinguent des bactéries aux niveaux génétique et métabolique.

- Qu'il s'agisse de transferts horizontaux de gènes ou d'endosymbioses, les cellules et organismes transmettent ces acquisitions au cours de la reproduction.

- La transmission verticale des caractères héréditaires par l'ADN des plasmides ou des organites (mitochondries, chloroplastes) est qualifiée d'**hérédité cytoplasmique***.

ÉCHANGES DE MATÉRIEL GÉNÉTIQUE HORS DE LA REPRODUCTION

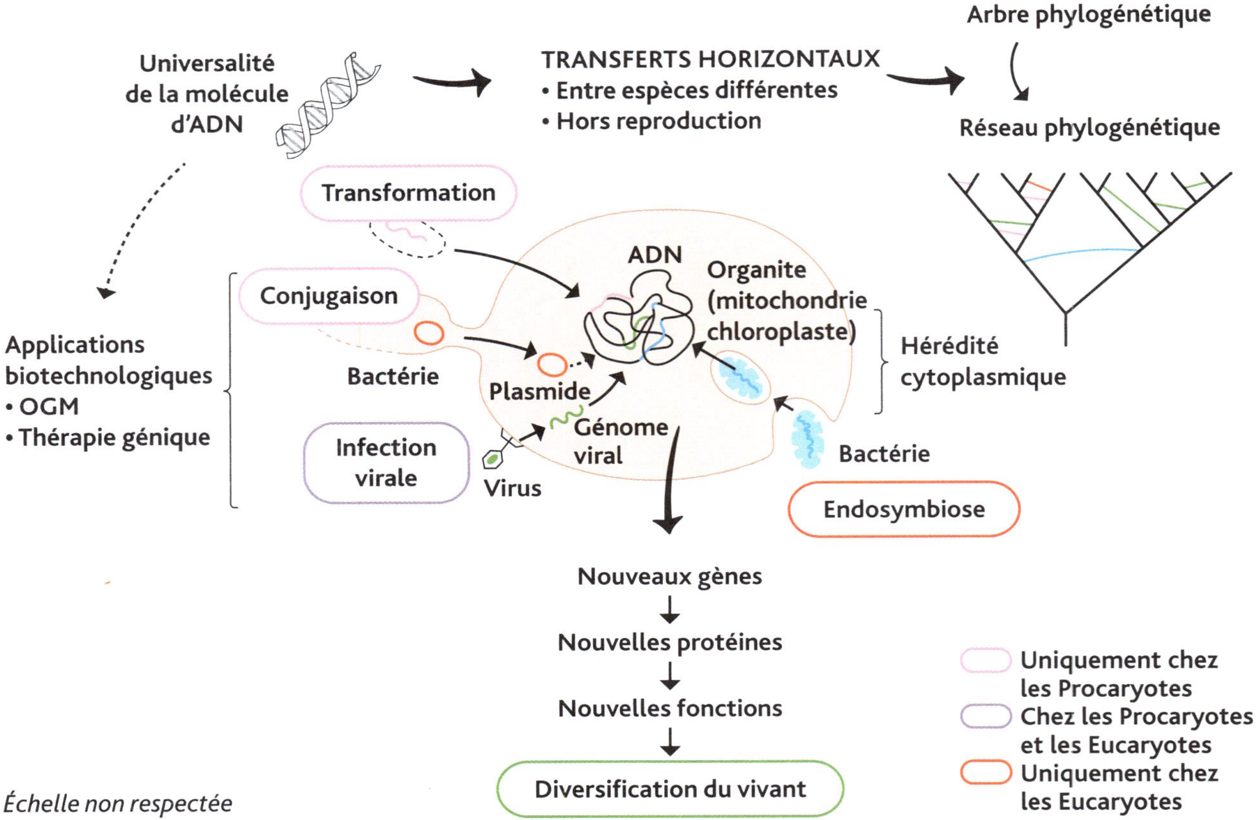

Échelle non respectée

EXERCICES

Connaître le cours

1 2 min ★ Vrai ou faux ?

Relever la (ou les) affirmation(s) exacte(s).

a) « Les transferts horizontaux sont possibles en raison de l'universalité de la molécule d'ADN. »

b) « Les transferts horizontaux se réalisent toujours au sein d'une même espèce. »

c) « Les transferts horizontaux se réalisent toujours entre des espèces génétiquement proches. »

d) « Les transferts verticaux peuvent concerner des espèces phylogénétiquement éloignées. »

→ *Corrigé p. 69*

2 2 min ★ Vrai ou faux ?

Relever la (ou les) affirmation(s) exacte(s).

a) « Les Procaryotes sont les seuls organismes à pouvoir réaliser des transferts horizontaux. »

b) « Le séquençage des génomes a permis de constater la fréquence des transferts horizontaux. »

c) « De nombreux arguments permettent d'affirmer que les mitochondries et les chloroplastes proviennent de bactéries ingérées par des cellules eucaryotes primitives. »

d) « Les mitochondries et les chloroplastes sont transmis à la descendance d'un organisme par transfert vertical. »

→ *Corrigé p. 69*

3 10 min ★★ Restitution de connaissances

Expliquer comment l'utilisation continue d'un antibiotique dans un élevage peut conduire à la propagation de bactéries résistantes à cet antibiotique.

→ *Corrigé p. 69*

4 20 min ★★ Schématiser le cours

Schématiser les étapes ayant mené à l'acquisition durable de mitochondries et à leur fonctionnement dans les cellules eucaryotes.

Remarque : les mitochondries ont perdu 95 % de leur matériel génétique.

→ *Corrigé p. 69*

S'entraîner

5 30 min ★★ Transferts horizontaux chez les Arthropodes

Source : Reiss et al., *2019*

Les transferts de matériel génétique d'une espèce à une autre, hors de la reproduction, sont appelés transferts horizontaux. Ces phénomènes sont très courants chez les bactéries et connus de longue date. Plus récemment, à mesure que les données de séquençage des génomes s'accumulaient, les scientifiques ont réalisé que les transferts horizontaux touchaient également fréquemment les Eucaryotes, y compris les animaux.

Une étude scientifique, parue le 13 février 2019 dans *Plos Genetics*, montre la distribution des transferts horizontaux au sein de l'arbre des Arthropodes (principalement les Insectes, Arachnides et Crustacés) et s'interroge sur les facteurs expliquant l'hétérogénéité constatée.

Document 1 : Distribution des transferts horizontaux (en nombre d'événements estimés par espèce) chez les Arthropodes

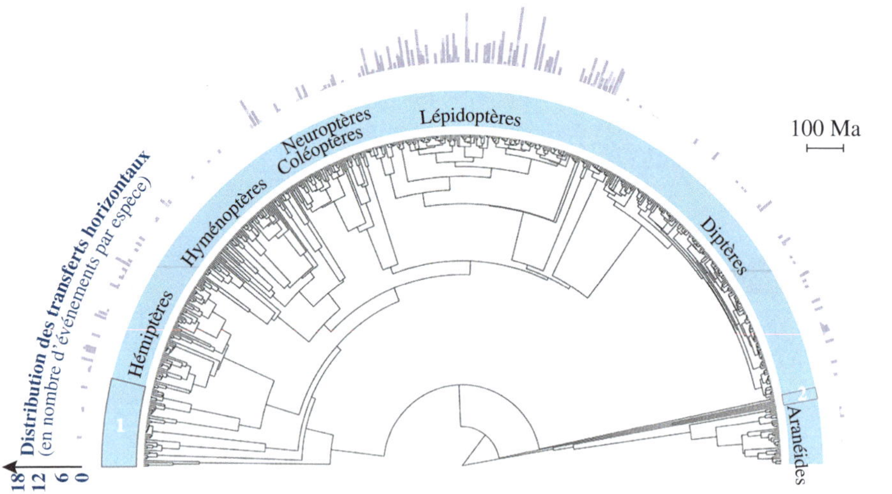

1 et 2 = Ensemble de groupes d'arthropodes comportant peu d'espèces
Hémiptères : cigales, pucerons, punaises…
Hyménoptères : abeilles, guêpes, fourmis…
Coléoptères : coccinelles, scarabées…
Neuroptères : chrysopes, fourmilions…
Lépidoptères : papillons
Diptères : mouches, moustiques…
Aranéides : araignées

Document 2 : Baculovirus et larves de Lépidoptères

Les baculovirus sont des virus de grande taille en forme de bâtonnets (longueur d'environ 350 nm), qui infectent spécifiquement les insectes. Ils infectent communément les Lépidoptères (papillons) et beaucoup plus rarement les autres groupes. Ce type de virus a été la cause d'une forte mortalité des vers à soie (*Bombyx mori*) au XIXe siècle.

Les baculovirus, inoffensifs pour l'humain, possèdent un génome nu constitué d'une molécule d'ADN double brin circulaire et infectieux.

L'infection primaire se produit dans l'intestin de l'insecte hôte : les chenilles de papillons s'infectent par ingestion de feuilles contaminées par le virus. Les particules virales sont libérées dans l'intestin et pénètrent les cellules de l'hôte. L'ADN viral est alors intégré au génome des cellules-hôtes et son expression permet la multiplication des particules virales. L'infection finit souvent par tuer les chenilles. Lorsque les larves de papillons meurent, des millions de particules virales sont libérées dans le milieu.

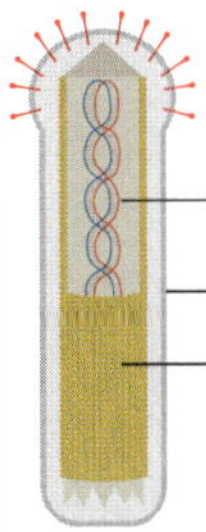

Organisation d'un baculovirus

1. Indiquer le groupe le plus affecté par les transferts horizontaux au sein des Arthropodes.
2. À l'aide des documents, proposer une hypothèse pour expliquer cette constatation.

→ Corrigé p. 70

6 30 min ★★ Résistance des bactéries aux antibiotiques

Les antibiotiques sont des substances ayant pour effet de détruire ou d'empêcher le développement des bactéries susceptibles de causer des maladies chez l'humain ou chez les animaux d'élevage en particulier.

Le document suivant présente l'évolution de la concentration sanguine en antibiotique après son administration pour trois doses croissantes (①, ② et ③) au temps t_0 : l'augmentation de la concentration sanguine correspond au passage du tube digestif au sang, la diminution de la concentration sanguine correspond à la dégradation de l'antibiotique par le foie.

Ce genre d'étude est nécessaire pour établir les posologies (dosages et fréquence d'administration) et la durée de traitement par l'antibiotique dans un but thérapeutique.

Avant traitement, la population bactérienne de l'organisme comprend de rares mutants résistants à l'antibiotique. Les bactéries susceptibles d'être détruites par l'antibiotique sont dites « sensibles ».

- C max ou « concentration sanguine maximale » est la concentration maximale d'antibiotique dans le sang après l'administration.
- La CMI ou « concentration minimale inhibitrice » correspond à la plus petite concentration d'antibiotique inhibant la croissance bactérienne après 18 h de culture à 35 °C.
- La CPM ou « concentration de prévention des mutants résistants » est la concentration en dessous de laquelle la sélection de mutants résistants est possible.

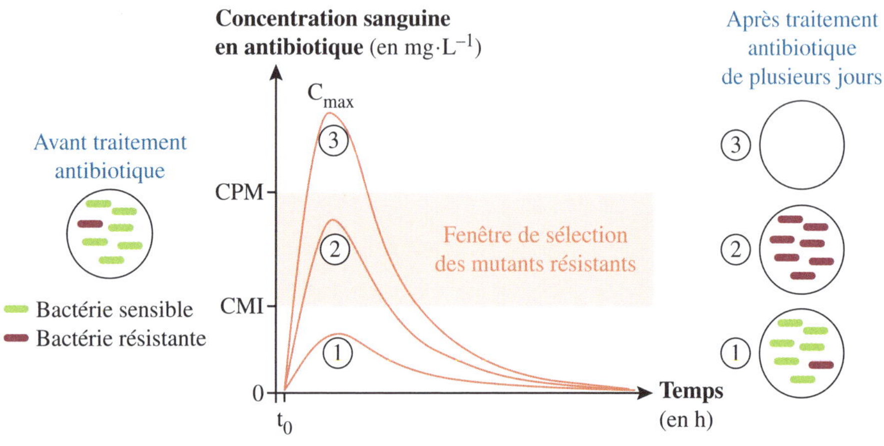

Source : Combemorel, 2019

Évolution de populations bactériennes en fonction de la concentration sanguine en antibiotique après administration de 3 doses différentes à t_0

1. Indiquer l'effet de l'administration des doses ①, ② ou ③ sur l'évolution des populations bactériennes de l'individu. Quelle dose préconiser dans le cadre d'un traitement par cet antibiotique ?

2. À l'aide du document et des connaissances, expliquer pourquoi il est dangereux d'administrer la dose ②, sur un plan individuel mais aussi collectif.

3. À l'aide du document et des connaissances, expliquer pourquoi il est important de respecter la durée de traitement par un antibiotique et de ne pas l'interrompre prématurément.

→ Corrigé p. 70

SUJET DU BAC

Exercice 2 : Pratique du raisonnement scientifique 1 h 45 8 points

Les nématodes parasites des végétaux

En 2008, une équipe de chercheurs français a coordonné un programme de séquençage du génome du nématode à galles*, *Meloidogyne incognita*, un « ver rond » ravageur des cultures, afin d'ouvrir la voie à de nouvelles solutions de lutte. Les nématodes phytophages sont en effet responsables de 5 % des pertes globales des récoltes mondiales (dégâts estimés à plusieurs dizaines de milliards d'euros par an dans le monde).

Remarque

Ce sujet peut être lié au **chapitre 10** sur la Domestication des plantes. Il fait également appel à des connaissances du **chapitre 1**.

** Les galles sont des excroissances ou tumeurs développées par les végétaux sous l'effet de l'infection par un parasite.*

À l'aide des documents et des connaissances, expliquer comment certains nématodes ont pu acquérir de nouvelles fonctions au cours de l'évolution, leur permettant de parasiter les végétaux. Déterminer également par quels processus génétiques ces nématodes parasites des végétaux ont pu développer une telle efficacité (capacité à détruire les plantes, diversité des hôtes) expliquant les dégâts occasionnés sur les cultures de l'ensemble du globe.

Document 1 : Galles sur les racines

1.a. : Galles sur des racines infectées par un nématode

© Jean Faucett/Shutterstock

1.b. : *Meloidogyne incognita*, grossi 500 fois, en train de s'introduire dans une racine de tomate (microscopie électronique à balayage)

© W. Weirgin and R. Sayre/ U.S. Departement of Agriculture

Le ver nématode *Meloidogyne incognita* est un parasite extrêmement vorace, capable d'attaquer plus de 2 000 plantes hôtes, et particulièrement dommageable pour les cultures maraîchères (tomate, piment, melon…), le café et le coton. Il attaque les plantes en détruisant la paroi des cellules végétales. Il s'introduit dans les racines et y forme des excroissances appelées galles. En se nourrissant des produits de la photosynthèse, le nématode parasite contribue à affaiblir la plante et à diminuer le rendement des récoltes.

Meloidogyne incognita attaque les racines et vit donc dans le sol, au sein des mêmes niches écologiques que de nombreuses bactéries.

Document 2 : Organisation d'un Nématode parasite de végétaux

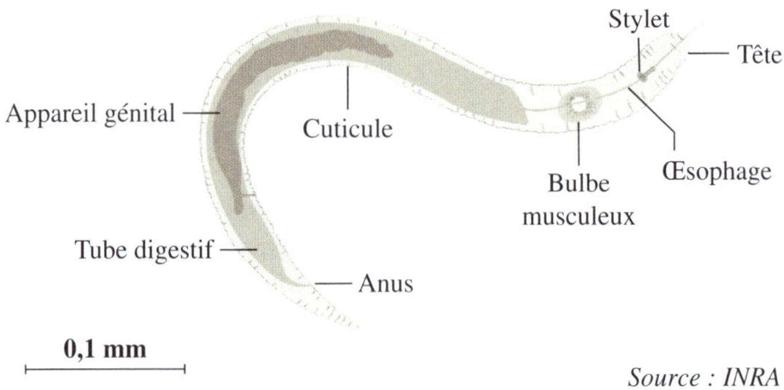

Source : INRA

Les nématodes parasites des végétaux, tel *Meloidogyne incognita,* sont des vers qui possèdent, à la partie antérieure du tube digestif, un stylet perforant suivi d'un œsophage aboutissant à un bulbe musculeux, pompe aspirante et refoulante. Une fois la plante perforée par le stylet, des enzymes digestives produites par les glandes salivaires y sont injectées par cette pompe, laquelle, ensuite, aspire le produit de la digestion et le déverse dans l'intestin.

Document 3 : Génome et équipement enzymatique de *Meloidogyne incognita*

Le génome de *Meloidogyne incognita* contient plus de 20 000 gènes (valeur comparable au nombre de gènes humains). Les scientifiques ont identifié un large éventail d'enzymes (plus de 60) permettant la dégradation de la paroi cellulaire des plantes. Ces enzymes digestives sont cruciales pour pénétrer dans la plante et migrer à l'intérieur des racines.

Lorsque ces gènes sont désactivés, le ver voit sa capacité à parasiter la plante fortement réduite. L'équipement enzymatique du Nématode est donc particulièrement adapté au parasitisme des plantes.

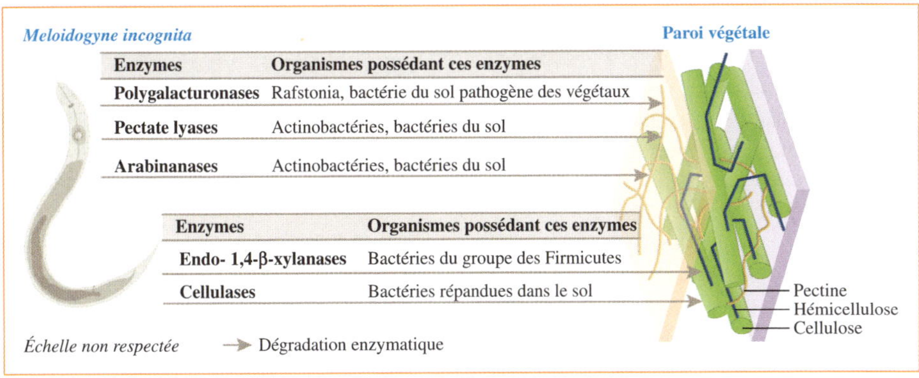

Enzymes	Organismes possédant ces enzymes
Polygalacturonases	Rafstonia, bactérie du sol pathogène des végétaux
Pectate lyases	Actinobactéries, bactéries du sol
Arabinanases	Actinobactéries, bactéries du sol

Enzymes	Organismes possédant ces enzymes
Endo- 1,4-β-xylanases	Bactéries du groupe des Firmicutes
Cellulases	Bactéries répandues dans le sol

Les enzymes de *Meloidogyne incognita*, qui permettent de dégrader la paroi des cellules végétales, sont également présentes chez des bactéries du sol.

Document 4 : Phylogénie du nématode *Meloidogyne incognita*

4.a. : Arbre phylogénétique simplifié du vivant

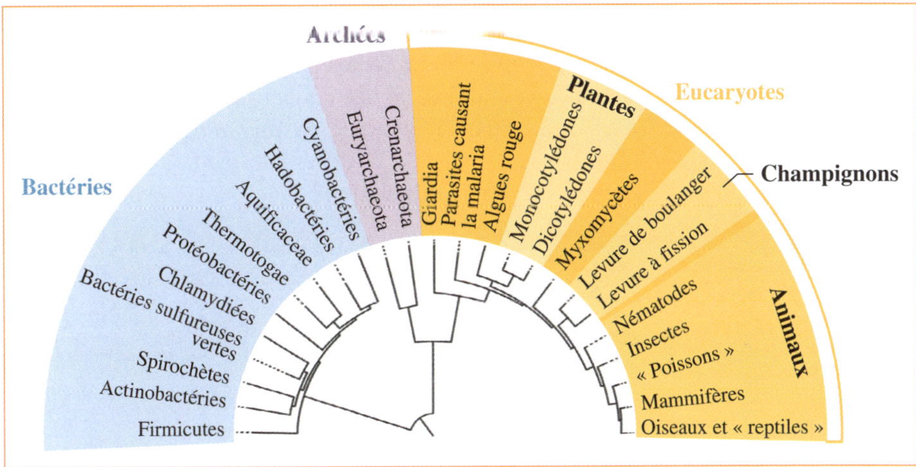

4.b. : Étude comparée des enzymes digestives du nématode à galles

Les 60 enzymes digestives du nématode à galles ont été comparées, *via* une base de données internationale, à ce qui existe dans le monde du vivant.

Ces 60 enzymes, œuvrant, entre autres pour la dégradation de la paroi végétale, ne se retrouvent généralement pas dans le règne animal, excepté chez les autres nématodes parasites de plantes. Ces enzymes se trouvent par contre chez différentes bactéries (organismes procaryotes, phylogénétiquement très éloignés des nématodes).

4.c. : Phylogénie réalisée par l'étude de la séquence des arabinases, enzymes dégradant les pectines des parois végétales

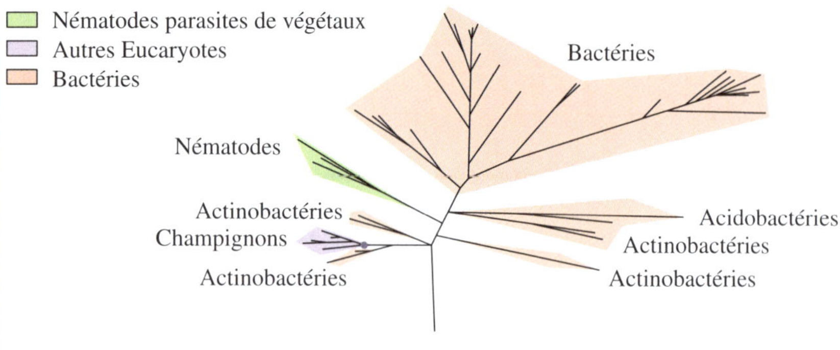

Source : Abad et al., *2008*

Document 5 : Différents processus génétiques pour expliquer le génome de *Meloidogyne incognita*

Chez les Nématodes à galles, les enzymes de dégradation des parois végétales sont codées par des familles multigéniques. Ces enzymes permettent l'infiltration et la migration du parasite à travers la racine. Les gènes codant pour ces enzymes sont présents en de nombreux exemplaires dans le génome de *Meloidogyne incognita*, ce qui permet une production massive d'enzymes. Ces différentes copies des gènes sont issues de duplications géniques au cours de l'évolution.

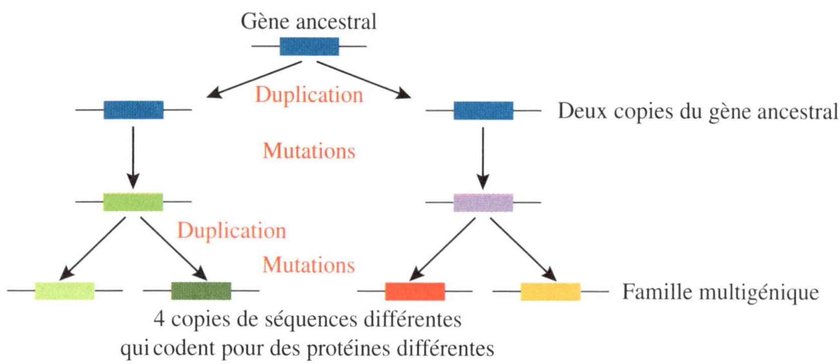

Formation d'une famille multigénique par duplications géniques et mutations

→ Corrigé p. 71

CORRIGÉS

1 → Énoncé p. 61

L'affirmation exacte est la a).

2 → Énoncé p. 61

Les affirmations exactes sont b), c) et d).

3 → Énoncé p. 61

Les antibiotiques sont des substances ayant pour effet de détruire ou d'empêcher le développement des bactéries susceptibles de causer des maladies, notamment chez les animaux d'élevage. Or, grâce à des mutations génétiques, certaines bactéries peuvent présenter naturellement une résistance à un ou plusieurs antibiotiques.

Lorsqu'un antibiotique est administré de manière continue dans un élevage, cette substance crée une pression de sélection qui favorise le développement des rares bactéries résistantes : elles deviennent donc de plus en plus nombreuses, et on ne peut plus les éliminer à l'aide du même antibiotique. De plus, ces bactéries peuvent transmettre leurs gènes de résistance aux antibiotiques aux bactéries jusqu'ici sensibles, par transfert horizontal. Ces transferts horizontaux se réalisent aisément au sein de populations bactériennes présentes dans le tube digestif des animaux d'élevage. Les bactéries résistantes peuvent ainsi se répandre massivement *via* les excréments, et contaminer l'environnement et d'autres espèces.

Voir figure 7 du cours page 56.

4 → Énoncé p. 61

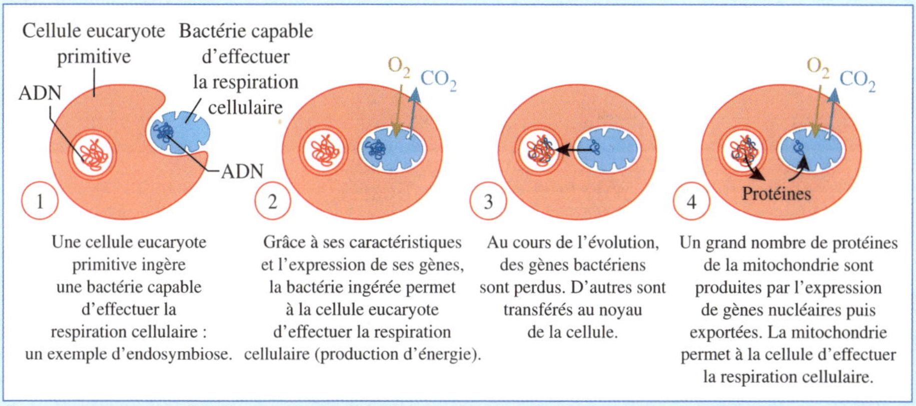

L'acquisition et le fonctionnement de la mitochondrie dans la cellule eucaryote

5 → Énoncé p. 62

1. L'étude des génomes met en évidence qu'au cours de l'évolution, les Lépidoptères (papillons) ont été affectés par un plus grand nombre de transferts horizontaux que les autres groupes d'Arthropodes : jusqu'à plus de 20 événements par espèce chez les Lépidoptères, contre au maximum 6 pour la plupart des autres groupes.

2. Les Lépidoptères sont davantage infectés par des baculovirus. Ce virus intégrant son ADN à celui des cellules-hôtes infectées, il est possible que des transferts horizontaux aient pu se réaliser *via* ces vecteurs viraux. Cependant, pour que ce nouveau matériel génétique ait pu ensuite se transmettre verticalement au cours de la reproduction, il doit avoir été intégré dans le génome de cellules germinales.

6 → Énoncé p. 63

1. L'administration de la dose ① conduit à une Cmax inférieure à la CMI. Ainsi, la prise de l'antibiotique n'aura pas d'effet sur les populations bactériennes présentes dans l'organisme : le médicament sera inefficace.

L'administration de la dose ② conduit à une Cmax supérieure à la CMI, mais inférieure à la CPM : la dose ② détruit les bactéries sensibles mais favorise le développement de bactéries résistantes. Les bactéries résistantes deviennent majoritaires et ne peuvent plus être traitées par l'antibiotique.

De plus, ces bactéries ont pu transmettre leur résistance aux bactéries sensibles par transfert horizontal de gènes.

L'administration de la dose ③ conduit à une Cmax supérieure à la CPM : toutes les bactéries sont détruites. C'est donc la dose ③ qu'il faudrait administrer dans le cadre d'un traitement par cet antibiotique.

2. Il est dangereux d'administrer la dose ② :

- sur un plan individuel, car si les bactéries pathogènes deviennent résistantes à tous les antibiotiques existants, il n'est plus possible de soigner la personne malade (on parle d'impasse thérapeutique) ;
- sur un plan collectif, car cela contribue à la propagation des bactéries résistantes dans l'environnement et dans la population, créant ainsi un problème majeur de santé publique.

3. Même si l'administration de la dose ③ est efficace car Cmax > CPM, cette concentration sanguine efficace est de courte durée en raison de la dégradation de l'antibiotique par le foie. Ainsi, il est nécessaire de reprendre régulièrement de nouvelles doses pendant plusieurs jours sans interruption, afin de maintenir une concentration sanguine d'antibiotiques supérieure à la CPM, permettant d'éliminer toutes les bactéries pathogènes sans développement de résistances.

SUJET DU BAC

Exercice 2 : Pratique du raisonnement scientifique → Énoncé p. 65

Les nématodes à galles *Meloidogyne incognita* sont des vers ravageurs des cultures dans le monde entier. Ils sont capables d'infecter plus de 2 000 plantes hôtes. Or cette infection nécessite d'être capable de dégrader la paroi des cellules végétales, afin de s'introduire dans les tissus végétaux. Comment les nématodes parasites des végétaux ont-ils pu acquérir ces fonctions au cours de l'évolution ? Par quels processus génétiques ont-ils pu développer une telle efficacité pour ravager une grande diversité de végétaux ?

I – Comment les nématodes parasites des végétaux ont-ils pu acquérir les fonctions leur permettant de s'introduire dans les végétaux au cours de l'évolution ?

Documents 1 et 2 :

L'infection d'une plante par un nématode à galles nécessite la capacité de dégrader la paroi des cellules végétales. En effet, pour se nourrir, les nématodes parasites des végétaux perforent la plante puis y injectent des **enzymes digestives** produites par les glandes salivaires.

Les enzymes digestives de *Meloidogyne incognita* ne se retrouvent généralement pas dans le règne animal, excepté chez les autres nématodes parasites de plantes. Ces enzymes se trouvent par contre chez différentes **bactéries**, des organismes procaryotes, phylogénétiquement très éloignés des nématodes.

> **Méthode**
>
> **1. Lire** une première fois l'ensemble des documents dans leur ordre de présentation et surligner les informations qui permettent de répondre à la question.
> **2. Organiser** ensuite ces éléments de réponse dans un ordre logique qui ne respectera pas nécessairement l'ordre de présentation des documents dans le sujet.
> Le piège serait d'analyser successivement les documents sans faire de lien entre eux.
> **Les mots-clés sont indiqués en gras dans le corrigé.**

Document 3 :

Par exemple, les polygalacturonases de *Meloidogyne incognita* sont également présentes chez *Ralstonia*, une bactérie du sol pathogène des végétaux. D'autres enzymes de *Meloidogyne incognita* sont présentes dans d'autres groupes de bactéries : les Actinobactéries, les Firmicutes ou les Bacteroidetes, répandues dans le sol.

Document 4 :

Si l'on établit une **phylogénie** à partir de l'étude des séquences d'arabinases, des enzymes capables de dégrader les pectines de la paroi végétale, on s'aperçoit que les Nématodes parasites de végétaux sont proches de bactéries, en particulier d'Actinobactéries. Cette phylogénie est contradictoire avec l'arbre phylogénétique du vivant, qui place les Nématodes parmi les Eucaryotes et les animaux.

Or, *Meloidogyne incognita* attaque les racines des végétaux et vit donc dans le sol, au sein des mêmes niches écologiques que de nombreuses bactéries (Document 1).

Ainsi, on peut formuler l'hypothèse selon laquelle la proximité de *Meloidogyne incognita* et des bactéries du sol, au sein de mêmes niches écologiques, ait favorisé un **transfert horizontal** de gènes entre les bactéries et les nématodes. Un transfert horizontal correspond à un transfert de matériel génétique entre des espèces différentes hors d'un processus de reproduction. Ainsi, les Nématodes parasites des végétaux ont pu acquérir des gènes bactériens de dégradation des parois végétales par transfert horizontal.

II – Par quels processus génétiques les nématodes parasites des végétaux ont-ils pu développer une telle efficacité, expliquant leur impact sur différents types de cultures ?

Documents 3 et 5 :

a) Capacité à détruire les plantes et à ravager les cultures

La capacité à ravager les plantes repose sur la production massive d'enzymes. Les gènes codant pour les enzymes digestives sont présents en de nombreux exemplaires dans le génome de *Meloidogyne incognita*, suite à des **duplications géniques** au cours de l'évolution *(voir chapitres 1 et 10)*.

b) Diversité des hôtes

Les enzymes produites par les nématodes parasites des végétaux sont très variées (plus de 60 enzymes différentes découvertes chez *Meloidogyne incognita*), ce qui permet de dégrader un grand nombre de molécules différentes, expliquant ainsi la diversité des hôtes des nématodes parasites. Or, chez les nématodes à galles, les enzymes de dégradation des parois végétales sont codées par des **familles multigéniques**. Ainsi, on peut penser que des **mutations** ont affecté indépendamment les nombreuses copies des différents gènes codant pour les enzymes, obtenues par **duplications géniques**.

En conclusion, les **transferts horizontaux** de gènes bactériens, codant pour des enzymes de digestion des parois végétales, auraient été suivis de **duplications géniques** au sein du génome du nématode à galles, puis de **mutations** ayant affecté indépendamment les différentes copies des gènes.

Ces hypothèses permettraient d'expliquer l'**arbre phylogénétique contradictoire** obtenu par l'étude des séquences de certaines **enzymes digestives** de *Meloidogyne incognita,* ainsi que son efficacité en tant que parasite des végétaux, qui en fait un ravageur des cultures sur l'ensemble du globe.

L'évolution des génomes au sein des populations

CHAPITRE 3

La génétique des populations est une science qui tente d'établir des lois expliquant l'évolution de la diversité génétique des espèces.

On définit une **population*** comme un ensemble d'individus d'une même **espèce*** vivant dans un même milieu. Au cours de l'évolution, la composition génétique des populations d'une espèce change de génération en génération. Les écarts entre les résultats issus de modèles mathématiques et les observations dans les populations naturelles permettent de mettre en évidence les effets de différentes forces évolutives.

1 Modèle théorique de Hardy-Weinberg

■ Les populations naturelles sont composées d'organismes génétiquement différents pour un grand nombre de **gènes***. Lorsqu'un gène présente différents allèles (en raison de **mutations***), on parle de **polymorphisme***. Dans une population, la **fréquence allélique*** correspond, pour un gène et un **allèle*** donnés, au nombre d'exemplaires de cet allèle divisé par le nombre total d'allèles dans la population.

Soit une population de 6 individus, dont le génotype est indiqué pour un gène *A* qui présente 3 allèles : *A1*, *A2* et *A3*.

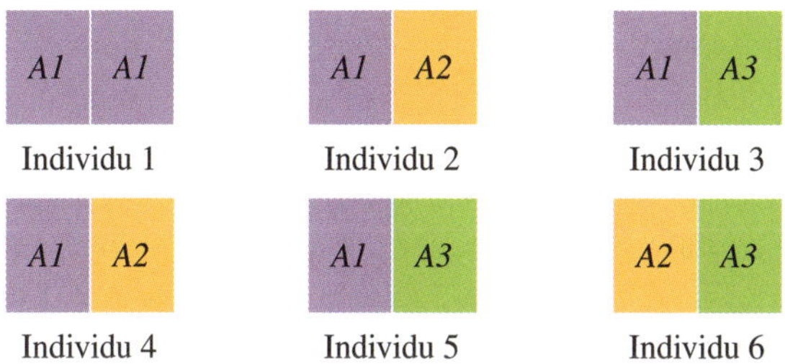

Fréquence de l'allèle *A1* $= \frac{6}{12} = \frac{1}{2} = 0{,}5$ soit 50 %

Fréquence de l'allèle *A2* $= \frac{3}{12} = \frac{1}{4} = 0{,}25$ soit 25 %

Fréquence de l'allèle *A3* $= \frac{3}{12} = \frac{1}{4} = 0{,}25$ soit 25 %

Total des fréquences de l'ensemble des allèles de *A* = 1 soit 100 %

Figure 1 *Calcul des fréquences alléliques pour un gène dans une population d'individus diploïdes*

■ Dans les populations eucaryotes à reproduction sexuée, le modèle théorique de Hardy-Weinberg prévoit la stabilité des fréquences relatives des allèles d'un gène dans une population d'une génération à l'autre. Ce modèle mathématique s'applique uniquement dans des conditions bien définies (*cf. enseignement scientifique de Terminale*). Différents facteurs permettent d'expliquer pourquoi l'évolution des fréquences alléliques dans les populations réelles diffère de l'équilibre prédit par le modèle théorique.

Remarque

La **loi de Hardy-Weinberg** ne peut s'appliquer que dans une **population de dimension infinie**, où les unions des individus et des gamètes se réalisent au **hasard**, où il n'existe **ni migration**, **ni sélection naturelle** vis-à-vis de certains phénotypes et où le **taux de mutations est considéré comme nul**.

2 Effet de forces évolutives dans les populations réelles

A. Existence de mutations favorables ou défavorables

■ Les mutations sont des variations de la séquence d'ADN qui peuvent conduire à l'existence de nouveaux allèles *(voir chapitre 1)*.

■ Les variations du **phénotype*** qui découlent de ces mutations peuvent être neutres, mais aussi favorables ou défavorables dans un environnement donné pour les individus qui les portent. Les individus porteurs des mutations favorables auront plus de chance de survivre et de se reproduire, engendrant ainsi plus de descendants portant les mêmes allèles favorables. La fréquence des allèles favorables augmente donc dans la population au cours des générations : c'est la **sélection naturelle***.

■ Le caractère neutre, favorable ou défavorable des allèles peut être différent d'une population à l'autre, selon l'évolution des caractéristiques du milieu. Ceci contribue au maintien de la diversité génétique de l'espèce, car ce ne sont pas forcément les mêmes allèles qui sont sélectionnés au cours du temps dans les différentes populations.

■ La sélection naturelle est largement observée dans les populations réelles et permet d'expliquer que l'évolution des fréquences alléliques de certains gènes diffère de l'équilibre de Hardy-Weinberg, lorsqu'on étudie les populations sur de nombreuses générations.

Ex. : Les hiboux à cornes, prédateurs des souris à abajoues de l'Arizona, peuvent plus ou moins bien distinguer leurs proies selon leur couleur (génétiquement déterminée) lorsqu'elles se trouvent sur une roche sombre.

Figure 2 *Une souris à abajoues de l'Arizona à phénotype clair*

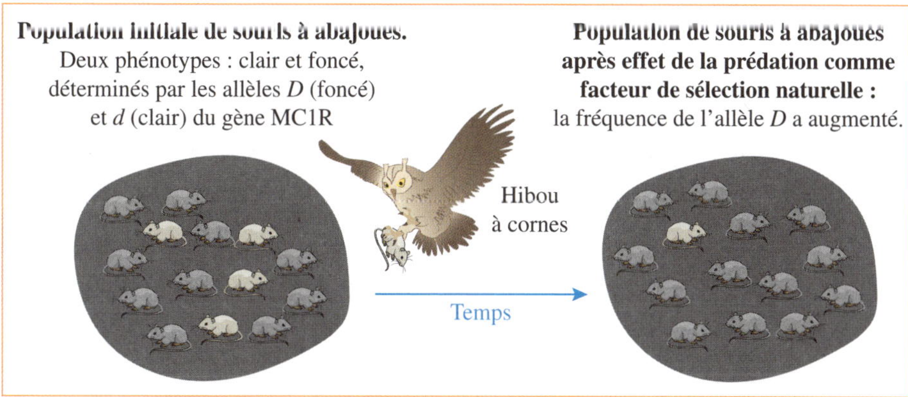

Figure 3 *Exemple de sélection naturelle*

■ La sélection naturelle fait partie des forces responsables de l'évolution du monde vivant.

B. Taille limitée d'une population

■ Contrairement à l'une des conditions de la loi de Hardy-Weinberg, une population n'est jamais de dimension infinie. Or, dans les populations de taille finie, les fréquences alléliques peuvent varier aléatoirement au cours des générations : c'est la **dérive génétique***. Celle-ci est d'autant plus importante que la population est petite.

Ex. : Si l'on considère l'évolution des fréquences alléliques pour un gène au sein d'une population fictive dans un modèle mathématique, et que l'on répète la simulation plusieurs fois à partir de la même population initiale, on obtient des populations génétiquement différentes. En particulier, certains allèles sont amenés à disparaître après un certain nombre de générations.

Évolution de la fréquence des allèles au cours du temps

Simulation a — **Simulation b**

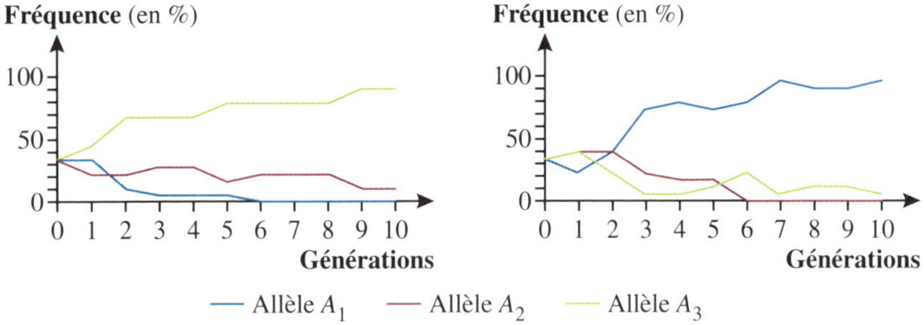

Fréquences pour la génération n° 10 : (Simulation a)

Allèles	Fréquence	Disparu à la génération n°
A_1	0 %	6
A_2	11,1 %	…
A_3	88,9 %	…

Fréquences pour la génération n° 10 : (Simulation b)

Allèles	Fréquence	Disparu à la génération n°
A_1	94,4 %	…
A_2	0 %	6
A_3	5,6 %	…

Figure 4 *Deux simulations à partir d'une même population de départ constituée de 9 individus, pour les allèles* A_1, A_2 *et* A_3 *du gène A, présentant initialement la même fréquence (33,3 %)*

■ La dérive génétique a pour conséquence la perte de diversité génétique au sein de chaque population et l'accentuation des différences génétiques entre des populations à faible **flux génétique*** (échanges génétiques entre des individus issus de différentes populations). Cependant, la diversité génétique de l'espèce n'est pas réduite tant qu'il existe plusieurs populations.

C. Migrations

■ Si des individus migrent, l'**éloignement géographique** empêche leur reproduction avec les autres individus de la population d'origine, même s'ils sont toujours compatibles génétiquement.

■ Les individus qui migrent peuvent alors, selon les cas se reproduire :
- uniquement entre eux ;
- avec les individus d'autres populations de la même espèce, auxquelles ils seront susceptibles d'apporter de nouveaux allèles.

Les migrations peuvent ainsi contribuer à **différencier génétiquement** des populations ou au contraire à **maintenir les flux génétiques** entre ces populations.

Soit des populations d'une même espèce diploïde, composées d'individus dont le génotype est indiqué pour un gène A qui présente 4 allèles.

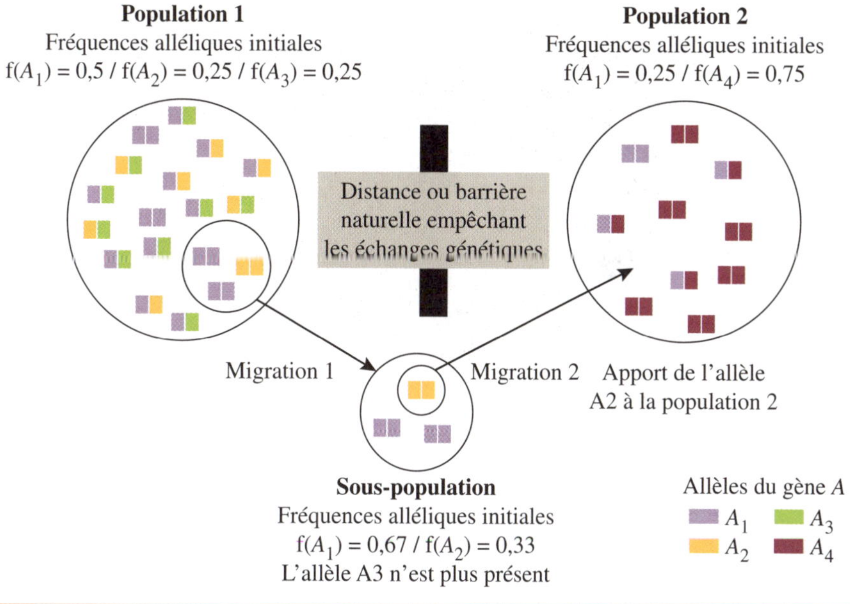

Figure 5 *Conséquences des migrations sur l'évolution des fréquences alléliques au sein des populations*

■ Ainsi, les migrations observées dans les populations réelles déterminent les possibilités de croisements entre certains individus, selon la distance ou l'existence de **barrières naturelles** (océan, montagnes…). Les migrations influencent donc l'évolution de la diversité allélique dans les différentes populations d'une espèce.

Remarque

Lorsqu'un petit groupe d'individus s'isole d'une population, sa composition génétique peut différer fortement de sa population d'origine en raison de son faible effectif. On parle d'**effet fondateur**.

D. Unions non aléatoires

■ La loi de Hardy-Weinberg s'applique dans des populations où les unions se réalisent au hasard. Or, dans une espèce animale, des **préférences sexuelles** ou des **relations hiérarchiques** peuvent conditionner les unions.

Ex. : Chez le rat-taupe (*Heterocephalus glaber*), il existe une hiérarchie au sein des groupes, et seuls les individus dominants se reproduisent. La dominance s'exerce par des comportements agressifs empêchant l'accouplement des autres individus, mais il a également été montré que les processus physiologiques liés à la reproduction étaient inhibés. Les unions ne se réalisent donc pas au hasard au sein de la population.

Figure 6 *Rat-taupe de l'espèce* Heterocephalus glaber

■ Chez l'être humain, des **barrières culturelles** (linguistiques, religieuses…) ou **sociales** peuvent limiter les possibilités de reproduction entre des individus, même s'ils sont géographiquement proches.

■ Chez les végétaux, des **gènes d'incompatibilité** peuvent empêcher la reproduction entre des individus qui se ressemblent trop génétiquement (*voir chapitre* 9).

3 Remise en question de la notion d'espèce

■ Une espèce est un groupe d'individus génétiquement isolés, au sein duquel peut se réaliser la reproduction sexuée. Cependant, toutes les espèces apparaissent comme des ensembles hétérogènes de populations, évoluant continuellement dans le temps. Les différentes populations forment des sous-groupes au sein desquels les échanges génétiques se réalisent effectivement.

■ À cause de l'instabilité de l'environnement, une **différenciation génétique** entre les différentes populations d'une espèce, soumises à la **sélection naturelle** et à la **dérive génétique**, se produit obligatoirement au cours du temps.

> **Remarque**
> L'**environnement d'une population** se définit par des facteurs abiotiques et biotiques susceptibles de varier au cours du temps.
> - Les **facteurs abiotiques** sont les facteurs physico-chimiques ayant une influence sur les êtres vivants. Ex. : température, humidité, salinité…
> - Les **facteurs biotiques** sont liés aux relations entre les êtres vivants de la même espèce (coopération, compétition…) ou d'espèces différentes (prédation, compétition, parasitisme…).

■ Ainsi, différentes populations d'une même espèce peuvent présenter des allèles différents pour les gènes de l'espèce. Les allèles partagés par les individus au sein de chaque population correspondent à son patrimoine génétique.

■ Grâce au **séquençage*** des génomes, la diversité génétique entre les populations d'une même espèce a également pu être mise en évidence et précisément quantifiée au niveau de séquences non codantes (qui n'aboutissent pas à la production de protéines et, ne déterminant pas le phénotype, ne sont pas soumises à la sélection naturelle). Par exemple, les **microsatellites*** sont de courtes séquences d'ADN répétées que l'on trouve dans la plupart des génomes. Les variations du nombre de répétitions de ces séquences selon les individus peuvent être considérées comme des « allèles » et servir de marqueurs dans le suivi de l'évolution de la diversité génétique au sein des populations.

■ La différenciation génétique entre les populations d'une même espèce peut conduire à limiter les échanges réguliers de gènes entre elles, par suite de modifications majeures de leur morphologie ou de leur comportement. Ceci peut mener à la **spéciation***, c'est-à-dire la formation de nouvelles espèces distinctes.

■ Les processus de mutation, sélection naturelle, dérive génétique et migration expliquent l'écart entre l'évolution de la diversité observée dans les populations réelles et celle prédite par le modèle de Hardy-Weinberg. Ces forces évolutives agissent en même temps sur les populations avec des importances relatives que l'on peut déterminer grâce aux données issues du séquençage des génomes.

CARTE MENTALE

ÉVOLUTION DES GÉNOMES AU SEIN DES POPULATIONS

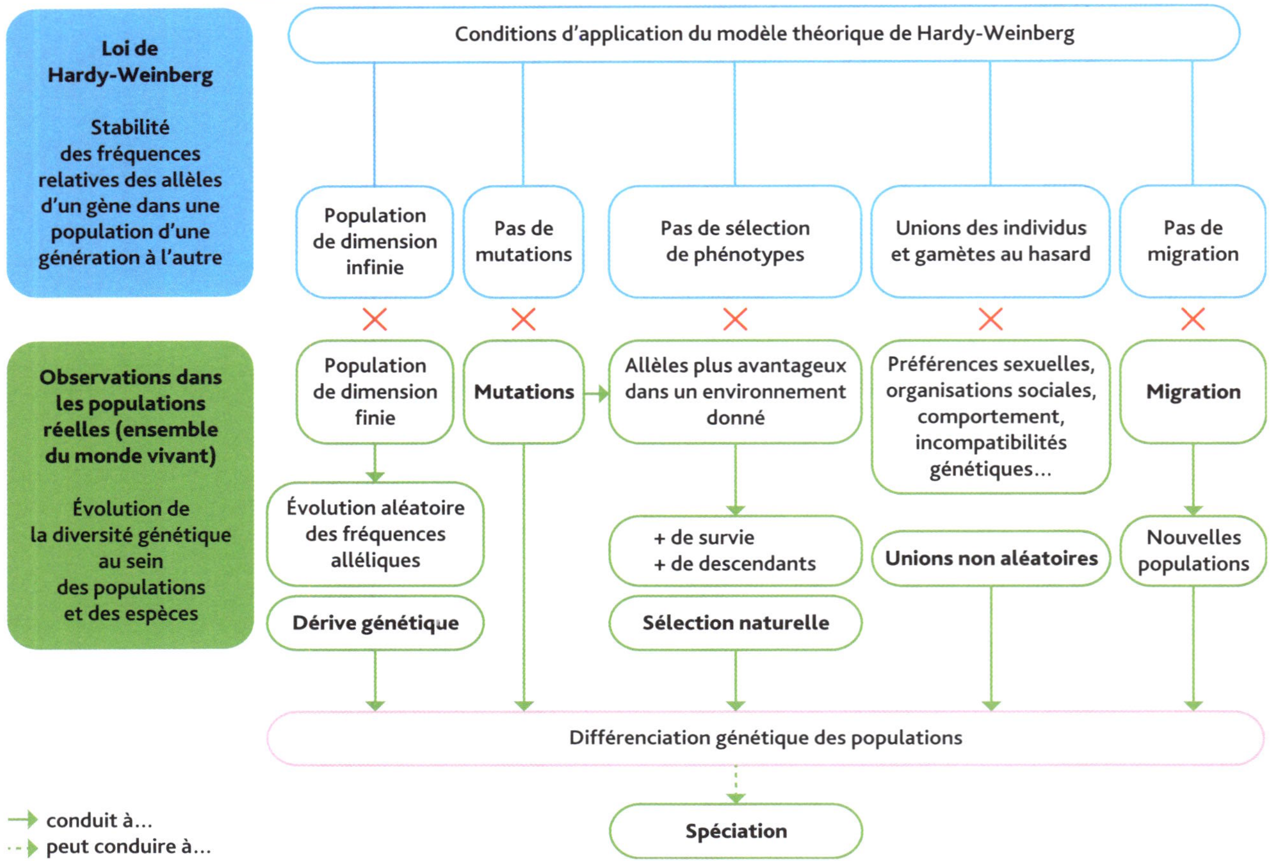

EXERCICES

Connaître le cours

1 2 min ★ Vrai ou faux ?

Relever la (ou les) affirmation(s) exacte(s).

a) « Le modèle de Hardy-Weinberg se base sur l'observation des populations naturelles. »

b) « Dans une population, les fréquences alléliques évoluent toujours au hasard au cours du temps. »

c) « Seuls certains gènes sont soumis à la sélection naturelle. »

d) « Tous les gènes sont affectés par la dérive génétique. »

→ *Corrigé p. 90*

2 2 min ★ Vrai ou faux ?

Relever la (ou les) affirmation(s) exacte(s).

a) « La loi de Hardy-Weinberg prend en compte la dérive génétique. »

b) « Les migrations d'individus influent sur la diversité allélique au sein des différentes populations d'une espèce. »

c) « Les végétaux ne sont pas concernés par les unions non aléatoires des individus et gamètes. »

d) « La dérive génétique et la sélection naturelle peuvent mener à la spéciation. »

→ *Corrigé p. 90*

3 15 min ★★ Restitution de connaissances

Expliquer en quoi l'observation de préférences sexuelles et de la sélection naturelle dans des populations réelles permet d'invalider le modèle de Hardy-Weinberg.

→ *Corrigé p. 90*

4 15 min ★★ Schématiser le cours

Schématiser l'évolution au cours du temps d'une population présentant deux allèles A_1 et A_2 pour le gène A, avec A_1 dominant. L'allèle A_1 est favorable dans le milieu de vie des individus : il permet d'être moins consommé par les prédateurs. Au départ les fréquences alléliques sont égales.

→ *Corrigé p. 90*

Remarque

La notion de **dominance d'un allèle** peut être revue dans le chapitre 1.

S'entraîner

5 30 min ★★ Cri du rhinolophe de Mehely

Une espèce de chauve-souris européenne, le rhinolophe de Mehely (*Rhinolophus Mehelyi*), présente la particularité de pousser des cris de très haute fréquence, c'est-à-dire extrêmement aigus par rapport aux autres espèces de chauve-souris. On cherche à comprendre comment l'évolution a pu conduire à la très haute fréquence des cris du rhinolophe de Mehely.

Document 1 : Cris des chauves-souris

L'écholocalisation chez la chauve-souris

Les chauves-souris émettent des cris aigus dont l'écho leur permet de se situer dans leur environnement et de localiser avec précision les insectes qu'elles chassent. C'est ce que l'on appelle l'écholocalisation.

Plus les cris sont aigus, plus ils sont atténués au cours de leur propagation dans l'air et, par conséquent, moins ils portent loin dans le milieu. La haute fréquence des cris du rhinolophe de Mehely diminue donc l'efficacité de son écholocalisation, ce qui réduit l'efficacité de la chasse des insectes.

On sait aussi que la fréquence des cris des chauves-souris est un caractère héréditaire.

Document 2 : Comportement de femelles de rhinolophes de Mehely confrontées à des cris de différentes fréquences

Les femelles utilisées sont placées tour à tour face à deux compartiments contenant des enceintes qui diffusent simultanément des cris de rhinolophes de Mehely mâles. On note vers quel compartiment la femelle testée se dirige lorsqu'elle entend les cris.

2.a. : Dispositif expérimental
chaque femelle testée a réalisé plusieurs fois ce test.

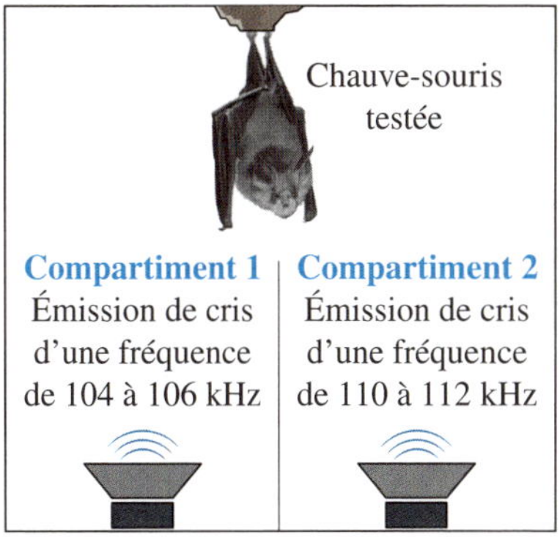

2.b. : Résultats expérimentaux

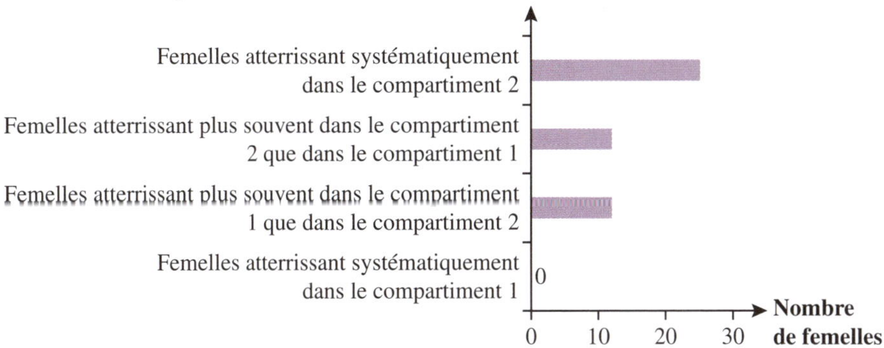

Source : Puechmaille et al., *2014*

Document 3 : Degré de parenté entre rhinolophes de Mehely mâles en fonction de la fréquence des cris de ces mâles

Les rhinolophes de Mehely vivent généralement en colonies de plusieurs centaines d'individus. On prélève l'ADN des individus d'une colonie et, par comparaison, on évalue le degré de parenté entre 28 mâles de la colonie et les autres membres de ce groupe.

Un fort degré de parenté entre un mâle et les autres membres de la colonie indique que ce mâle a eu beaucoup de descendants.

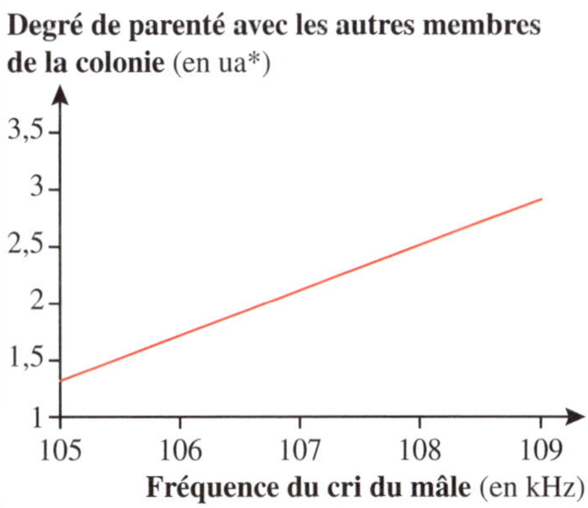

Source : Puechmaille et al., *2014*

** ua : unité arbitraire*

Choisir la réponse exacte pour chaque question.

1. Les résultats expérimentaux présentés dans le document 2 indiquent que les femelles testées atterrissent :

a) davantage dans le compartiment 1.

b) davantage dans le compartiment 2.

c) indifféremment dans chacun des deux compartiments.

d) exclusivement dans le compartiment 2.

2. Les résultats de l'expérience présentée dans le document 2 indiquent que :

a) les rhinolophes de Mehely mâles sont attirés par les rhinolophes de Mehely femelles émettant les cris les moins aigus.

b) les rhinolophes de Mehely mâles sont attirées par les rhinolophes de Mehely femelles émettant les cris les plus aigus.

c) les rhinolophes de Mehely femelles sont attirées par les rhinolophes de Mehely mâles émettant les cris les moins aigus.

d) les rhinolophes de Mehely femelles sont attirées par les rhinolophes de Mehely mâles émettant les cris les plus aigus.

3. Le graphique du document 3 indique que :

a) plus un mâle émet un cri aigu, plus son degré de parenté avec les autres membres de la colonie est fort.

b) plus un mâle émet un cri aigu, plus son degré de parenté avec les autres membres de la colonie est faible.

c) moins un mâle émet un cri aigu, plus il a de descendants.

d) la fréquence du cri d'un mâle est indépendante du degré de parenté avec les autres membres de la colonie.

4. La mise en relation des documents 2 et 3 indique que les mâles avec un cri à :

a) haute fréquence sont davantage choisis comme partenaires de reproduction par les femelles ce qui leur confère une faible descendance.

b) haute fréquence sont davantage choisis comme partenaires de reproduction par les femelles ce qui leur confère une descendance nombreuse.

c) basse fréquence sont davantage choisis comme partenaires de reproduction par les femelles ce qui leur confère une faible descendance.

d) basse fréquence sont davantage choisis comme partenaires de reproduction par les femelles ce qui leur confère une descendance nombreuse.

Suite du questionnaire page suivante.

5. D'après le document 1, le cri à haute fréquence des rhinolophes de Mehely, est un caractère :

a) qui n'a aucune influence sur la reproduction et donc la transmission des allèles.

b) appris par les jeunes rhinolophes de Mehely bien qu'il soit défavorable à la chasse des insectes.

c) déterminé génétiquement et favorable à la chasse des insectes.

d) déterminé génétiquement et défavorable à la chasse des insectes.

6. La persistance d'un cri à haute fréquence de génération en génération chez les rhinolophes de Mehely résulte :

a) d'un phénomène d'apprentissage.

b) de l'union aléatoire des mâles et des femelles lors de la reproduction.

c) d'un phénomène de sélection naturelle en lien avec les préférences sexuelles.

d) d'un phénomène de dérive génétique.

→ *Corrigé p. 91*

6 1 h ★★★ Variation génétique chez une fougère aquatique

Marsilea strigosa est une fougère aquatique rare que l'on trouve en France, en Espagne, en Algérie, au Maroc, en Égypte, en Italie et en Sardaigne, uniquement dans des mares temporaires (humides d'octobre à juin, puis asséchées pendant l'été). Ces mares inondées de façon temporaire offrent aux biologistes la possibilité de délimiter facilement les populations des espèces qui s'y trouvent.

Document 1 : Fougère d'eau du genre *Marsilea*

Document 2 : Carte représentant les onze localités où *M. strigosa* a été échantillonnée en France et en Espagne

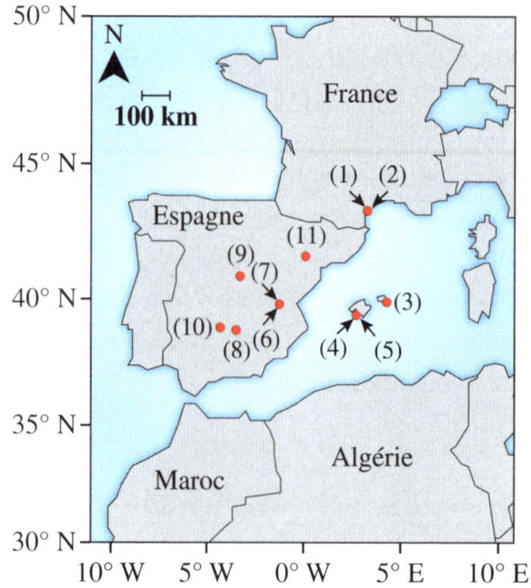

Source : Vitalis, 2001

Document 3 : Reproduction de *M. strigosa*

M. strigosa possède des structures reproductrices spécialisées résistantes à la sécheresse et au sein desquelles sont produites des spores. Ces spores germent au début du printemps dans les mares inondées. Des observations *in vitro* ont montré qu'une matrice gélatineuse empêchait le déplacement libre des structures reproductrices dans l'eau et que l'autofécondation était possible chez *M. strigosa*.

Document 4 : Analyse de gènes codant pour des enzymes chez différentes populations de *M. strigosa*

Onze stations ont été échantillonnées en France et en Espagne entre 1996 et 1999. L'analyse de douze gènes (codant pour des enzymes) pour l'ensemble des populations a montré qu'il n'existait aucune variation génétique ni à l'intérieur de ces populations, ni entre elles : elles possèdent les mêmes allèles. Ce faible niveau de variation peut être dû à de faibles taux de mutation pour ce type de gènes (de l'ordre de 10^{-6} par gène et par génération).

Document 5 : Analyse de séquences non codantes chez différentes populations de *M. strigosa*

Source : Vitalis, 2001

5.a. : Analyse des marqueurs microsatellites

Certaines séquences d'ADN présentent des taux de mutation beaucoup plus élevés que les gènes. C'est le cas des marqueurs microsatellites, de courtes séquences d'ADN répétées que l'on trouve dans la plupart des génomes. Une analyse de sept marqueurs microsatellites a montré que la différenciation génétique était très prononcée et hautement significative entre les populations de *M. strigosa* distantes en moyenne de 576 km.

5.b. : Répartition géographique des différents génotypes de l'espèce *M. strigosa*, dans les mares de la réserve naturelle de Roque-Haute (région Occitanie)

Une étude a été réalisée à plus petite échelle dans la réserve naturelle de Roque-Haute (Occitanie) où se trouvent environ 200 mares temporairement inondées. La distance moyenne entre les mares de Roque-Haute est d'environ 267 m. Les résultats sont présentés sur la carte ci-dessous.

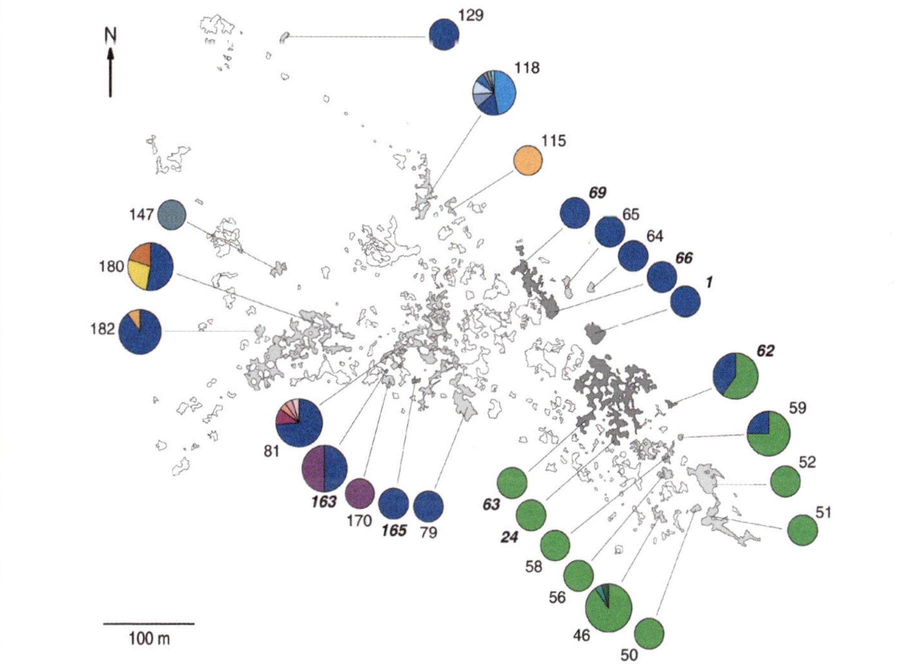

Source : Vitalis, 2001

La composition génotypique de chaque mare est représentée par un diagramme en camembert. Chaque couleur représente un génotype. La valeur chiffrée correspond au nombre d'individus étudiés.

© D. R.

Une mare de la réserve naturelle de Roque-Haute

1. À partir des informations du document 4, que peut-on dire de la différenciation génétique au sein des populations de *M. strigosa* ?

2. Quelles informations issues des documents permettent d'affirmer que les échanges génétiques entre les populations de *M. strigosa* sont extrêmement réduits, quelle que soit la distance entre les populations ?

3. Comment peut-on expliquer que les échanges génétiques soient réduits pour les populations éloignées ?

4. Comment peut-on expliquer que les échanges génétiques soient réduits pour des populations distantes de quelques centaines de mètres ?

5. Par quel(s) phénomène(s) pourrait-on expliquer le faible niveau de polymorphisme (peu de différences génétiques) à l'intérieur de chaque mare ?

6. Expliquer l'intérêt de comparer des séquences microsatellites plutôt que des gènes codant pour des enzymes, afin d'étudier le polymorphisme des populations.

7. Pourquoi ne peut-on pas envisager que la sélection naturelle puisse expliquer les différences génétiques entre les populations des différentes mares ?

→ *Corrigé p. 91*

SUJET DU BAC

Exercice 1 : Maîtrise des connaissances 1 h 30 7 points

Modèle théorique de Hardy-Weinberg et populations réelles

Montrer en quoi les mécanismes évolutifs observés dans les populations réelles invalident le modèle théorique de Hardy-Weinberg.

→ *Corrigé p. 92*

CORRIGÉS

1 → *Énoncé p. 81*

Les affirmations exactes sont c) et d).

Remarque

En SVT, certaines définitions sont incontournables. Ne pas hésiter à faire des fiches par chapitre avec **la liste des définitions à connaître**.

2 → *Énoncé p. 81*

Les affirmations exactes sont b) et d).

3 → *Énoncé p. 81*

Le modèle théorique de Hardy-Weinberg prévoit la stabilité des fréquences relatives des allèles d'un gène dans une population d'une génération à l'autre.

- Ce modèle repose sur la condition selon laquelle les unions entre individus se réalisent au hasard lors de la reproduction sexuée. Or cela n'est pas le cas : les individus montrent des préférences sexuelles à l'égard de certains individus du sexe opposé, que ce soit pour des critères morphologiques, comportementaux ou sociaux.
- Certains allèles peuvent conférer un avantage aux individus qui les possèdent dans un environnement donné. Ainsi ces individus survivent mieux et se reproduisent davantage : c'est la sélection naturelle. La conséquence est l'augmentation de la fréquence de l'allèle favorable au cours du temps dans la population. La fréquence des allèles n'est donc pas stable.

Ainsi, l'observation de préférences sexuelles et de la sélection naturelle dans des populations réelles permet d'invalider le modèle de Hardy-Weinberg.

4 → *Énoncé p. 81*

Remarque

Il y a différentes manières de répondre à cet exercice et cette correction présente une possibilité parmi d'autres. Le critère indispensable à la réussite de cet exercice est de **montrer que la fréquence de l'allèle A_1 augmente dans la population car il confère un avantage à ceux qui le portent**. Les individus de génotype ($A_2//A_2$) sont désavantagés dans cet environnement : le nombre de ces homozygotes diminue donc dans la population au cours du temps.

Soit une population composée d'individus dont le génotype est indiqué pour un gène A qui présente 2 allèles. L'allèle A_1 est dominant et avantageux dans le milieu de vie de cette population : les individus porteurs de l'allèle A_1 sont moins consommés par les prédateurs.

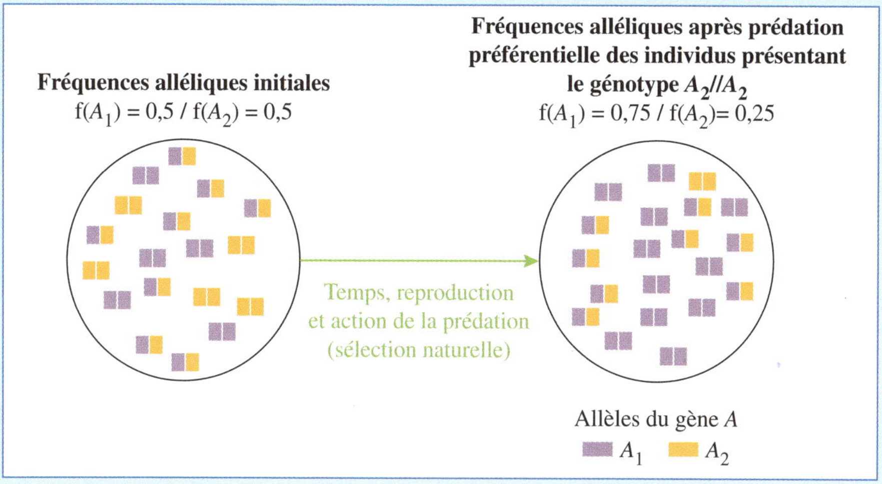

Évolution au cours du temps d'une population présentant deux allèles A_1 *et* A_2 *pour le gène* A*, avec* A_1 *dominant et favorable*

5 → *Énoncé p. 82*

Les réponses exactes sont :

1. b) ; **2.** d) ; **3.** a) ; **4.** b) ; **5.** d) ; **6.** c).

6 → *Énoncé p. 85*

1. Les populations de *M. strigosa* sont génétiquement relativement homogènes. Dans 18 sous-populations étudiées sur 26, aucun polymorphisme n'est observé concernant les sept marqueurs analysés.

2. L'analyse de sept marqueurs microsatellites a montré que la différenciation génétique était très prononcée et hautement significative entre les populations de *M. strigosa* distantes en moyenne de 576 km, mais les différences génétiques peuvent aussi être très importantes entre les populations de *M. strigosa* alors qu'elles sont proches (la distance moyenne entre les mares de Roque-Haute est d'environ 267 m) : les échanges génétiques entre ces populations sont donc réduits.

3. On peut penser que les échanges génétiques sont réduits entre les populations éloignées, car les structures reproductrices (les spores) ne peuvent pas parcourir d'aussi longues distances ou franchir certaines barrières naturelles facilement.

> **Remarque**
>
> Cet exercice est un bon entraînement pour la 2e partie de l'épreuve du Bac : il oblige à **mettre en relation les informations issues des différents documents**.

4. Malgré la faible distance entre les sous-populations au sein de la réserve de Roque-Haute, les échanges génétiques pourraient être réduits en raison d'une matrice gélatineuse empêchant le déplacement libre des structures reproductrices dans l'eau.

5. Il a été montré que l'autofécondation était possible chez *M. strigosa,* ce qui tend à une homogénéisation génétique au sein des populations, expliquant le faible niveau de polymorphisme à l'intérieur de chaque mare.

6. Les faibles taux de mutation pour les gènes codant pour les enzymes (de l'ordre de 10^{-6} par gène et par génération) ne permettent pas de mettre en évidence des différences génétiques entre les populations de *M. strigosa*, même éloignées de plusieurs centaines de kilomètres. Les séquences microsatellites, non codantes, peuvent présenter des taux de mutation bien supérieurs.

7. La sélection naturelle peut difficilement expliquer les différences génétiques entre les populations des mares de la réserve de Roque-Haute, car elles présentent sans doute les mêmes caractéristiques (climat, salinité, pH, autres espèces vivantes…).

SUJET DU BAC

Exercice 1 : Maîtrise des connaissances → Énoncé p. 89

On définit une population comme un ensemble d'individus d'une même espèce vivant dans un même milieu. Des modèles mathématiques, comme celui de Hardy-Weinberg, ont été établis pour expliquer l'évolution de la composition génétique des populations au cours du temps. Mais l'observation des populations réelles montre des écarts avec les résultats issus des modèles théoriques. Après avoir rappelé la loi de Hardy-Weinberg et ses conditions d'application, nous allons montrer en quoi les mécanismes évolutifs observés dans les populations réelles invalident le modèle théorique de Hardy-Weinberg.

I – La loi de Hardy-Weinberg

a) Évolution des fréquences alléliques au cours du temps

Dans les populations eucaryotes à reproduction sexuée, le modèle théorique de Hardy-Weinberg prévoit la stabilité des fréquences relatives des allèles d'un gène dans une population au cours du temps.

b) Conditions d'application

La loi de Hardy-Weinberg ne peut s'appliquer que dans une population de dimension infinie, où les unions des individus et des gamètes se réalisent au hasard ; où il n'existe ni migration, ni sélection naturelle vis-à-vis de certains phénotypes et où le taux de mutations est considéré comme nul.

Remarque

L'exercice de mobilisation des connaissances nécessite une **maîtrise précise et rigoureuse du cours et une organisation pertinente des idées**. Il faut s'entraîner régulièrement.

II – Les observations des populations réelles invalident le modèle théorique

a) Les populations sont de dimensions finies

Une population réelle n'est jamais de dimension infinie. Or, dans les populations de taille finie, les fréquences alléliques peuvent varier aléatoirement au cours des générations : c'est ce qu'on appelle la dérive génétique. Celle-ci est d'autant plus importante que la population est petite.

Ainsi, si deux populations présentent initialement le même nombre d'individus et les mêmes fréquences alléliques pour un gène donné, elles vont se différencier génétiquement de génération en génération de manière aléatoire. Certains allèles sont même amenés à disparaître après un certain nombre de générations, mais ce ne sont pas les mêmes qui disparaissent dans les différentes populations d'une même espèce.

b) Des mutations surviennent au cours des générations

Les mutations sont des variations de la séquence d'ADN (insertion, délétion, substitution) qui peuvent conduire à l'existence de nouveaux allèles. L'existence de différents allèles pour un grand nombre de gènes dans toutes les espèces montre que ces mutations ne sont pas rares si l'on considère un grand nombre de générations dans l'étude d'une population.

c) Certains allèles font l'objet de la sélection naturelle

Selon les gènes considérés, les variations du phénotype qui découlent des mutations peuvent être favorables ou défavorables pour les individus qui les portent, dans un environnement donné (avantage par rapport à l'accès aux ressources ou protection vis-à-vis d'un prédateur par exemple). Les individus porteurs des mutations favorables auront plus de chances de survivre et de se reproduire, engendrant ainsi des descendants portant les mêmes allèles favorables. La fréquence des allèles favorables augmentera donc dans la population au cours des générations : c'est ce qu'on appelle la sélection naturelle.

d) Les unions ne se réalisent pas au hasard

Dans une espèce animale, des préférences sexuelles (liées à la morphologie ou au comportement) ou des relations hiérarchiques peuvent conditionner les unions. Chez l'être humain par exemple, des barrières culturelles ou sociales peuvent limiter les possibilités de reproduction entre des individus, même s'ils sont géographiquement proches. Même si les végétaux ne « choisissent » pas leur partenaire sexuel, des gènes d'incompatibilité génétique peuvent empêcher la reproduction entre des individus qui se ressemblent trop génétiquement.

Ainsi, dans une population réelle, les unions ne se réalisent jamais au hasard.

Remarque

Un **plan apparent**, avec des numéros, des titres et des sous-titres, aide le correcteur à comprendre la structuration de l'exposé et valorise l'organisation des idées.

e) Des migrations sont possibles entre les populations

Des individus peuvent quitter leur population d'origine et migrer. L'éloignement géographique et/ou la présence de barrières naturelles (océan, montagnes…) a pour conséquence qu'ils ne peuvent plus se reproduire avec les autres individus de leur population d'origine. Si les individus migrants se reproduisent uniquement entre eux, ils vont constituer une nouvelle population génétiquement différente de leur population d'origine.

Si les individus migrants rencontrent des individus d'autres populations, ils sont susceptibles de leur apporter de nouveaux allèles et de contribuer à mélanger génétiquement les populations de l'espèce (voir figure 4 du cours).

Les migrations influencent donc l'évolution de la diversité allélique dans les différentes populations d'une espèce.

En conclusion, les mécanismes évolutifs mis en évidence par l'observation de populations réelles permettent d'invalider le modèle de Hardy-Weinberg. En effet, les forces évolutives (mutations, sélection, dérive génétique, migrations) s'opposent à une stabilité génétique sur le long terme et expliquent l'évolution des populations et des espèces au cours de l'histoire de la vie, en lien avec les variations des facteurs environnementaux.

La diversification des êtres vivants sans modification du génome

CHAPITRE 4

Toute la **diversité phénotypique** des êtres vivants ne peut être expliquée uniquement par la **diversité génétique**. D'autres mécanismes, non fondés sur l'ADN, interviennent. Autrement dit, il existe des mécanismes entraînant une diversification des êtres vivants sans modification de leur génome.

Définition

Phénotype : ensemble des caractères d'un organisme, issu de l'expression de ses gènes.

1 Association non héréditaire entre êtres vivants

■ Nombreux sont les êtres vivants qui ne vivent pas seuls mais en **association** avec d'autres êtres vivants. Par exemple, près de 90 % des espèces végétales vivent en associations à **bénéfices réciproques** avec des champignons. Ces associations ne sont pas héréditaires, c'est-à-dire que la transmission de ces associations d'une génération à l'autre n'est pas sous le contrôle des gènes.

■ On distingue différents types d'associations, en fonction des bénéfices tirés par chacun des participants. Les plus importantes sont présentées ci-dessous.

Principaux types d'associations entre êtres vivants

Partenaire A	Partenaire B	Type d'association
+	+	Symbiose
+	–	Parasitisme

+ : effet favorable
– : effet défavorable

A. Associations à bénéfices réciproques

■ Certains êtres vivants s'associent de manière durable et échangent entre eux, de manière réciproque, des molécules nécessaires à leur développement : on parle de **symbiose***. Les membres de cette association sont appelés **symbiotes***.

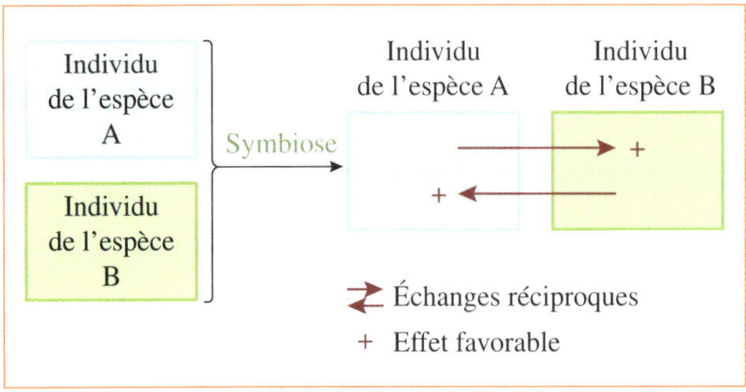

Figure 1 *Principe de la symbiose*

> **Remarque**
> La plupart du temps, une espèce est incluse dans l'autre.

■ La symbiose entre deux êtres vivants leur offre la capacité de se développer dans des milieux où ils ne pourraient pas vivre séparément (exploitation de nouvelles ressources, protection). En effet, la symbiose permet de **mettre en commun les capacités** des deux êtres vivants.

Ex. : Les plantes ont besoin d'azote, mais sont incapables de fixer le diazote atmosphérique (N_2). Les bactéries du genre *Rhizobium* sont capables de transformer le N_2 en une forme assimilable par les plantes (NH_4^+). Ainsi, l'association entre une légumineuse (haricot, *etc.*) et une bactérie du genre *Rhizobium* permet à cette plante de disposer d'une ressource importante en azote. En contrepartie, les bactéries sont protégées et reçoivent une part du glucose produit lors de la photosynthèse.

■ La symbiose conduit aussi à des **modifications morphologiques** des êtres vivants impliqués dans cette relation.

Ex. : Dans la symbiose *Rhizobium*-légumineuse, la légumineuse présente des nodules au niveau de ses racines permettant l'accueil des bactéries *Rhizobium*. Les bactéries *Rhizobium* ont, quant à elles, une morphologie différente quand elles sont impliquées dans la symbiose ou quand elles sont libres. Par ailleurs, elles n'acquièrent leur capacité à fixer le N_2 atmosphérique que lorsque la symbiose est établie.

Les différentes morphologies de *Rhizobium* et des racines de la légumineuse

	Morphologie de *Rhizobium*	**Morphologie de la légumineuse**
En l'absence de symbiose	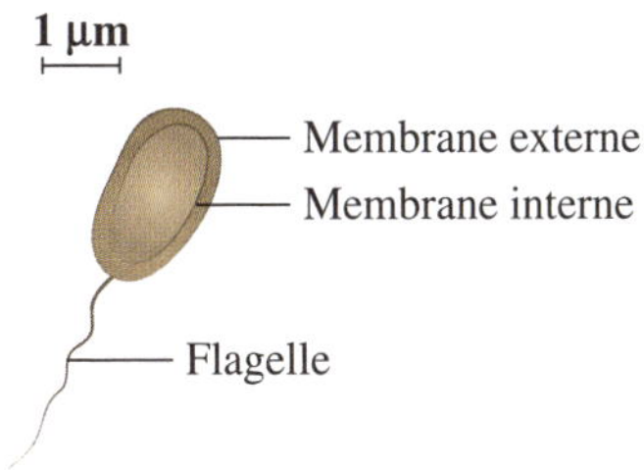	
En cas de symbiose	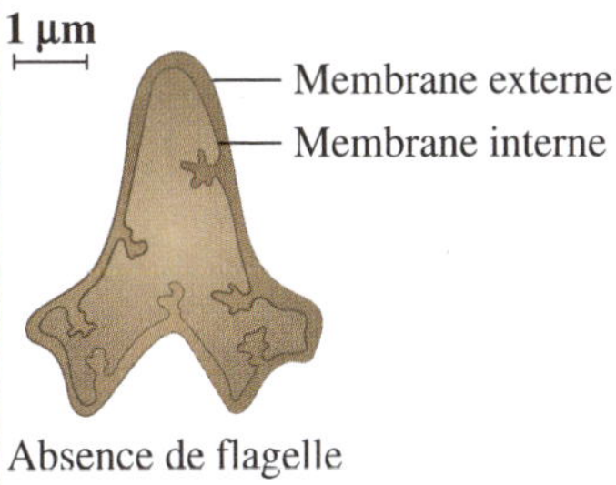	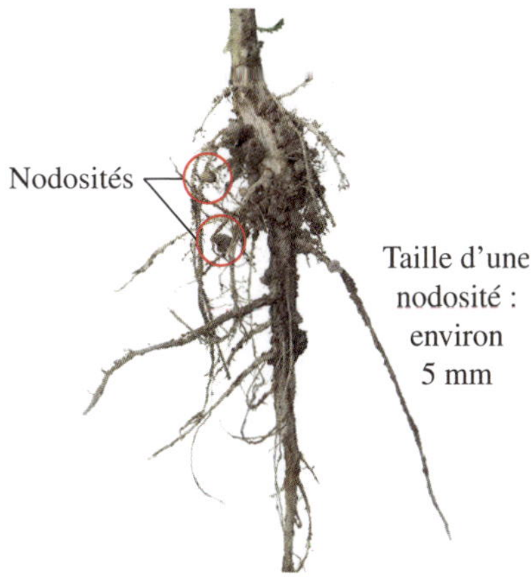

■ L'être humain est en symbiose avec de nombreux êtres vivants (champignons, bactéries, acariens) formant le **microbiote*** : il y a au moins dix fois plus d'êtres vivants dans notre microbiote que de cellules dans notre corps. Ces êtres vivants sont partout (sur la peau, sur les muqueuses, dans l'intestin) et sont acquis au cours de la vie de l'individu. Les rôles du microbiote sont nombreux : protection des muqueuses contre les pathogènes, maturation du système immunitaire, défense du système digestif contre les bactéries pathogènes… En contrepartie, le microbiote est protégé et hébergé par le corps humain, dans des conditions qui lui sont favorables.

■ La symbiose entre deux êtres vivants conduit ces derniers à présenter de **nouveaux caractères**. Ces nouveaux caractères ne sont pas définis génétiquement. On utilise la notion de **phénotype étendu*** pour décrire l'ensemble formé par les caractères de l'organisme déterminés génétiquement, et ceux issus du fonctionnement de l'organisme dans son milieu.

■ La symbiose **modifie le phénotype étendu** des êtres vivants impliqués dans celle-ci, et contribue donc à la diversification du vivant.

B. Associations à bénéfices unilatéraux

■ Les associations entre êtres vivants ne sont pas toujours des associations à bénéfices réciproques. Dans certaines situations, un organisme (le parasite) s'associe de manière durable à un autre organisme (l'hôte) et puise ses ressources dans l'hôte, sans contre-partie : on parle de **parasitisme***. Dans le cas du parasitisme, les bénéfices sont donc **unilatéraux** et le parasite a un **effet négatif** sur l'hôte.

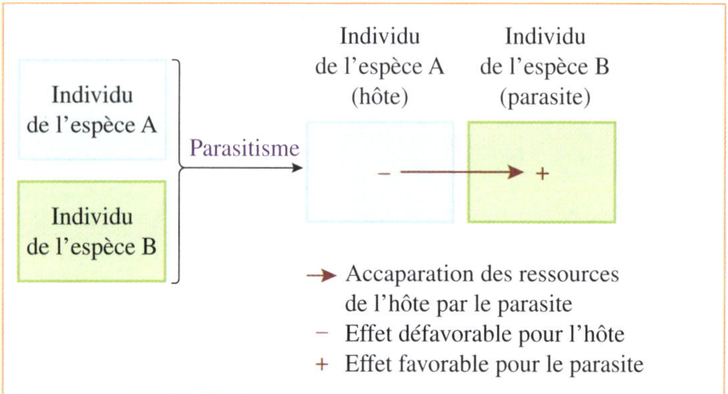

Remarque
La plupart du temps, le parasite vit à l'intérieur de l'hôte.

Figure 2 *Principe du parasitisme*

■ Le parasitisme conduit à des modifications (métaboliques, morphologiques, comportementales) des êtres vivants impliqués dans cette relation.

Ex. : La limnée (« escargot d'eau ») peut être parasitée par *Leucochloridium paradoxum* (ver trématode). Le parasite s'installe dans les tentacules oculaires de la limnée, et s'agite, ce qui rend la limnée très repérable pour les prédateurs (voir la *figure 3*, p. 99). De plus, il conduit la limnée à quitter la protection de la végétation pour se percher bien en vue : elle devient facilement visible pour des oiseaux qui la mangent, permettant au parasite de poursuivre son cycle de vie.

© Michel Loup/Biosphoto

© Henri Koskinen/Shutterstock

Figure 3 *Limnée non parasitée (à gauche) et limnée parasitée par* Leucochloridium paradoxum *(à droite)*

■ Certains parasites sont des **pathogènes** pour l'être humain.

Ex. : *Plasmodium falciparum*, agent du paludisme, est transmis d'humain à humain par la piqûre d'un moustique (212 millions de cas dans le monde en 2015).

■ Le parasitisme **modifie le phénotype étendu** du parasite et de l'hôte. Le parasitisme participe donc à la diversification du vivant.

2 Utilisation des composants du milieu

■ Certains animaux utilisent des composants du milieu qui les entoure (feuilles, branches, brindilles…), notamment pour construire leur habitat.

© Bildagentur Zoonar GmbH/Shutterstock

Figure 4 *Cigogne construisant un nid*

© Chase Dekker/Shutterstock

Figure 5 *Castor construisant un barrage*

■ Cette utilisation des composants du milieu **module le phénotype étendu des animaux** et participe ainsi à la diversification du vivant.

3 Transmission culturelle de comportements

■ Au sein d'une même espèce, des **comportements différents** peuvent être observés dans les différentes populations.

Ex. : Chez le bruant à couronne blanche (oiseau), chaque population produit des chants différents en fonction de leur localisation. Ainsi, au sein de cette espèce, le chant est une source de diversité.

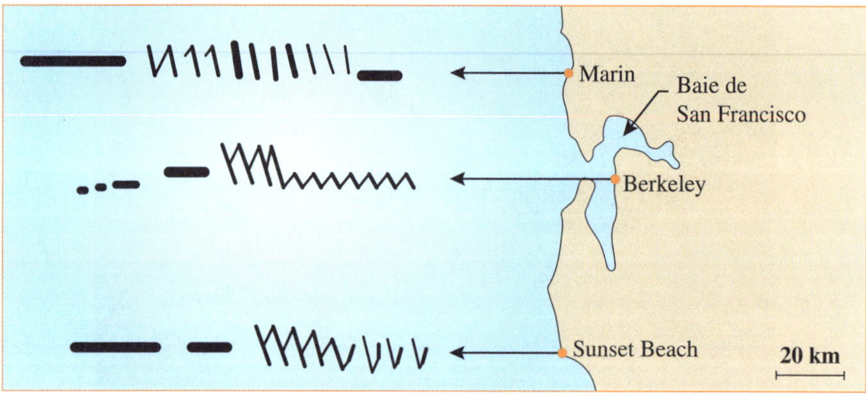

Figure 6 *Les différents chants au sein de l'espèce de bruant à couronne blanche*

■ L'**utilisation d'outils** (par exemple, les chimpanzés utilisant des brindilles pour récupérer des termites), la **culture** (notamment dans les sociétés humaines) sont autant de comportements qui présentent eux aussi une diversité au sein des espèces.

Définition

Culture (sens large) : ensemble de savoirs et de pratiques partagés et transmis socialement au sein d'un groupe.

■ Les comportements sont transmis entre contemporains, et de génération en génération : il y a donc une **transmission culturelle des comportements** au sein des populations animales.

■ Les comportements au sein d'une espèce subissent une évolution. De nouveaux comportements peuvent apparaître : ces derniers peuvent être sélectionnés, ou non, en fonction de l'avantage qu'ils procurent. Ils peuvent aussi être perdus par hasard.

■ La transmission culturelle de comportements participe donc à la diversification du vivant, car elle modifie le phénotype étendu des animaux.

CARTE MENTALE

LA DIVERSIFICATION DES ÊTRES VIVANTS

Diversification des êtres vivants

- Par modification du génome (voir chapitre 2)
- Sans modification du génome
  - **Association entre êtres vivants**
    - Symbiose
      - Exemples
        - Symbiose *Rhizobium*-légumineuse
        - Microbiote humain
    - Parasitisme
      - Exemples
        - Ver parasite de la limnée
        - *Plasmodium falciparum*, responsable du paludisme chez l'être humain
  - Utilisation des composants du milieu
    - Exemples
      - Construction de niches chez les oiseaux
      - Construction de barrages chez les castors
  - Transmission et évolution des comportements
    - Exemples
      - Apprentissage du chant et de différents dialectes chez les oiseaux
      - Apprentissage de l'utilisation d'outils chez de nombreuses espèces

EXERCICES

Connaître le cours

1 2 min ★ Symbiose

Relever la (ou les) affirmation(s) exacte(s).

La symbiose est une relation :

a) temporaire entre deux êtres vivants.

b) durable entre deux êtres vivants.

c) à bénéfices réciproques.

d) à bénéfices unilatéraux.

→ Corrigé p. 110

2 2 min ★ Phénotype

Relever la (ou les) affirmation(s) exacte(s).

La notion de phénotype étendu d'un organisme désigne l'ensemble :

a) des caractères issus uniquement de l'expression de ses gènes.

b) des protéines synthétisées par un organisme.

c) formé par les caractères déterminés génétiquement et ceux issus du fonctionnement de l'organisme dans son milieu.

d) des caractères issus uniquement du fonctionnement de l'organisme dans son milieu.

→ Corrigé p. 110

3 5 min ★ Restitution de connaissances

Expliquer en quoi la symbiose participe à la diversification non génétique du vivant.

→ Corrigé p. 110

4 5 min ★ Schématiser le cours

Schématiser, à partir des informations du cours, les échanges dans la symbiose *Rhizobium*-légumineuse.

→ Corrigé p. 110

S'entraîner

5 10 min ★★ Effet protecteur de la symbiose

Le cyprès de Lawson vit en symbiose avec un champignon installé à l'intérieur de ses racines : on dit que le plant est mycorhizé.

Expérimentalement, des plants non mycorhizés ont été obtenus pour étudier le rôle de la symbiose dans la résistance à l'infection par le pathogène racinaire *Phytophthora cinnamomi*.

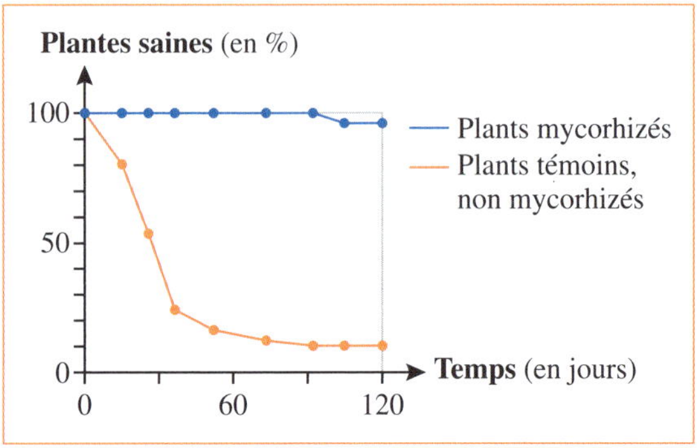

Survie des plants de cyprès de Lawson soumis à une infection par le pathogène racinaire Phytophthora cinnamomi.

1. Analyser le graphique et conclure sur le rôle de la symbiose dans la résistance du cyprès à l'infection par *Phytophthora cinnamomi*.

2. Montrer qu'il y a une protection réciproque entre les deux symbiotes.

→ *Corrigé p. 111*

6 10 min ★★ Succès reproducteur des gammares

Le gammare est un petit crustacé. Il peut être parasité par des acanthocéphales (petits parasites).

© Jean-François Cart/Biosphoto

Figure 1 *Gammare parasité par un acanthocéphale (zone orange)*

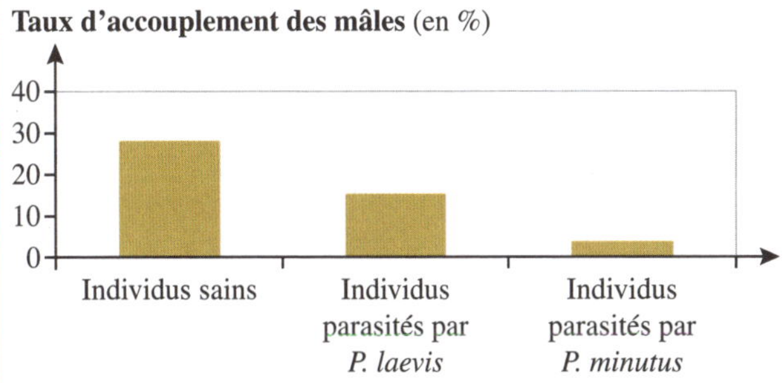

Source : *Danchin, d'après les travaux de Bollache* et al., *2011*

Figure 2 *Proportion des gammares mâles s'accouplant avec une femelle en fonction de l'infection ou non par un acanthocéphale (*P. laevis *ou* P. minutus*)*

Les différences entre les trois groupes sont statistiquement significatives.

1. Comparer le succès reproducteur des gammares dans les différentes situations.

2. Justifier que la relation entre les gammares et les acanthocéphales est bien une relation de parasitisme.

→ Corrigé p. 111

7 10 min ★★ Le chant de la mésange charbonnière

La mésange charbonnière est un oiseau que l'on retrouve aussi bien en ville qu'en forêt.

Le chant des mésanges de ville est comparé au chant des mésanges de forêt. La ville, par comparaison à la forêt, est un territoire bruyant avec beaucoup de sons de plus basses fréquences.

Figure 1 *Mésange charbonnière*

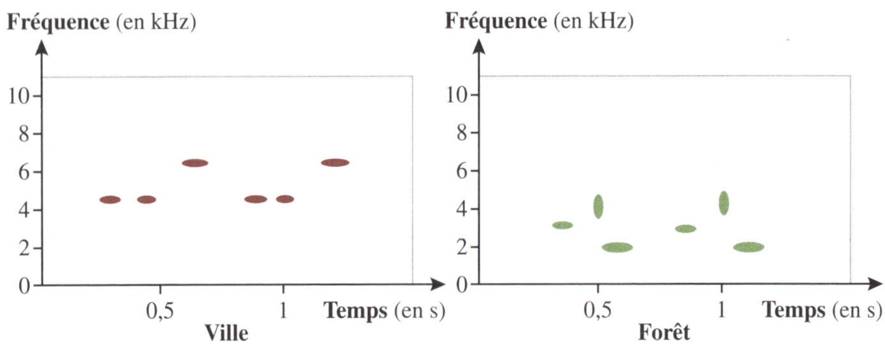

Source : *Slabeekoorn et den Boer-Visser, 2006*

Figure 2 *Chant de la mésange charbonnière enregistré dans la ville de Prague (à gauche) et dans une forêt près de Prague (à droite)*

1. Comparer la fréquence minimale du chant de la mésange en ville et en forêt.
2. Proposer une explication à ce constat.

→ Corrigé p. 111

8 10 min ★★★ Teneur en nitrates du milieu et symbiose

Les diatomées sont des micro-organismes photosynthétiques abondants dans les océans. Les diatomées ont besoin d'azote sous forme de nitrates (NO_3^-) pour se développer : elles peuvent le trouver dans le milieu ou l'obtenir grâce à une symbiose avec des bactéries fixatrices d'azote.

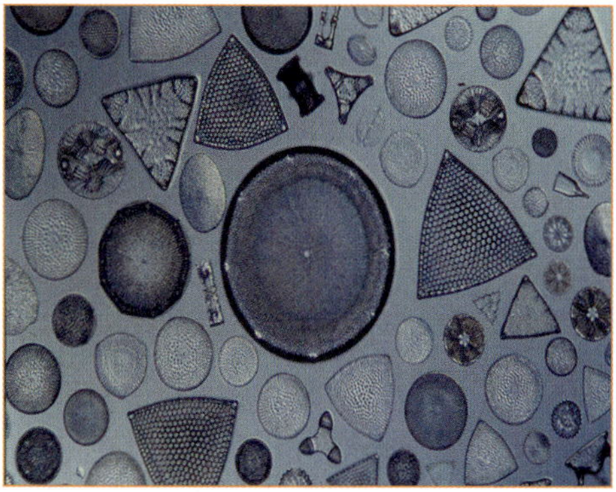

© Dr. Norbert Lange/Shutterstock

Taille comprise entre 2 µm et 1 mm en moyenne

Figure 1 *Exemples de diatomées présentes dans les océans*

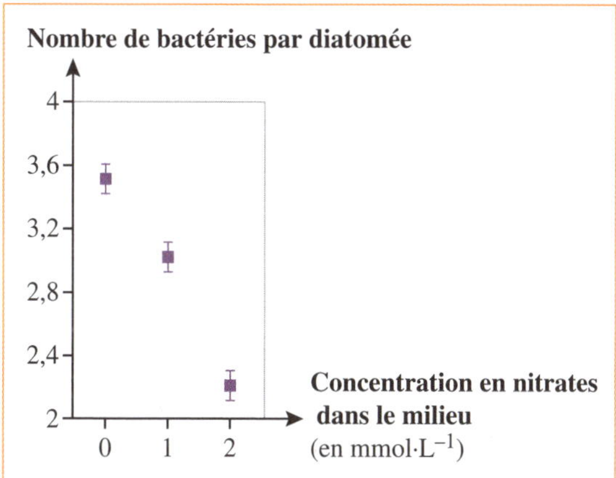

Figure 2 *Nombre moyen de bactéries fixatrices d'azote dans les diatomées en fonction de la teneur en nitrates (NO_3^-) du milieu*

1. Analyser le graphique et justifier l'influence du milieu sur la symbiose entre la diatomée et les bactéries fixatrices d'azote.

2. Proposer une explication à ce constat.

→ Corrigé p. 111

9 1 h 45 ★★★ L'arganier

À partir des documents et des connaissances, expliquer comment l'arganier parvient à se développer dans un milieu pauvre en sels minéraux.

On rappelle que les sels minéraux (Ca^{2+}, SO_4^{2-}, NO_3^-, PO_4^{3-}…) sont indispensables au bon développement des plantes.

Document 1 : L'arganier

L'arganier pousse dans des régions arides dont le sol est pauvre en éléments minéraux. Il possède un large système racinaire qui plonge jusqu'à plus de 30 mètres de profondeur.

Document 2 : Étude de la croissance de l'arganier cultivé en présence ou en l' absence d'un champignon

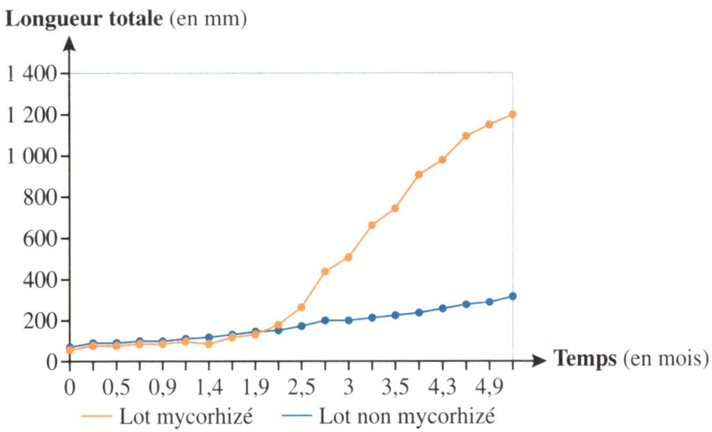

Source : *Nouaïm et Chaussod, 1997*

Figure 1 *Moyenne de la longueur de la tige et de ses ramifications pour deux lots d'arganiers mycorhizés ou non*

Une mycorhize est une association symbiotique entre un champignon et les parties souterraines d'un végétal.

Figure 2 *Appareil racinaire d'un plant d'arganier mycorhizé et non mycorhizé*

Remarque : Les mycorhizes ne sont pas observables à cette échelle.

Document 3 : Observation microscopique des cellules racinaires de l'arganier

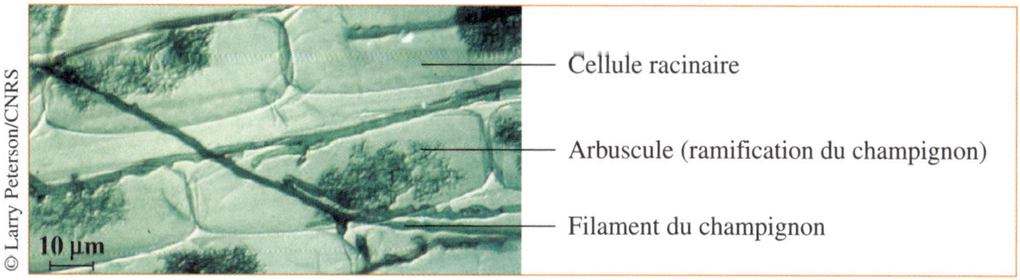

Document 4 : Quantité d'azote (N) et de phosphore (P) dans les racines de l'arganier, après 6 mois en présence ou en l'absence du champignon mycorhizien

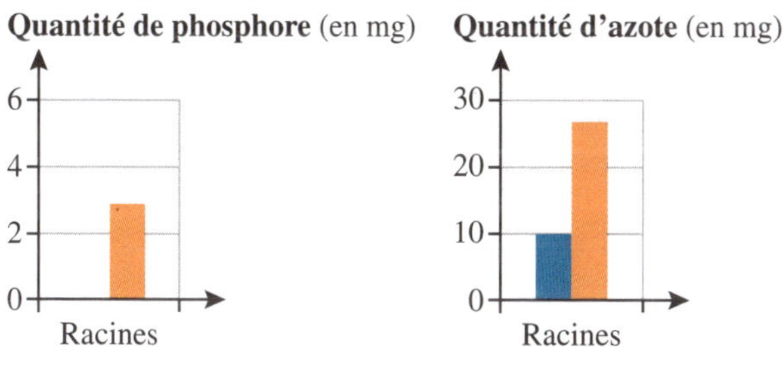

Source : *Nouaïm* et al.,*1994*

→ Corrigé p. 112

1 → *Énoncé p. 103*

Les affirmations exactes sont b) et c).

2 → *Énoncé p. 103*

L'affirmation exacte est c).

3 → *Énoncé p. 103*

La symbiose participe à la diversification non génétique du vivant, car l'association entre les symbiotes leur permet de se développer dans des milieux où ils ne pourraient pas vivre seuls. Cette capacité résulte de la mise en commun des capacités des deux êtres vivants, et non pas de phénomènes génétiques.

4 → *Énoncé p. 103*

Méthode

Penser à donner un **titre** au schéma.

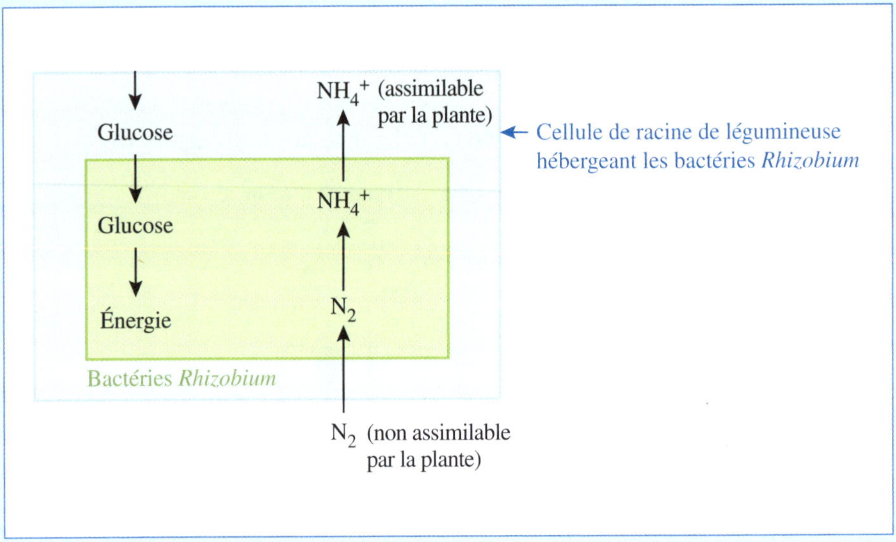

Schéma des échanges dans la symbiose Rhizobium-*légumineuse*

5 → Énoncé p. 104

> **Conseil**
>
> Argumenter votre propos en **citant quelques chiffres** issus du graphique.

1. Suite à l'infection par *Phytophthora cinnamomi*, les plants mycorhizés restent sains (quasiment 100 % de la population étudiée sur toute la durée d'étude). À contrario, les plants témoins non mycorhizés sont touchés par l'infection : la population de plants sains diminue fortement entre 0 et 60 jours, passant de 100 % à environ 20 % de plants sains. Passé les 60 jours, seuls 10 % des plants non mycorhizés restent sains.

Dans cette expérience, le paramètre variable est la présence ou non de la symbiose avec un champignon.

On peut alors en déduire que la symbiose du cyprès avec un champignon semble le protéger contre l'infection par *Phytophthora cinnamomi*.

2. Le graphique étudié dans la question 1 montre que le champignon protège le cyprès. Puisque le champignon est installé dans les racines du cyprès, le champignon est protégé. Il y a donc une protection réciproque.

6 → Énoncé p. 105

1. Le succès reproducteur des gammares mâles sains est de l'ordre de 30 %. Ce succès diminue de moitié lorsque les gammares mâles sont parasités par *P. laevis* et d'environ sept fois lorsque ceux-ci sont parasités par *P. minutus*. Autrement dit, le succès reproducteur des gammares mâles est plus faible lorsque ceux-ci sont parasités.

2. La présence des acanthocéphales dans les gammares diminue leur succès reproducteur, c'est-à-dire que les acantocéphales ont un effet négatif sur les gammares : c'est la définition même du parasitisme.

7 → Énoncé p. 106

1. La fréquence minimale du chant de la mésange en ville est plus élevée qu'à la campagne (4 kHz contre 2 kHz).

2. La ville, contrairement à la forêt, est un territoire avec beaucoup de bruits de basses fréquences. Si les mésanges des villes chantaient comme en forêt (basses fréquences), elles ne pourraient pas être facilement entendues par leurs congénères. Il y a donc eu une évolution du comportement de chant chez les mésanges de ville : elles chantent en hautes fréquences permettant d'éviter que leur chant soit parasité par les bruits de basses fréquences de la ville.

8 → Énoncé p. 107

1. Le nombre de bactéries par diatomée diminue quand la teneur en nitrates dans le milieu augmente. Il y a en moyenne 3,5 bactéries par diatomée quand le milieu ne contient pas de nitrates contre 2,2 bactéries en moyenne par diatomée quand le milieu contient 2 mmol·L^{-1} de nitrates. Il semble ainsi qu'une faible teneur en nitrates dans l'océan favorise la symbiose entre les diatomées et les bactéries fixatrices d'azote.

2. La symbiose a un coût pour la diatomée qui donne une partie des produits de la photosynthèse aux bactéries en contrepartie d'une forme d'azote assimilable. Si le milieu en contient déjà, il est alors moins « rentable » pour la diatomée d'héberger autant de bactéries.

9 → *Énoncé p. 108*

> **Méthode**
> • Penser à bien commencer par **décrire ce que représente le graphique**.
> • Penser à citer un ou deux **exemples concrets** issu(s) du graphique.

L'arganier, comme toutes les plantes, a besoin de sels minéraux pour se développer. Néanmoins, il vit et croît correctement dans un milieu pauvre en sels minéraux.

Comment l'expliquer ?

- Le document 3 présente une vue microscopique des racines de l'arganier : on observe la présence de filaments de champignon au niveau des cellules racinaires.
  On sait qu'il existe des symbioses plantes-champignons. On peut supposer que le champignon observé dans les racines de l'arganier participe à sa croissance en lui procurant des sels minéraux.
- La *figure 1* du document 2 montre qu'en présence du champignon au niveau des racines, la croissance de la tige est quatre fois plus importante (1 200 mm contre 300 mm au bout de 5 mois). La présence du champignon semble donc favoriser la croissance de la tige de l'arganier.
- La *figure 2* du document 2 montre que l'appareil racinaire de l'arganier est bien plus développé en présence du champignon qu'en son absence. La présence du champignon semble donc favoriser la croissance des racines de l'arganier.
  Le champignon observé dans les racines de l'arganier semble effectivement participer à sa croissance.
- Les histogrammes du document 4 montrent qu'en présence du champignon, les racines de l'arganier contiennent plus d'azote et de phosphore qu'en son absence : 28 mg contre 10 mg pour l'azote, et 3 mg contre quasiment 0 pour le phosphore. La présence du champignon aide aux prélèvements des sels minéraux, qui sont redistribués à l'arganier.

Pour conclure, l'arganier parvient à se développer malgré la pauvreté du milieu en sels minéraux grâce à l'association symbiotique avec un champignon.

La chronologie des événements géologiques par l'étude des roches

CHAPITRE 5

Un objet géologique (une faille, une roche, un minéral…), quelles que soient ses dimensions, témoigne d'une histoire que l'on peut reconstituer par l'application de méthodes chronologiques.

1 Chronologie relative

■ La **chronologie relative*** ordonne les événements géologiques ou biologiques, les uns par rapport aux autres sans préciser d'âge.

A. Principes de la chronologie relative

■ La chronologie relative s'appuie sur les relations géométriques entre deux structures géologiques ainsi que sur leur contenu en fossiles. Les principes de la chronologie relative s'appliquent à toutes les échelles : paysage, affleurement, échantillon, lame mince.

■ Les couches géologiques ou strates se déposent horizontalement. Lorsque l'on observe deux strates superposées, la strate supérieure est toujours la plus jeune. C'est le **principe de superposition***.

Figure 1 *Falaises d'Étretat en Normandie*

■ Une strate est de même âge sur toute son étendue : c'est le **principe de continuité***.

■ Les strates sont plus anciennes que les failles ou les roches qui les recoupent : c'est le **principe de recoupement***.

© Chris Curtis/Shutterstock

Figure 2 *Faille recoupant des strates plus anciennes*

■ Toute roche, ou tout fragment de roche, inclus dans une autre roche est plus ancien : c'est le **principe d'inclusion***.

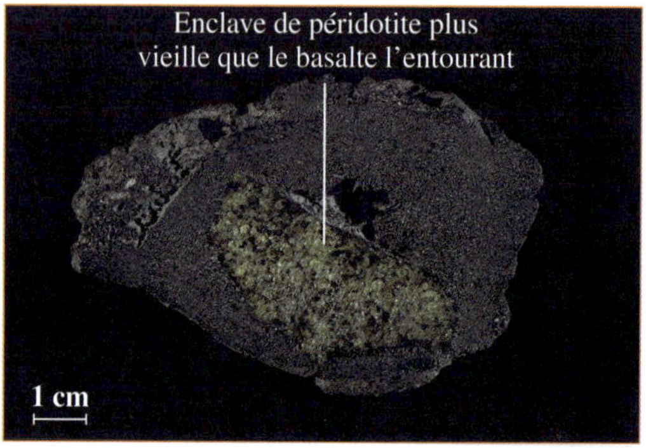

© Monique Berger/Biosphoto

Figure 3 *Enclave de péridotite dans un basalte*

■ Deux couches qui ont le même contenu en fossiles (contenu paléontologique) sont de même âge : c'est le **principe d'identité paléontologique***. Ce principe repose sur l'utilisation d'associations de fossiles stratigraphiques. Les **fossiles stratigraphiques*** ont pour caractéristiques d'être des fossiles ayant évolué rapidement (durée d'existence brève de l'espèce, ils caractérisent alors une période « précise »), présentant une aire de répartition vaste (corrélation temporelle possible entre zones éloignées) et abondants. Ils sont alors utilisés pour caractériser des intervalles de temps.

Ex. : Les ammonites sont de bons fossiles stratigraphiques et sont caractéristiques du Jurassique et du Crétacé.

B. Limites de la chronologie relative

■ La chronologie relative présente des limites d'utilisation. Par exemple, il est difficile d'appliquer le principe de superposition dans des zones où la tectonique a été importante : l'ordre des strates peut être inversé. Il faut alors avoir recours à des critères de polarité pour définir l'ordre de succession des strates.

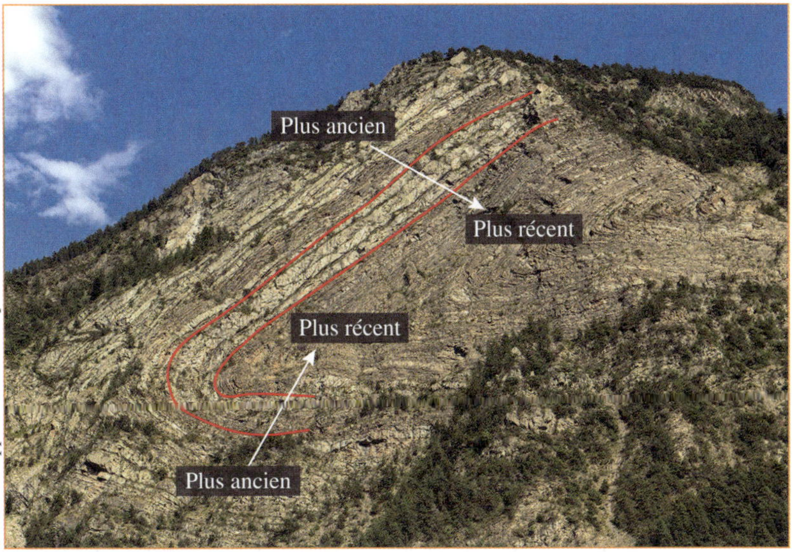

Figure 4 *Pli couché de Saint-Clément dans les Alpes*

2 Chronologie absolue

■ La **chronologie absolue*** fournit un âge absolu et mesure la durée de phénomènes géologiques ou biologiques.

A. Principe de la chronologie absolue

■ La chronologie absolue s'appuie sur la désintégration radioactive, un phénomène continu et irréversible.

■ Certains minéraux des roches contiennent des éléments radioactifs (nommés éléments pères) au moment de leur cristallisation. Ces éléments radioactifs se désintègrent progressivement en éléments radiogéniques (nommés éléments fils). Ils sont d'autant plus abondants qu'il s'est écoulé du temps depuis la cristallisation de la roche.

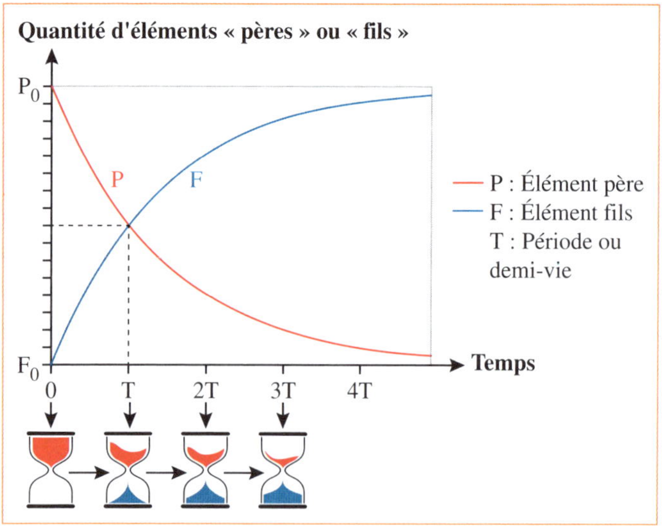

Figure 5 *Courbe de désintégration radioactive*

■ La quantification de l'élément père radioactif et de l'élément fils radiogénique permet de déterminer l'âge des minéraux constitutifs d'une roche à l'aide de courbes de référence.

■ Les datations peuvent s'effectuer sur des **roches magmatiques**, des **roches métamorphiques** (utilisation des roches totales ou de leurs minéraux isolés) ou sur des **restes d'êtres vivants** (os, dent, bois).

■ L'âge obtenu est celui de la **fermeture du système** considéré (formation du minéral ou de la roche, mort de l'être vivant). Cette fermeture correspond à l'arrêt de tout échange entre le système considéré et l'environnement, par exemple quand un cristal solide se forme à partir d'un magma liquide. Des températures de fermeture différentes pour différents minéraux expliquent que des mesures effectuées sur un même objet tel qu'une roche, avec différents chronomètres, puissent fournir des valeurs différentes.

B. Chronomètres utilisés en géologie

■ Différents **chronomètres*** (couples père-fils) sont classiquement utilisés en géologie. Ils se distinguent par la période ou demi-vie de l'élément père. La **période ou demi-vie*** d'un élément radioactif est caractéristique de cet élément et désigne le temps au bout duquel la moitié des noyaux pères initialement présents se sont désintégrés.

■ Le choix du chronomètre dépend de l'âge supposé de l'objet à dater, qui peut être appréhendé par chronologie relative.

Chronomètres utilisés classiquement en géologie

Couple		Demi-vie	Domaine de datation
Élément père	Élément fils		
^{14}C	^{14}N	5 730 années	< 40 000 ans
^{40}K	^{40}Ar	$1,25 \times 10^9$ années	1 à 4 500 Ma
^{238}U	^{206}Pb	$4,47 \times 10^9$ années	10 à 4 500 Ma
^{87}Rb	^{87}Sr	$4,88 \times 10^{10}$ années	10 à 4 500 Ma

C. Limites de la chronologie absolue

■ Comme la chronologie relative, la chronologie absolue présente aussi des limites d'utilisation.

Ex. : Des roches magmatiques peuvent subir du métamorphisme : le système est alors de nouveau ouvert et la date obtenue sera celle de l'épisode métamorphique et non celle de cristallisation de la roche.

3 Corrélation entre chronologie relative et chronologie absolue

■ La corrélation entre chronologie relative et chronologie absolue aboutit à l'**échelle internationale des temps géologiques** ou **échelle stratigraphique**.

■ L'apparition ou la disparition de groupes fossiles a permis d'établir des coupures dans les temps géologiques.

Ex. : La disparition des Dinosaures (–65 Ma) permet de séparer la période Crétacé de l'ère Cénozoïque.

■ Ces événements permettent de découper les temps géologiques en différents intervalles de temps : ères, périodes, étages.

■ Les méthodes de chronologie absolue permettent de caler temporellement les événements ordonnés par chronologie relative.

Voir l'échelle internationale des temps géologiques page suivante.

Ère	Syst.	Série	Âge	Étage
CÉNOZOÏQUE (Tertiaire + Quaternaire)	QUAT.	PLÉISTOCÈNE / HOLOCÈNE	1,75	
	NÉOGÈNE	PLIOCÈNE	3,4	GÉLASIEN PLACENZEN
			5,3	ZANCLÉEN
		MIOCÈNE	7,3	MESSINIEN
			11	TORTONIEN
			14,3	SERRAVALLIEN
			15,8	LANGHIEN
			20,3	BURDIGALIEN
			23,5	AQUITANIEN
	PALÉOGÈNE	OLIGOCÈNE	28	CHATTIEN
			33,7	RUPÉLIEN
		ÉOCÈNE	37	PRIABONIEN
			40	BARTONIEN
			46	LUTÉTIEN
			53	YPRÉSIEN
		PALÉOCÈNE		THANÉTIEN
				SÉLANDIEN
			65	DANIEN
MÉSOZOÏQUE (Secondaire)	CRÉTACÉ	SUPÉRIEUR	72	MAASTRICHTIEN
			83	CAMPANIEN
			87	SANTONIEN
			88	CONIACIEN
			92	TURONIEN
			96	CÉNOMANIEN
		INFÉRIEUR	108	ALBIEN
			113	APTIEN
			117	BARRÈMIEN
			123	HAUTERIVIEN
			131	VALANGINIEN
			135	BERRIASIEN
	JURASSIQUE	MALM	141	TITHONIEN
			146	KIMMERIDGIEN
			154	OXFORDIEN
		DOGGER	160	CALLOVIEN
			164	BATHONIEN
			170	BAJOCIEN
			175	AALENIEN
		LIAS	184	TOARCIEN
			191	PLIENSBACHIEN
			200	SINÉMURIEN
			203	HETTANGIEN
	TRIAS	SUPÉRIEUR		RHÉTIEN
			220	NORIEN
			230	CARNIEN
		MOYEN	233	LADINIEN
			240	ANISIEN
		INFÉRIEUR		OLÉNÉKIEN
			250	INDUEN

Ère	Syst.	Série	Âge	Étage
PALÉOZOÏQUE (Primaire)	PERMIEN	LOPINGIEN	250	CHANGHSIENGIEN
				WUCHIAPIGIEN
		GUADALUPIEN		CAPITANIEN
				WORDIEN
				ROADIEN
		CISURALIEN		KUNGURIEN
				ARTINSKIEN
				SAKMARIEN
			295	ASSÉLIEN
	CARBONIFÈRE	PENNSYLVANIEN		GZHÉLIEN
				KASIMOVIEN
				MOSCOVIEN
				BASHKIRIEN
		MISSISSIPIEN	325	SERPUKHOVIEN
			345	VISÉEN
			355	TOURNAISIEN
	DÉVONIEN	SUPÉRIEUR	370	FAMÉNIEN
			375	FRASNIEN
		MOYEN	380	GIVÉTIEN
			390	EIFÉLIEN
		INFÉRIEUR	400	EMSIEN
				PRAGUIEN
			410	LOCHKOVIEN
	SILURIEN	PRIDOLI	415	
		LUDLOW		LUDFORDIEN
			425	GORSTIEN
		WENLOCK		HOMÉRIEN
			430	SHEINWOODIEN
		LLANDOVERY		TELYCHIEN
				AÉRONIEN
			435	RHUDDANIEN
	ORDOVICIEN	SUPÉRIEUR	455	
		MOYEN	465	DARRIWILIEN
		INFÉRIEUR		
			500	TRÉMADOCIEN
	CAMBRIEN	SUPÉRIEUR		
		MOYEN	520	
		INFÉRIEUR	540	

ÉON	Âge
PROTÉROZOÏQUE	540
ARCHÉEN	2500

Figure 6 *Échelle internationale des temps géologiques*

CARTE MENTALE

LA CHRONOLOGIE DES ÉVÉNEMENTS GÉOLOGIQUES PAR L'ÉTUDE DES ROCHES

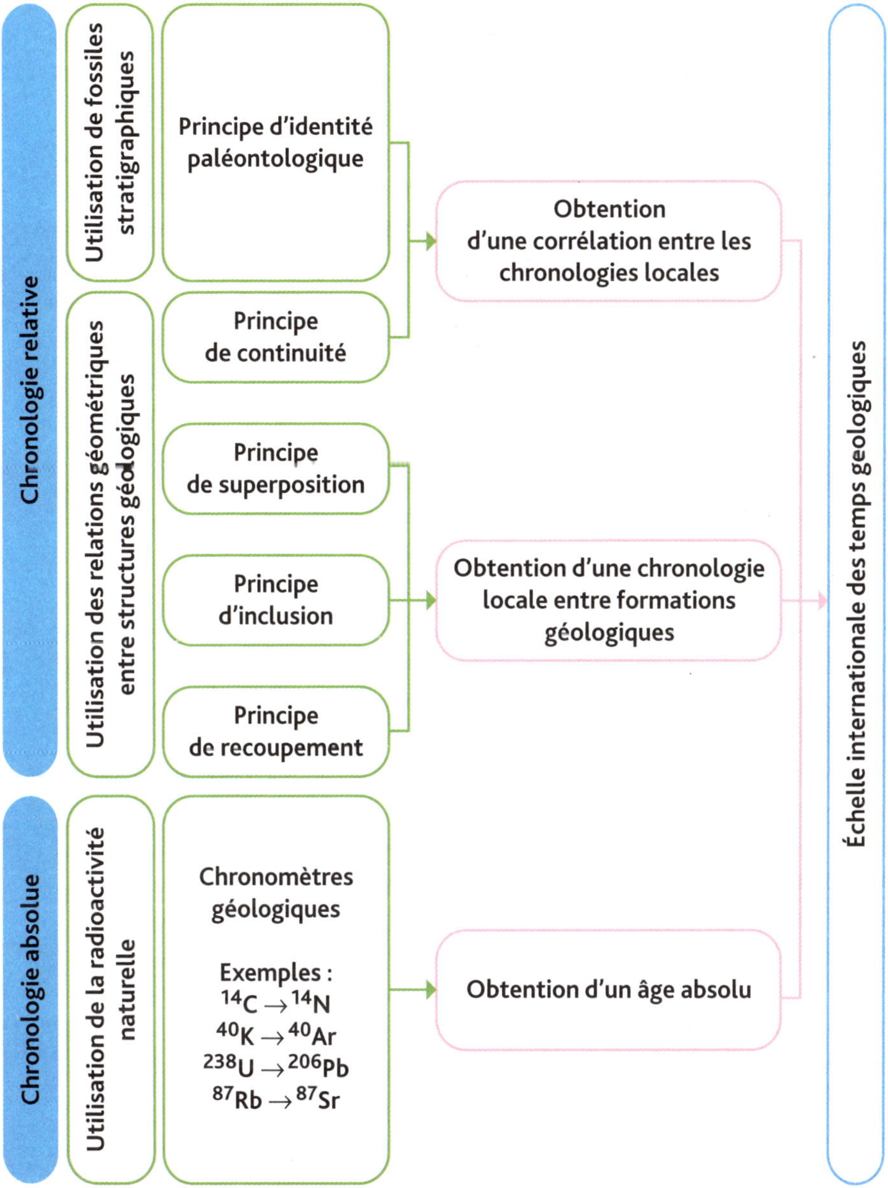

EXERCICES

Connaître le cours

1 ⏱ 2 min ★ Vrai ou faux ?

Relever la (ou les) affirmation(s) exacte(s).

La chronologie relative :

a) donne un âge absolu.

b) ordonne les événements les uns par rapport aux autres.

c) s'appuie sur la désintégration radioactive.

d) s'appuie sur les relations géométriques entre deux structures géologiques ainsi que sur les fossiles qu'elles contiennent.

→ *Corrigé p. 128*

2 ⏱ 2 min ★ Vrai ou faux ?

Relever la (ou les) affirmation(s) exacte(s).

Un fossile stratigraphique présente les caractéristiques suivantes :

a) une durée d'existence brève de l'espèce.

b) une aire de répartition réduite.

c) une aire de répartition vaste.

d) une forte abondance dans les roches sédimentaires.

→ *Corrigé p. 128*

3 ⏱ 10 min ★ Restitution de connaissances

Expliquer dans un paragraphe le principe de la chronologie absolue.

→ *Corrigé p. 128*

4 ⏱ 10 min ★ Schématiser le cours

Schématiser la courbe de désintégration radioactive d'un élément père et de formation d'un élément fils dans le cas du chronomètre ^{87}Rb - ^{87}Sr.

→ *Corrigé p. 128*

S'entraîner

5 15 min ★★ Les événements géologiques de Condé-sur-Noireau

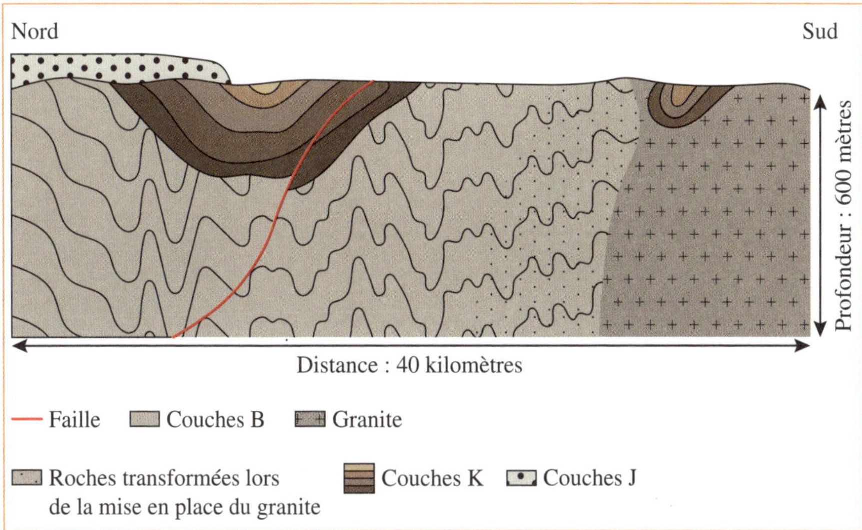

Coupe géologique dans la région de Condé-Sur-Noireau en Normandie

Lorsque le magma granitique se met en place, il chauffe les roches environnantes provoquant leur transformation.

1. À partir de l'exploitation de la coupe géologique de la région de Condé-sur-Noireau, ordonner les événements suivants : phase de plissement 1, phase de plissement 2, dépôt des couches J, dépôt des couches K, dépôt des couches B. Justifier votre réponse.

2. Établir, en indiquant le raisonnement, l'âge relatif de la mise en place du granite.

→ Corrigé p. 129

6 15 min ★★ Les événements géologiques de la carrière de Laize-la-Ville

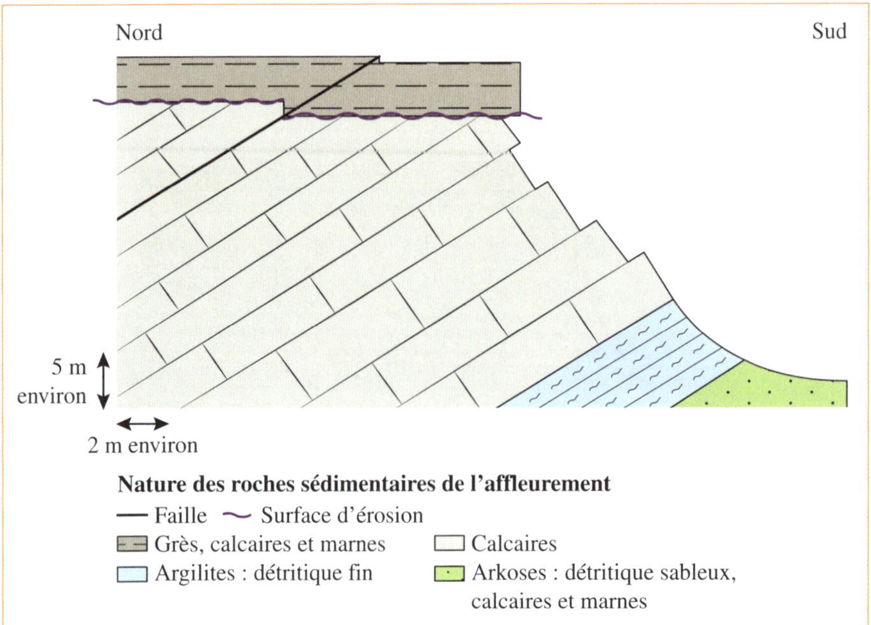

Coupe géologique synthétique de la carrière de Laize-la-Ville en Normandie

Établir la datation relative des évènements visibles sur cette coupe : érosion, dépôt des argilites, dépôt des grès/calcaires/marnes, fracturation, basculement des dépôts les plus anciens : calcaires, argilites et arkoses. Justifier votre réponse.

→ Corrigé p. 129

7 25 min ★★★ L'âge de la mort de Lucy

Le squelette de l'Australopithèque Lucy a été trouvé, en 1974, sur le site de l'Hadar, en Éthiopie. La datation est effectuée à l'aide du chronomètre $^{40}Ar/^{40}K$.

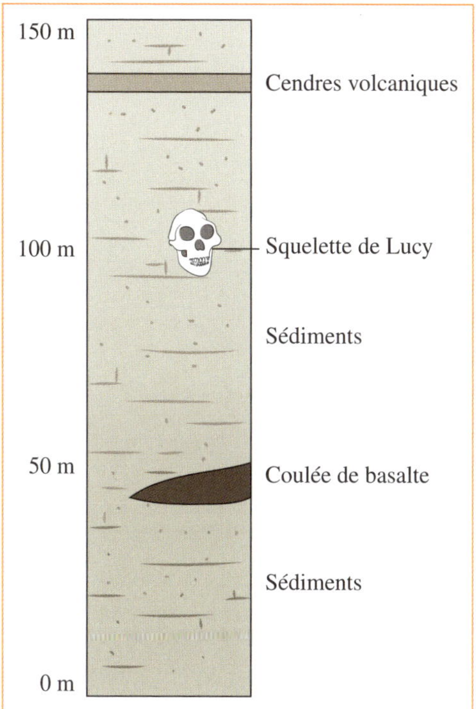

Figure 1 *Extrait simplifié de la série stratigraphique de l'Hadar*

Mesures du rapport $^{40}Ar/^{40}K$ dans des feldspaths de deux échantillons des roches volcaniques de la série

Nature de l'échantillon	Rapport $^{40}Ar/^{40}K$
Cendres volcaniques	$1{,}7 \times 10^{-4}$
Coulée de basalte	$2{,}1 \times 10^{-4}$

Quelques informations sur deux méthodes radiométriques de datation

Radioéléments utilisés	Période de demi-vie	Type de matériel analyser	Âge limite théorique d'investigation
$^{14}C \rightarrow {}^{14}N$	5 730 ans	Matière organique fossile (os, bois…)	57 300 ans
$^{40}Ar \rightarrow {}^{40}K$	$1{,}25 \times 10^9$ ans	Minéraux d'une roche magmatique (feldspaths, micas…)	$12{,}5 \times 10^9$ ans

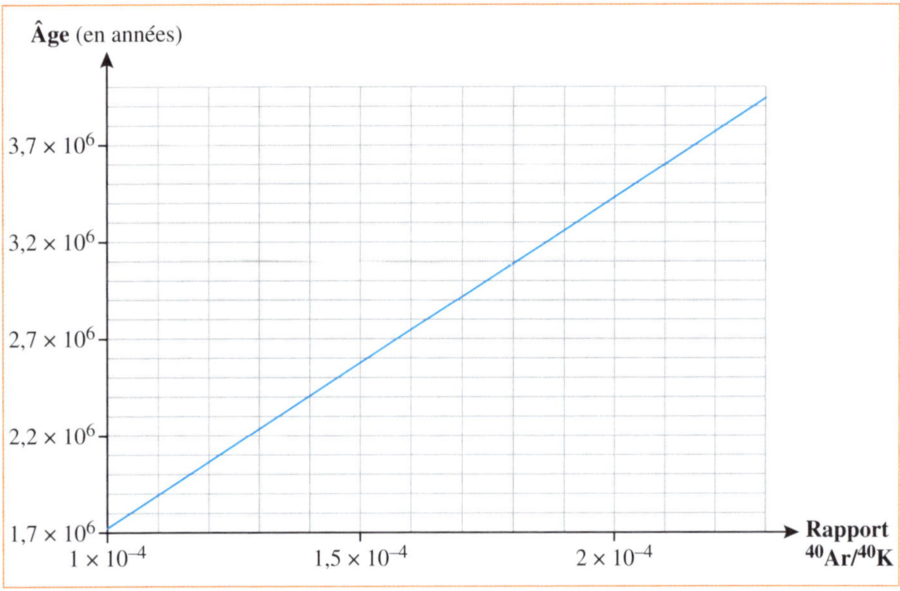

Figure 2 *Relation entre valeur du rapport $^{40}Ar/^{40}K$ et âge d'un échantillon*

1. Évaluer l'âge de la mort de Lucy et argumenter l'intérêt d'associer principe de datation relative et méthode de datation radiométrique au potassium *(^{40}K)*/argon *(^{40}Ar)*.

2. Expliquer pourquoi l'utilisation de la méthode au carbone 14 (^{14}C) est impossible dans cette situation.

→ *Corrigé p. 129*

SUJET DU BAC

Exercice 2 : Pratique du raisonnement scientifique — 1 h 45 — 8 points

Histoire géologique de Ploumanac'h

Des géologues cherchent à reconstituer l'histoire géologique de la région de Ploumanac'h en Bretagne.

À partir des documents et des connaissances, établir la chronologie de mise en place des trois granites G1, G2, G3 et des roches sédimentaires situées au contact de ces granites.

Document 1 : Croquis du granite G1

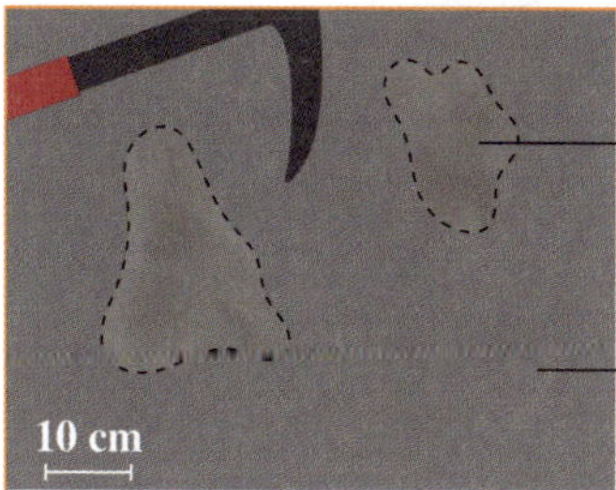

Document 2 : Contact entre le granite G2 et les roches sédimentaires

Les roches sédimentaires des documents 2 et 3 sont les mêmes et sont donc de même âge.

Document 3 : Contact entre le granite G3 et les roches sédimentaires

Les roches sédimentaires des documents 2 et 3 sont les mêmes et sont donc de même âge.

Document 4 : Datation absolue du granite G1 à l'aide du couple rubidium (Rb)/strontium (Sr)

Des mesures des rapports $^{87}Sr/^{86}Sr$ et $^{87}Rb/^{86}Sr$ ont été réalisées sur trois minéraux du granite G1.

On construit une droite à partir des valeurs des couples ($^{87}Rb/^{86}Sr$; $^{87}Sr/^{86}Sr$).

La droite obtenue d'équation $y = ax + b$ est nommée isochrone.

Le temps écoulé depuis la cristallisation peut être connu grâce à la fonction :

$$t = \frac{\ln(1+a)}{\lambda}$$

- t : temps en millions d'années
- a : coefficient directeur de la droite
- λ : constante de désintégration

Correspondance âge/coefficient directeur

Coefficient directeur de l'isochrone, noté *a*	Âge du granite (en millions d'années)
0,0039	274
0,0040	281
0,0041	288
0,0042	295
0,0043	302
0,0044	309
0,0045	316
0,0046	323

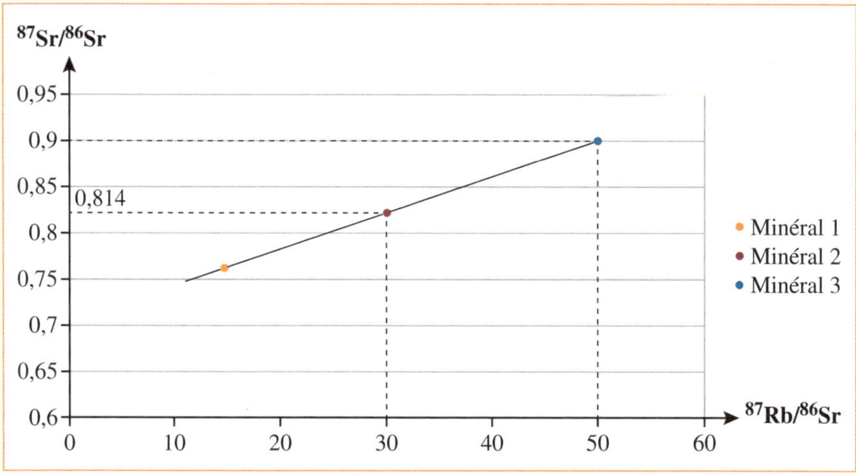

Isochrone obtenue pour le granite G1

Le granite G3 a également été daté par cette méthode. L'âge obtenu est 293 millions d'années.

→ Corrigé p. 130

CORRIGÉS

1 → *Énoncé p. 120*

Les affirmations exactes sont b) et d).

2 → *Énoncé p. 120*

Les affirmations exactes sont a), c) et d).

3 → *Énoncé p. 120*

La chronologie absolue utilise la désintégration radioactive dans le but de fournir un âge absolu et de mesurer la durée de phénomènes géologiques ou biologiques.

Les datations sont effectuées sur des roches magmatiques ou métamorphiques, en utilisant des échantillons de roches ou leurs minéraux isolés mais aussi sur des restes d'êtres vivants.

On cherche alors à quantifier la quantité d'un élément père radioactif et de l'élément fils radiogénique. Ce couple père radioactif-fils radiogénique joue le rôle de chronomètre et conduit à déterminer l'âge ou la durée du phénomène géologique ou biologique étudié, à l'aide de courbes de référence.

Conseils

Revoir les **chronomètres géologiques** p. 116 du cours.

4 → *Énoncé p. 120*

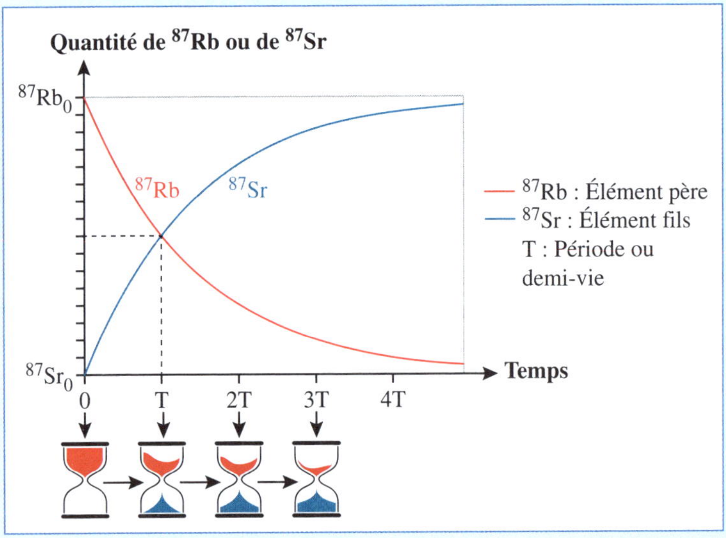

Figure 1 *Courbe de désintégration du ^{87}Rb et de formation du ^{87}Sr*

5 → Énoncé p. 121

1. Les couches J se superposent aux couches K. Les couches K se superposent aux couches B. D'après le principe de superposition, les couches J sont donc plus jeunes que les couches K qui sont elles-mêmes plus jeunes que les couches B.

Les couches B et K sont plissées mais pas de la même manière : il y a donc eu deux phases de plissements. Ces phases n'ont pas affecté les couches J. Il y a donc d'abord eu plissement des couches B puis plissement des couches K.

Ainsi, du plus ancien au plus récent, il y a eu : dépôt des couches B, plissement des couches B (phase de plissement 1), dépôt des couches K, plissement des couches K (phase de plissement 2), dépôt des couches J.

2. Les couches B sont affectées par la mise en place du granite (transformation des roches des couches B en contact avec le granite). Les couches K ne sont pas affectées par la mise en place du granite. Le granite s'est donc mis en place après le dépôt des couches B et avant le dépôt des couches K.

6 → Énoncé p. 122

Les grès/calcaires/marnes reposent sur la surface d'érosion. D'après le principe de superposition, le dépôt des grès/calcaires/marnes est postérieur à l'érosion.

La surface d'érosion, le dépôt des grès/calcaires/marnes et les calcaires sont affectés par la faille. D'après le principe de recoupement, la faille est postérieure à ces trois événements.

> **Conseil**
> Revoir le **principe de recoupement** et le **principe de superposition** p. 113 du cours.

Le calcaire repose sur les argilites. D'après le principe de superposition, le dépôt des argilites est antérieur au dépôt du calcaire.

Les strates se déposant à plat, le basculement des dépôts les plus anciens (calcaires, argilites et arkoses) est directement postérieur à la mise en place de ces dépôts.

Ainsi, du plus ancien au plus récent, il y a eu : dépôt des argilites, basculement des dépôts les plus anciens (calcaires, argilites et arkoses), érosion, dépôt des grès/calcaires/marnes puis fracturation.

7 → Énoncé p. 122

1. L'utilisation du chronomètre $^{40}Ar/^{40}K$ (datation absolue) ne permet pas de dater les os de Lucy (matière organique fossile et non minéraux d'une roche comme le requiert ce chronomètre). Cependant, dans la série stratigraphique de l'Hadar, on voit que les os de Lucy sont encadrés par une coulée de basalte et des cendres volcaniques qu'il est possible de dater avec le chronomètre $^{40}Ar/^{40}K$.

> **Conseil**
> Revoir les **chronomètres géologiques** p. 116 du cours.

En datant de manière absolue ces deux événements, on obtiendra un âge relatif par encadrement pour les os de Lucy : il est alors nécessaire d'associer la chronologie relative et la chronologie absolue.

Graphiquement, le rapport $^{40}Ar/^{40}K$ des cendres indique un âge d'environ 2,9 Ma et celui de la coulée de basalte indique un âge d'environ 3,6 Ma.

Ainsi, la mort de Lucy est comprise entre 2,9 et 3,6 Ma.

2. Dans cette situation, l'utilisation de la méthode au carbone 14 n'est pas possible car Lucy est bien trop âgée par rapport à l'âge limite théorique d'investigation par cette méthode (il n'y aurait pas assez d'éléments pères pour avoir des données précises).

SUJET DU BAC

Exercice 2 : Pratique du raisonnement scientifique → Énoncé p. 125

Il est possible de reconstituer l'histoire géologique de la région de Ploumanac'h en Bretagne en combinant des méthodes de chronologie relative et de chronologie absolue.

> **Conseil**
>
> Penser à **énoncer les principes utilisés**. Revoir p. 113 du cours.

La photographie du document 1 montre que le granite G2 est inclus dans le granite G1. D'après le principe d'inclusion, le granite G2 est donc plus ancien que le granite G1.

Les photographies des documents 2 et 3 montrent que le granite G2 et le granite G3 recoupent les mêmes roches sédimentaires. D'après le principe de recoupement, les granites G2 et G3 sont plus récents que les roches sédimentaires à leur contact.

Il est possible de déterminer l'âge du granite G1 en connaissant le coefficient directeur de l'isochrone pour cet échantillon : $a = \frac{0,9 - 0,814}{50 - 30} = 0,0043$.

D'après le tableau de correspondance, on en déduit que le granite G1 s'est mis en place il y a 302 Ma.

Ainsi, du plus ancien au plus récent, il y a eu : dépôt des roches sédimentaires, mise en place du granite G2, mise en place du granite G1 (il y a 302 Ma) et finalement mise en place du granite G3 (il y a 293 Ma).

La reconstitution de l'histoire géologique de la Terre

CHAPITRE 6

L'âge de la Terre est déterminé précisément par les méthodes de datation absolue : la Terre s'est formée il y a 4,57 milliards d'années. Des modélisations numériques récentes suggèrent que les premières **plaques lithosphériques*** se seraient constituées assez tôt dans son histoire. Depuis au moins 3 milliards d'années, la tectonique des plaques modèle la surface de la Terre.

1 Des domaines continentaux d'âges variés

- Les continents associent des terrains d'âge et de nature différents.

Ex. : Dans le Massif des Vosges, des formations sédimentaires cénozoïques (g, q1, q2 et q3) côtoient des formations mésozoïques (t1, t2 et t3), des formations sédimentaires paléozoïques (h1, h2…), protérozoïques (bk) et des formations granitiques paléozoïques (15 et 17).

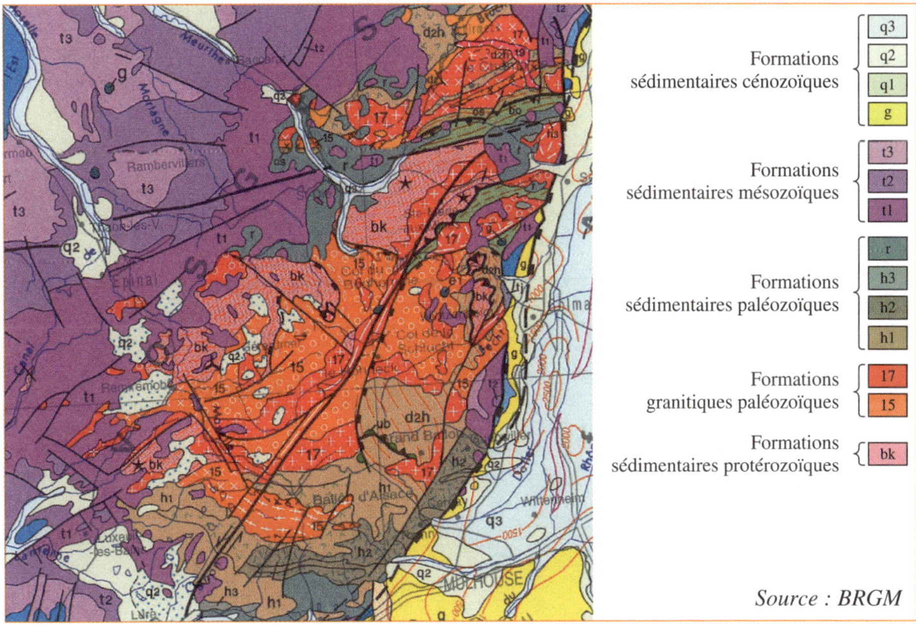

Figure 1 *Extrait de la carte géologique de France (1/10⁶) au niveau du Massif des Vosges*

■ Les continents présentent des reliquats d'anciennes chaînes de montagnes (aussi appelées **ceintures orogéniques***) issues de cycles orogéniques successifs au cours de l'histoire géologique de la Terre.

■ Ces reliquats sont souvent des granites (au sens large) dont la composition chimique est caractéristique des collisions (réunion de blocs continentaux) à l'origine des chaînes de montagnes.

Ex. : En France métropolitaine, on peut mettre en évidence l'existence de reliquats de quatre anciennes ceintures orogéniques grâce à l'étude des granites.

Remarque

Granitoïdes est la dénomination sur la carte géologique de France des **granites** au sens large.

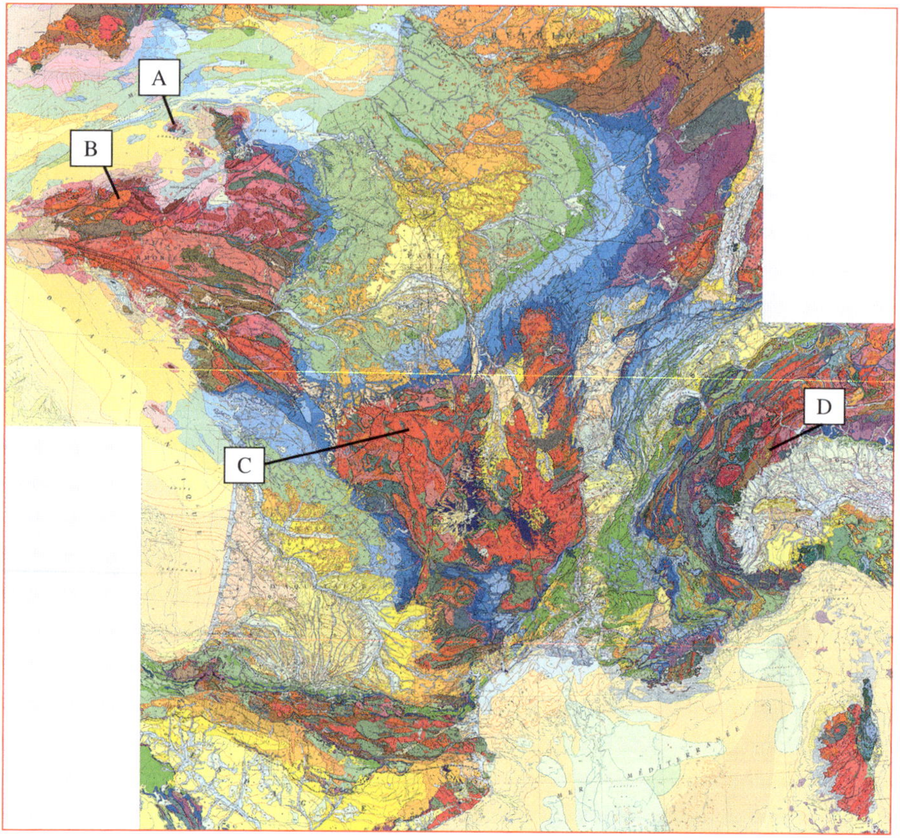

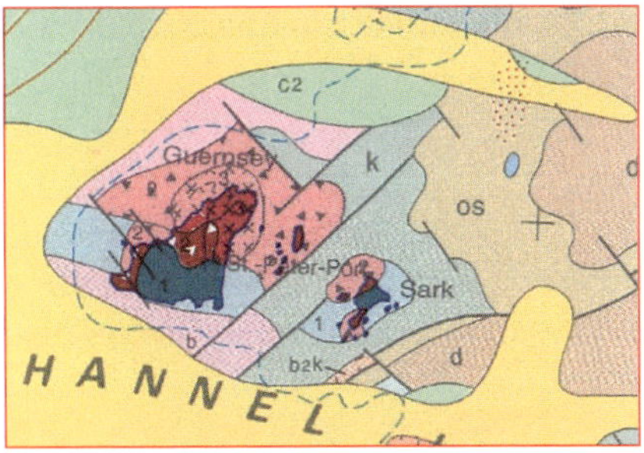

A : *Île de Guernesey*

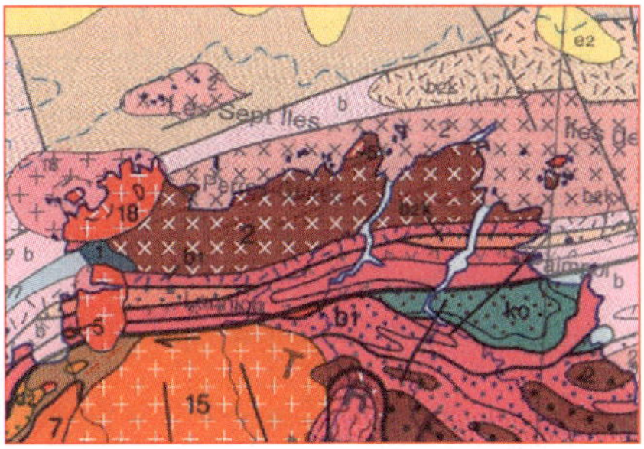

B : *Massif armoricain (détail)*

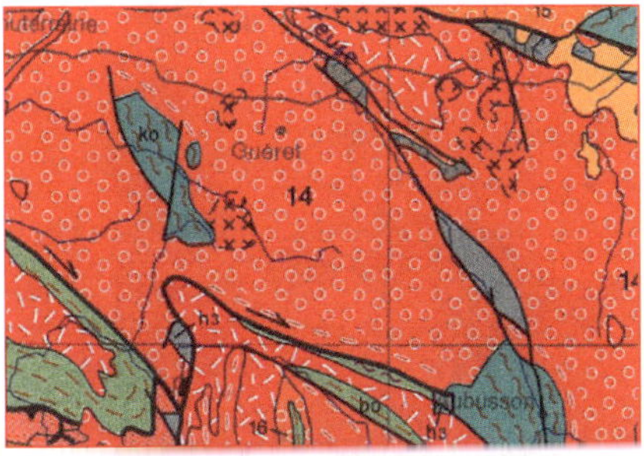

C : *Massif central (détail)*

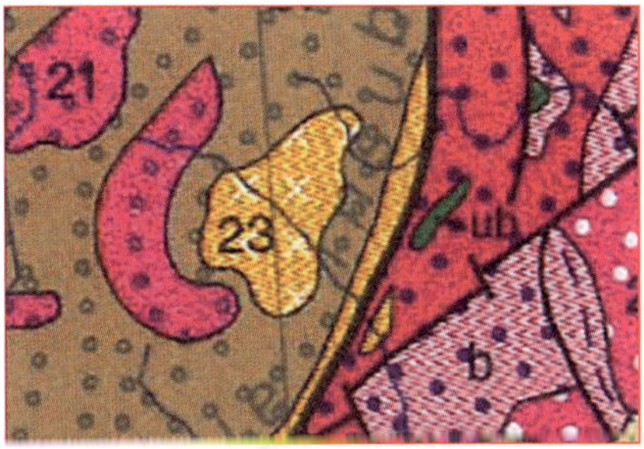

D : *Alpes lépontines*

Légende simplifiée des principales formations visibles sur les extraits :

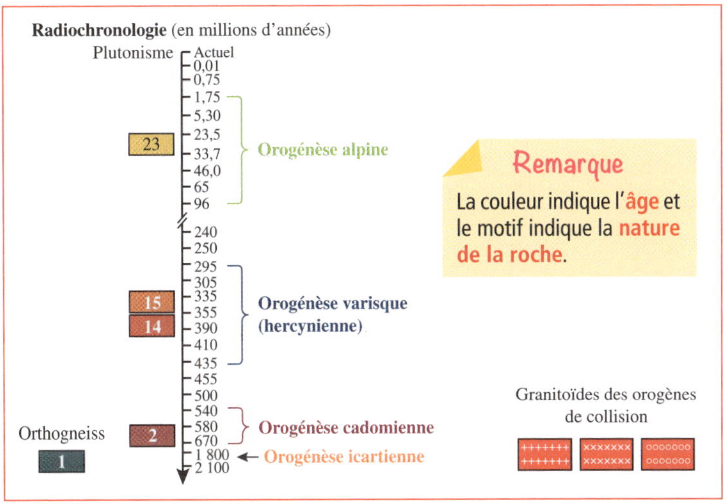

Remarque

La couleur indique l'**âge** et le motif indique la **nature de la roche**.

Source : BRGM

Figure 2 *Reliquats d'anciennes ceintures orogéniques à l'aide de la carte géologique de France (1/10⁶)*

■ Les **roches métamorphiques*** sont aussi des reliquats d'anciennes chaînes de montagnes.

2 Des traces d'océans disparus

■ Il est possible d'observer sur les continents une succession de roches caractéristiques de la lithosphère océanique (péridotite, gabbro et basalte) : on les nomme **ophiolites***.

Ex. : Dans les Alpes, on observe dans le massif du Chenaillet une succession de péridotite, de gabbro et de basalte qui témoignent de l'océan alpin disparu.

Remarque

Ophiolites vient du grec *ophis* signifiant serpent car les roches ont l'aspect de peau de serpent.

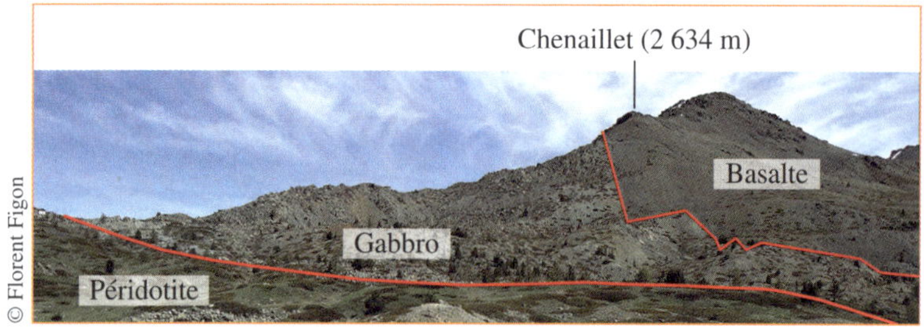

Figure 3 *Panorama au niveau du massif du Chenaillet dans les Alpes*

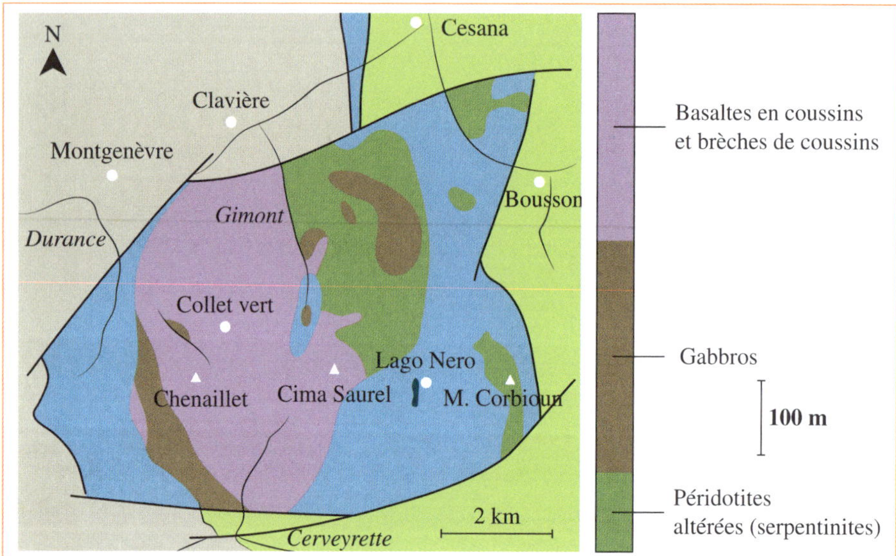

Figure 4 *Carte géologique simplifiée du Massif du Chenaillet et log simplifié associé*

Remarque

- Une **carte géologique** représente les roches visibles à l'**affleurement**.
- Un **log** représente la **succession verticale** des roches.

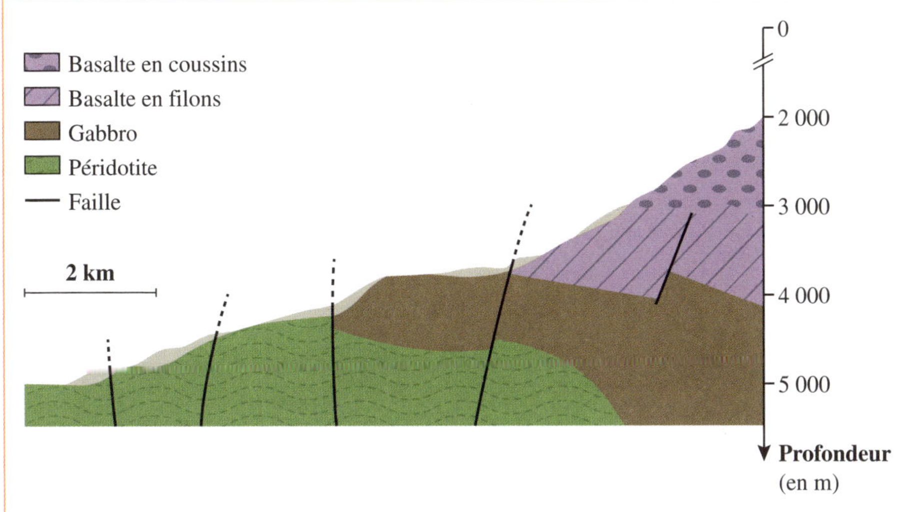

Figure 5 *Coupe géologique au niveau de la faille VEMA (dorsale médio-atlantique) présentant l'organisation de la lithosphère océanique actuelle*

■ Dans les chaînes de montagnes, les complexes ophiolitiques forment des sutures qui témoignent de la fermeture de domaines océaniques, suivie de la collision de blocs continentaux par convergence de plaques lithosphériques.

■ La mise en place d'ophiolites résulte d'une **exhumation*** (retour à la surface par mouvements tectoniques) de roches ayant subi le phénomène de **subduction*** puis d'**obduction*** (lithosphère océanique ne s'enfonçant plus sous la lithosphère continentale, mais au contraire, tendant à la chevaucher).

Remarque

L'unité mécanique en mouvement lors d'une **subduction** est bien la **lithosphère**.

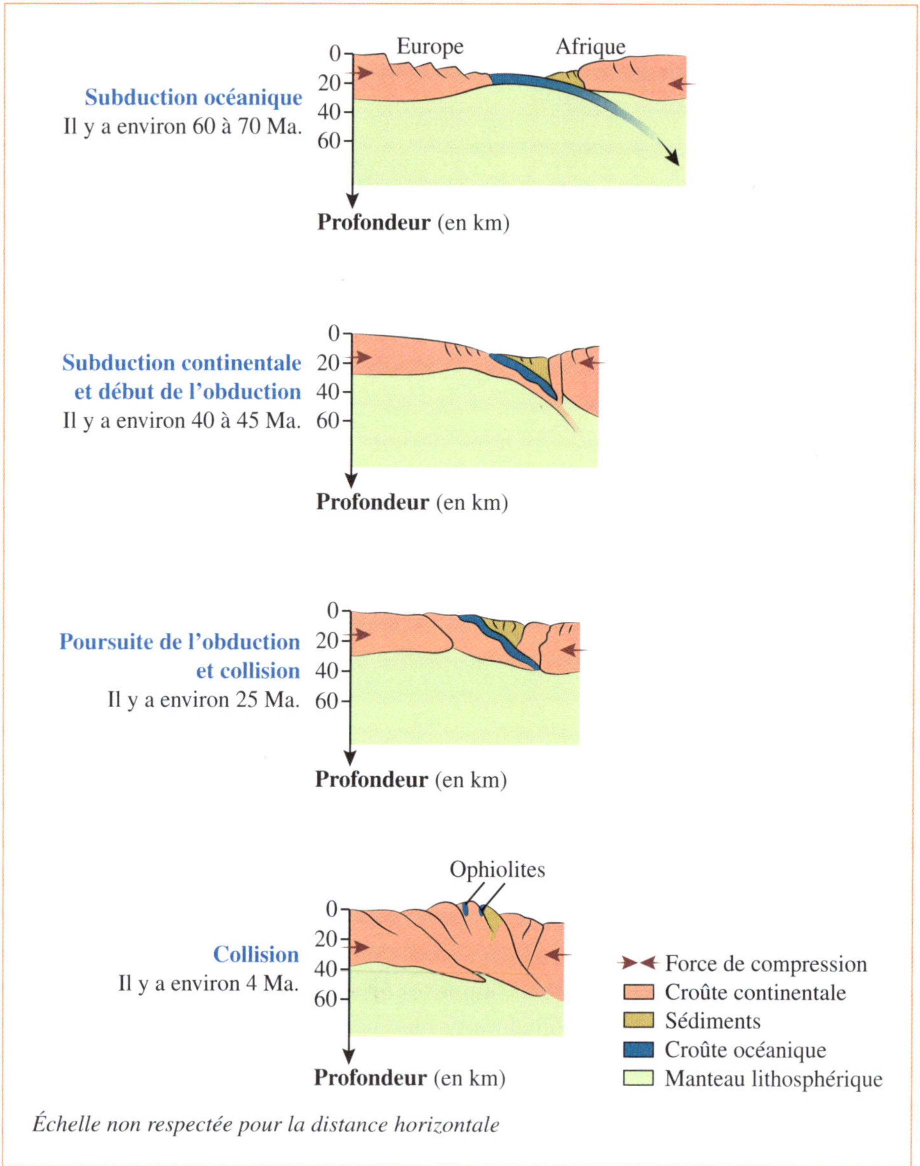

Figure 6 *Scénario possible de mise en place d'ophiolites par obduction dans les Alpes*

3 Des indices d'une fragmentation continentale et d'une ouverture océanique

■ Les **marges passives*** bordant un océan portent des marques d'extension : on y trouve des failles normales et des blocs basculés. Ils témoignent de la fragmentation initiale du domaine continental ayant précédé la naissance de l'océan.

Définition

Les **marges** sont les **zones de transition** entre la croûte continentale et la croûte océanique.

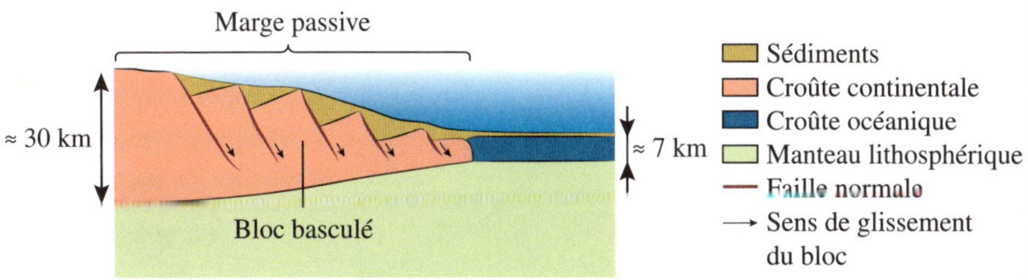

Échelle non respectée pour l'affaissement des blocs et pour la distance horizontale

Figure 7 *Structure d'une marge passive actuelle*

■ La présence de blocs basculés associés à des failles normales en milieu totalement continental est un indice d'une ancienne marge passive.

■ Les stades initiaux de la fragmentation continentale correspondent aux **rifts continentaux**.

Ex. : Dans les Afars (Afrique de l'Est), on observe en domaine continental des blocs basculés et des failles normales : il s'agit d'un rift continental.

■ La **fragmentation continentale** est souvent suivie par la **mise en place de nouvelles dorsales**. Elles produisent alors de la **croûte océanique** (accrétion océanique) conduisant à la formation d'un océan (océanisation).

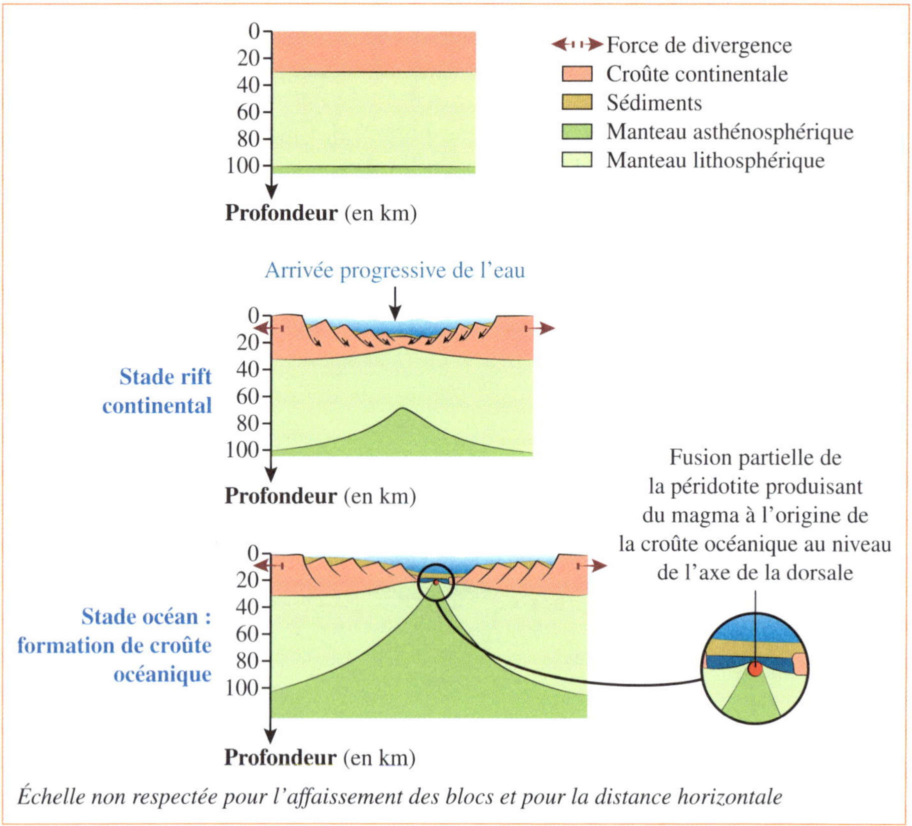

Figure 8 *De la fragmentation continentale à l'ouverture d'un océan*

4 Les reconstitutions paléogéographiques

■ La datation (relative et absolue) des différents indices permet de définir le déroulement d'un **cycle orogénique** : fragmentation d'un domaine continental, formation d'un océan, subduction/obduction puis collision formant la chaîne de montagnes.

Il y a donc des **périodes de réunion de blocs continentaux**, liées à des collisions orogéniques, et des **périodes de fragmentation** conduisant à la mise en place de nouvelles dorsales.

■ Au cours des temps géologiques, les cycles orogéniques se succèdent et permettent de déterminer différentes **périodes paléogéographiques**.

CARTE MENTALE

UN CYCLE OROGÉNIQUE

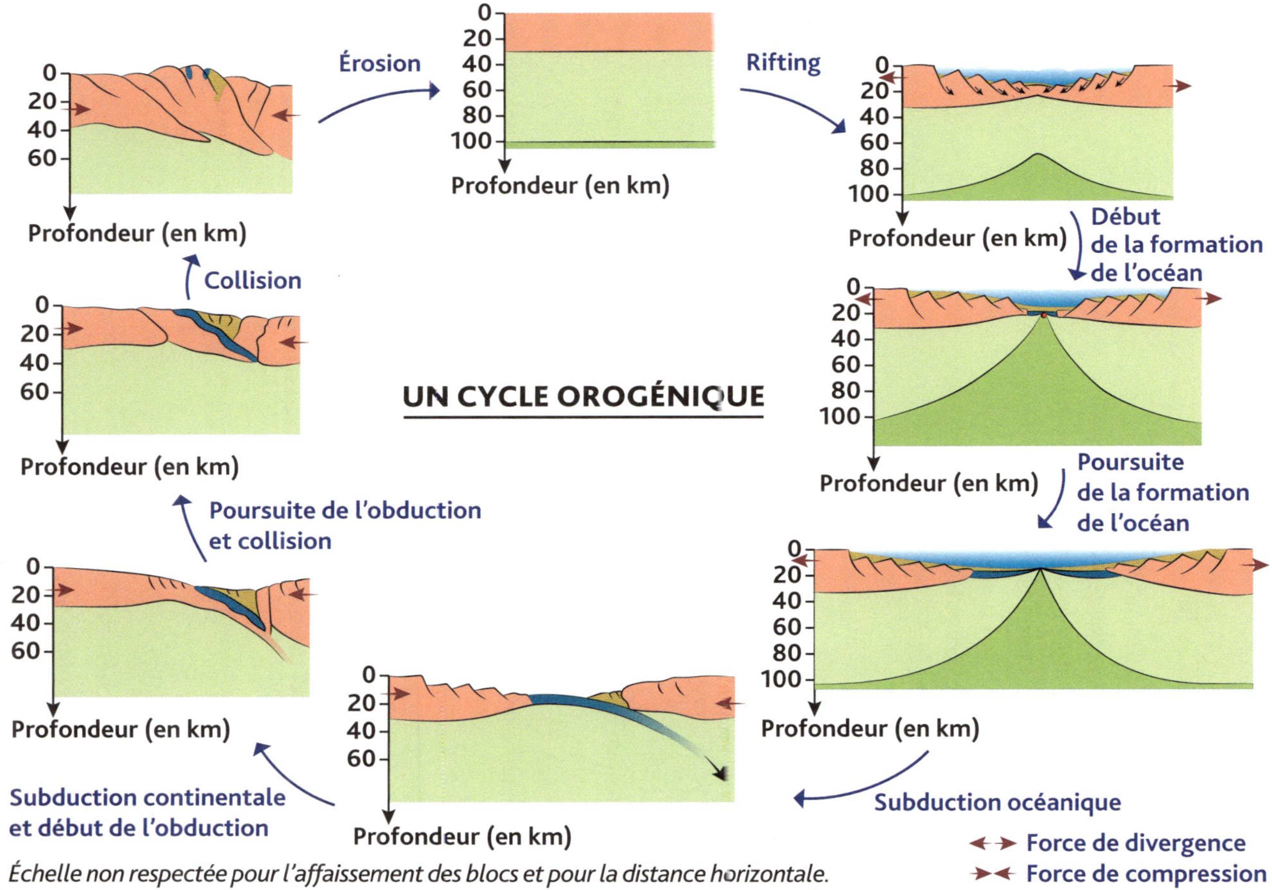

Échelle non respectée pour l'affaissement des blocs et pour la distance horizontale.

EXERCICES

Connaître le cours

1 2 min ★ Vrai ou faux ?

Relever la (ou les) affirmation(s) exacte(s).

Les marges passives présentent des marques :

a) de compression : blocs basculés et failles inverses.

b) d'extension : blocs basculés et failles inverses.

c) de compression : blocs basculés et failles normales.

d) d'extension : blocs basculés et failles normales.

→ *Corrigé p. 145*

2 2 min ★ Vrai ou faux ?

Relever la (ou les) affirmation(s) exacte(s)

Les cycles orogéniques :

a) se succèdent au cours des temps géologiques.

b) consistent en des périodes de réunions de blocs continentaux uniquement.

c) consistent en des périodes de réunions de blocs continentaux et en des périodes de fragmentation du domaine continental.

d) consistent en des périodes de fragmentation du domaine continental uniquement.

→ *Corrigé p. 145*

3 10 min ★ Restitution de connaissances

Expliquer en quoi les ophiolites sont des traces d'océans disparus.

→ *Corrigé p. 145*

4 10 min ★ Schématiser le cours

Schématiser la structure d'une marge passive actuelle.

→ *Corrigé p. 145*

S'entraîner

5 15 min ★★ Indices de l'histoire alpine dans la région du Pelvoux

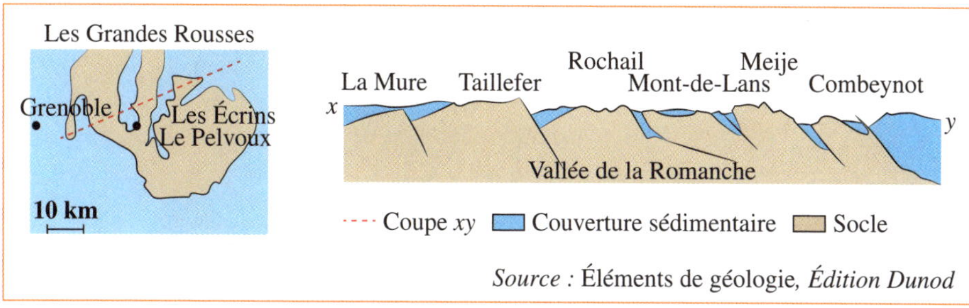

Coupe géologique simplifiée dans la région du Pelvoux

1. Justifier que la région du Pelvoux est une ancienne marge passive.
2. Représenter par plusieurs schémas la mise en place de cette structure.

→ Corrigé p. 145

6 30 min ★★ Formation de l'Himalaya

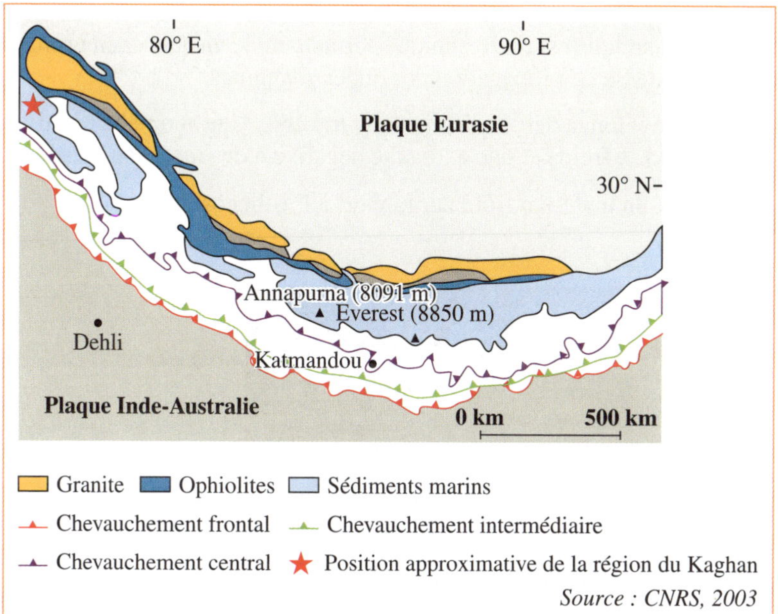

Figure 1 *Carte géologique simplifiée de l'Himalaya*

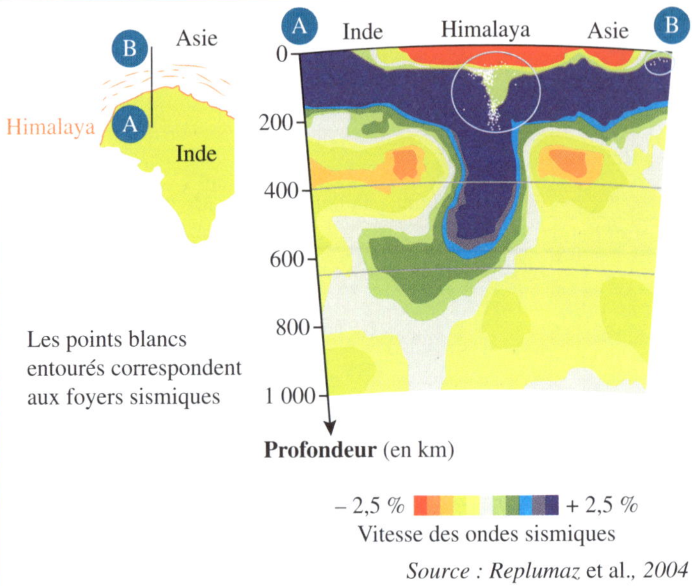

Figure 2 *Tomographie sismique et foyers sismiques selon une coupe Nord-Sud au niveau de l'Himalaya*

La tomographie sismique est une technique permettant de visualiser en profondeur les variations de la vitesse de propagation des ondes sismiques.

Cette vitesse varie selon la densité du matériau traversé. Une anomalie positive correspond à des matériaux froids et une anomalie négative à des matériaux chauds.

La lithosphère est un matériau froid par rapport à l'asthénosphère.

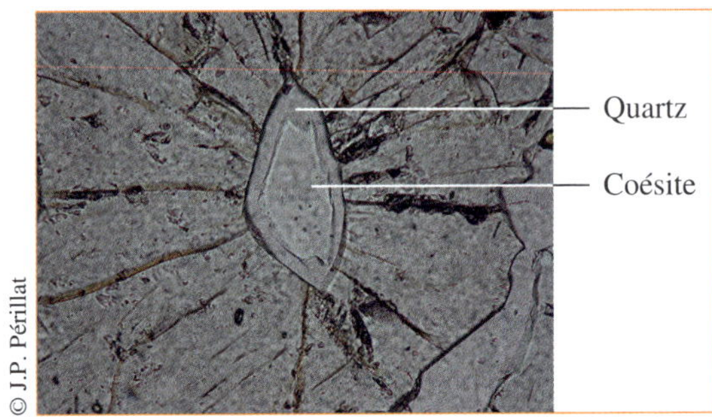

Figure 3 *Microphotographie d'une lame mince d'une roche appartenant à la croûte continentale récoltée dans la vallée du Kaghan (ouest de l'Himalaya)*

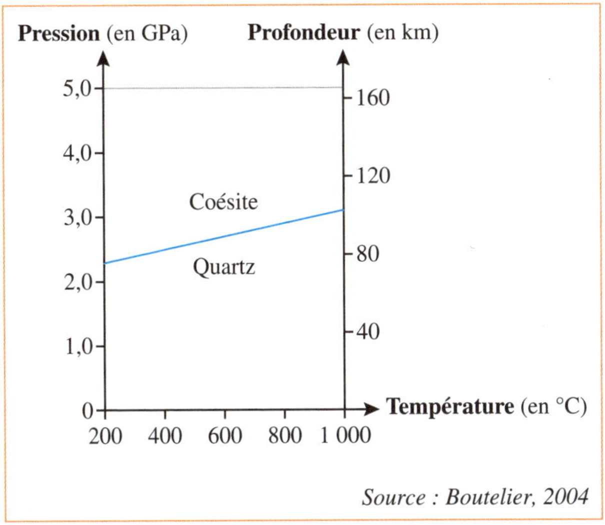

Figure 4 *Domaine de stabilité des deux minéraux visibles sur la coésite et le quartz*

1. Présenter les arguments qui valident la subduction de la lithosphère océanique et de la lithosphère continentale.

2. Montrer que l'Himalaya présente des indices d'une obduction et présenter ce mécanisme.

→ *Corrigé p. 146*

SUJET DU BAC

Exercice 1 : Maîtrise des connaissances 1 h 30 7 points

Les ophiolites

Les géologues parviennent à reconstituer la formation des chaînes de montagnes en utilisant de nombreux indices différents. Les ophiolites sont l'un de ces indices.

Après avoir présenté la composition des ophiolites, reconstituer un scénario de la formation d'une chaîne de montagnes expliquant leur présence au sein de celle-ci.

L'exposé comportera une introduction, un développement structuré, une conclusion et sera illustré d'un ou plusieurs schéma(s).

→ Corrigé p. 147

CORRIGÉS

1 → Énoncé p. 140

L'affirmation exacte est d).

2 → Énoncé p. 140

Les affirmations exactes sont a) et c).

3 → Énoncé p. 140

Les ophiolites que l'on retrouve sur les continents sont formées par la succession de roches caractéristiques de la lithosphère océanique : péridotite, gabbro et basalte. Ainsi la présence d'ophiolites sur un domaine continental est un indice qui témoigne d'un océan aujourd'hui disparu.

4 → Énoncé p. 140

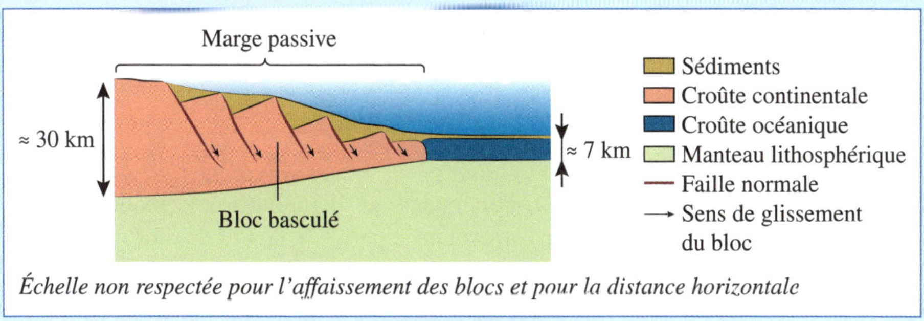

Structure d'une marge passive actuelle

5 → Énoncé p. 141

Méthode

- Penser à bien **légender** le schéma.
- Indiquer une **échelle**.
- Donner un **titre**.

1. La région du Pelvoux est une ancienne marge passive car on observe la présence de blocs basculés le long de failles normales.

2.

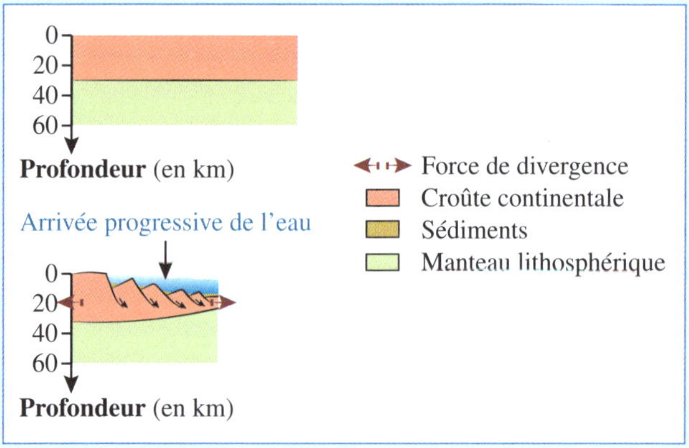

Schéma de la mise en place de la marge passive dans la région du Pelvoux

6 → *Énoncé p. 141*

1. Le profil tomographique sismique de la figure 2 met en évidence une structure sous l'Himalaya présentant des anomalies de vitesse positive (+ 2,5 %). Cela correspond à une structure plus froide que les roches environnantes. Cette structure qui s'enfonce est de la lithosphère (le plus souvent océanique mais elle peut aussi avoir une origine continentale).

> **Méthode**
> Lorsque l'on analyse un document il est important de **citer des valeurs**.

La figure 3 montre que les roches continentales de l'Himalaya présentent des minéraux de coésite. Ces minéraux ne se forment qu'à partir de 80 km de profondeur : cela signifie que ces roches ont été enfouies lors d'un phénomène de subduction.

Ainsi, au niveau de l'Himalaya, il y a bien subduction de la lithosphère océanique et de la lithosphère continentale.

2. La figure 1 montre que des ophiolites sont présentes au niveau de l'Himalaya. Elles sont les indices d'une obduction. L'obduction se produit quand la lithosphère océanique ne s'enfonce plus sous la lithosphère continentale, mais au contraire, tend à la chevaucher sous l'effet des forces de compression.

SUJET DU BAC

Exercice 1 : Maîtrise des connaissances → *Énoncé p. 144*

Les ophiolites, présentes dans les montagnes, font parties des indices utilisés par les géologues pour reconstituer le scénario de formation d'une chaîne de montagnes.

Que sont les ophiolites ? Comment expliquer leur présence au sein des chaînes de montagnes ?

Méthode

Un travail préalable au brouillon est nécessaire pour construire l'introduction, le développement et la conclusion.
Il ne faut cependant pas rédiger tout le développement au brouillon mais **identifier les notions** clefs et les organiser entre-elles de telle sorte à avoir un **plan cohérant** avec la **problématique**.

I – Les ophiolites, des roches océaniques en milieu continental

Dans le Massif du Chenaillet par exemple, on observe une succession particulière de roches : de la péridotite, des gabbros et des basaltes.

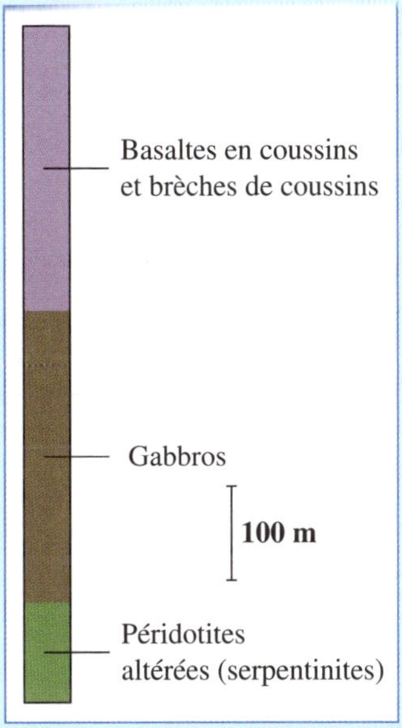

Figure 1 *Log simplifié des ophiolites du Chenaillet*

Figure 2 page suivante.

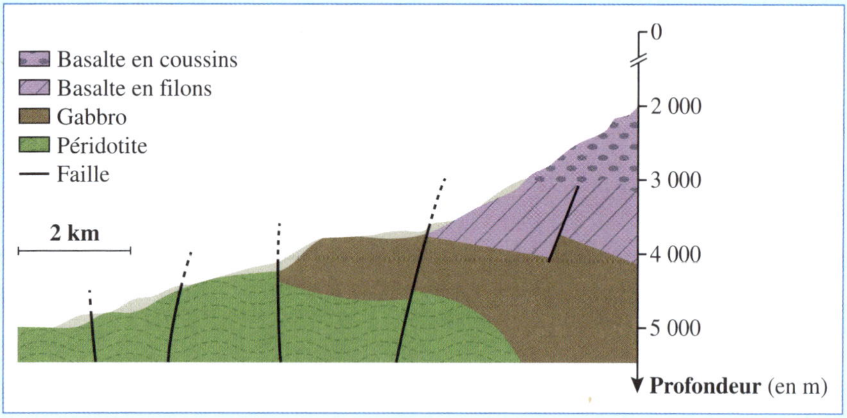

Figure 2 *Coupe géologique au niveau de la faille VEMA (dorsale médio-atlantique) présentant l'organisation de lithosphère océanique actuelle*

En comparant les roches du Massif du Chenaillet avec les roches présentes au niveau de la faille VEMA, on se rend compte que les roches du Chenaillet sont caractéristiques de la lithosphère océanique même si elles sont en plein domaine continental : ce sont des ophiolites. Elles correspondent donc à un morceau de lithosphère océanique charrié sur le continent.

> **Méthode**
> Ne pas oublier de mettre un **titre**, une **légende** et une **échelle** aux schémas.

II – Le scénario de mise en place des ophiolites au sein des chaînes de montagnes

a) La fermeture de l'océan par subduction

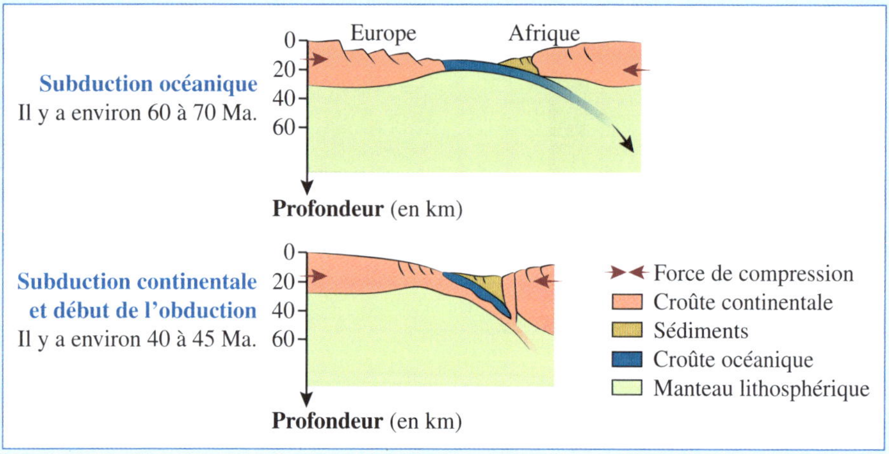

Figure 3 *La fermeture de l'océan*

La lithosphère océanique, à l'origine des ophiolites, se forme au niveau de l'axe de la dorsale dans un contexte de divergence.

Avec le temps, la lithosphère océanique formée refroidit et sa densité finit par devenir supérieure à celle du manteau asthénosphérique sur lequel elle repose. La lithosphère océanique entre en subduction sous la lithosphère continentale et l'océan précédemment formé est en cours de fermeture. Le contexte tectonique global est alors compressif.

Méthode

Dans la **conclusion**, il faut reprendre les idées fortes du développement permettant de **répondre à la problématique** ; sans chercher à redire tout le développement

b) La collision continentale et l'obduction

Poursuite de l'obduction et collision
Il y a environ 25 Ma.

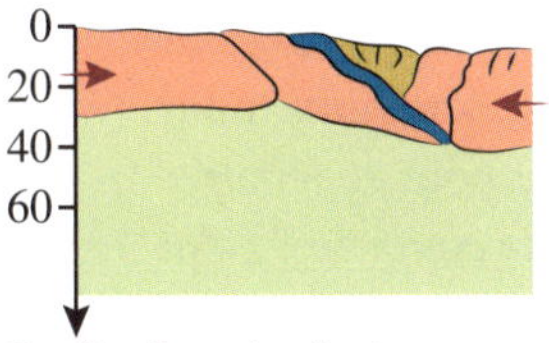

Collision
Il y a environ 4 Ma.

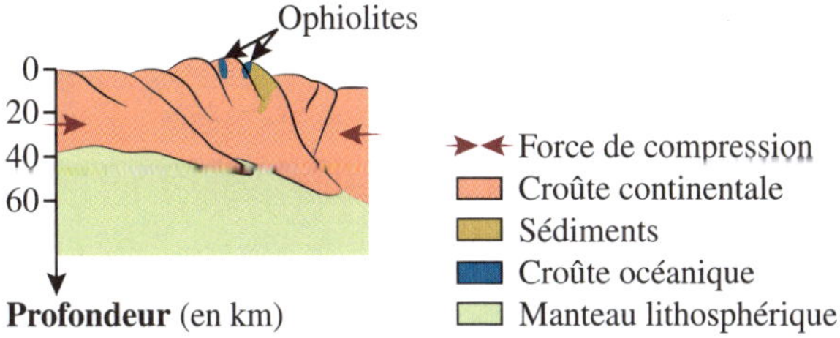

Figure 4 *La collision continentale et la mise en place des ophiolites*

Le terme ultime de la subduction est la collision continentale des domaines continentaux qui bordaient l'océan disparu.

Dans certains cas, il arrive que, dans le même temps, la lithosphère océanique ne s'enfonce plus sous la lithosphère continentale, mais au contraire, tende à la chevaucher : c'est l'obduction. Ce phénomène conduit donc à avoir de la lithosphère océanique en contact avec la lithosphère continentale.

c) L'exhumation du fragment de lithosphère océanique

Des mouvements tectoniques conduisent au retour en surface du fragment de lithosphère océanique chevauchant la lithosphère continentale. Il est accessible en surface, sur le domaine continental : on parle alors d'ophiolites.

Pour conclure, la mise en place d'ophiolites, fragments de lithosphère océanique, résulte d'une exhumation de roches ayant subi le phénomène de subduction puis d'obduction.

CHAPITRE 7 L'organisation des plantes à fleurs

Les plantes à fleurs, aussi appelées plantes **Angiospermes***, représentent la plus grande partie des espèces végétales terrestres. Fixées au sol par leurs racines, elles ne peuvent pas se déplacer pour s'approvisionner en eau et ions minéraux, pour fuir un herbivore ou bien encore pour rencontrer un partenaire parfois éloigné *(voir chapitre 9)*. Au cours de leur évolution, des caractères sont apparus et ont été sélectionnés en lien avec la vie fixée.

Remarque

Angiosperme vient du grec *sperma* « graines » et *angeion* « récipient » : les graines sont enfermées dans les fruits.

1 Organisation générale d'une plante à fleurs

■ Les plantes à fleurs sont à l'interface entre deux milieux très différents : l'un souterrain (le sol) et l'autre aérien (l'atmosphère). Elles puisent les ressources nécessaires à leur développement dans ces deux milieux grâce à deux organes fondamentaux : les racines et les feuilles. La tige fait le lien entre l'**appareil racinaire** et l'**appareil foliaire**.

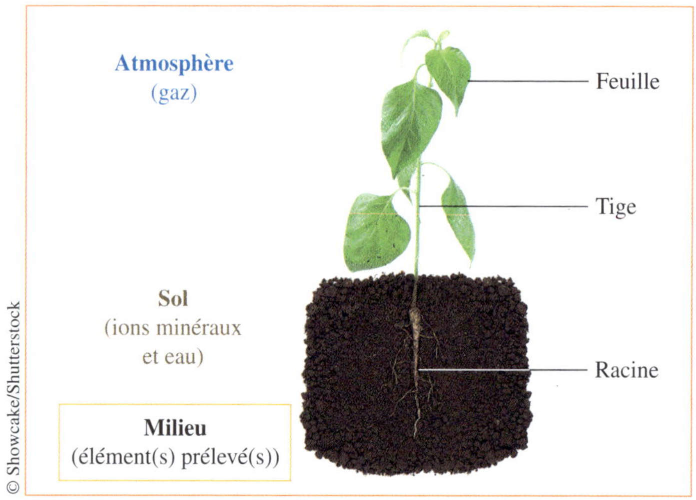

Figure 1 *Plante à l'interface sol/atmosphère*

A. Absorption d'éléments nutritifs et ancrage par les racines

■ Les racines permettent l'absorption de l'eau et des ions minéraux du sol ainsi que la fixation de la plante dans le sol. L'absorption est réalisée par de longues cellules, les **poils absorbants***.

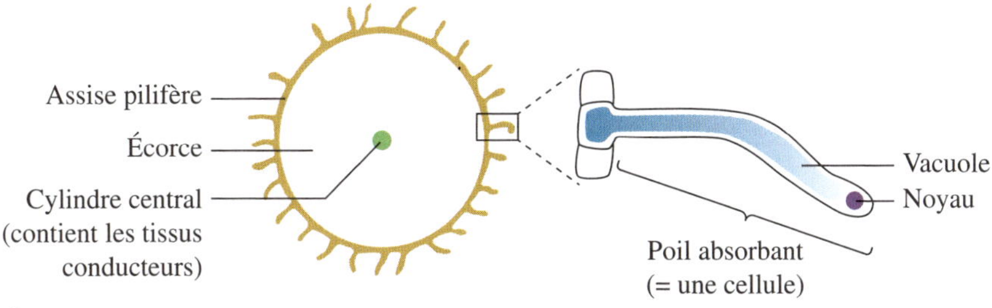

Échelle non respectée.
Par souci de représentation, membrane plasmique et paroi ne sont pas distinguées.

Figure 2 *Structure d'une racine en coupe transversale*

B. Production de matière organique par les feuilles

■ Les feuilles sont des organes généralement aplatis, portés latéralement par les tiges. Elles réalisent la **photosynthèse*** : production de matière organique à partir de matière minérale (CO_2) avec la lumière comme source d'énergie.

■ Les feuilles possèdent à la surface de leur épiderme des **stomates***. Les stomates sont formés par deux cellules stomatiques délimitant un orifice, l'**ostiole***. Les échanges gazeux (CO_2, O_2, H_2O) entre la plante et l'atmosphère se réalisent par les ostioles. Ils peuvent être fermés ou ouverts selon les conditions du milieu.

> **Remarque**
> Les **stomates** sont souvent sur la face inférieure de la feuille, limitant les pertes d'eau lors de fortes chaleurs.

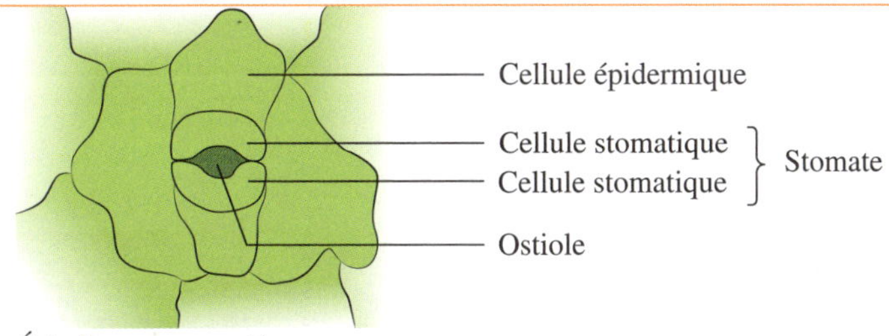

Échelle non respectée.
Par souci de représentation, membrane plasmique et paroi ne sont pas distinguées.

Figure 3 *Stomates au niveau de l'épiderme des feuilles*

C. Port des feuilles et des organes reproducteurs par la tige

■ Les tiges sont la partie aérienne de la plante portant les feuilles à la lumière et, au moment de la reproduction, les organes reproducteurs (fleurs et fruits). Elles font le lien entre les racines et les feuilles. Elles présentent une organisation répétitive de **phytomères***.

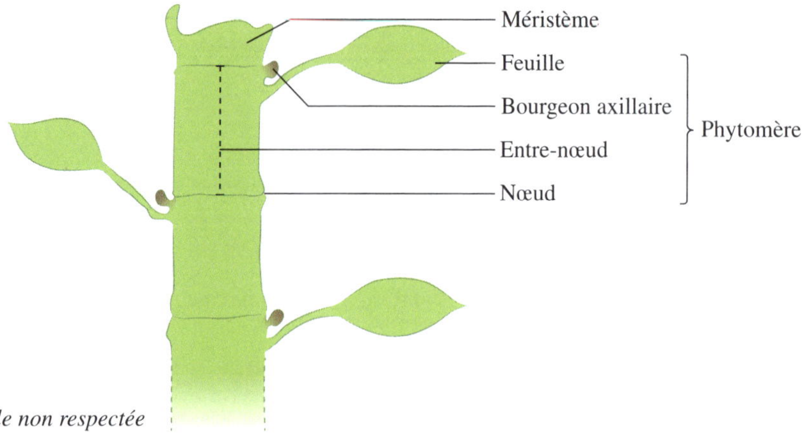

Figure 4 *Organisation répétitive d'une tige*

D. Conduction des sèves par les tissus du xylème et du phloème

■ Des tissus conducteurs canalisent les circulations de matière dans la plante, notamment entre les racines (lieux d'approvisionnement en matière minérale), les feuilles (lieux de synthèse organique) et les lieux de stockage (fruits, graines, tubercules…).

■ Les **tissus du xylème*** transportent la **sève brute*** (eau et ions minéraux) et les **tissus du phloème*** transportent la **sève élaborée*** (eau et sucres principalement).

2 Développement d'une plante à fleurs

■ Le développement d'une plante associe croissance et différenciation d'organes à partir de **méristèmes***. Un méristème est un groupe de cellules indifférenciées qui ont la capacité de se diviser un nombre indéfini de fois, formant des tissus et des organes.

> **Remarque**
> Les **méristèmes** ne sont présents que chez les végétaux.

Figure 5 *Localisation des méristèmes dans une plante*

■ La **croissance** consiste en une **multiplication cellulaire par mitoses** dans les méristèmes, suivie d'**élongation cellulaire**.

■ La **différenciation des cellules** formées lors de la phase de croissance permet la mise en place des différents **organes** (tiges, feuilles, racines, fleurs).

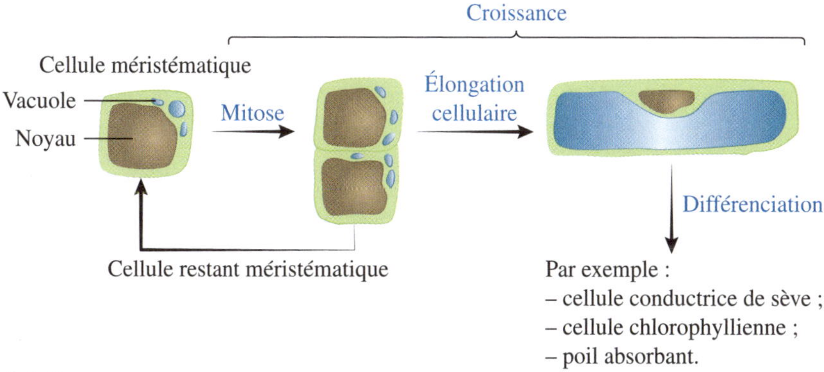

Échelle non respectée.
Par souci de représentation, membrane plasmique et paroi ne sont pas distinguées.

Figure 6 *Principe du développement d'une plante*

■ Le développement d'une plante est contrôlé par des **hormones végétales**.

Ex. : L'auxine stimule la croissance de la tige et les cytokinines stimulent la croissance des racines.

■ Le développement d'une plante est aussi influencé par les **conditions du milieu**.

Ex. : La lumière influence la croissance des plantes : elles croissent dans sa direction, sous l'effet d'une distribution différentielle de l'auxine.

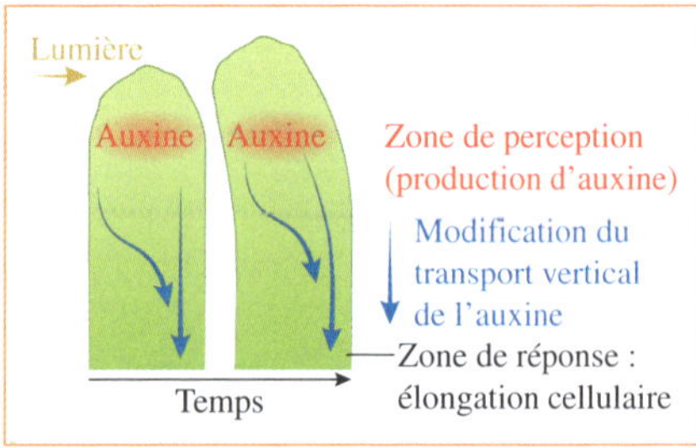

Figure 7 *Croissance de plants de tomates en direction de la lumière et schéma d'interprétation*

3 Adaptations à la vie fixée

■ L'organisation des plantes à fleurs traduit des adaptations à la vie fixée sélectionnées au cours de l'évolution.

■ Les plantes ne peuvent pas fuir les herbivores. Elles présentent des **moyens de lutte** contre ceux-ci.

Ex. : La menthe produit une huile essentielle (le menthol) qui éloigne les herbivores.

■ Les plantes subissent de plein fouet les variations climatiques, qu'elles soient journalières ou saisonnières. Elles possèdent des moyens de lutte contre les variations des conditions du milieu.

Ex. : Moins de stomates sont ouverts aux heures les plus chaudes de la journée permettant de limiter les pertes en eau.

Figure 8 *Variation de l'ouverture des stomates en fonction de l'heure de la journée*

■ La croissance permanente des plantes permet le développement de **grandes surfaces d'échanges** entre la plante et son environnement (sol et atmosphère).

Ex. **:** Pour un pied de seigle (hauteur comprise entre 1 et 2 m), on a pu évaluer la longueur totale des racines à plusieurs dizaines de kilomètres et leur surface absorbante à 470 m^2. Pour un arbre feuillu de 24 mètres de haut, on a pu évaluer la surface foliaire entre 294 et 470 m^2.

Remarque

Les **surfaces absorbantes** calculées pour les deux exemples sont de l'ordre de 400 m^2, à titre de comparaison, un terrain de basket fait environ 420 m^2.

■ Dans la majorité des cas, l'absorption par les racines est facilitée par des **symbioses***. Ces symbioses font souvent intervenir des champignons : ce sont les **mycorhizes***. Elles permettent l'exploration d'une plus grande surface de sol que des racines seules.

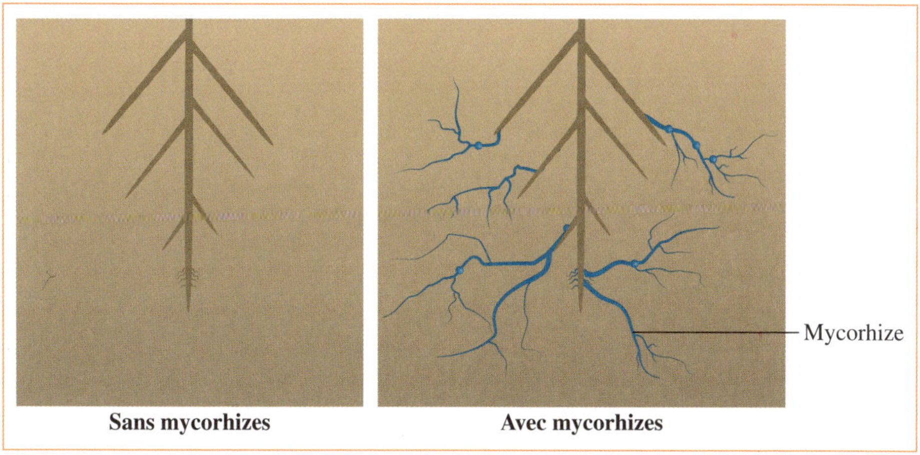

Figure 9 *Surface explorée par des racines sans et avec mycorhizes.*

CARTE MENTALE

L'ORGANISATION D'UNE PLANTE À FLEURS

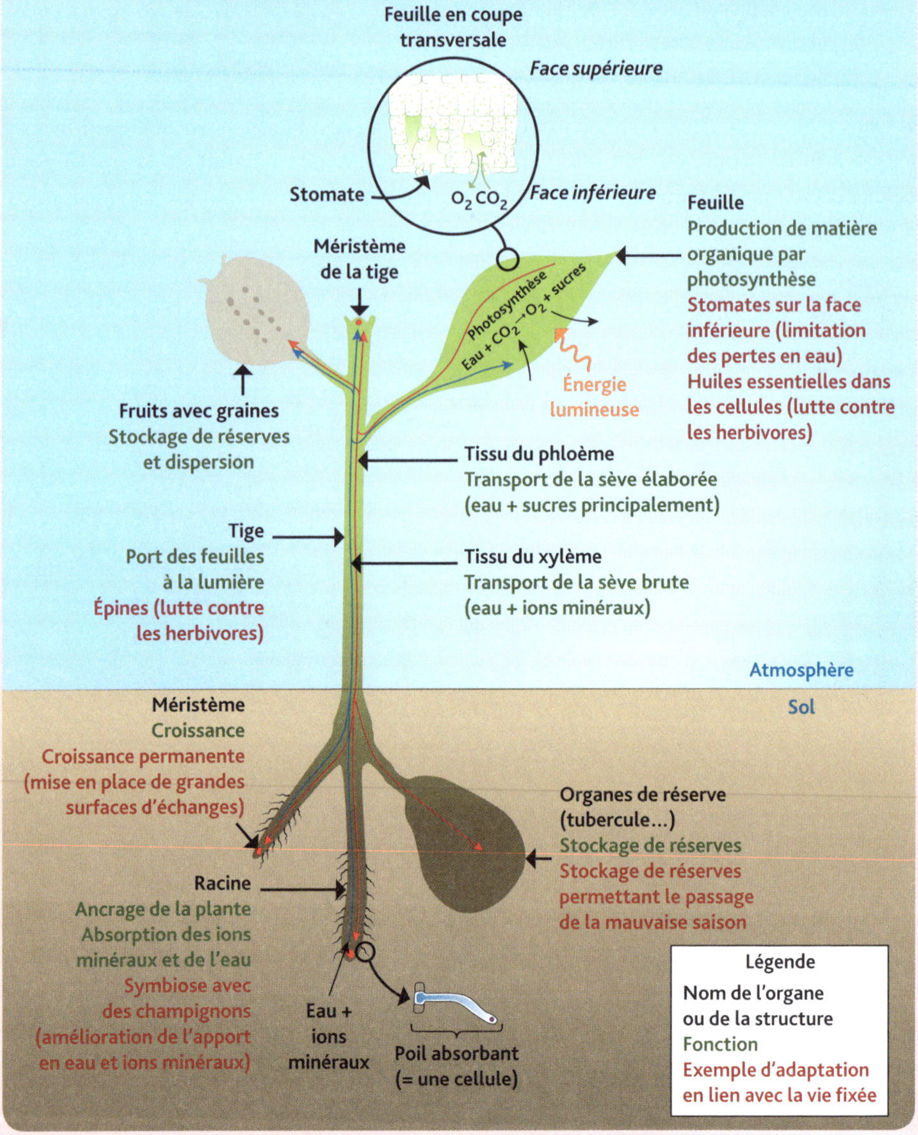

EXERCICES

Connaître le cours

1 2 min ★ Vrai ou faux ?

Relever la (ou les) affirmation(s) exacte(s)

Les stomates sont :

a) formés par deux cellules stomatiques.

b) formés par deux ostioles.

c) des tissus conducteurs.

d) des tissus d'absorption.

→ *Corrigé p. 164*

2 2 min ★ Vrai ou faux ?

Relever la (ou les) affirmation(s) exacte(s)

Un méristème est un groupe de cellules :

a) différenciées qui ont la capacité de se diviser un nombre indéfini de fois.

b) indifférenciées qui ont la capacité de se diviser un nombre indéfini de fois.

c) différenciées qui ont la capacité de se diviser un nombre défini de fois.

d) indifférenciées qui ont la capacité de se diviser un nombre défini de fois.

→ *Corrigé p. 164*

3 10 min ★ Restitution de connaissances

Expliquer comment se déroule le développement d'une plante à fleurs à partir de méristèmes.

→ *Corrigé p. 164*

4 10 min ★ Schématiser le cours

Schématiser les flux de sève dans un plant de pomme de terre stockant les sucres dans un tubercule (organe souterrain qui ici correspond à la pomme de terre).

→ *Corrigé p. 164*

S'entraîner

5 10 min ★ Gravité et croissance de la plante

Dès le XVIIe siècle, l'influence de la gravité sur la croissance des plantes était connu. On parle de gravitropisme pour qualifier la croissance des plantes selon la force de gravité. Celui-ci est positif si la structure s'oriente dans la même direction que le vecteur force de gravité ; négatif dans le cas contraire.

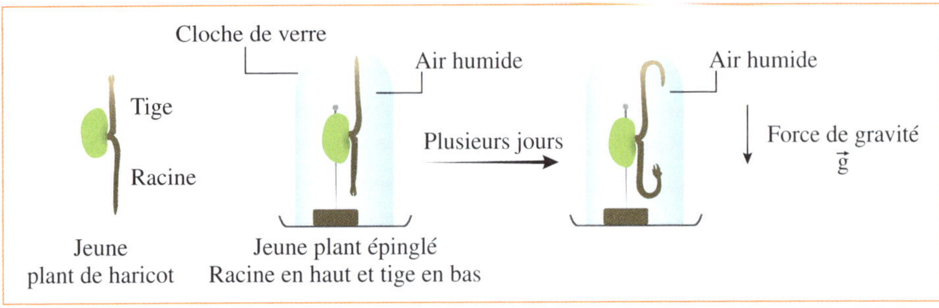

Expérience de croissance inversée d'un plant de haricot

Qualifier de positif ou négatif le gravitropisme de la tige et de la racine.

→ Corrigé p. 164

6 15 min ★★ L'effet antagoniste de l'auxine

L'auxine est une hormone produite par les plantes et qui joue un rôle majeur dans leur croissance.

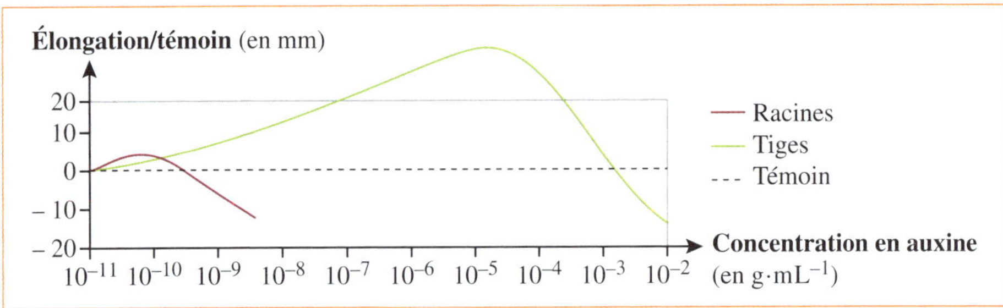

Élongation de racines ou de tiges par rapport à un groupe témoin en fonction de la concentration en auxine dans le milieu

Analyser le graphique et justifier l'effet antagoniste de l'auxine sur la croissance de la tige et de la racine.

> **Définition**
>
> **Antagoniste** : opposé

→ Corrigé p. 165

7 30 min ★★★ Croissance des coléoptiles

Les plantes croissent en direction de la lumière. En 1880, Charles et Francis Darwin cherchent à savoir quelle zone de la plante perçoit l'information lumineuse. Dans le cas du blé en germination, ils montrent que le sommet du coléoptile (gaine de protection autour des premières feuilles) est sensible à la lumière et est nécessaire à la croissance du coléoptile. Par la suite, d'autres scientifiques (notamment Boysen, Jenser, Paál) cherchent à déterminer la nature du facteur de croissance des coléoptiles en direction de la lumière (expériences 3 à 5).

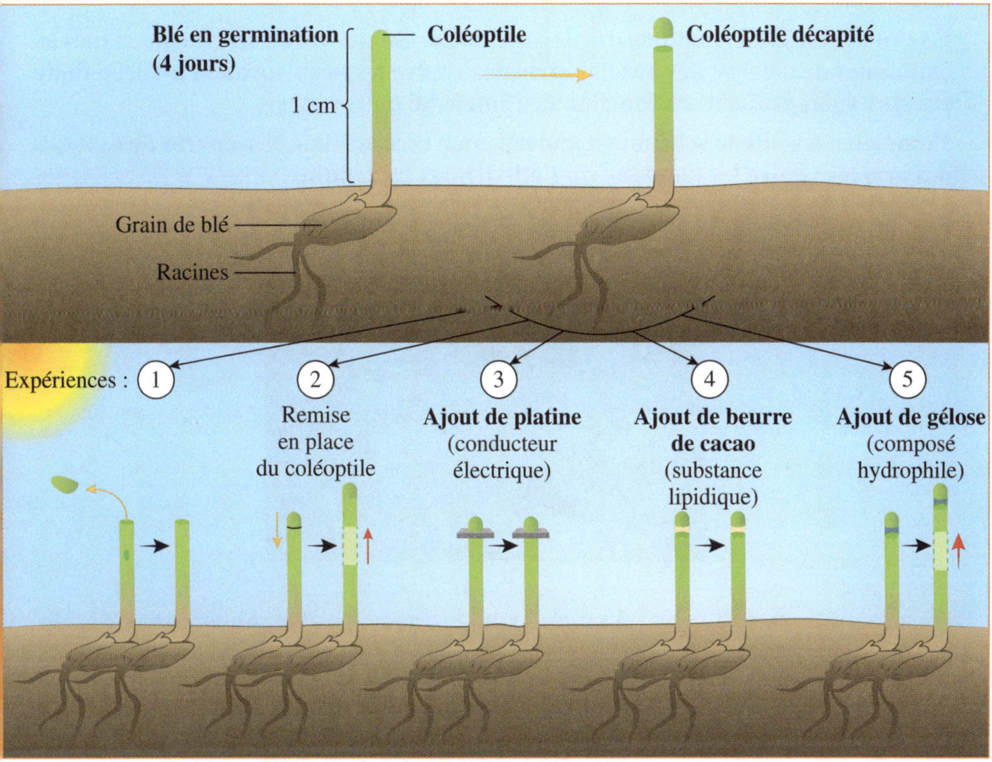

Différentes expériences sur le coléoptile de blé

1. Montrer que les expériences 1 et 2 vont dans le sens du constat de Darwin.

2. Analyser les expériences 3 à 5 pour déterminer la nature du facteur de croissance des coléoptiles en direction de la lumière.

→ *Corrigé p. 165*

SUJET DU BAC

Exercice 2 : Pratique du raisonnement scientifique 1 h 45 8 points

Adaptation de l'acacia africain à son milieu

Les feuilles des différentes espèces d'acacia constituent le régime alimentaire principal de nombreux herbivores de la savane africaine comme les antilopes, les girafes ou bien encore les éléphants. Au cours de l'évolution, des adaptations ont été sélectionnées dans les populations d'acacia permettant de limiter le prélèvement des feuilles par les herbivores.

En utilisant les informations des documents, présenter les stratégies physiques et chimiques de défense des acacias africains contre les herbivores, et la façon dont ces stratégies évoluent en fonction de l'intensité du broutage.

Compléter ensuite le schéma en annexe pour reconstituer le scénario de défense des acacias contre les koudous *via* l'éthylène et les tannins.

Document 1 : Photographie des tiges feuillées d'un acacia

Document 2 : Des fourmis hébergées sur les tiges de certaines espèces d'acacia

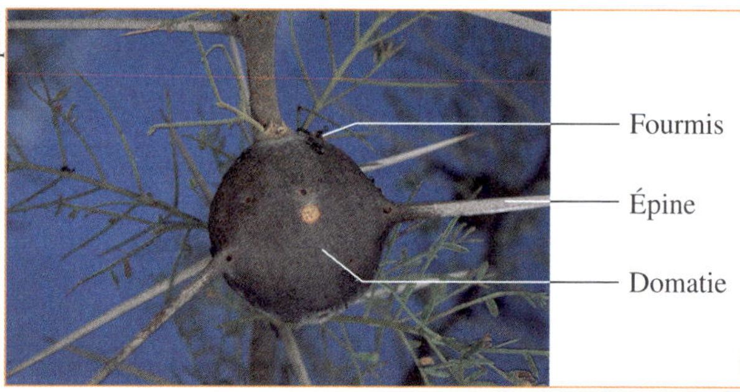

Certaines espèces d'acacia entretiennent une relation avec des fourmis. Celles-ci font leurs nids à la base des épines dans des excroissances nommées domaties. Elles consomment le nectar produit par l'arbre.

Ces fourmis infligent des piqûres douloureuses à n'importe quel être vivant s'approchant trop près d'elles.

Document 3 : Concentration en cyanure d'hydrogène dans des feuilles d'acacia (*Acacia sieberiana*) en fonction de l'intensité du broutage

L'*Acacia sieberiana* produit du cyanure d'hydrogène dans ses feuilles. Cette molécule, si elle est ingérée, perturbe fortement le fonctionnement de l'organisme.

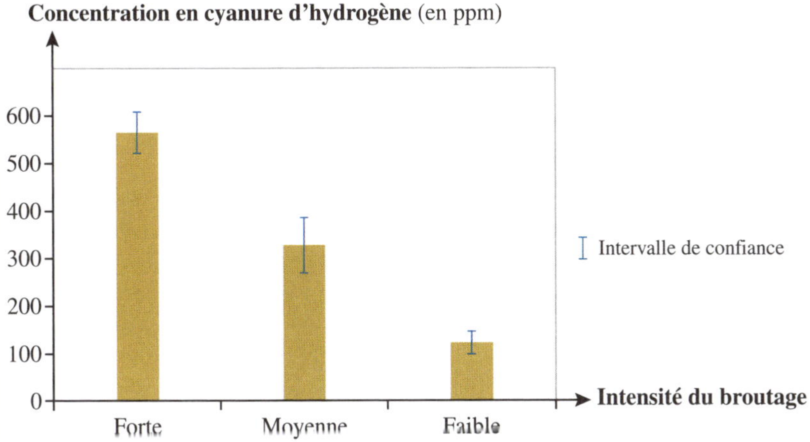

Source : Zinn, Ward et Kirkman, 2009

Document 4 : Évolution de quelques caractéristiques physiques chez l'acacia en fonction de l'intensité du broutage

	Intensité de broutage faible	Intensité de broutage moyenne	Intensité de broutage forte
Longueur moyenne des feuilles nouvellement formées (en cm)	11,00	8,83	6,30
Largeur moyenne des feuilles nouvellement formées (en cm)	5,70	3,76	3,49
Longueur moyenne des épines nouvellement formées (en mm)	0,82	0,87	1,93

Source : Zinn, Ward et Kirkman, 2009

Document 5 : La résistance des acacias aux koudous

« La résistance, qu'opposent les acacias aux koudous a été admirablement décrite par Van Hoven de l'université de Pretoria. Les koudous sont de robustes gazelles qui se nourrissent des feuilles de l'*Acacia caffra*, un arbre des savanes d'Afrique du Sud.

Lorsqu'un koudou affamé s'approche d'un acacia *A* et commence à en brouter les feuilles, tout va bien pour lui au début ; il mange pendant plusieurs minutes, puis, bien avant d'être rassasié, il se détourne de l'acacia *A* pour se diriger vers un acacia *B* appartenant à la même espèce et continue de s'alimenter.

L'analyse des feuilles *A* réalisée par Van Hoven révèle que celles-ci sont chargées en tanins, des composés phénoliques au goût âpre.

Van Hoven fait une autre observation extrêmement curieuse : l'acacia *B* n'est pas dans une situation quelconque par rapport à l'acacia *A* : le koudou va de *A* à *B* en allant dans le sens contraire du vent. Les analyses confirment que dans le sens du vent, tous les acacias sont devenus âpres sans avoir été eux-mêmes attaqués. L'arbre *A* a prévenu de l'arrivée du koudou tous les arbres situés sous son vent. Van Hoven montre que le message des acacias circule sous la forme d'éthylène, un gaz que les feuilles des plantes produisent lorsqu'elles sont blessées et qui peut aussi jouer le rôle de substance de croissance.

Van Hoven indique que si les koudous ne sont pas plus nombreux que 3 pour 100 hectares, les deux partenaires coexistent.

Les fermiers ont découpé dans la savane des ranchs de dimensions variées, clôturés avec du barbelé. Les premiers koudous décédés ont été signalés dans les années 1980, leur état semblait inexplicable : ils étaient excessivement maigres et visiblement morts de faim, mais l'autopsie révélait qu'ils avaient la panse pleine de feuilles d'acacia.

Van Hoven donne de cet apparent paradoxe une explication lumineuse. Ne pouvant remonter le vent à cause des barbelés, les kourous piégés dans un ranch doivent se contenter de feuilles âpres, car les trop rares acacias du ranch n'ont plus le temps de redevenir comestibles entre deux broutages. Se bourrer la panse de feuilles ne nourrit plus les koudous car les tanins ont la propriété d'empêcher la digestion. Ils meurent de faim, le ventre plein, tués par les acacias. »

Source : Halle, 1999

• Annexe

Pour chaque feuille, préciser s'il y a ou non production de tannins et d'éthylène. Indiquer si les koudous broutent ou non les feuilles des différents acacias selon les figurés du schéma.

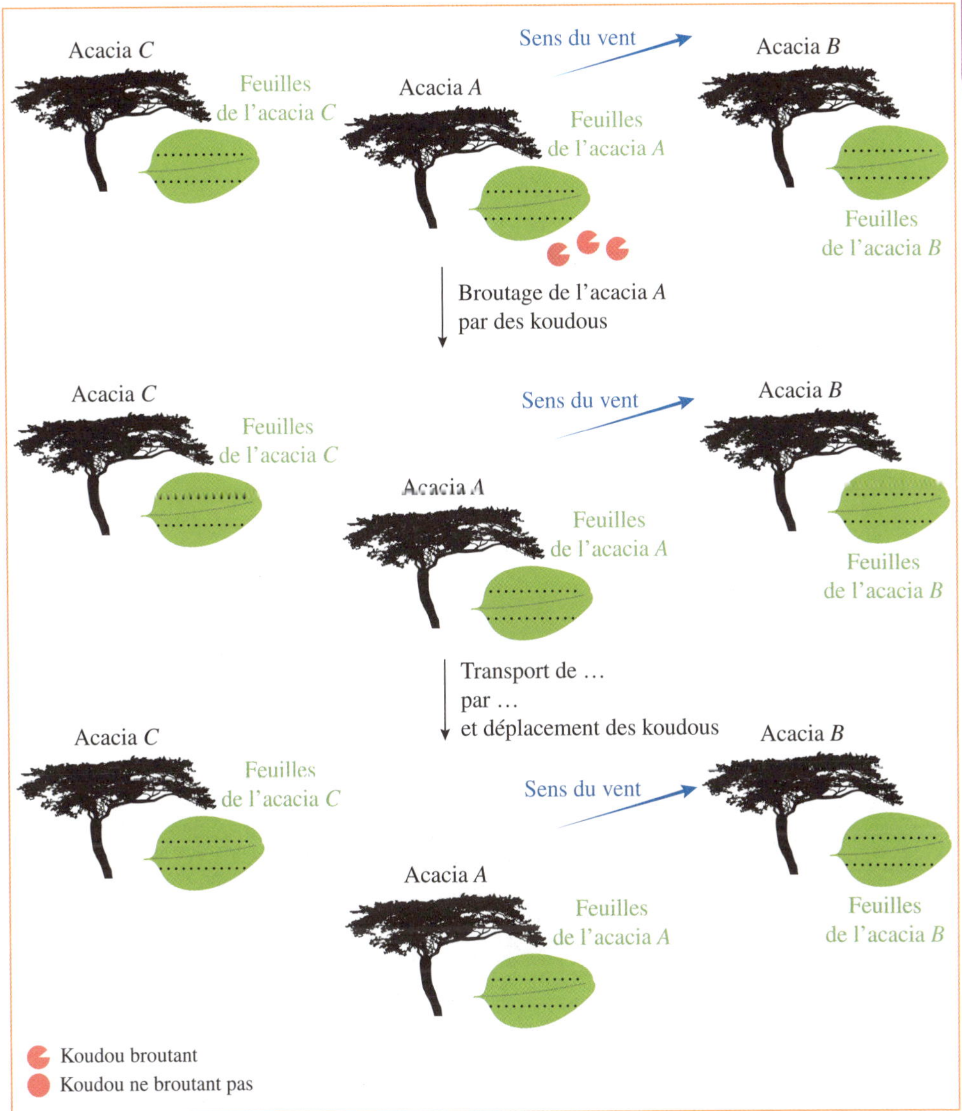

Scénario de défense des acacias contre les koudous via l'éthylène et les tannins

→ Corrigé p. 166

CORRIGÉS

1 → *Énoncé p. 157*

L'affirmation exacte est a).

2 → *Énoncé p. 157*

L'affirmation exacte est b).

3 → *Énoncé p. 157*

Le développement d'une plante associe croissance et différenciation d'organes à partir de méristèmes. La croissance consiste en une multiplication cellulaire par mitoses dans les méristèmes suivie d'élongation cellulaire. La différenciation consiste en la mise en place des différents organes (tiges, feuilles, fleurs, racines) par différenciation des cellules formées lors de la phase de croissance. Le développement d'une plante est contrôlé par des hormones végétales et est aussi influencé par les conditions du milieu.

4 → *Énoncé p. 157*

Conseils

- Faire un schéma suffisamment grand.
- Ne pas oublier de mettre un **titre** et une **légende**.

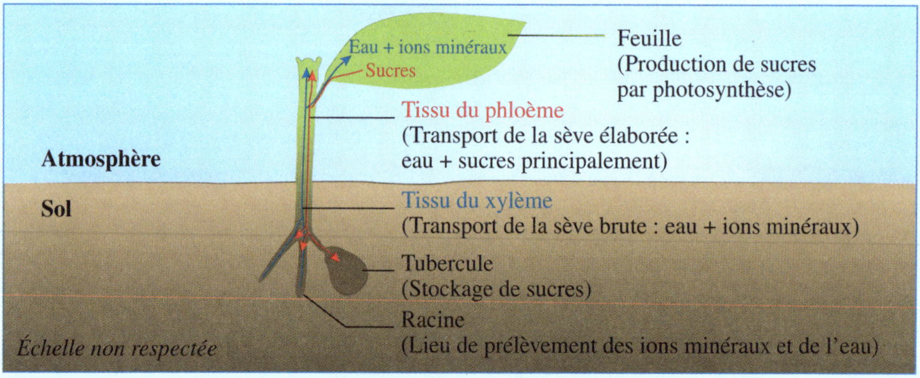

Schéma des flux de sèves dans un plant de pomme de terre, stockant les sucres dans un tubercule

5 → *Énoncé p. 158*

Après avoir inversé la polarité du jeune plant (racine en haut et tige en bas), on observe que la tige ne poursuit pas sa croissance vers le bas, mais vers le haut, dans la direction opposée au vecteur force de gravité : le gravitropisme de la tige est donc négatif. Pour la racine, on observe que la croissance ne se poursuit pas vers le haut, mais vers le bas, dans la même direction que le vecteur force de gravité : le gravitropisme de la racine est donc positif.

6 → *Énoncé p. 158*

Conseil

Citer des valeurs pour justifier le propos.

À de très faibles concentrations d'auxine (de 10^{-11} à 10^{-10} g · mL^{-1} environ), il y a une élongation de la racine par rapport au témoin. Dès que la concentration est supérieure, il y a une réduction de l'élongation par rapport au témoin. L'auxine stimule donc la croissance de la racine à de très faibles concentrations puis pour des concentrations supérieures, elle l'inhibe.

Pour une très grande gamme de concentrations d'auxine (de 10^{-11} à 10^{-3} g · mL^{-1}), la tige est en croissance par rapport au témoin. À partir d'une concentration d'auxine de 10^{-3} g · mL^{-1}, la croissance de la tige est réduite par rapport au témoin. L'auxine stimule donc la croissance de la tige pour une très grande gamme de concentrations puis inhibe ensuite la croissance à partir de 10^{-3} g · mL^{-1}.

Ainsi, à partir d'une concentration d'auxine comprise en 10^{-10} et 10^{-9} g · mL^{-1}, la croissance de la racine est inhibée tandis que la croissance de la tige est stimulée (et cela jusqu'à une concentration de 10^{-3} g · mL^{-1} d'auxine). L'auxine a donc un effet antagoniste sur la croissance de la racine et de la tige.

7 → *Énoncé p. 159*

1. Suite à la décapitation du coléoptile (sommet enlevé, expérience 1), il n'y a pas de croissance mais le fait de reposer le sommet du coléoptile (expérience 2) conduit à la reprise de sa croissance. Le sommet du coléoptile est donc nécessaire à la croissance de celui-ci. Ces deux expériences corroborent le constat de Darwin.

2. Dans l'expérience 3, le sommet du coléoptile est reposé sur le reste du coléoptile, par un morceau de platine (conducteur électrique). Il n'y a pas croissance du coléoptile, le facteur de croissance n'est donc pas un message de nature électrique.

Dans l'expérience 4, le sommet du coléoptile est isolé du reste du coléoptile, par un morceau de beurre de cacao (substance lipidique). Il n'y a pas croissance du coléoptile, le facteur de croissance n'est donc pas une molécule chimique lipidique (sinon elle aurait pu diffuser dans le morceau de beurre de cacao et atteindre le reste du coléoptile).

Dans l'expérience 5, le sommet du coléoptile est reposé sur le reste du coléoptile, séparé par un morceau de gélose (composé hydrophile). Il y a croissance du coléoptile, le facteur de croissance est donc une molécule chimique hydrophile (elle a pu diffuser dans le morceau gélose et atteindre le reste du coléoptile).

SUJET DU BAC

Exercice 2 : Pratique du raisonnement scientifique → Énoncé p. 160

> **Méthode**
> • Organiser le développement en **paragraphes** pour structurer la réponse.
> • **Citer des valeurs** et **donner des exemples** pour justifier le propos.

Les herbivores exercent une très forte pression sur les acacias des savanes africaines.

Quelles sont les stratégies de défense des acacias, sélectionnées au cours de l'évolution contre les herbivores ?

- Les acacias présentent des stratégies de défense d'ordre physique : présence d'épines sur les tiges, présence de domaties à la base des épines permettant l'accueil de fourmis symbiotiques qui piquent les éventuels herbivores s'approchant trop près (documents 1 et 2). La taille des épines varie en fonction de l'intensité de broutage : plus le broutage est important, plus la taille des épines nouvellement formées est grande. En effet, on constate sur le document 4 que les épines sont plus de deux fois plus grandes lorsque l'intensité de broutage est forte (1,93 mm contre 0,82 mm pour une faible intensité de broutage). Il y a donc une modulation de la défense en fonction de l'intensité du broutage.

  Par ailleurs, la taille des feuilles est aussi impactée par l'intensité du broutage. Plus le broutage est important, plus la taille des feuilles nouvellement formées est réduite. En effet, le document 4 indique que les feuilles sont presque deux fois plus petites lorsque l'intensité de broutage est forte en comparaison avec une faible intensité de broutage : la longueur passe de 11 cm en moyenne à 6,3 cm et la largeur passe de 5,7 cm en moyenne à 3,49 cm. Des feuilles plus petites sont plus difficiles à prélever par les herbivores et cela participe à la protection des acacias.

- En plus des stratégies physiques, des défenses d'ordre chimique ont été sélectionnées au cours de l'évolution. Par exemple, l'*Acacia sieberiana* produit du cyanure d'hydrogène dans ses feuilles (document 3). Cette molécule, si elle est ingérée, perturbe fortement le fonctionnement de l'organisme. Elle permet donc d'éloigner les herbivores. De plus, certains acacias produisent des tanins au niveau de leurs feuilles, des molécules empêchant la digestion comme l'indique le document 5.

  En outre, une communication chimique existe entre les acacias : lorsqu'un acacia est en train d'être mangé, il produit un gaz volatil (l'éthylène) détecté par les autres acacias et conduisant à la stimulation de la production de composés chimiques de défense. Les acacias produisent donc des défenses chimiques avant même d'être broutés (documents 3 et 5). La production de composés chimiques de défense est influencée par l'intensité de broutage. Le document 3 indique que lorsqu'un acacia est soumis à une forte intensité de broutage, il produit dans ses feuilles près de cinq fois plus de cyanure d'hydrogène que lorsque l'intensité de broutage est faible (550 ppm contre 150 ppm).

Pour résumer, les acacias présentent des stratégies à la fois physiques et chimiques permettant une défense contre les herbivores. Ces stratégies ont été sélectionnées au cours de l'évolution et elles évoluent en fonction de la pression des herbivores, c'est-à-dire en fonction de l'intensité du broutage des feuilles.

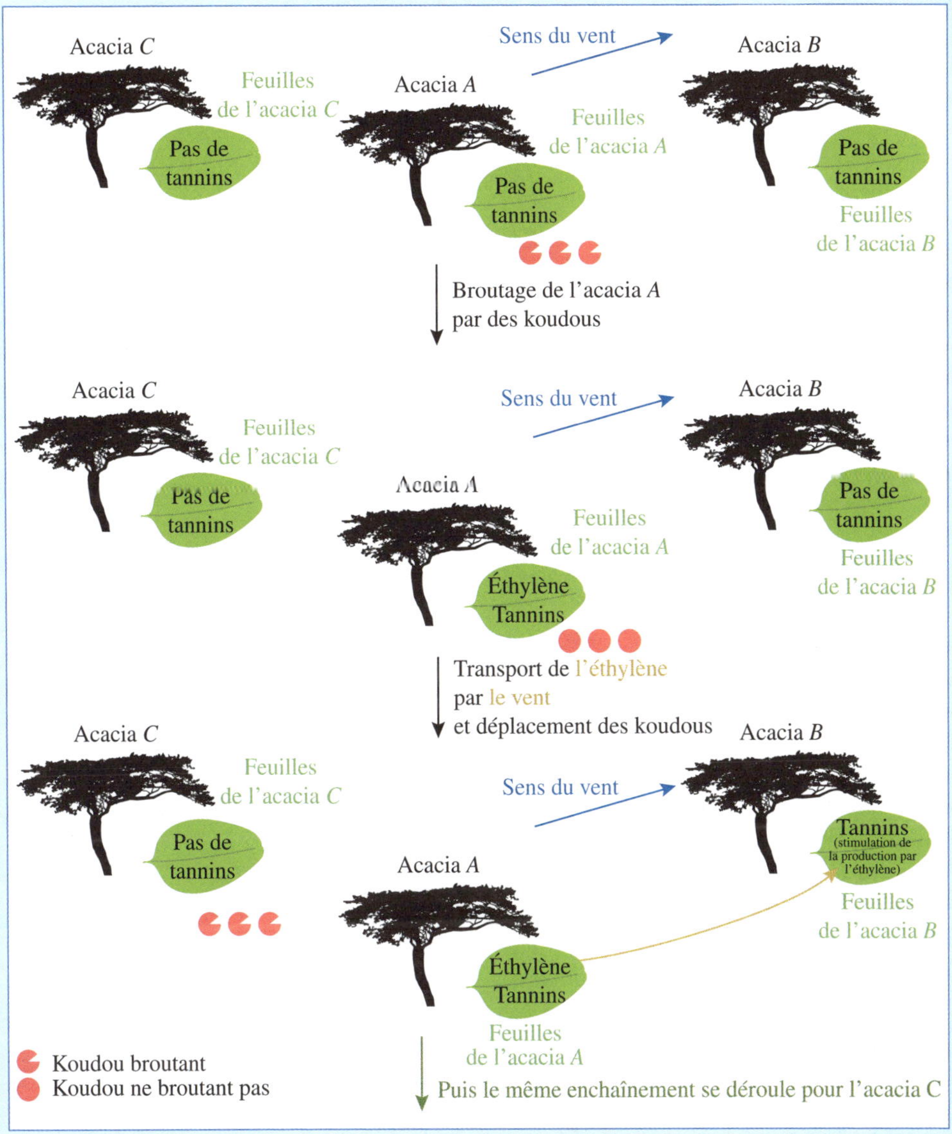

Scénario de défense des acacias contre les koudous via l'éthylène et les tannins

CHAPITRE 8

La production de matière organique par les plantes

Les plantes sont des organismes autotrophes : elles ont uniquement besoin d'eau, de minéraux et d'énergie lumineuse pour produire leur matière organique. Elles produisent cette matière organique par photosynthèse selon l'équation-bilan simplifiée suivante :

$$\underset{\text{dioxyde de carbone}}{6\,CO_2} + \underset{\text{eau}}{6\,H_2O} \xrightarrow{\text{énergie lumineuse}} \underset{\text{glucose}}{C_6H_{12}O_6} + \underset{\text{dioxygène}}{6\,O_2}$$

1 Localisation de la photosynthèse

■ Les feuilles de la plante sont les organes spécialisés dans la production de la matière organique par photosynthèse.

■ Le tissu photosynthétique de la feuille est appelé **parenchyme chlorophyllien***. Il est constitué de plusieurs couches de cellules chlorophylliennes, spécialisées dans la photosynthèse.

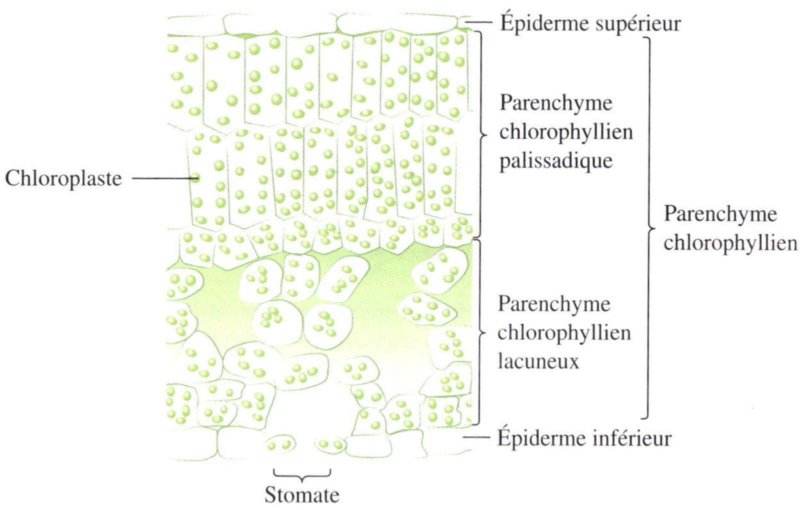

Figure 1 *Coupe transversale de feuille*

■ Chaque cellule chlorophyllienne contient de nombreux **chloroplastes***. Les chloroplastes sont les organites de la photosynthèse.

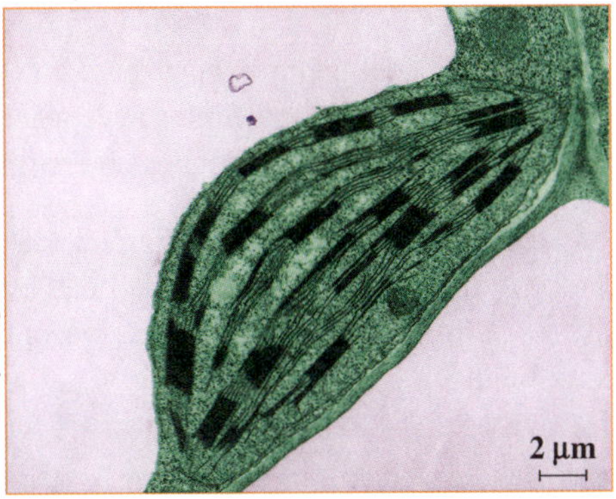

© Dr Jeremy Burgess SPL/Biosphoto

Figure 2 *Chloroplaste observé au microscope électronique (fausses couleurs)*

■ Le chloroplaste est un organite contenant de nombreux compartiments membranaires : les **thylakoïdes***. L'espace délimité par les membranes du chloroplaste et dans lequel baignent les thylakoïdes est le **stroma***.

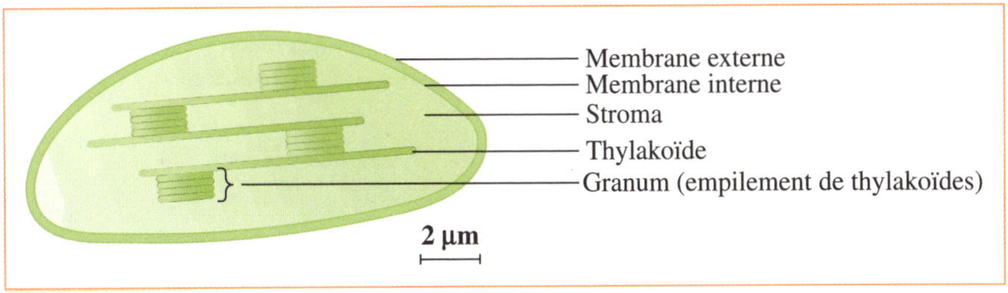

Figure 3 *Structure d'un chloroplaste*

2 Déroulement de la photosynthèse

■ La photosynthèse se réalise en deux étapes dépendantes l'une de l'autre : la **phase photochimique*** et la **phase chimique***.

A. Phase photochimique de la photosynthèse

■ La phase photochimique dépend directement de la lumière. Elle se déroule au niveau de la membrane des thylakoïdes.

Remarque

On appelle encore aussi cette phase « **la phase claire** » car elle dépend directement de la lumière.

■ L'énergie lumineuse est captée par des pigments chlorophylliens (notamment la chlorophylle *a*) présents au sein de **photosystèmes*** de la **chaîne photosynthétique***, au niveau de la membrane des thylakoïdes.

■ La chlorophylle *a*, excitée par l'énergie lumineuse, perd un électron : celui-ci circule dans la chaîne photosynthétique vers des molécules acceptrices finales des électrons. Ces molécules sont alors à l'état réduit et sont riches en énergie.

■ La chlorophyllc *a* oxydéc rctrouvc son état initial grâce à la **photolyse de l'eau*** au niveau de la chaîne photosynthétique. La photolyse de l'eau est une réaction d'**oxydation*** : les électrons libérés permettent de régénérer la chlorophylle *a*. Cette oxydation est associée à une libération d'O_2.

Définitions

État oxydé : une molécule à l'état oxydé a libéré des électrons.
État réduit : une molécule à l'état réduit a capturé des électrons.
Oxydation : une réaction chimique d'oxydation est une réaction où un ou plusieurs électrons sont libérés par une molécule.

Remarque

L'eau provient de la **sève brute***.

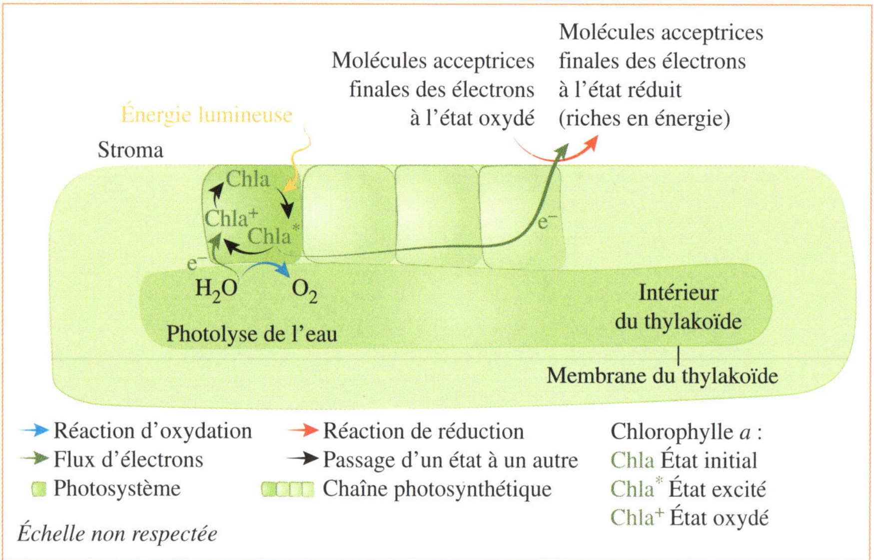

Figure 4 *Déroulement de la phase photochimique de la photosynthèse au niveau des thylakoïdes*

■ Lors de la **phase photochimique**, il y a donc **conversion de l'énergie lumineuse en énergie chimique**.

B. Phase chimique de la photosynthèse

- La phase chimique de la photosynthèse ne dépend pas directement de la lumière. Elle se déroule au niveau du stroma et correspond à des réactions organisées en un cycle : le **cycle de Calvin-Benson**.

- Lors du cycle de Calvin-Benson, les molécules riches en énergie, produites lors de la phase photochimique, permettent la réduction du CO_2 aboutissant à la production de glucose et d'autres sucres solubles (matière organique).

Remarque

On appelle encore cette phase la « **phase sombre** » car elle ne dépend pas directement de la lumière.

Définition

Réduction : réaction chimique où un ou plusieurs électrons sont capturés par une molécule.

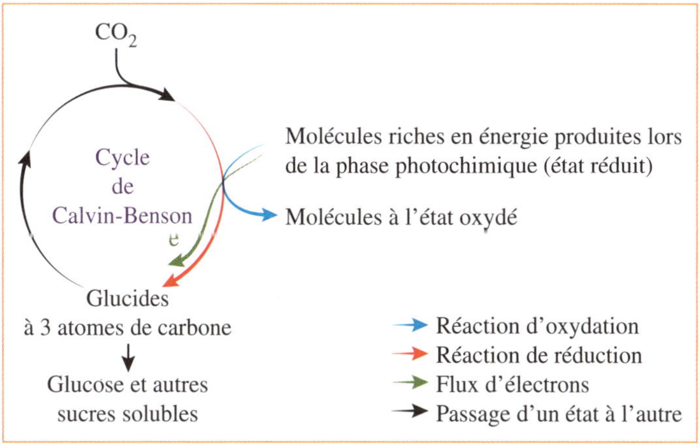

Figure 5 *Déroulement de la phase chimique de la photosynthèse au niveau du stroma des chloroplastes*

3 Devenir des sucres produits lors de la photosynthèse

- Les sucres produits par la photosynthèse circulent dans toute la plante *via* la **sève élaborée***.

- Ces sucres sont métabolisés dans les différents organes, grâce à des **enzymes*** variées. Les produits de ce **métabolisme*** assurent des fonctions biologiques différentes dont notamment :
– la croissance et le port dressé de la plante ;
– le stockage de réserves ;
– les interactions avec d'autres espèces.

■ La **croissance** et le **port dressé** de la plante sont permis grâce à la production de **cellulose** (polymère de glucoses) et de lignine. Ces deux molécules structurent la **paroi végétale** et la **lignine** participe à sa rigidification.

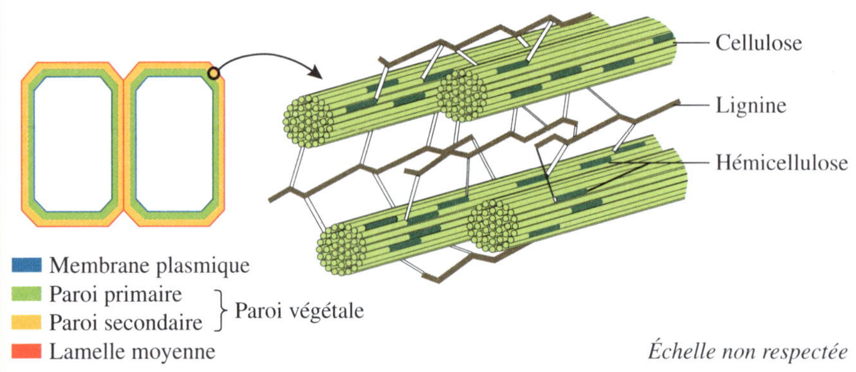

Figure 6 *Structure simplifiée de la paroi végétale secondaire*

■ Le **stockage de réserves** dans différents organes est effectué sous différentes formes : glucides (saccharose, amidon,…), protéines, lipides.

■ Le stockage de réserves peut permettre de résister aux conditions défavorables.

Ex. : La pomme de terre (tubercule) est l'organe du plant de pomme de terre qui passe l'hiver. Le tubercule stocke de l'amidon. Au printemps, cette réserve est utilisée permettant la croissance du nouveau plant de pomme de terre à partir du tubercule.

■ Le stockage de réserves joue aussi un rôle dans la reproduction sexuée.

Ex. : Le grain de blé contient des réserves sous forme de protéines. Ces réserves sont nécessaires à la germination de la graine et à la formation du nouveau plant de blé.

Remarque
Voir **chapitre 9**.

■ Les produits du métabolisme des sucres photosynthétiques jouent aussi un rôle dans les interactions avec d'autres espèces. Certains interviennent dans des **interactions mutualistes*** tandis que d'autres interviennent dans des **interactions compétitives**.

Ex. : Les anthocyanes (pigments retrouvés dans les pétales notamment) permettent d'attirer les pollinisateurs (interaction mutualiste) tandis que les tanins permettent la défense contre les herbivores (interaction compétitive).

CARTE MENTALE

LA PRODUCTION DE MATIÈRE ORGANIQUE PAR LES PLANTES

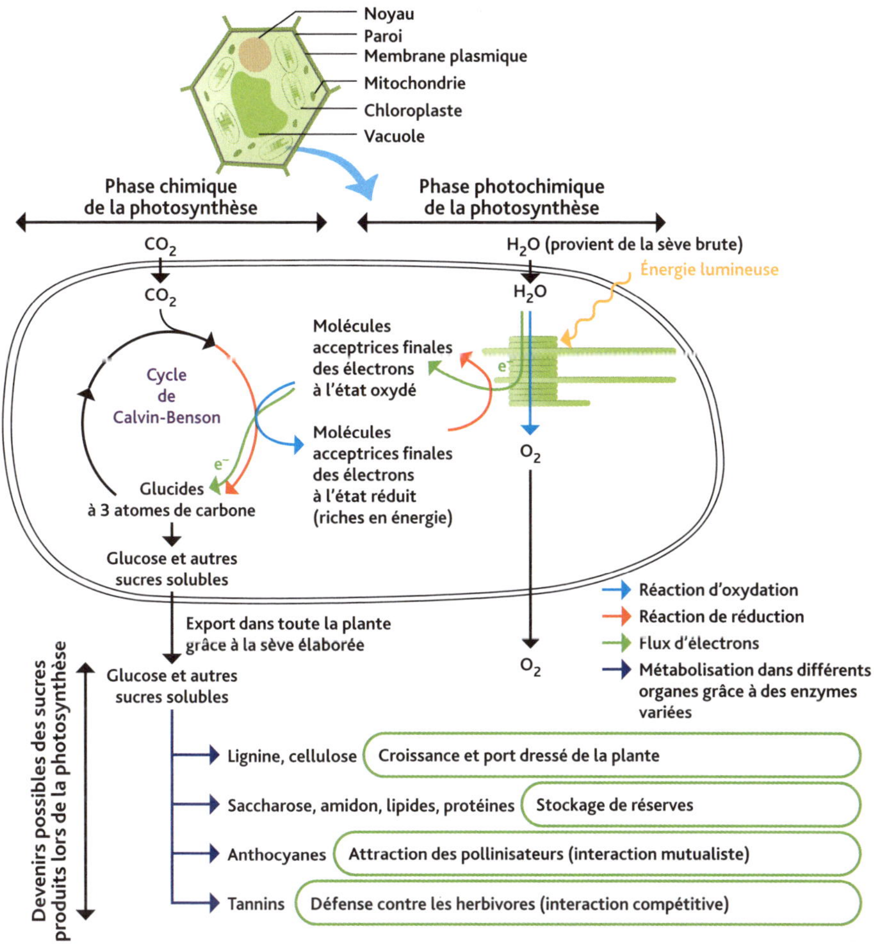

EXERCICES

Connaître le cours

1 2 min ★ Vrai ou faux ?

Relever la (ou les) affirmation (s) exacte (s).

La phase photochimique de la photosynthèse :

a) se déroule au niveau de la membrane des thylakoïdes.

b) se déroule au niveau du stroma.

c) n'est pas directement dépendante de la lumière.

d) est directement dépendante de la lumière.

→ *Corrigé p. 182*

2 2 min ★ Vrai ou faux ?

Relever la (ou les) affirmation(s) exacte(s).

Le CO_2 :

a) est oxydé lors du cycle de Calvin-Benson.

b) est réduit lors du cycle de Calvin-Benson.

c) permet la production de matière minérale par la plante.

d) permet la production de matière organique par la plante.

→ *Corrigé p. 182*

3 10 min ★ Restitution de connaissances

Expliquer le rôle de la photolyse de l'eau lors de la phase photochimique de la photosynthèse.

→ *Corrigé p. 182*

4 10 min ★ Schématiser le cours

Schématiser un chloroplaste et y faire figurer la localisation des deux phases de la photosynthèse.

→ *Corrigé p. 182*

S'entraîner

5 10 min ★ Expérience de Gaffron

Dans les années 1950, Gaffron éclaire par un faisceau lumineux de forte intensité une suspension de chlorelles (algues unicellulaires) dans laquelle du dioxyde de carbone radioactif ($^{14}CO_2$) est dissous. Il mesure ensuite la quantité de dioxyde de carbone radioactif fixé à la lumière et à l'obscurité : cela correspond à la quantité de dioxyde de carbone utilisé par la suspension de chlorelles.

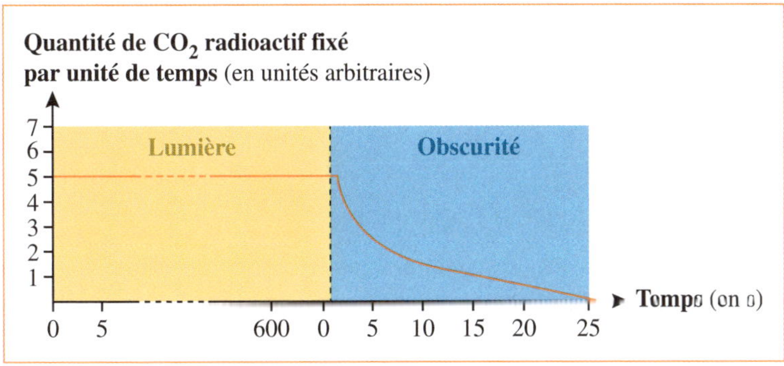

Figure 1 *Résultat de l'expérience de Gaffron*

1. Montrer, à l'aide de l'expérience de Gaffron, que la phase chimique de la photosynthèse ne dépend pas directement de la lumière.

2. Expliquer pourquoi la réduction du CO_2 par les chlorelles s'arrête, malgré tout, au bout de 25 secondes à l'obscurité.

→ *Corrigé p. 182*

6 15 min ★★ Origine du dioxygène produit lors de la photosynthèse

Dans les années 1940, Ruben et Kamen cherchent à savoir à partir de quelle molécule le dioxygène est produit lors de la photosynthèse. L'équation-bilan de la photosynthèse est connue, mais les chercheurs n'ont pas le détail des réactions. Ruben et Kamen décident alors de travailler avec des chlorelles (algues unicellulaires). Elles sont mises en culture dans des milieux où l'on fait varier le rapport isotopique $^{18}O/^{16}O$ soit pour l'eau, soit pour les ions HCO_3^- (forme dissoute du CO_2).

Résultats obtenus par Ruben et Kamen

Expériences	Rapport isotopique $^{18}O/^{16}O$ de l'O_2 produit à la fin de l'expérience
Rapport isotopique $^{18}O/^{16}O$ des éléments du milieu : **HCO_3^- : 0,2** **H_2O : 0,85**	0,85
Rapport isotopique $^{18}O/^{16}O$ des éléments du milieu : **HCO_3^- : 0,68** **H_2O : 0,2**	0,20

1. Justifier le choix de faire varier les rapports isotopiques $^{18}O/^{16}O$ pour l'eau et pour les ions HCO_3^-.

2. Exploiter les résultats obtenus pour mettre en évidence l'origine du dioxygène produit au cours de la photosynthèse.

→ *Corrigé p. 183*

7 15 min ★★ Expérience d'Engelmann

À la fin des années 1800, Engelmann cherche à étudier le rôle de la lumière sur la photosynthèse. Il décide d'utiliser un prisme pour séparer les longueurs d'onde constitutives de la lumière solaire. Son étude porte sur une algue nommée spirogyre mise en culture avec des bactéries attirées par le dioxygène.

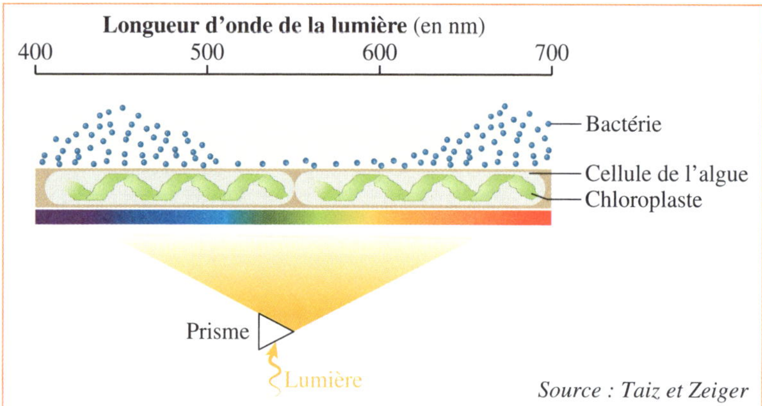

Schéma de l'expérience d'Engelmann

1. Expliquer le rôle des bactéries dans le cadre de l'expérience d'Engelmann.

2. Analyser les résultats et conclure sur les longueurs d'onde favorables à la photosynthèse.

→ *Corrigé p. 183*

8 40 min ★★★ Les tubercules de pomme de terre

Les tubercules de pomme de terre sont des aliments très riches en amidon. On cherche à comprendre quelques mécanismes de la formation de ces organes de réserve souterrains.

Montrer que la formation des réserves d'amidon dans les tubercules de pomme de terre dépend du fonctionnement des parties aériennes de la plante.

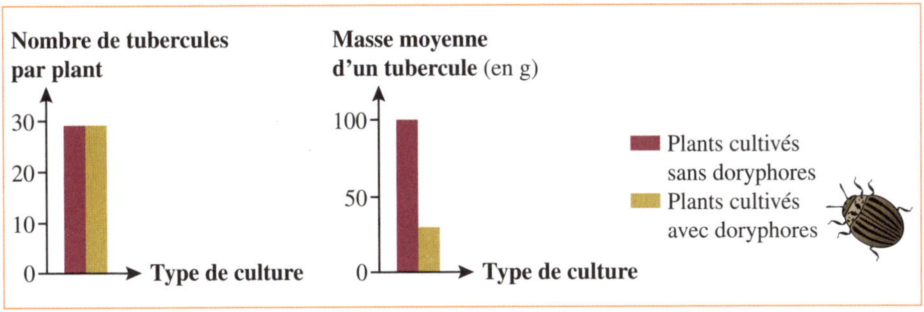

Figure 1 *Conséquences de la présence de doryphores sur des plants de pomme de terre d'une même variété, cultivés dans des conditions climatiques identiques*

Les doryphores (adultes et larves) sont des insectes qui se nourrissent de feuilles des plants de pomme de terre. En quelques semaines, ils peuvent dévorer toutes les feuilles d'un champ.

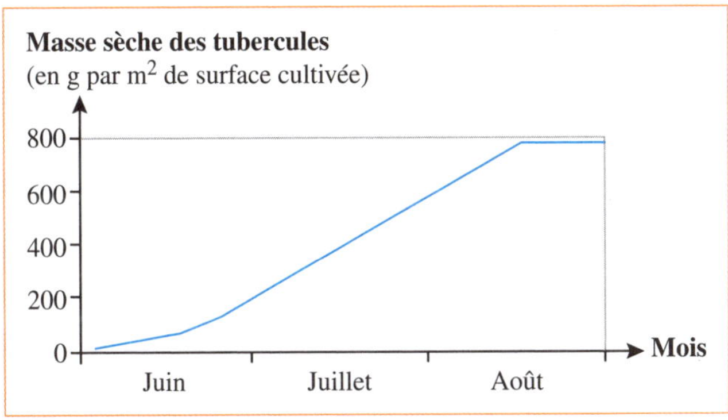

Figure 2 *Évolution de la masse sèche des tubercules de pommes de terre sans doryphores*

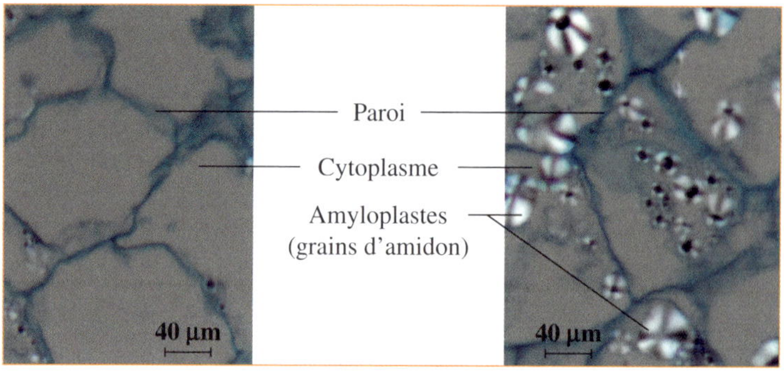

Figure 3 *Cellules de tubercules de pomme de terre observées en juin et en août au microscope polarisant*

Une feuille de végétal chlorophyllien est placée dans une enceinte contenant du CO_2 dont le carbone est radioactif (figure *a*). Après quelques heures, la localisation de la matière organique, des glucides pour la plupart, est révélée par autoradiographie (figure *b*).

Une expérience réalisée sur un plant de pomme de terre donne le même résultat

Sur l'autoradiographie, les zones radioactives apparaissent en noir.

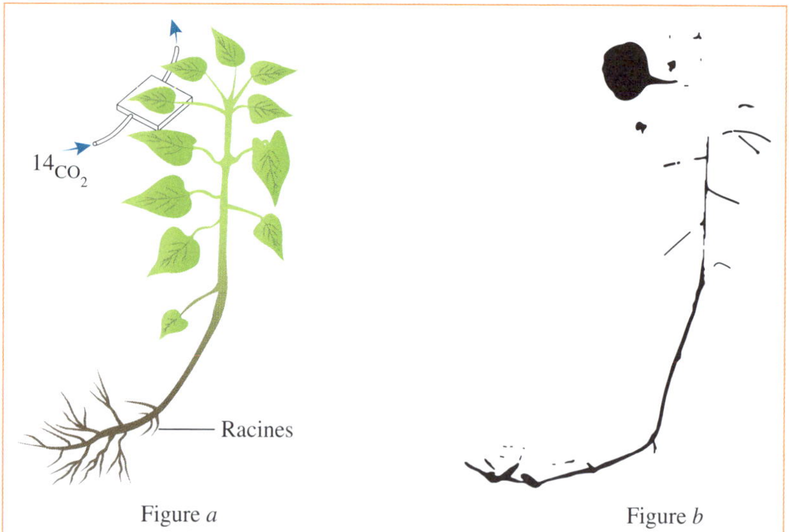

Figure 4 *Résultat d'une expérience de marquage au carbone radioactif sur une plante chlorophyllienne*

→ Corrigé p. 183

SUJET DU BAC

Exercice 2 : Pratique du raisonnement scientifique 1 h 45 8 points

Elysia chlorotica

Elysia chlorotica est un mollusque vivant le long de la côte atlantique nord-américaine. Dans son milieu naturel, il se nourrit presque exclusivement d'une seule espèce d'algue, *Vaucheria litorea*, qui n'est disponible que pendant une courte période. On constate que ceci lui suffit pour survivre, sans se nourrir, durant les 11 mois de sa vie.

À partir de l'exploitation des documents et de la mise en relation avec les connaissances, expliquer dans un premier temps le constat fait chez *Elysia chlorotica*. Dans un deuxième temps, déterminer la durée minimale d'alimentation nécessaire à *Elysia chlorotica* pour ensuite vivre et se développer sans manger.

Document 1 : *Elysia chlorotica* observée à différents stades de sa vie

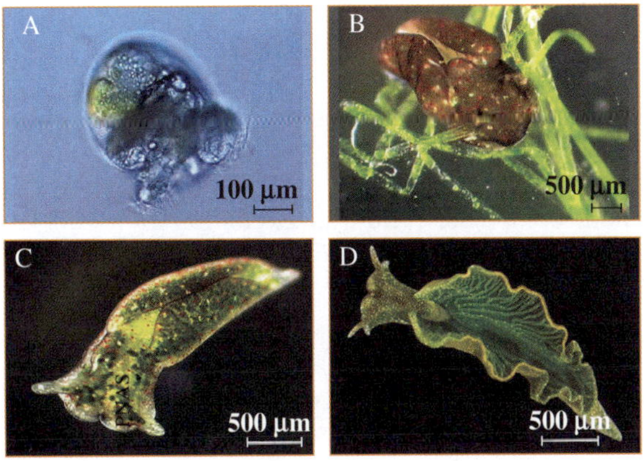

A : Larve
B et C : Jeunes limaces
D : Limace adulte

Document 2 : Électronographie d'une portion de cellule intestinale d'*Elysia chlorotica*

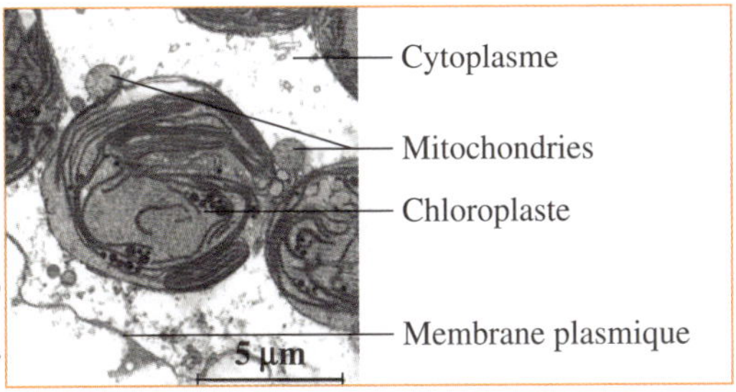

Document 3 : Échanges de dioxygène chez *Elysia chlorotica* adulte, en fonction de l'intensité lumineuse

Des chercheurs ont quantifié les échanges de dioxygène des individus adultes d'*Elysia chlorotica* (âgés de 6 à 7 mois) avec leur environnement, en fonction de l'intensité lumineuse à laquelle ont été soumis les animaux.

Le tableau indique les résultats obtenus :

	Intensité lumineuse (en % de l'intensité maximale)				
	100 %	**50 %**	**25 %**	**10 %**	**0 %**
Échanges d'O_2 (en µL d'O_2 par mg de chlorophylle et par heure)	+ 17	+ 12	+ 6	+ 0,5	– 7

« + » = dégagement de dioxygène
« – » = absorption de dioxygène

Source : acces.ens-lyon.fr/evolution

Document 4 : Cycle de vie d'*Elysia chlorotica*

À leur naissance, les jeunes limaces *Elysia chlorotica* sont brunes. Puis elles consomment l'algue *Vaucheria litorea* et leur corps change de couleur, virant progressivement au vert, couleur qu'elles garderont toute leur vie.

Parallèlement, un phénomène accompagne cette transformation : une fois ce repas terminé, elles peuvent rester plusieurs semaines, voire plusieurs mois, sans manger de nouveau.

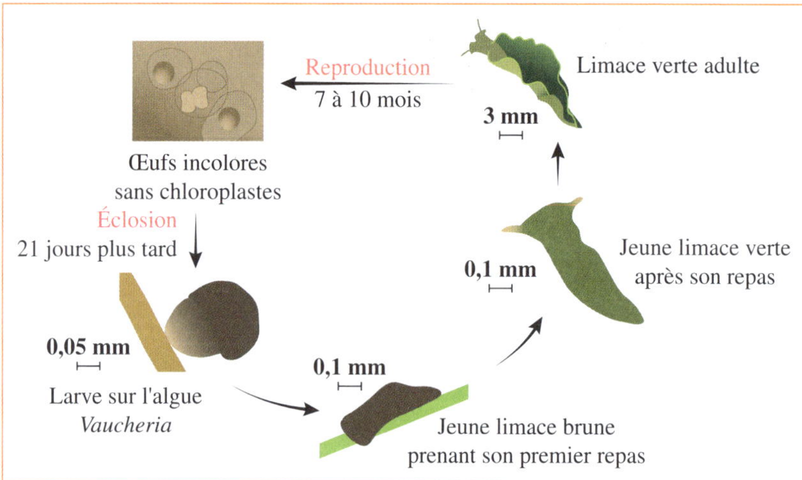

*Cycle de vie d'*Elysia chlorotica

Document 5 : Effet de la durée d'alimentation sur la croissance d'*Elysia chlorotica*

De jeunes larves *Elysia chlorotica* ont été nourries pour la première fois avec des algues (*Vaucheria litorea*) pendant une durée déterminée allant de 1 jour à 8 jours. Une période de jeûne de 14 jours suit la période d'alimentation.

On mesure le pourcentage de diminution de la longueur du mollusque après 14 jours de jeûne par comparaison avec des adultes ayant jeûné aussi 14 jours. Chez les adultes, on sait que l'association entre les chloroplastes et le mollusque est correctement établie.

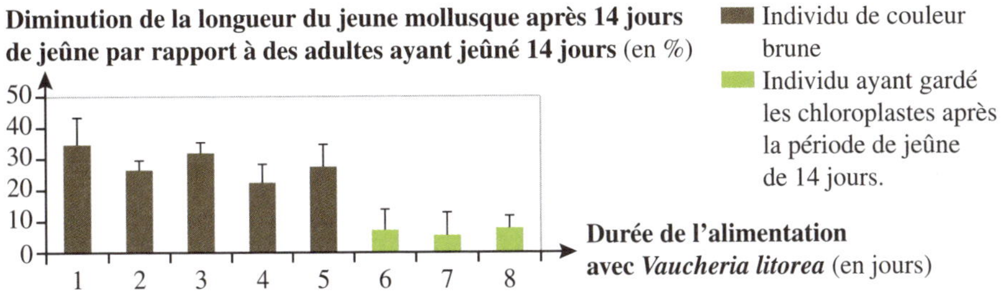

Source : Pelletreau et al., *2012*

Document 6 : Exemples représentatifs de croissance d'*Elysia chlorotica* en fonction de différentes conditions expérimentales

De jeunes *Elysia chlorotica* ont été nourries continuellement (situation contrôle), pendant 5 jours (situation 1) ou pendant 7 jours (situation 2) avec l'algue *Vaucheria litorea*.

	Jour 1	Jour 5	Jour 7	Fin de l'expérience
Situation contrôle **Prise de nourriture pendant 14 jours.**				*Jour 14*  *
Situation 1 **Prise de nourriture pendant 5 jours puis 14 jours de jeûne.**			Absence de données	*Jour 19* 
Situation 2 **Prise de nourriture pendant 7 jours puis 14 jours de jeûne.**		Absence de données		*Jour 21*  *

* *Morphologie semblable.*
La barre d'échelle vaut 100 µm.

Source : Pelletreau et al., *2012*

→ Corrigé p. 184

CORRIGÉS

1 → Énoncé p. 174

Les affirmations exactes sont a) et d).

2 → Énoncé p. 174

Les affirmations exactes sont b) et d).

3 → Énoncé p. 174

Lors de la phase photochimique de la photosynthèse, la chlorophylle *a*, excitée par l'énergie lumineuse, perd un électron. Le retour à l'état initial de la chlorophylle *a* est permis par la photolyse de l'eau. En effet, il s'agit d'une réaction d'oxydation : les électrons libérés par la photolyse de l'eau permettent alors de régénérer la chlorophylle *a*.

4 → Énoncé p. 174

Conseil

- Faire le schéma suffisamment grand.
- Ajouter un **titre** et une **légende**.

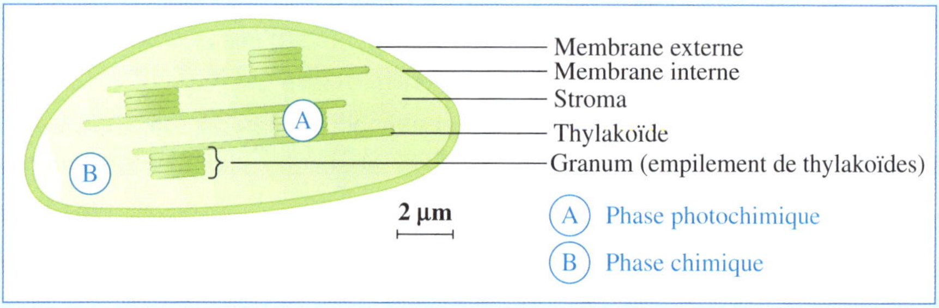

Schéma de la structure d'un chloroplaste et localisation des deux phases de la photosynthèse

5 → Énoncé p. 175

La phase chimique de la photosynthèse correspond l'utilisation du dioxyde de carbone par l'organisme photosynthétique (réaction de réduction). On observe qu'à l'obscurité, il y a encore fixation du CO_2 par la suspension de chlorelles. Cela signifie que la phase chimique a lieu sans lumière : elle n'en dépend donc pas directement.

La fixation du CO_2 par les chlorelles s'arrête malgré tout au bout de 25 secondes à l'obscurité car elle nécessite des molécules riches en énergie, produites lors de la phase photochimique (qui elle dépend directement de la lumière).

6 → *Énoncé p. 175*

Remarque

Il est souvent nécessaire de **rappeler des connaissances de cours** pour analyser correctement une expérience.

1. La photosynthèse a pour équation-bilan simplifiée : $6\ CO_2 + 6\ H_2O \rightarrow C_6H_{12}O_6 + 6\ O_2$.

D'après cette équation, l'oxygène ne peut venir que du dioxyde de carbone ou de l'eau, d'où la pertinence de faire varier les rapports isotopiques $^{18}O/^{16}O$ pour l'eau et pour les ions HCO_3^- (forme dissoute du CO_2) : le rapport isotopique $^{18}O/^{16}O$ du dioxygène formé sera le même que la molécule dont il est issu.

2. On observe que le rapport isotopique $^{18}O/^{16}O$ du dioxygène formé est le même que le rapport isotopique $^{18}O/^{16}O$ de l'eau contenue dans le milieu de l'expérience. Le dioxygène formé provient donc de l'eau.

7 → *Énoncé p. 176*

1. Les bactéries présentes dans le milieu sont des bactéries attirées par le dioxygène ; elles se dirigent donc vers les zones riches en dioxygène. Le dioxygène étant un des produits de la photosynthèse, la localisation de ces bactéries est un bon indicateur de l'activité photosynthétique.

2. Les bactéries sont principalement localisées dans les zones où la longueur d'onde est comprise entre 400 et 500 nm et entre 600 et 700 nm. Cela signifie qu'au niveau de ces zones, la production de dioxygène est importante, donc que la photosynthèse a lieu. Par conséquent, les longueurs d'onde favorables à la photosynthèse sont les longueurs d'onde comprises entre 400 et 500 nm et entre 600 et 700 nm.

8 → *Énoncé p. 177*

Les doryphores sont des insectes qui se nourrissent des feuilles des plants de pomme de terre. La figure 1 montre qu'en leur présence, le nombre de tubercules par plant de pomme de terre est le même qu'en leur absence : 30 en moyenne. Cependant, la masse moyenne des tubercules est bien plus faible lorsque les doryphores sont présents : elle passe de 100 g en l'absence de doryphore à 25 g en moyenne en leur présence. La destruction des feuilles par les doryphores affecte le développement des tubercules : leur développement dépend donc des parties aériennes de la plante.

La figure 2 montre que, en l'absence de doryphores, la masse sèche des tubercules augmente de début juin à mi-août passant de 0 g à 800 g par mètre carré de surface cultivée.

Les photographies de la figure 3 montrent que les cellules de pomme de terre se remplissent d'amidon entre juin et août : cela explique l'augmentation de la masse sèche constatée.

Or l'expérience d'autoradiographie de la figure 4 montre que la matière organique produite au niveau des feuilles se retrouve dans toute la plante. Ainsi, l'amidon présent dans les tubercules est issu de la photosynthèse réalisée dans les feuilles de la plante.

Par conséquent, la formation des réserves d'amidon dans les tubercules de pomme de terre dépend du fonctionnement des parties aériennes de la plante.

SUJET DU BAC

Exercice 2 : Pratique du raisonnement scientifique

→ Énoncé p. 179

Elysia chlorotica est un mollusque capable de vivre les onze mois de sa vie sans se nourrir s'il s'est alimenté avec des algues disponibles pendant une courte période.

Méthode

Donner des **valeurs issues des documents** pour justifier les propos.

I – Comment expliquer ce fait étrange pour un animal ?

- Sur l'électronographie du document 2 on observe l'intérieur d'une cellule intestinale d'*Elysia chlorotica* où deux types d'organites sont présents : des mitochondries et des chloroplastes. Les mitochondries sont les organites responsables de la respiration cellulaire, aussi il n'est pas surprenant d'en observer ici. Les chloroplastes, par contre, sont les organites responsables de la photosynthèse : on les trouve habituellement chez les végétaux chlorophylliens, il est donc très étonnant de les retrouver chez un animal.
- Les résultats du document 3 montrent qu'il y a un dégagement d'O_2 par *Elysia chlorotica* en présence de lumière, le dégagement est d'autant plus important que l'intensité lumineuse est forte : il passe de 0,5 à 17 microlitres par milligramme de chlorophylle et par heure lorsque l'intensité lumineuse passe de 10 % à 100 % de l'intensité maximale. En l'absence de lumière, *Elysia chlorotica* absorbe 7 microlitres d'O_2 par milligramme de chlorophylle et par heure.
- Le dégagement d'O_2 en présence de lumière par le mollusque ne peut s'expliquer que par le fait que les chloroplastes contenus dans les cellules intestinales sont fonctionnels. Ces organites réalisent la photosynthèse selon l'équation-bilan simplifiée suivante : $6\ CO_2 + 6\ H_2O \rightarrow C_6H_{12}O_6 + 6\ O_2$. Leur présence permet donc de produire de la matière organique (sucres) nécessaire au développement du mollusque et à sa survie.
- Le cycle de vie d'*Elysia chlorotica* présenté dans le document 4 montre qu'à leur naissance, les jeunes limaces sont brunes. Leur corps change de couleur, virant progressivement au vert, dès lors qu'elles consomment l'algue *Vaucheria litorea*. La mise en lien de cette information avec l'observation du document 2 permet de déduire que le mollusque conserve les chloroplastes de l'algue lorsqu'il la consomme.

Pour conclure, *Elysia chlorotica* est capable de vivre les onze mois de sa vie sans se nourrir si elle a consommé l'algue *Vaucheria litorea* au début de sa vie. Le mollusque internalise à ce moment les chloroplastes de l'algue dans ses cellules intestinales. *Elysia chlorotica* utilise à son profit la photosynthèse : les chloroplastes produisent, à la lumière, les sucres nécessaires à sa croissance, lui évitant ainsi de manger. *Elysia chlorotica* est donc un mollusque photosynthétique.

Méthode

Le développement est structuré en différents **paragraphes**, dont chacun développe un aspect du sujet de manière cohérente et argumentée.

II – Quelle est la durée minimale d'alimentation nécessaire à *Elysia chlorotica* pour ensuite vivre et se développer sans manger ?

- Le document 5 montre l'effet d'un jeûne de 14 jours sur la croissance de jeunes mollusques dont la durée d'alimentation avec l'algue a varié avant le jeûne.
  Pour une durée d'alimentation avec l'algue inférieure ou égale à 5 jours, il y a une diminution de la longueur des individus de l'ordre de 25 % en moyenne par rapport au groupe témoin (adultes ayant aussi jeûné 14 jours) tandis que cette diminution n'est que de l'ordre de 10 % quand la période d'alimentation dure de 6 à 8 jours. Par ailleurs, quand la durée d'alimentation avec l'algue est inférieure ou égale à 5 jours, le mollusque ne conserve pas les chloroplastes après la période de jeûne de 14 jours tandis qu'au-delà de 5 jours d'alimentation, le mollusque maintient les chloroplastes dans ses cellules. Il semble donc nécessaire qu'*Elysia chlorotica* se nourrisse pendant au moins 6 jours avec les algues pour vivre et se développer ensuite sans manger.
- La morphologie d'*Elysia chlorotica* en fonction de la durée d'alimentation avec l'algue est présentée dans le document 6. Après la période de jeûne, les jeunes mollusques nourris avec l'algue pendant 7 jours ont une morphologie normale (semblable aux témoins) ce qui n'est pas le cas des mollusques nourris avec l'algue pendant 5 jours. Cela corrobore les faits observés dans le document 5 : la durée minimale d'alimentation avec l'algue doit être supérieure à 5 jours.

Pour conclure, *Elysia chlorotica* doit se nourrir pendant au moins 6 jours d'algues pour ensuite vivre et se développer sans manger.

CHAPITRE 9

La reproduction des plantes à fleurs

Les plantes à fleurs sont appelées **Angiospermes***. Elles ont deux modalités de reproduction : **sexuée*** (impliquant des **gamètes*** mâles et femelles) et **asexuée***, qui leur permettent de se disséminer dans l'environnement, malgré leur fixation au sol par les racines.

1 Reproduction asexuée

■ Les capacités de reproduction asexuée et de croissance indéfinie des plantes sont exploitées depuis longtemps par les humains pour leurs cultures. Ainsi, la technique du bouturage consiste à obtenir une nouvelle plante à partir d'un fragment d'organe isolé (tige, feuille…).

Figure 1 *La technique du bouturage*

Une tige placée dans l'eau forme des racines, ce qui permet d'obtenir une nouvelle plante.

■ Certaines plantes, comme le fraisier, émettent des tiges à croissance horizontale, les stolons, capables de s'enraciner pour former un nouveau plant.

Figure 2 *La reproduction asexuée du fraisier grâce aux stolons*

■ Ces modes de reproduction asexuée montrent que les cellules végétales sont capables de se dédifférencier puis de se redifférencier ensuite en tous les types cellulaires. Cette propriété est appelée la **totipotence***.

2 Reproduction sexuée

A. Organisation de la fleur

■ Chez les Angiospermes, la reproduction sexuée est assurée par la **fleur***.
– Les gamètes femelles, ou **ovules***, sont contenus dans l'ovaire, faisant partie du **pistil***.
– Les gamètes mâles sont contenus dans les grains de **pollen***, produits par les **étamines***.

■ Lors de la **pollinisation***, les grains de pollen d'une fleur se déposent sur le stigmate d'une autre fleur de la même espèce. Chaque ovule peut ainsi être fécondé par un gamète mâle.

■ Les pétales et les sépales, qui forment les parties stériles de la fleur, peuvent présenter des caractéristiques variées (taille, forme, couleur…) et jouer un rôle important dans la fonction de reproduction, en particulier pour la collaboration avec des espèces animales.

Figure 3 *Coupe longitudinale dans une fleur*

B. Autofécondation

■ La fécondation des gamètes femelles par les gamètes mâles de la même fleur est appelée **autofécondation***. Elle est possible dans certains cas : elle permet ainsi la colonisation d'un milieu par reproduction sexuée, même en l'absence d'autres plantes de la même espèce dans l'environnement proche.

■ Chez de rares espèces, l'autofécondation est obligatoire. C'est par exemple le cas du blé, car la fécondation a lieu alors que les fleurs ne sont pas ouvertes.

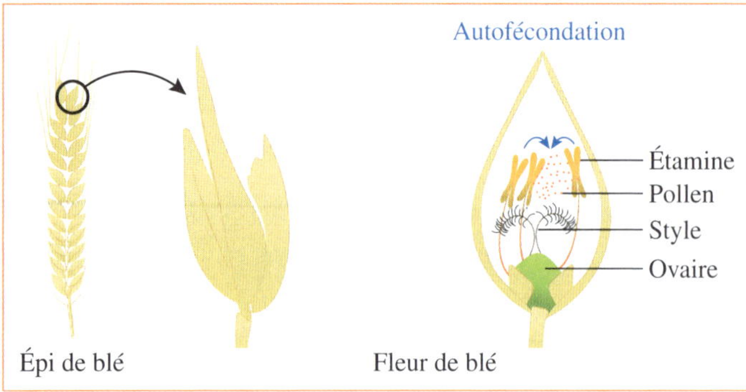

Figure 4 *Autofécondation chez le blé*

Un épi de blé est formé de nombreuses fleurs.

■ Cependant, l'autofécondation limite les possibilités de **brassage génétique***.

C. Fécondation croisée

■ Divers **mécanismes d'incompatibilité**, favorisant la **fécondation croisée** entre individus différents, ont été sélectionnés au cours de l'évolution.

Ils peuvent être :

- **génétiques** (pas de fécondation possible si le grain de pollen est génétiquement similaire aux cellules de l'ovaire) ;
- **anatomiques** (séparation des parties mâles et femelles) ;
- **temporels** (maturité différée de l'ovaire et des étamines).

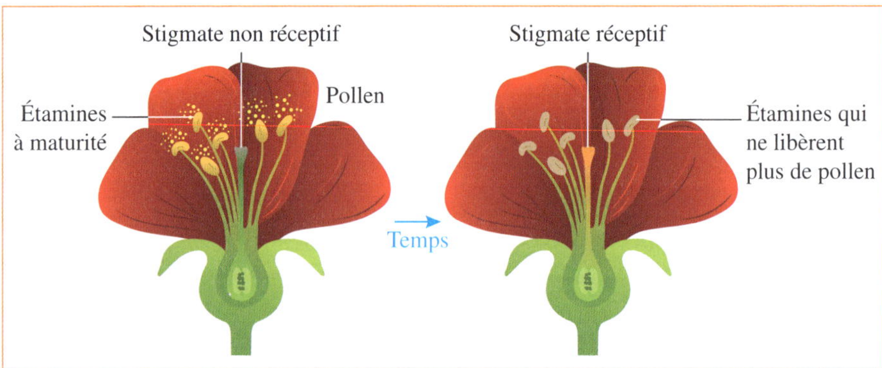

Figure 5 *Exemple de mécanisme empêchant l'autofécondation*

La maturité différée des organes mâles et femelles dans une même fleur favorise la fécondation croisée.

■ Certaines fleurs ou plantes sont **unisexuées** : elles ne portent que des organes mâles ou femelles. L'autofécondation est donc impossible.

■ La fécondation croisée implique la mobilité du pollen et donc son transport par un vecteur. Chez certaines espèces, comme les céréales, le pollen est transporté par le vent, mais pour 90 % des plantes à fleurs, les vecteurs sont des animaux **pollinisateurs***, principalement des insectes.

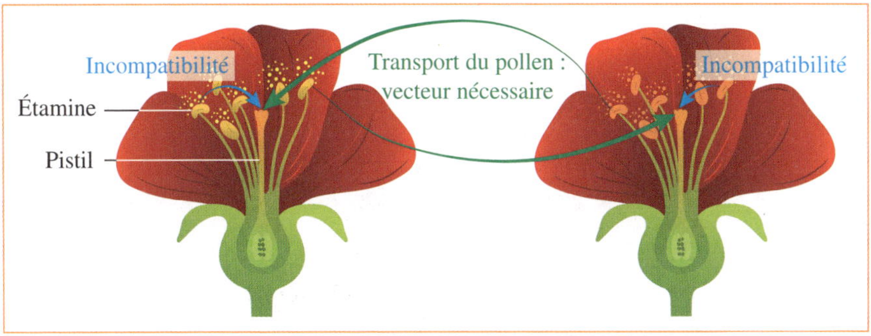

Figure 6 *La fécondation croisée implique le transport du pollen*

■ Les espèces dont le pollen est transporté par le vent en produisent des quantités massives. Leurs fleurs sont de petite taille et peu colorées, leurs stigmates peuvent être longs et plumeux, ce qui maximise les chances d'intercepter des grains de pollen, qui sont eux de petite taille (en moyenne 30 µm) et légers.

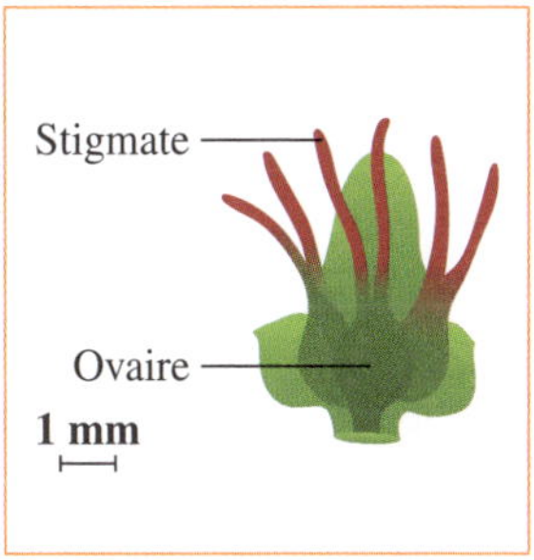

Figure 7 *Chatons de bouleau portant les fleurs et dessin d'une écaille de bouleau portant trois fleurs femelles*

■ Les espèces dont la pollinisation repose sur une **collaboration avec un animal** présentent des fleurs aux caractéristiques particulières : grands pétales blancs ou colorés (par des pigments comme les anthocyanes), odeur et nectar sucré qui attirent les pollinisateurs.

Lorsque l'animal se nourrit, tout en participant à la reproduction de l'espèce végétale, on peut qualifier l'interaction de **mutualiste*** car les bénéfices sont réciproques.

Ex. : L'organisation de la fleur de sauge favorise la pollinisation par les insectes tout en empêchant l'autofécondation. Le pollen ne peut pas atteindre directement le stigmate de la même fleur, mais s'accroche à l'insecte venu se nourrir de nectar, grâce au basculement des étamines. L'insecte dépose ensuite le pollen sur le stigmate d'une autre fleur de la même espèce.

Figure 8 *Une inflorescence de sauge*

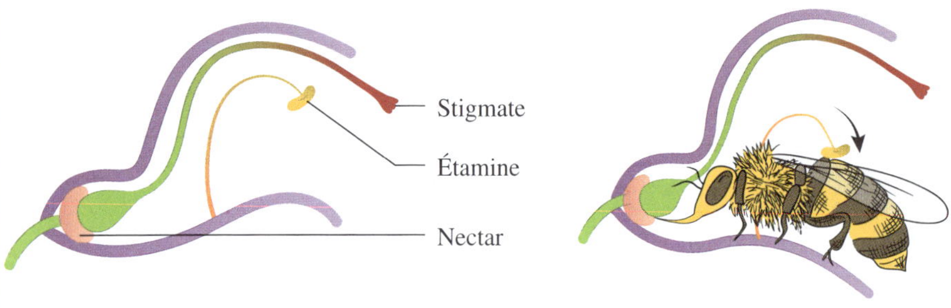

Figure 9 *Collaboration entre la fleur de sauge et son pollinisateur*

■ Certaines espèces d'orchidées présentent la forme, les motifs, la texture, voire l'odeur, caractéristiques de la femelle de leur pollinisateur. Le mâle de cette espèce peut alors être leurré et tenter de se reproduire tout en se couvrant de pollen au passage. Il dépose alors ce pollen sur le pistil de la fleur suivante.

Figure 10 *Orchidée du genre Ophrys et abeille pollinisatrice*

■ L'adaptation très spécifique d'une fleur avec son pollinisateur montre que l'évolution des deux espèces s'est faite conjointement : on parle de **coévolution***.

D. De la fleur au fruit

■ Le grain de pollen déposé sur le stigmate émet un tube permettant au gamète mâle d'atteindre l'ovule pour le féconder. À l'issue de la fécondation, chaque ovule se transforme en graine et l'ovaire se transforme en **fruit***.

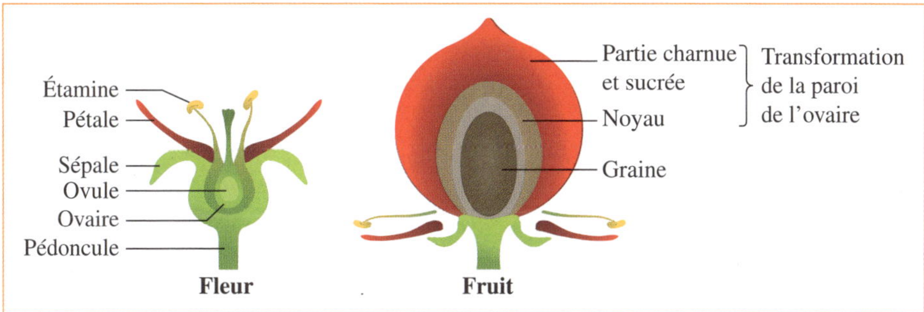

Figure 11 *De la fleur au fruit; l'exemple de la cerise*

■ Une **graine** contient l'**embryon*** d'une future plante, qu'elle protège par une enveloppe résistante. Après une certaine durée de vie ralentie, dans un état de déshydratation permettant sa longue conservation, la graine peut entrer en **germination** si les conditions sont favorables (teneur en eau suffisante, température adéquate). L'embryon se développe alors en utilisant les molécules de réserve préalablement accumulées (amidon, lipides, protéines).

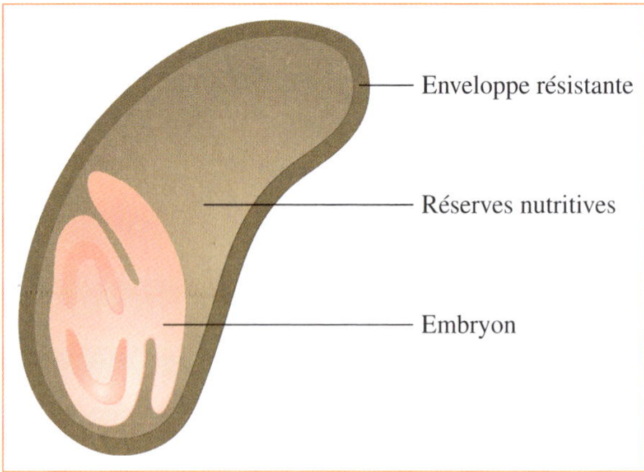

Figure 12 *Coupe longitudinale dans un grain de blé*

Figure 13 *Premières étapes de la germination d'une graine de courge*

E. Dispersion des graines

■ Une espèce d'Angiosperme peut étendre sa zone de répartition géographique, et coloniser de nouveaux milieux, à la condition que ses graines soient disséminées à distance du lieu de formation du fruit. Ainsi, les fruits et/ou les graines peuvent être transportés sur de plus ou moins longues distances et de différentes manières :
– transport par des agents physiques (vent, eau) ;
– transport par des animaux disperseurs (**interaction mutualiste*** ou transport passif).

■ Différentes adaptations des fruits et des graines, permettant leur transport, ont été sélectionnées au cours de l'évolution.

Ex. : Chez le pissenlit, dont les petites fleurs sont regroupées en inflorescence, chaque ovaire se transforme en un fruit sec contenant une seule graine, surmonté d'une structure en forme de parapluie, issue de la transformation du stigmate. Cette adaptation favorise la dissémination par le vent.

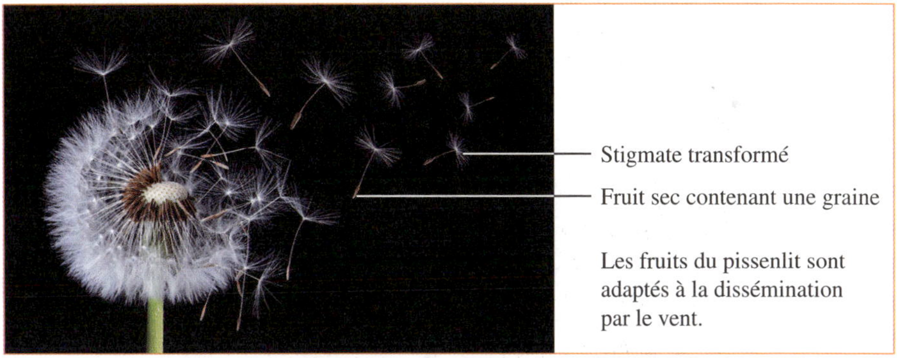

Figure 14 *Fruit du pissenlit*

Ex. : Les fruits de la bardane sont munis de crochets et s'accrochent facilement au pelage des animaux, qui peuvent les transporter involontairement sur de longues distances.

Figure 15 *Fruits de la bardane*

■ De nombreux fruits, charnus et riches en ressources nutritives, attirent les animaux qui les consomment, grâce à des couleurs ou odeurs. Une fois le fruit avalé, les graines résistent à la digestion et sont évacuées dans les excréments, parfois très loin du lieu de consommation. Certaines graines très dures ont même besoin d'être soumises à la digestion par un animal pour pouvoir germer.

© T. W. van Urk/Shutterstock

Figure 16 *Oiseau consommant le fruit d'une variété de pommier*

■ Ainsi, l'interdépendance entre certaines plantes à fleurs et certains animaux, pour la dissémination et la germination des graines, montre une **coévolution*** entre espèce végétale et animal disperseur.

CARTE MENTALE

LA REPRODUCTION DES PLANTES À FLEURS

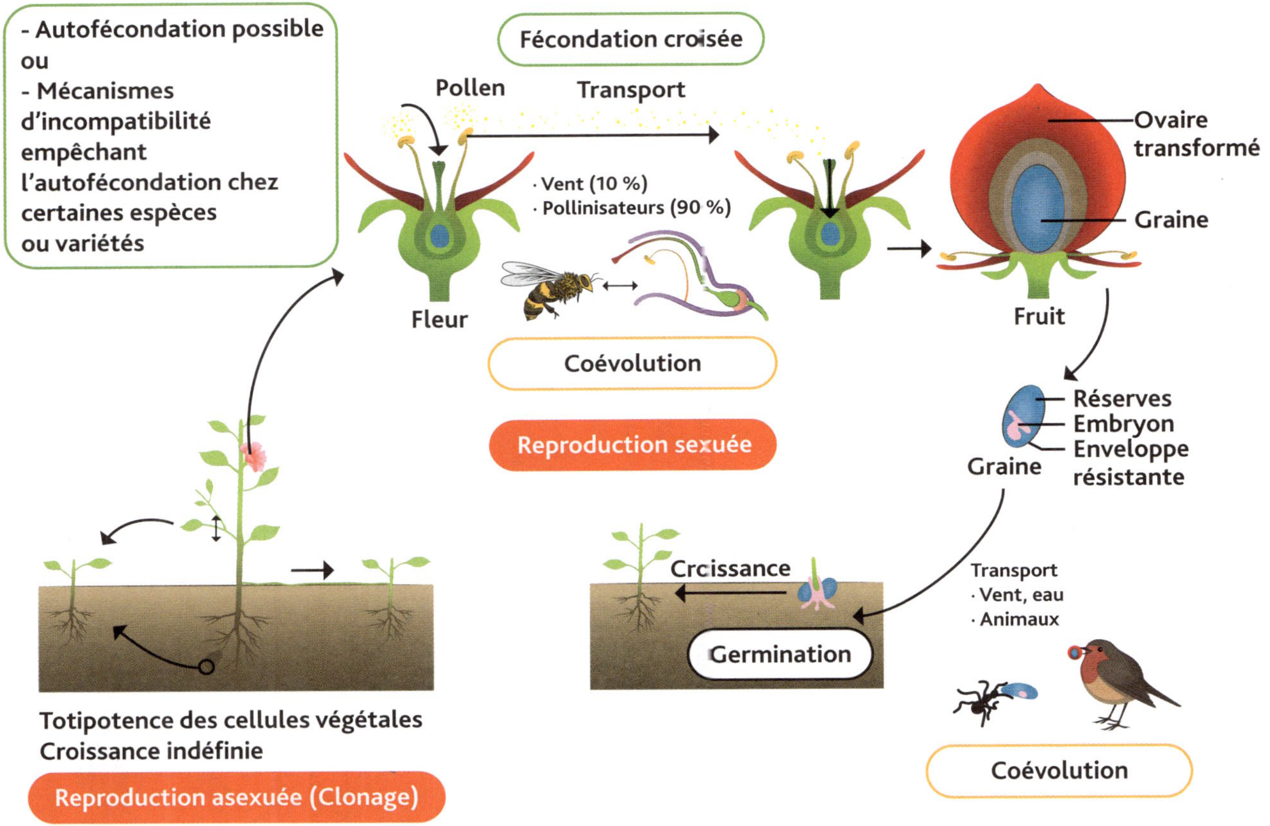

EXERCICES

Connaître le cours

1 2 min ★ Vrai ou faux ?

Relever la (ou les) affirmation(s) exacte(s).

a) « La totipotence ne concerne que les cellules végétales. »

b) « On peut bouturer certaines espèces végétales car leurs cellules ont la capacité de se dédifférencier. »

c) « La reproduction asexuée des plantes à fleurs ne se produit que dans des conditions très défavorables. »

d) « La reproduction asexuée permet le brassage génétique. »

→ *Corrigé p. 206*

2 2 min ★ Vrai ou faux ?

Relever la (ou les) affirmation(s) exacte(s).

a) « Toutes les fleurs possèdent des parties mâles et des parties femelles. »

b) « L'autofécondation d'une fleur est rendue impossible par des mécanismes d'incompatibilité dans toutes les espèces. »

c) « La majorité des espèces d'Angiospermes sont pollinisées grâce à des insectes. »

d) « Un fruit contient une ou des graines dans lesquelles se trouve un embryon de plante. »

→ *Corrigé p. 206*

3 10 min ★★ Restitution de connaissances

À partir d'un exemple, expliquer la coévolution entre une plante à fleurs et un animal.

→ *Corrigé p. 206*

4 10 min ★ Schématiser le cours

Schématiser une fleur d'Angiosperme en coupe longitudinale.

→ *Corrigé p. 206*

S'entraîner

5 15 min ★ Germination du genévrier

Certaines espèces d'arbres poussent dans des endroits très difficiles d'accès, comme les parois verticales des falaises. C'est le cas des genévriers de Phénicie dans les gorges de l'Ardèche. Le genévrier ne fait pas partie des Angiospermes, mais des Conifères. Il produit cependant des graines, contenues dans des cônes ressemblant à de petites baies charnues de couleur rougeâtre, et riches en nutriments. À maturité, ces « fruits » tombent et n'ont que très peu de chances de pouvoir atterrir dans une anfractuosité de paroi rocheuse.

Des graines de genévrier de Phénicie ont été récoltées directement dans des baies (graines témoin) ou récupérées dans des excréments d'animaux. Les résultats de leur germination sont présentés dans la figure ci-dessous.

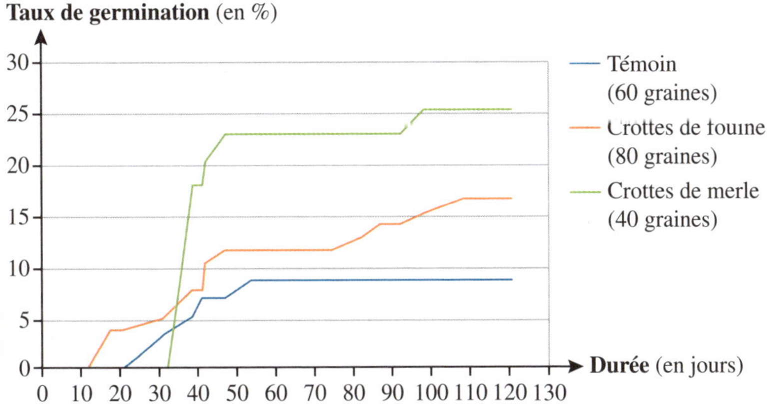

Source : Mandin, 2010

Évolution du taux de germination de lots de graines de genévrier de Phénicie placées dans des conditions favorables

Proposer une explication à la présence d'arbres sur les parois verticales des falaises.

→ Corrigé p. 207

6 15 min ★★ Germination de l'orge

Les graines, contenues dans les fruits issus de la transformation des fleurs, sont riches en réserves nutritives, telles que l'amidon.

À l'aide des documents, argumenter en faveur de l'utilisation de l'amidon par la graine d'orge en germination.

Document 1 : Action de l'amylase sur l'amidon

L'amylase est une enzyme.

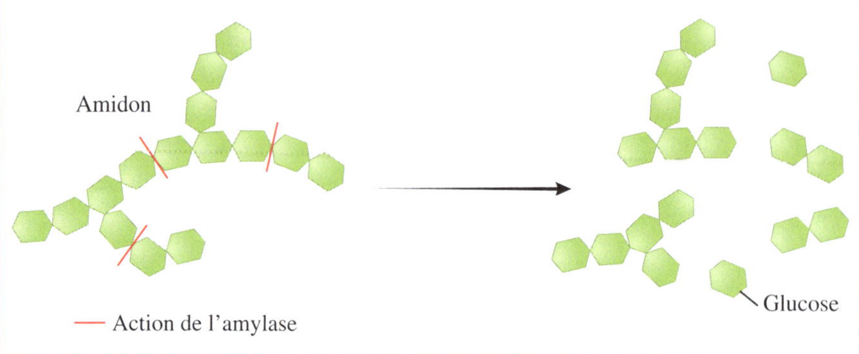

Document 2 : Évolution de l'activité de l'amylase issue de graines d'orge au cours de la germination

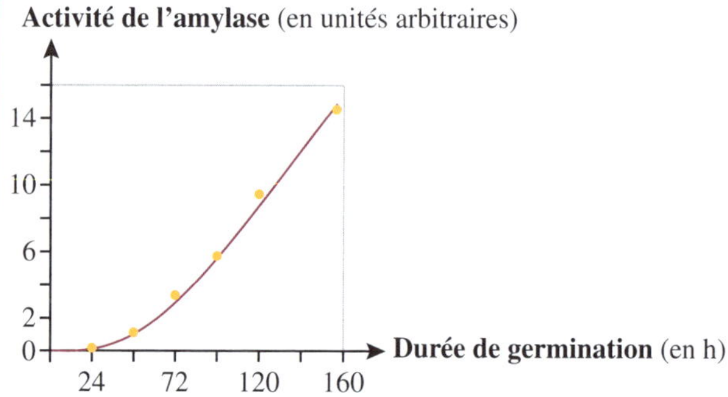

Source : Mac Gregor et Matsuo, 1982

→ Corrigé p. 207

7 30 min ★★ Régulation du développement de la fleur

Le développement de la fleur est soumis à la régulation d'un système de gènes de développement, connu sous le terme de MADS-BOX, qui fait partie d'une famille multigénique.

À partir des connaissances et des informations tirées des deux documents, cocher la ou les bonne(s) réponse(s) dans chaque série de propositions du questionnaire à choix multiples.

Document 1 : Domaines d'expression des gènes *ABC*

Chez la fleur normale, la formation des pièces florales dépend de l'expression de trois gènes *A*, *B*, *C*, comme illustré ci-dessous :

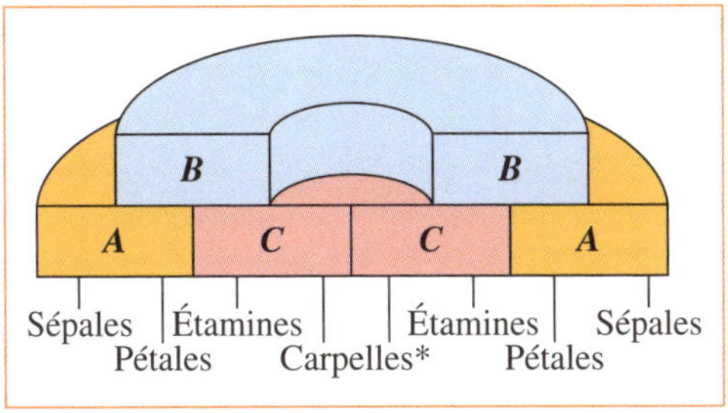

** carpelles = éléments du pistil qui contiennent les ovules.*

Lorsqu'un gène du groupe *A* s'exprime, le gène de groupe *C* ne peut pas s'exprimer et inversement.

Document 2 : Deux fleurs *d'Arabidopsis thaliana*

Le tableau ci-dessous présente deux fleurs d'une même espèce et leur diagramme floral :

Fleur normale	Mutant « *agamous* »
	 © Jean-Emmanuel Faure

Se : sépales ; Pe : pétales ; Ca : carpelle ; St : étamines

1. La fleur normale d'*Arabidopsis thaliana* :
a) est unisexuée.
b) est stérile.
c) possède 6 étamines.
d) possède des organes mâles et femelles.

2. La fleur mutante « *agamous* » :
a) est unisexuée.
b) est stérile.
c) ne possède que des organes mâles.
d) ne produit que des ovules.

3. Pour une fleur normale d'*Arabidopsis thaliana*, on peut dire que la présence d'étamines :
a) permet la production de pollen.
b) est le résultat de l'expression du gène *C* seul.
c) est le résultat de l'expression conjuguée des gènes *A* et *B*.
d) est le résultat de l'expression conjuguée des gènes *B* et *C*.

4. Chez le mutant « *agamous* », on peut dire que :
a) les ovules produits ne peuvent pas être fécondés.
b) le gène *A* ne s'exprime pas.
c) le gène *C* ne s'exprime pas.
d) les gènes *B* et *C* ne s'expriment pas.

5. À partir de l'étude de ces deux fleurs, on peut déduire que chez la fleur normale :
a) tous les gènes s'expriment dans toutes les parties de la fleur.
b) les gènes *C* et *A* ne s'expriment jamais dans une même partie.
c) le gène *C* inhibe l'expression du gène *B*.
d) le gène *B* ne s'exprime jamais seul.

→ *Corrigé p. 207*

8 15 min ★★ Le cirse maraîcher

Des études ont montré que la proportion de fleurs de cirse maraîcher (*Cirsium oleraceum*) produisant des fruits était inférieure en présence d'éclairage nocturne.

À l'aide des documents, proposer une explication possible à l'impact de l'éclairage nocturne sur la reproduction des plantes à fleurs.

Figure 1 *Inflorescences de cirse maraîcher*

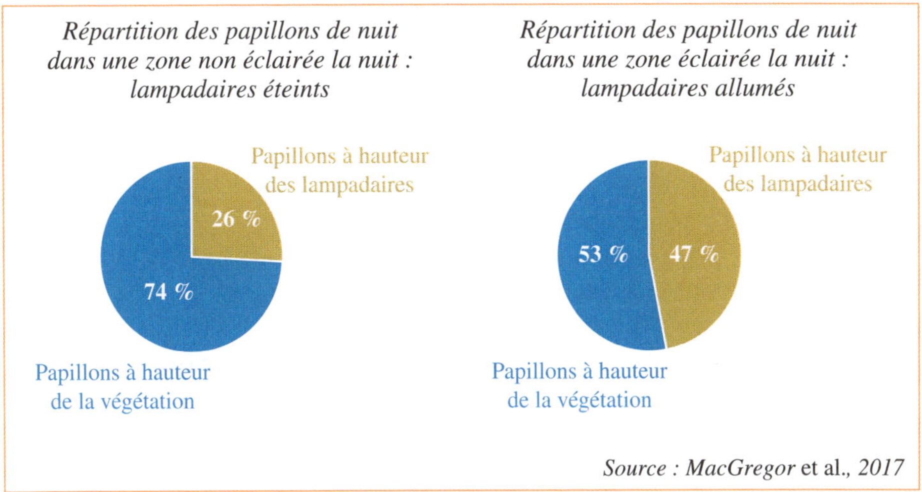

Figure 2 *Répartition des papillons de nuit en fonction de l'éclairage artificiel*

→ *Corrigé p. 207*

9 30 min ★★★ Cas de coévolution fleur – chauve souris

À partir de l'étude des documents et des connaissances, présenter les arguments en faveur d'une coévolution entre *Centropogon nigricans et Anoura fistulata*.

Document 1 : Une fleur de *Centropogon nigricans* visitée par une chauve-souris du genre *Anoura* en Équateur

© Nathan Muchhala

Document 2 : Organisation de la fleur de *Centropogon nigricans*

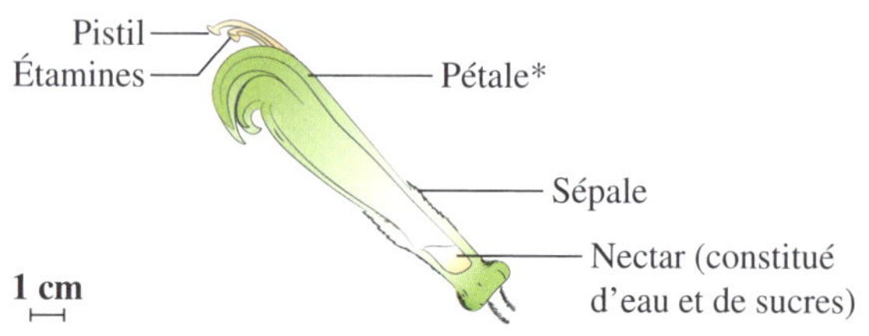

** L'ensemble des pétales forme la corolle de la fleur, le pistil et les étamines sortent de la corolle.*

Document 3 : Efficacité de la pollinisation de *Centropogon nigricans* par *Anoura fistulata*

On réalise une expérience sur des fleurs de *Centropogon nigricans* dont la corolle est de longueur normale ou expérimentalement raccourcie (le nectar est alors moins profond). Les longueurs du pistil et des étamines restent inchangées.

On mesure alors les prélèvements et les dépôts de pollen réalisés par quatre chauves-souris de l'espèce *Anoura fistulata*.

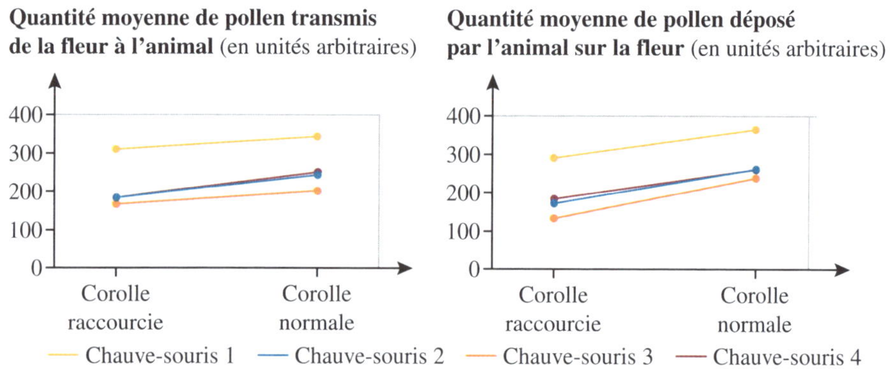

Source : Muchhala et Thomson, 2009

Document 4 : Études réalisées sur des espèces du genre *Anoura* et des végétaux présents en Équateur

4.a. : Analyses réalisées sur des individus du genre *Anoura*

Caractéristiques	Espèces		
	Anoura caudifer	*Anoura fistulata*	*Anoura geoffroyi*
Longueur de la langue (en cm)	3	8	2.9
Végétaux dont les pollens sont retrouvés sur le pelage de l'animal	Burmeistera	Centropogon nigricans	Burmeistera

Source : Muchhala et al., *2006*

4.b. : Profondeur des corolles de deux fleurs de différentes espèces

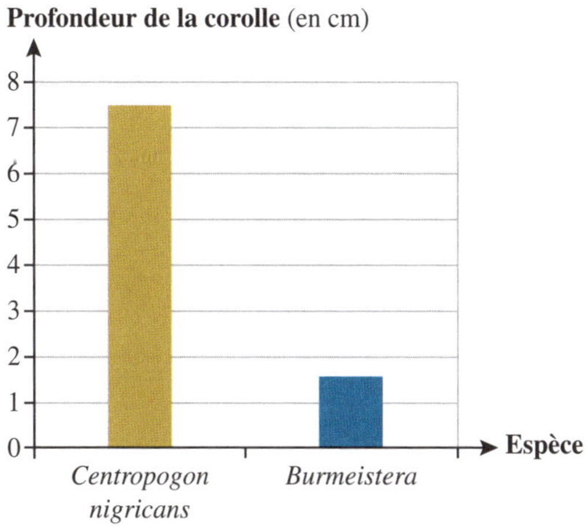

Source : Muchhala et al., *2006*

→ Corrigé p. 208

10 20 min ★★ La croissance de la fraise

La fraise est un « faux fruit » : elle résulte de la croissance importante du réceptacle floral. Un vrai fruit est issu quant à lui de la transformation de l'ovaire. Les « grains » sur les fraises correspondent donc aux vrais fruits et sont nommés akènes.

En 1950, Nitsch cherche à savoir si les akènes ont un rôle dans la transformation du réceptacle floral en fraise. Il réalise les expériences présentées dans la figure 2.

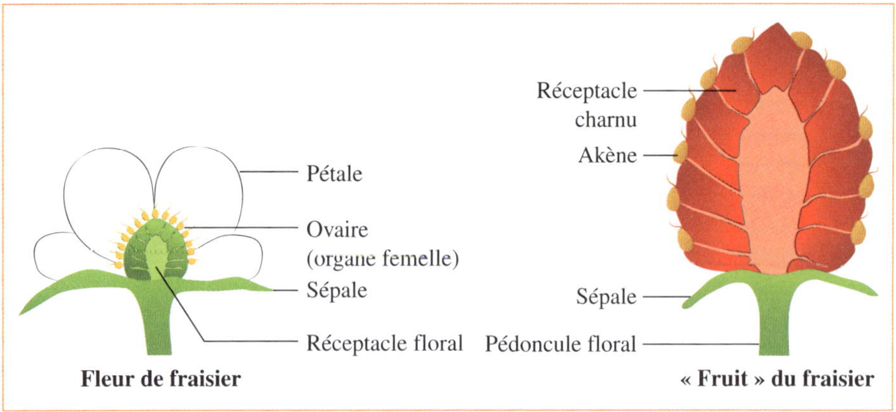

Figure 1 *Fleur et fruit du fraisier*

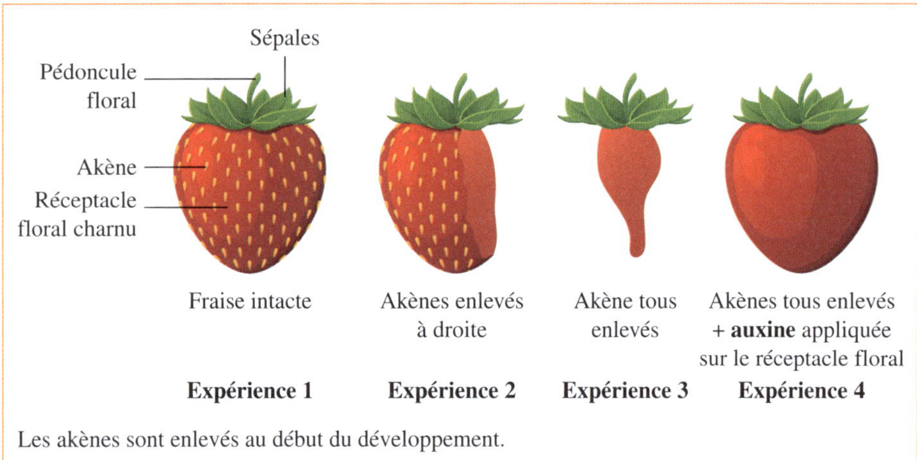

Figure 2 *Expériences de Nitsch*

1. Décrire les résultats des expériences 1, 2 et 3 et conclure sur le rôle des akènes.
2. Décrire les résultats de l'expérience 4 et conclure sur le rôle de l'auxine.
3. Préciser le lien entre auxine, akènes et croissance du réceptacle floral.
4. Schématiser la succession des événements permettant la transformation du réceptacle floral en fraise.

→ *Corrigé p. 208*

SUJET DU BAC

Exercice 1 : Maîtrise des connaissances 1 h 30 7 points

La reproduction des Angiospermes

Expliquer comment l'organisation et le fonctionnement de la fleur d'Angiosperme, ainsi que la collaboration avec d'autres espèces, permettent de répondre aux contraintes de la vie fixée concernant la reproduction sexuée entre individus génétiquement différents.

On se limitera à l'étude des processus jusqu'à la fécondation. Formation et dispersion des graines et fruits sont exclues du sujet.

L'exposé devra comporter une introduction, un développement structuré, une conclusion et sera illustré par des schémas.

Méthode

Il n'y a pas une seule bonne manière de répondre à une question de synthèse. Un certain nombre de notions sont cependant attendues.

- Commencer par **surligner les mots-clés** du sujet.
- La **structure de l'énoncé** peut suggérer une organisation de la synthèse.
- **Écrire** ensuite, sur un brouillon, **toutes les notions et les schémas essentiels** qui viennent à l'esprit en rapport avec les mots-clés du sujet.
- Essayer enfin de lier ces notions entre elles et de **les regrouper de manière logique pour organiser les idées** en différentes parties qui formeront une synthèse structurée.
- Vérifier au cours de la rédaction de n'oublier aucun point important.
- **Réserver du temps à la réalisation des schémas**, qui doivent être clairs, soignés, titrés et légendés. Ne pas hésiter à utiliser des flèches et des couleurs.

→ *Corrigé p. 209*

CORRIGÉS

1 → *Énoncé p. 196*

L'affirmation exacte est b).

Remarque

Au début du développement, les premières cellules embryonnaires sont **totipotentes**, pas uniquement chez les végétaux. La particularité des cellules végétales est de conserver cette totipotence.

2 → *Énoncé p. 196*

Les affirmations exactes sont c) et d).

3 → *Énoncé p. 196*

On peut utiliser des exemples tirés des parties suivantes : *Les animaux pollinisateurs* page 189 et *Les animaux disséminateurs des graines* page 194, afin de montrer qu'il peut exister une interaction mutualiste entre une espèce végétale (qui est pollinisée ou dont les graines sont dispersées) et une espèce animale (qui se nourrit par exemple). Les adaptations très spécifiques témoignent d'une évolution conjointe des deux espèces au cours du temps : on parle de coévolution.

Voir également l'exercice 9 page 201.

4 → *Énoncé p. 196*

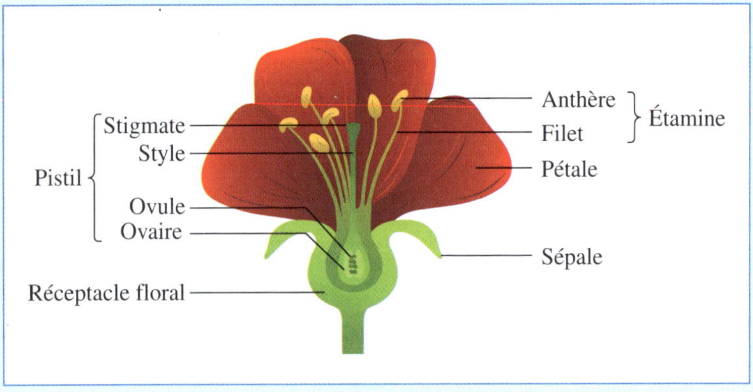

Une fleur d'Angiosperme en coupe longitudinale

5 → Énoncé p. 197

> **Remarque**
> Il faut toujours mentionner quelques **valeurs chiffrées** issues des graphiques.

Le document 2 montre que seules 8 % des graines de genévrier témoins (récoltées à partir des « baies ») ont germé après 130 jours dans des conditions favorables.
Les graines récoltées dans des excréments d'animaux sont plus nombreuses à germer, en particulier les graines trouvées dans les excréments d'oiseaux (25 % de germination après 130 jours). Ceci montre que le passage par le tube digestif d'un animal favorise la germination des graines et que ce sont sans doute les oiseaux, en déféquant, qui ont déposé les graines de genévrier dans des endroits inaccessibles, où elles ont pu germer.

6 → Énoncé p. 197

La graine d'orge est riche en réserves, notamment en amidon. L'amidon est une grosse molécule constituée de glucose, qui peut être dégradée par une enzyme : l'amylase. Les graines d'orge contiennent de l'amylase, et le document 2 permet de constater que l'activité de cette enzyme augmente au cours de la germination : de 0 à plus de 14 unités arbitraires au bout de 7 jours. Ainsi, on peut supposer que la graine d'orge en germination utilise l'amylase pour dégrader l'amidon qu'elle contient, afin d'obtenir le glucose permettant la production d'énergie nécessaire à son développement.

7 → Énoncé p. 198

1. Les affirmations exactes sont c) et d).

2. L'affirmation exacte est b).

3. Les affirmations exactes sont a) et d).

4. L'affirmation exacte est c).

5. Les affirmations exactes sont b) et d).

8 → Énoncé p. 200

La figure 2 montre que l'éclairage nocturne affecte la répartition des papillons de nuit, qui sont attirés par les lampadaires et sont donc moins présents au niveau de la végétation (53 % des papillons seulement, contre 74 % lorsque les lampadaires sont éteints). La proportion de fleurs de cirse maraîcher (*Cirsium oleraceum*) produisant des fruits étant inférieure en présence d'éclairage nocturne, on peut émettre l'hypothèse que cette espèce est pollinisée par des papillons de nuit, et que ces derniers visitent moins de fleurs lorsque les lampadaires sont allumés. Ainsi, si la pollinisation n'est pas assurée pour certaines fleurs, la fécondation ne peut pas avoir lieu et les fruits contenant les graines ne sont pas produits.

9 → *Énoncé p. 201*

Anoura fistulata est une espèce de chauve-souris qui pollinise notamment les fleurs de *Centropogon nigricans*, à l'occasion de visites pour se nourrir en nectar.

> **Conseil**
>
> Dans ce type d'exercice, il est utile de **décrire brièvement les expériences réalisées et leur intérêt** pour répondre au problème biologique posé.

En effet, l'organisation de la fleur montre qu'en allant chercher le nectar tout au fond de la corolle, la chauve-souris recueille du pollen sur son corps. Elle dépose ce pollen dans les autres fleurs de la même espèce visitées successivement et permet ainsi la reproduction sexuée de *Centropogon nigricans*.

On peut raccourcir expérimentalement la corolle des fleurs de *Centropogon nigricans* (document 2), avec pour conséquence une diminution de la profondeur du nectar : la chauve-souris n'aura donc pas besoin de s'approcher autant de la fleur pour se nourrir.

On mesure alors les prélèvements et les dépôts de pollen réalisés par quatre chauves-souris de l'espèce *Anoura fistulata* : pour les quatre chauves-souris, les quantités de pollen recueilli et déposé sur la fleur diminuent lorsque la corolle est raccourcie (respectivement -10 % et -30 % en moyenne). Ainsi la pollinisation est moins efficace et les chances de reproduction de la fleur diminuent.

Les espèces de chauve-souris du genre *Anoura* diffèrent notamment par la longueur de leur langue. L'analyse du pollen retrouvé sur le pelage des chauve-souris permet de déterminer quelles espèces de fleurs elles ont visitées (document 3).

On constate que les espèces ayant une langue courte (environ 3 cm) ne portent que du pollen de l'espèce *Burmeistera*, qui présente une corolle d'une longueur d'1,5 cm.

Seule *Anoura fistulata* porte du pollen de *Centropogon nigricans*. Sa langue de 8 cm lui permet en effet de se nourrir de nectar au fond de la corolle de 7,5 cm de longueur.

L'adéquation entre la longueur de la langue de la chauve-souris et la longueur de la corolle permet donc à *Anoura fistulata* de se nourrir de nectar là où d'autres espèces en sont incapables, mais aussi d'augmenter les chances de pollinisation de *Centropogon nigricans*. Ainsi, l'étude de ces documents issus d'observations et d'expériences, permet d'argumenter en faveur d'une coévolution entre *Centropogon nigricans* et *Anoura fistulata,* c'est-à-dire que leurs caractéristiques ont évolué conjointement au cours de l'évolution en raison de leur interdépendance.

10 → *Énoncé p. 203*

1. Les expériences 2 et 3 montrent que les zones où les akènes ont été enlevés ne se développent pas tandis qu'une fraise intacte se développe uniformément. Les akènes sont nécessaires au développement de la fraise : dès lors qu'ils ne sont pas présents sur une partie du fruit, celle-ci ne se développe pas.

2. Dans l'expérience 4, tous les akènes ont été enlevés mais Nitsch a appliqué de l'auxine sur le réceptacle floral : la fraise se développe normalement. Sans akène, on s'attend à ce que la fraise ne se développe pas mais l'ajout d'auxine permet le développement de celle-ci : l'auxine permet le développement du réceptacle floral donnant ensuite la fraise.

3. À l'aide des expériences précédentes, on peut supposer que les akènes produisent de l'auxine. L'auxine agit au niveau du réceptacle floral et permet sa croissance.

4.

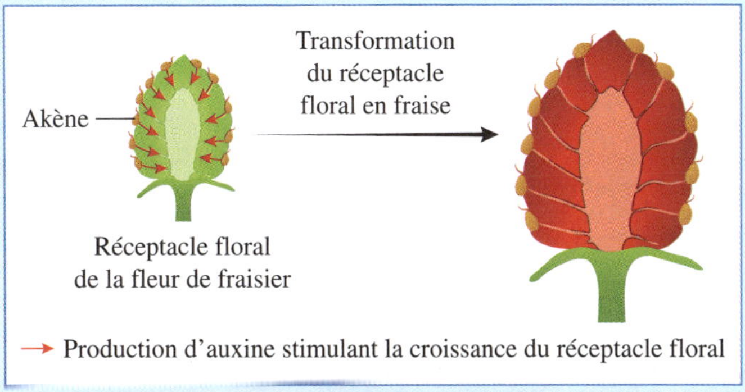

Schéma de la succession des événements permettant la transformation du réceptacle floral en fraise

SUJET DU BAC

Exercice 1 : Maîtrise des connaissances

→ *Énoncé p. 205*

Méthode

Proposition de **plan** à partir des idées clés de l'énoncé.

Introduction : les contraintes de la vie fixée.

I – L'organisation et le fonctionnement de la fleur permettent **la reproduction sexuée.**

II – Les mécanismes empêchant l'autofécondation permettent la reproduction d'**individus génétiquement différents.**

III – La collaboration avec d'autres espèces : la coévolution plante à fleur / animal pollinisateur.

Les plantes sont ancrées dans le sol par leurs racines : elles ont un mode de vie fixé. Contrairement aux animaux, elles ne peuvent pas se déplacer à la recherche d'un partenaire pour la reproduction sexuée (réunion de gamètes mâles et femelles). Des modes de reproduction asexuée existent, mais ils ne permettent pas de maintenir une variabilité génétique. Nous allons montrer dans un premier temps comment la fleur d'Angiosperme (plante à fleur) est organisée et quelles adaptations elle peut présenter pour permettre la rencontre de gamètes entre des partenaires éloignés et génétiquement différents, assurant un brassage génétique à chaque génération. Nous nous pencherons ensuite sur la collaboration avec des espèces animales pour la pollinisation.

Méthode

Il est important de soigner les **schémas**. Ceux-ci doivent être assez grands et en couleurs. Ils doivent comporter un titre précis et des annotations.

I – L'organisation et le fonctionnement de la fleur d'Angiosperme

Une fleur d'Angiosperme en coupe longitudinale

Chez les Angiospermes, la fleur porte les organes reproducteurs qui produisent les gamètes :

- le pistil comporte l'ovaire qui contient les ovules : les gamètes femelles restent associés à la plante fixée ;
- les étamines produisent et libèrent le pollen au niveau des anthères : les gamètes mâles sont mobiles.

Pour que la fécondation puisse se réaliser entre des individus éloignés, le pollen doit ainsi être transporté d'une fleur à l'autre, grâce à un animal pollinisateur ou par le vent. Les grains de pollen peuvent être de taille variable selon les espèces, et plus ou moins légers, lisses, rugueux ou collants, adaptés au mode de pollinisation.

La fécondation ne pourra avoir lieu que si les grains de pollen d'une fleur se déposent sur le stigmate d'une autre fleur de la même espèce.

II – Des mécanismes empêchant l'autofécondation

Certaines fleurs ou plantes sont unisexués, c'est-à-dire ne portent que des organes reproducteurs mâles ou femelles. Elles ne peuvent donc pas s'autoféconder.

Pour toutes les autres plantes, il pourrait être possible que le pollen féconde le pistil de la fleur dont il est issu. Si cette possibilité d'autofécondation peut être avantageuse dans certains cas, elle ne permet pas d'assurer le brassage génétique à chaque génération et pourrait mener à une uniformisation génétique.

Différents mécanismes tendent à empêcher l'autofécondation :

> **Conseil**
> Un **schéma** clair et bien légendé peut souvent remplacer avantageusement une explication compliquée.

– les parties mâles et femelles d'une même fleur ou plante peuvent ne pas arriver à maturité en même temps ;

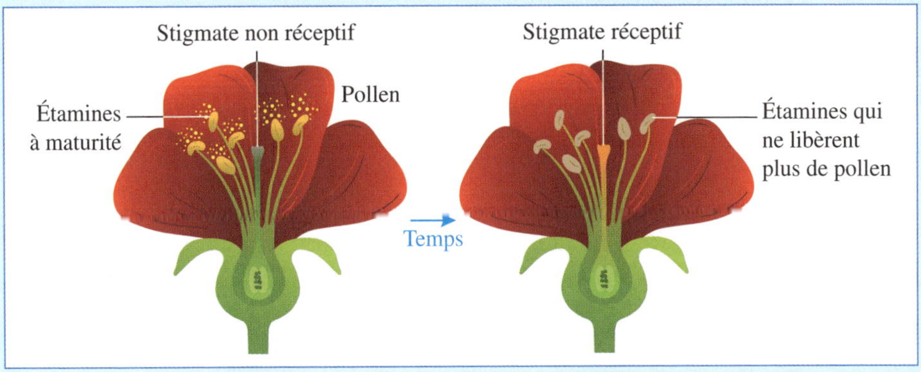

Décalage de maturité entre les parties mâles et femelles d'une fleur

– les parties mâles et femelles peuvent être anatomiquement séparées (ceci est souvent en lien avec la pollinisation par un insecte) ;

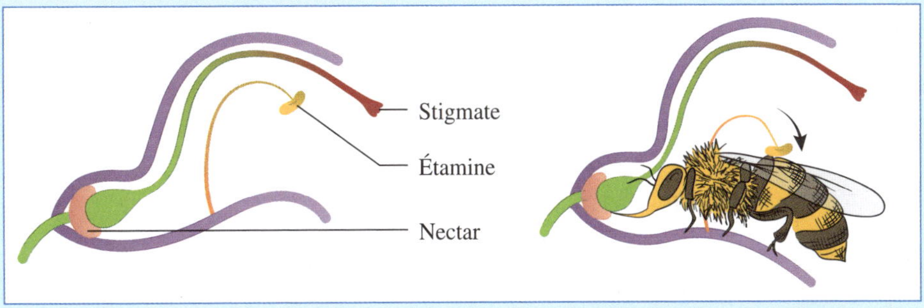

Exemple de la fleur de sauge pollinisée par une abeille

– la fécondation peut être impossible si le grain de pollen est génétiquement similaire aux cellules de l'ovaire (incompatibilité génétique).

Ainsi, la fécondation croisée, entre individus génétiquement différents, est favorisée.

III – Une collaboration avec des pollinisateurs

La fécondation croisée nécessite le transport du pollen entre les fleurs qui se reproduisent. Le transport par le vent implique une production massive de pollen avec des chances faibles pour que celui-ci puisse se fixer sur les stigmates de fleurs de la même espèce.

Pour la majorité des espèces, des animaux jouent le rôle de vecteur du pollen. Ce sont souvent des insectes (abeilles, papillons…) mais aussi parfois des oiseaux (exemple des colibris) ou même des chauves-souris (cas de la pollinisation du baobab).

> **Conseil**
> Retenir quelques exemples précis peut être utile pour enrichir son exposé et montrer sa culture scientifique.

Souvent, les animaux assurent cette fonction de pollinisateur tout en se nourrissant d'un nectar sucré produit par la fleur. L'interaction entre l'espèce végétale et l'espèce animale peut alors être qualifiée de mutualiste, c'est-à-dire à bénéfices réciproques.

Les animaux peuvent également être attirés par des odeurs particulières. Les pétales et les sépales, qui forment les parties stériles de la fleur, peuvent aussi jouer un rôle important en présentant des caractéristiques variées (taille, forme, couleur…).

Ainsi, les larges pétales blancs ou vivement colorés attirent un ensemble de pollinisateurs, mais certaines espèces de fleurs (orchidées) présentent la forme, les motifs, la texture voire même l'odeur caractéristiques de la femelle de leur pollinisateur. Le mâle de cette espèce peut alors être leurré et tenter de se reproduire… tout en se couvrant de pollen au passage, pollen qu'il dépose alors sur le pistil de la fleur suivante.

D'autres orchidées contiennent du nectar au fond d'un long tube qui peut atteindre 30 cm. Le pollinisateur de ces espèces est un papillon à très longue trompe, le seul à pouvoir atteindre le fond du tube nectarifère.

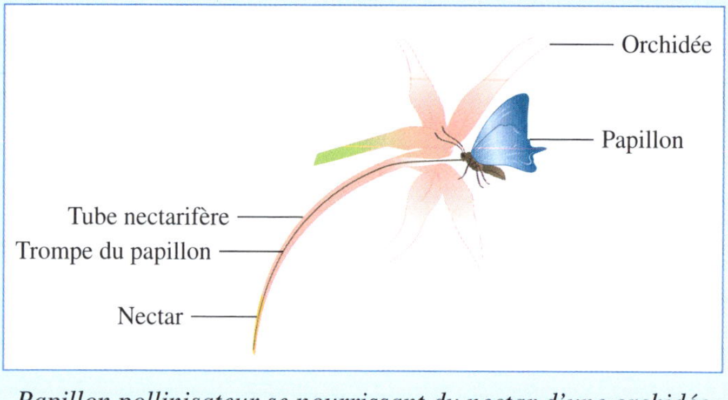

Papillon pollinisateur se nourrissant du nectar d'une orchidée

Ainsi, l'association entre une fleur et son pollinisateur peut être si étroite, voire exclusive, qu'elle permet de mettre en évidence une coévolution, c'est-à-dire une évolution conjointe au cours du temps, entre les deux espèces.

En conclusion, ces adaptations de l'organisation et du fonctionnement de la fleur d'Angiosperme, en particulier liées à la coévolution avec des animaux pollinisateurs, permettent la reproduction sexuée, au sein d'une espèce, de plantes génétiquement différentes. Ces adaptations permettent notamment le transport du pollen entre des individus éloignés, palliant ainsi aux contraintes de la vie fixée.

Cependant, la collaboration exclusive entre une espèce de fleur et son pollinisateur les rend interdépendants : l'extinction de l'un risque d'entraîner l'extinction de l'autre. C'est ainsi que la disparition de certains insectes, ou l'importation d'espèces dans un autre milieu, peut amener les humains à polliniser eux-mêmes certaines plantes cultivées (exemple : la vanille à Madagascar).

CHAPITRE 10

La domestication des plantes

Les humains utilisent les plantes comme base de leur alimentation (en particulier les **graines***, telles les céréales) et dans des domaines variés : matériaux, médicaments, cosmétiques, combustibles… Les pratiques culturales constituent donc un enjeu majeur pour l'humanité.

1 Humanité, génome et phénotype des plantes cultivées

■ Une **plante domestiquée*** est une espèce végétale cultivée dont les caractéristiques sont transformées au cours des interactions avec les êtres humains. Ces transformations peuvent s'effectuer directement sur le **phénotype***(ex. : taille de la vigne), mais elles affectent souvent le **génome*** des plantes. Au cours de l'histoire de la domestication, ces actions sur le génome ont d'abord été le résultat d'une sélection empirique, basée sur l'expérience et l'observation, mais sans compréhension des phénomènes.

■ Les plantes sont utiles aux êtres humains, mais ces derniers, en protégeant les cultures, en récoltant, en stockant et en semant les graines, sont également utiles aux plantes. La relation entre les plantes cultivées et les humains peut donc être qualifiée de **mutualiste***.

■ Les plantes domestiquées ont des ancêtres sauvages qu'il est parfois possible d'identifier. C'est le cas pour le maïs, cultivé depuis 10 000 ans, et dont l'ancêtre sauvage supposé est la téosinte. Le maïs et la téosinte présentent les mêmes **caryotypes*** et sont capables de s'**hybrider*** naturellement, c'est-à-dire de se croiser par reproduction sexuée, dans les régions où ces deux espèces coexistent.

■ Le maïs et la téosinte présentent cependant des différences phénotypiques importantes. Contrairement à son ancêtre, le maïs consacre l'essentiel de ses ressources à la production de graines. Or ce sont les graines qui sont exploitées pour l'alimentation : les caractères utiles aux êtres humains ont donc été sélectionnés au cours de la domestication.

■ Les différences phénotypiques entre le maïs et la téosinte ont pu être mises en relation avec des différences affectant un petit nombre de **gènes*** impliqués dans le développement de la plante.

	Téosinte plante sauvage	**Maïs** plante cultivée
Répartition géographique	Mexique	Sur tous les continents Origine : Mexique
Organisation de la plante **f = inflorescence* femelle** **m = inflorescence mâle**	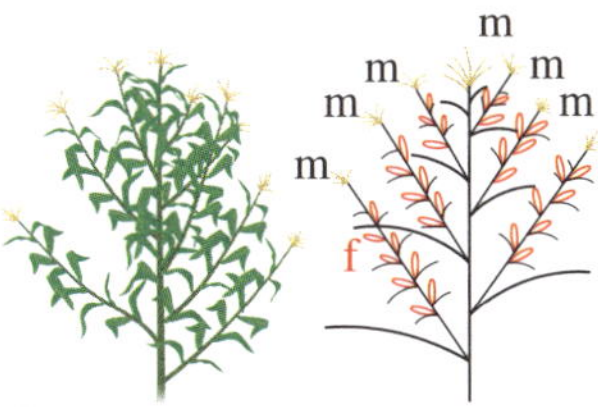 Présence de rameaux latéraux, **en lien avec une faible expression du gène tb1**[1]	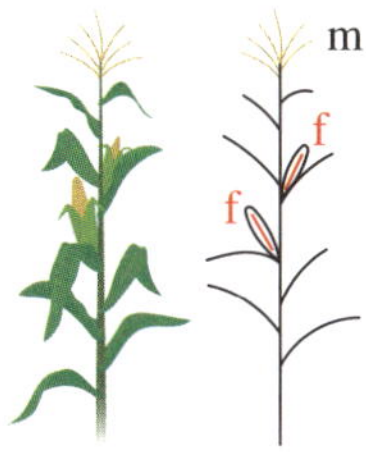 Plante à tige unique, **en lien avec une forte expression du gène tb1**
Organisation des inflorescences femelles : les épis	 Longueur : 5 cm Nombre moyen de grains : 10	 Longueur : 30 cm Nombre moyen de grains : 500
Caractéristiques des grains	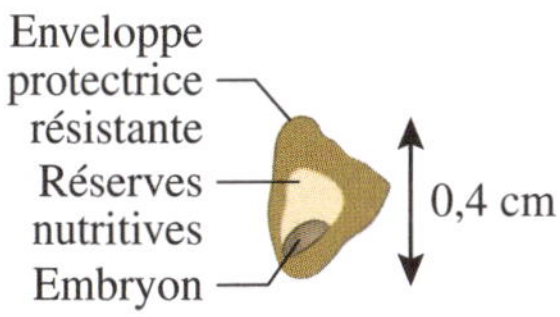 – Les grains tombent au sol. – L'enveloppe protectrice résiste au passage dans le tube digestif des oiseaux, principaux disperseurs des graines. – La présence d'une enveloppe dure est **en lien avec l'allèle sauvage du gène tga1**[2] (codon AAG en position 6).	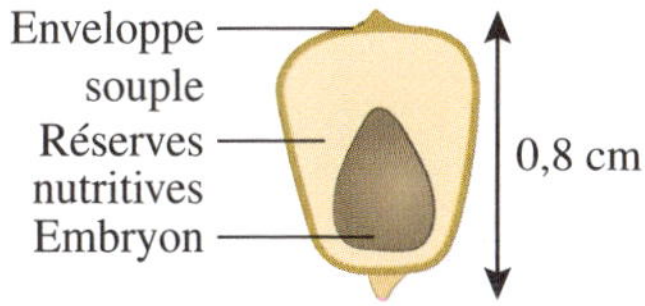 – Les grains ne se détachent pas spontanément. – Les grains ne sont pas protégés. – La présence d'une enveloppe souple est **en lien avec l'allèle muté du gène tga1** (codon AAT en position 6).

Figure 1 *Comparaison du maïs et de son ancêtre sauvage, la téosinte*

[1] tb1 signifie « Teosinte branched gene 1 » : ce gène est impliqué dans le développement de la ramification des plantes.
[2] tga1 signifie « teosinte glume architecture 1 » : ce gène est impliqué dans la mise en place de l'enveloppe protectrice du grain.

■ Chez la plante domestiquée, certaines fonctions indispensables de la plante sauvage, comme la dispersion des graines, sont assurées par l'être humain. Ainsi, l'être humain a sélectionné au cours des siècles, d'abord involontairement, des caractéristiques différentes de celles qui étaient favorables aux ancêtres sauvages des plantes domestiquées. Certaines espèces domestiquées perdent ainsi leur capacité à se reproduire sans l'intervention humaine.

■ On parle de **sélection artificielle*** lorsque les humains choisissent de reproduire entre elles les plantes qui présentent les caractéristiques qui les intéressent : forme, taille, couleur, nombre de graines, rendement, résistance, moment de floraison ou de fructification, facilité de récolte, qualités nutritionnelles…

■ La technique d'**hybridation*** consiste à croiser deux **variétés*** végétales différentes, afin d'obtenir des individus présentant simultanément les caractéristiques intéressantes de ces deux variétés. La sélection variétale prend cependant de nombreuses d'années avant d'aboutir à d'éventuels résultats.

Ex. : Des croisements sont réalisés pour obtenir des tomates de grande taille résistantes au champignon parasite *Fusarium oxysporum*, qui est responsable d'une baisse importante de la production.

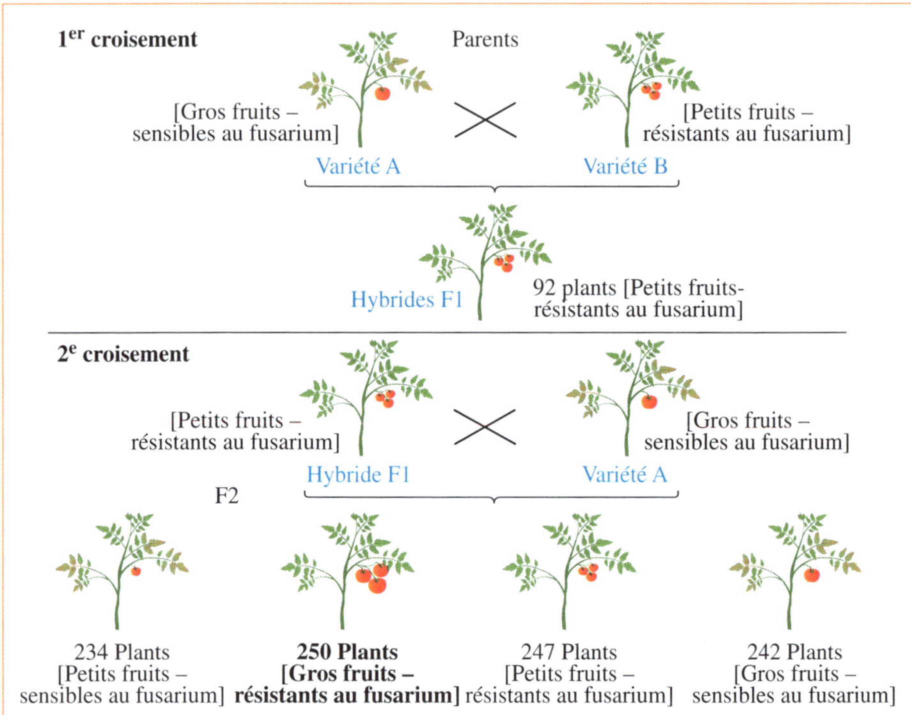

Figure 2 *Création d'une nouvelle variété de tomates par hybridation*

Remarque

Les connaissances sur les brassages génétiques au cours de la reproduction sexuée ont permis l'amélioration des espèces végétales cultivées et la création de nouvelles variétés par la technique d'hybridation. Voir chapitre 1.

■ L'utilisation des **biotechnologies*** permet désormais de créer de plus en plus rapidement de nouvelles variétés végétales, en agissant directement sur le génome des plantes cultivées. L'introduction d'un gène étranger, par la technique de **transgenèse***, permet d'obtenir des plantes **OGM*** (Organismes Génétiquement Modifiés), dotées de nouvelles caractéristiques intéressantes *(voir aussi chapitre 2).*

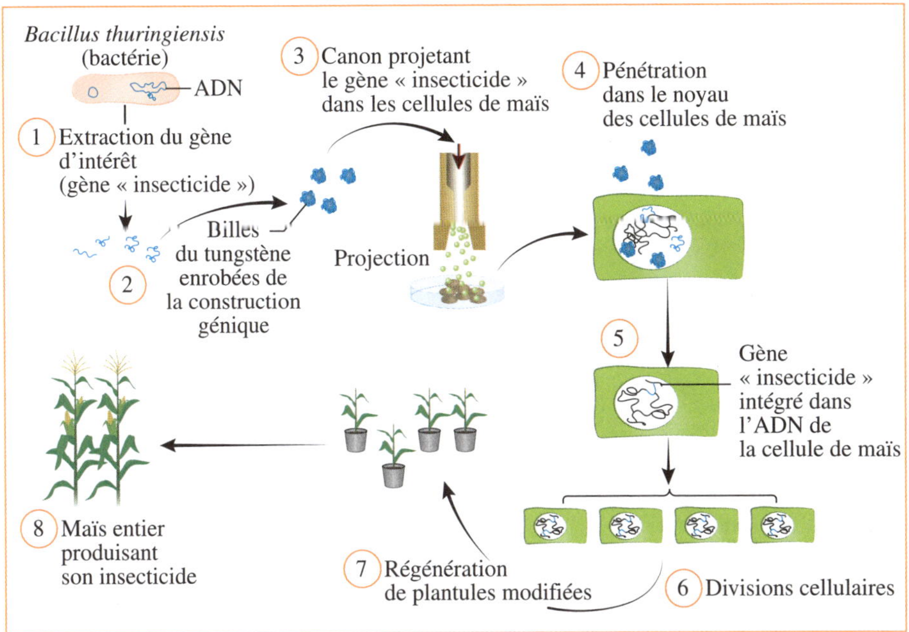

Figure 3 *Production d'un maïs transgénique résistant à un insecte ravageur des champs de maïs : la chenille de la pyrale (papillon).*

Remarque

L'**édition génomique** est une technique récente permettant d'effectuer des modifications génétiques ciblées dans les cellules, grâce à des molécules permettant de couper l'ADN en des endroits précis (« ciseaux moléculaires »). Depuis 2012, le système CRISPR-Cas9 a simplifié le procédé et permet d'introduire ou corriger des mutations, voire d'inactiver ou d'insérer un nouveau gène, sans avoir recours à la transgenèse. Cette technique est utilisée pour créer de nouvelles variétés végétales.

■ La réussite de la culture de plantes dépend de la qualité des graines que l'on sème, appelées **semences***. Les graines doivent effectivement germer pour devenir des plantes aux caractéristiques stables et homogènes correspondant à leur variété. Ainsi, la production de semences commerciales pour l'agriculture est une activité spécialisée exercée par les **semenciers***, dont certains sont des grands groupes internationaux.

2 Conséquences de la domestication sur la biodiversité végétale

A. Réduction de la biodiversité

■ Une espèce cultivée présente souvent de nombreuses variétés : c'est une forme de **biodiversité*** qui découle du processus de domestication exercé par les humains dans différentes zones du globe depuis 10 000 ans.

Figure 4 *Diversité biologique chez la tomate (*Solanum lycopersicum*)*
(à droite : « tomates-cerises »)

■ Au sein d'une espèce ou d'une variété, la **diversité génétique*** correspond à la **diversité allélique***, qui résulte elle-même de mutations ayant affecté les gènes au cours de l'évolution.

■ Aujourd'hui, les trois-quarts des aliments proviennent d'à peine douze espèces végétales, sur plus de 250 000 espèces comestibles connues. Seules trois espèces, le riz, le maïs et le blé, produisent environ 60 % de la ration énergétique végétale consommée par les humains. L'Organisation des Nations Unies pour l'alimentation et l'agriculture estime que 75 % de la biodiversité des plantes cultivées s'est perdue au cours du XXe siècle et que plus de 90 % des variétés agricoles ont disparu des champs des agriculteurs. En effet, l'étude des génomes des plantes cultivées montre un appauvrissement global de la diversité allélique.

■ Même si la sélection par l'être humain a permis historiquement de faire émerger de nouvelles variétés végétales, la domestication entraîne une réduction de la diversité génétique. En effet, lorsqu'un échantillon de graines est exporté à distance de sa région d'origine, une partie de la diversité génétique est perdue par **effet fondateur*** et **dérive génétique*** *(voir chapitre 3)*. De plus, les techniques modernes ne sélectionnent qu'un faible nombre de variétés végétales. Enfin, la diffusion à grande échelle de variétés génétiquement homogènes par des firmes multinationales, spécialisées dans la commercialisation des semences, contribue à accélérer l'appauvrissement de la diversité allélique des espèces cultivées.

B. Fragilité des espèces cultivées

■ Comme pour les plantes sauvages, la persistance des plantes domestiques peut dépendre de leur capacité à évoluer, si leur milieu se modifie (changement climatique par exemple) ou si leurs **parasites*** parviennent à contrer leurs défenses. Or, l'homogénéité génétique ne permet pas de faire face aux variations de l'environnement.

■ La réduction de la diversité au sein des plantes cultivées contribue déjà directement à leur fragilité, avec des conséquences pour les êtres humains. Certaines variétés de plantes cultivées ont ainsi perdu des moyens de défense naturels (contre les **ravageurs*** ou les parasites) au cours de la domestication.

Ex. : Les larves de *Diabrotica virgifera virgifera*, un petit coléoptère également appelé « chrysomèle », sont susceptibles d'attaquer les racines du maïs et de détruire ainsi les cultures. Chez la téosinte, ancêtre du maïs, les racines émettent du ß-caryophyllène en cas d'agression. Cette substance est capable d'attirer des vers nématodes pathogènes pour le ravageur, ce qui protège la plante. Les variétés de maïs modernes ont perdu la capacité à se défendre contre les larves de *Diabrotica virgifera virgifera*. Or, ce ravageur des cultures, originaire d'Amérique, se répand désormais en Europe. L'adaptation des pratiques culturales, les stratégies de lutte (insecticides potentiellement toxiques pour les humains) et même la production de maïs transgénique « insecticide » ont jusqu'ici été mises en échec par les capacités d'adaptation du coléoptère, qui constitue une réelle menace pour la culture mondiale du maïs.

Adultes	*Larves dans le sol*

Figure 5 *Chrysomèle des racines du maïs*

■ L'uniformité génétique des populations végétales rend les cultures humaines vulnérables aux maladies, avec des conséquences à grande échelle.

Ex. : La variété de banane Cavendish est la plus cultivée et représente 95 % des exportations mondiales de bananes. Or cette variété est touchée par la fusariose, une maladie causée par un champignon : *Fusarium oxysporum*. Cette maladie infectieuse détruit totalement le bananier et se propage dans les bananeraies, mettant en péril la culture de ce fruit. En effet, aucun traitement ne permet d'éradiquer ce champignon.

Figure 6 *Bananier atteint de fusariose*

C. Avenir de l'agriculture

■ L'**appauvrissement génétique**, responsable de la fragilité des espèces cultivées, a pour conséquence l'utilisation croissante de pesticides, pourtant nocifs pour la santé humaine.

■ Une solution réside dans l'**exploitation des ressources génétiques de variétés anciennes ou des ancêtres sauvages**, afin de réintroduire de la diversité dans les espèces modernes, en particulier via les semences commerciales.

Ex. : Des croisements entre le maïs domestiqué et la téosinte pourraient permettre de restaurer les mécanismes de défense naturels contre les ravageurs des cultures, comme la chrysomèle.

■ L'évolution de l'agriculture dépend donc de la recherche scientifique et de la responsabilisation des semenciers, mais aussi des décisions politiques et de l'implication des citoyens, en particulier par l'intermédiaire de leurs actes de consommation.

3 Domestication et évolution des populations humaines

■ La domestication des plantes, menée dans différentes régions du monde, a eu des conséquences importantes dans l'évolution culturelle, biologique et génétique des populations humaines.

■ Pour remédier aux problèmes de digestibilité ou de toxicité de certaines espèces végétales, les êtres humains ont développé des pratiques de préparations alimentaires, impliquant notamment une domestication microbienne (levures, bactéries).

Ex. : Le rouissage du manioc en Afrique permet par trempage et fermentation d'éviter la production de cyanure hautement toxique.

Figure 7 *Racines de manioc, aliment de base en Afrique*

■ La composition du **microbiote intestinal** * varie selon les régions du globe et les régimes alimentaires. En particulier, certaines bactéries intestinales produisent des enzymes capables de digérer ou transformer des molécules contenues dans les végétaux. Par exemple, le microbiote intestinal des Japonais contient une enzyme, la porphyranase, capable de dégrader la paroi d'une algue rouge utilisée pour préparer les sushis. Cette enzyme est très similaire à celle identifiée chez des bactéries marines. La consommation d'algues a donc modifié le **phénotype étendu*** de la population japonaise, par l'intégration de bactéries marines dans le microbiote intestinal *(voir aussi chapitre 4)*.

■ La domestication des espèces végétales a contribué à la sélection de caractères génétiques humains spécifiques. La relation mutualiste entre les plantes cultivées et les êtres humains engendre une **coévolution***.

■ Par exemple, la capacité des humains à digérer l'amidon, contenu notamment dans les céréales, est conditionnée par la quantité d'amylase qu'ils possèdent. Or la quantité de cette enzyme digestive dépend du nombre de copies du gène présentes dans le génome d'un individu. Alors que les chimpanzés ne possèdent que deux copies du gène qui code pour l'amylase salivaire (appelé AMY1), le nombre de copies dans les populations humaines est variable (de 2 à 15) et peut être corrélé à leur régime alimentaire. Au cours de l'évolution des populations humaines et de la domestication des céréales, les régimes alimentaires riches en amidon semblent avoir sélectionné les individus capables de le digérer efficacement. Dans ces populations au régime alimentaire riche en amidon, un nombre plus important de copies du gène AMY1 a constitué un **avantage sélectif***.

L'humanité a domestiqué des espèces végétales variées et optimisé leurs caractéristiques pour faciliter leur culture et leur consommation. Cette domestication s'est réalisée au détriment de la diversité génétique des espèces végétales et de leur capacité à se reproduire sans intervention humaine, ce qui peut contribuer à les fragiliser. Réciproquement, la domestication des plantes cultivées a exercé une influence sur l'humanité, aussi bien biologiquement que culturellement.

CARTE MENTALE

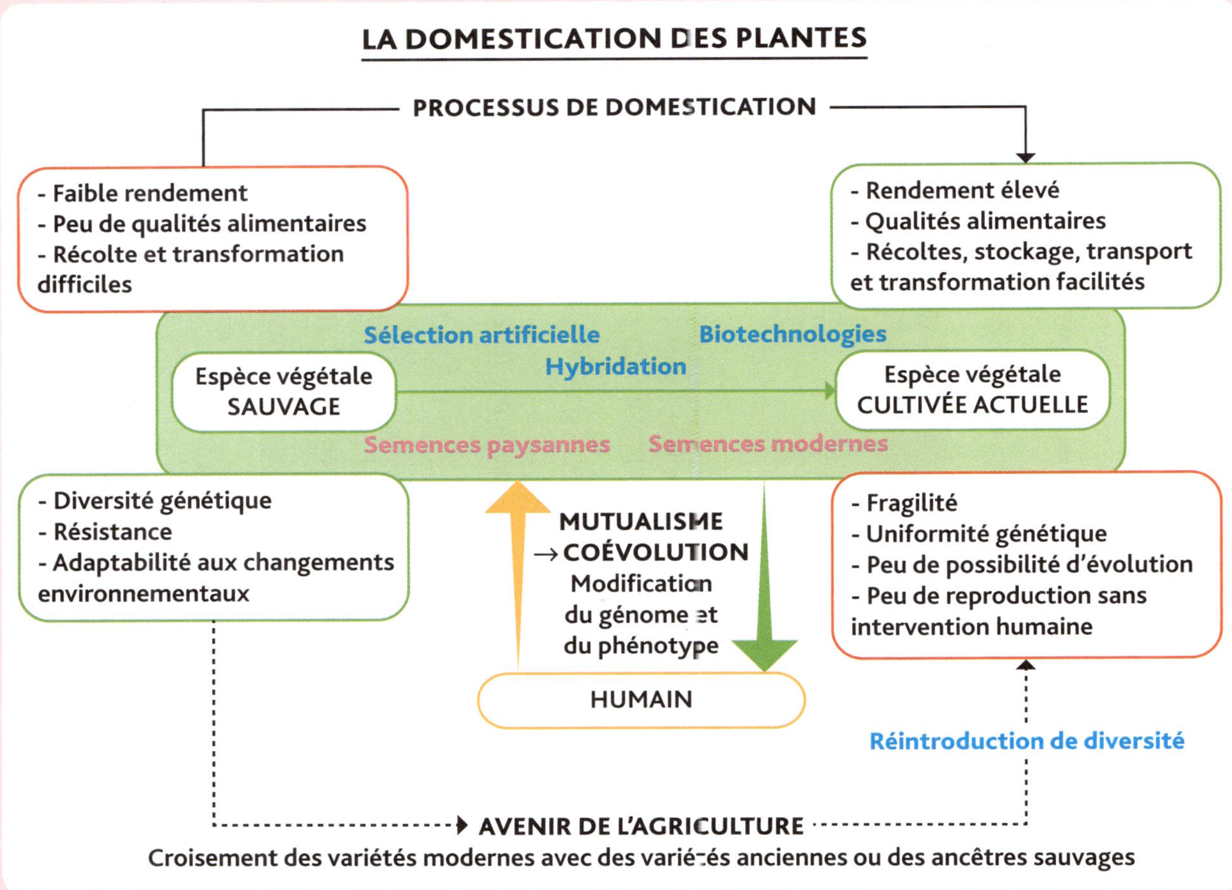

EXERCICES

Connaître le cours

1 2 min ★ Vrai ou faux ?

Relever la (ou les) affirmation(s) exacte(s).

a) « La domestication des plantes modifie leur phénotype. »

b) « La sélection artificielle des variétés de maïs a privilégié la croissance des grains (nombre et taille). »

c) « Une espèce domestiquée est toujours capable de se reproduire facilement sans intervention de l'humain. »

d) « La relation entre les humains et les plantes cultivées peut être qualifiée de symbiotique. »

→ *Corrigé p. 232*

2 2 min ★ Vrai ou faux ?

Relever la (ou les) affirmation(s) exacte(s).

a) « Les allèles qui codent pour les caractères d'intérêt sont toujours dominants. »

b) « En agronomie, science qui étudie les pratiques agricoles, l'hybridation correspond au croisement de deux variétés pures. »

c) « La transgenèse peut permettre à une variété végétale d'acquérir un moyen de défense contre un insecte ravageur. »

d) « Les semences commerciales présentent une forte hétérogénéité génétique pour une variété végétale donnée. »

→ *Corrigé p. 232*

3 10 min ★★ Restitution de connaissances

Expliquer comment la réduction de la diversité contribue à la fragilisation des variétés végétales cultivées.

→ *Corrigé p. 232*

4 10 min ★★ Schématiser le cours

En s'appuyant sur le cours, schématiser la défense de la téosinte contre l'attaque par les larves de chrysomèle.

→ *Corrigé p. 232*

S'entraîner

5 40 min ★★ Syndrome de domestication chez le blé

La sélection exercée par l'être humain sur les plantes cultivées a souvent retenu des caractéristiques différentes de celles des plantes sauvages et favorisant leur utilisation.

On appelle « syndrome de domestication » l'ensemble des caractéristiques de la plante qui diffèrent entre la plante cultivée et ses ancêtres sauvages.

À l'aide des documents, déterminer les caractéristiques associées au « syndrome de domestication » du blé et leurs avantages pour l'agriculture.

Document 1 : Épis de blé

Épi de blé ancestral sauvage (a) et épi de blé cultivé (d). Chaque épi de blé est formé d'un axe porteur d'épillets (b), qui contiennent eux-mêmes les grains. À maturité, les épillets se détachent spontanément de l'épi chez le blé ancestral sauvage (c) mais restent fixés chez le blé cultivé ne se séparant que lors du battage (e).

Source : Trends in Ecology and Evolution (AIP)

Document 2 : Grains de variétés de blé

Les grains des variétés sauvages ancestrales présentent une enveloppe adhérente, tandis que les variétés cultivées présentent une enveloppe qui se détache facilement, rendant plus aisée la fabrication de farine.

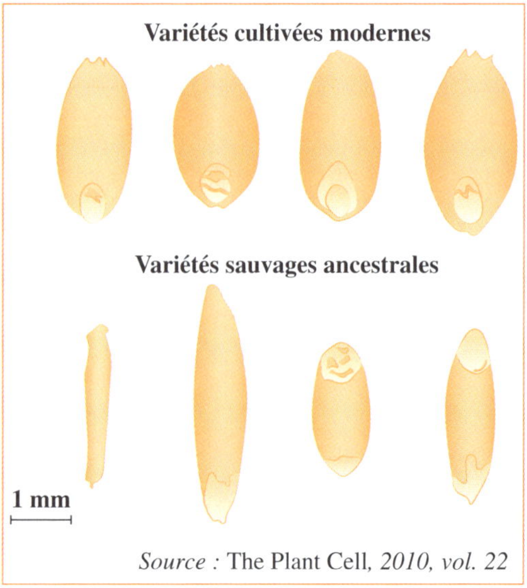

Source : The Plant Cell, *2010, vol. 22*

Document 3 : Battage du blé

En agriculture, la moisson correspond à la récolte de plantes à graines. Le battage est l'opération consistant à séparer les graines de l'épi ou de la tige (qui forme la paille).

3.a. : Techniques de moissonnage à la faucille et battage au fléau

© RK1979/Shutterstock

© Brigitte Marcon/Biosphoto

3.b. : Aujourd'hui, dans les pays industrialisés, ces deux gestes techniques sont réalisés par une machine : la moissonneuse-batteuse

© mihalec/Shutterstock

→ Corrigé p. 233

6 40 min ★★★ Origine génétique de la morphologie du maïs

Le maïs présente une unique tige, tandis que son ancêtre supposé, la téosinte, présente une ramification importante. Les chercheurs ont mis en évidence un gène impliqué dans le développement de la ramification chez le maïs et la téosinte : il s'agit de tb1 (pour *teosinte branched gene 1*). Le gène tb1 code pour une protéine qui régule l'expression de gènes de développement. L'expression de tb1 est elle-même régulée par l'expression d'autres gènes. Le gène tb1 présente différents allèles.

Proposer une hypothèse permettant d'expliquer les différences de ramification entre le maïs et la téosinte.

> **Conseil**
> Il s'agit ici de se demander si c'est une **mutation** du gène tb1, affectant la protéine qu'elle code, ou une **variation de son niveau d'expression**, qui explique les différences entre les phénotypes du maïs et de la téosinte.

Document 1 : Morphologie du maïs et de la téosinte

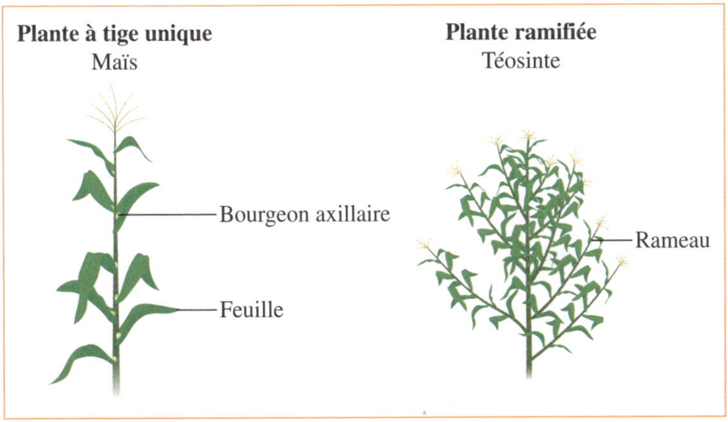

Document 2 : Comparaison des séquences d'acides aminés de la protéine TB1 entre différents individus de téosinte et de maïs

Les valeurs sont exprimées en % de ressemblances.

	Téosinte individu 1	Téosinte individu 2	Téosinte individu 3	Maïs individu 1	Maïs individu 2	Maïs individu 3	Maïs individu 4	Maïs individu 5
Téosinte individu 1	100	98,68	98,15	98,41	98,15	98,15	98,41	97,88
Téosinte individu 2		100	98,68	98,94	98,68	98,68	98,94	98,68
Téosinte individu 3			100	98,68	98,41	98,41	98,68	98,94
Maïs individu 1				100	99,21	99,21	98,94	99,21
Maïs individu 2					100	98,94	98,68	98,94
Maïs individu 3						100	98,68	98,94
Maïs individu 4							100	98,68
Maïs individu 5								100

Document 3 : Conditions d'expression du gène TB1

Des chercheurs ont dosé la quantité d'ARN messager issus de la transcription du gène tb1 chez le maïs et la téosinte au niveau des bourgeons axillaires, à partir desquels se développent les ramifications. Ils ont constaté que le gène tb1 était fortement exprimé chez le maïs alors qu'il était très faiblement exprimé chez la téosinte.

Source : acces.ens-lyon.fr, 2019

→ *Corrigé p. 233*

7 40 min ★★★ Capacité à digérer l'amidon chez les humains

Certaines populations humaines consomment régulièrement des aliments riches en amidon : en particulier les céréales et les tubercules (pomme de terre, manioc).

L'enzyme qui permet d'hydrolyser les molécules d'amidon au cours de la digestion est l'amylase. Deux organes produisent de l'amylase : les glandes salivaires et le pancréas.

L'amylase salivaire est une protéine codée par le gène AMY1, situé sur le chromosome 1 chez l'humain. Le chimpanzé en possède deux copies (une sur chaque chromosome homologue), tandis que le nombre de copies est variable chez l'humain. La quantité d'amylase salivaire est également très variable entre les individus et détermine la capacité et l'efficacité à digérer l'amidon, pour en utiliser le glucose, avant que les aliments n'aient terminé leur cheminement dans le tube digestif.

À l'aide des documents, montrer qu'un nombre important de copies du gène AMY1 a pu constituer un avantage sélectif au cours de l'évolution de certaines populations humaines.

Document 1 : Hydrolyse de l'amidon par l'amylase

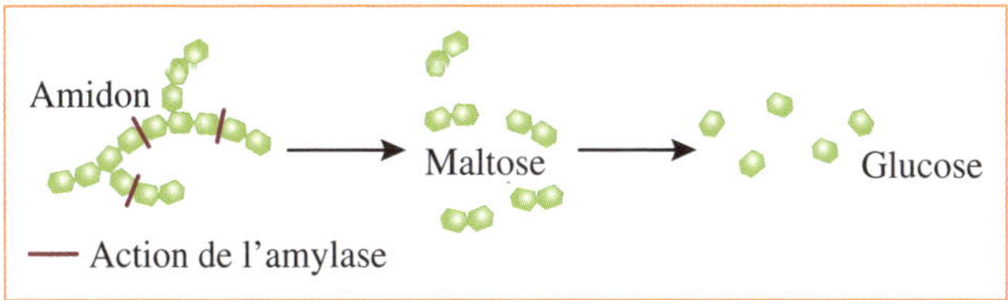

Le maltose est ensuite dégradé en glucose par une autre enzyme.

Document 2 : Relation entre le nombre de copies du gène AMY1 et la concentration d'amylase dans la salive

Étude réalisée sur un échantillon de 50 personnes américaines d'origine européenne.

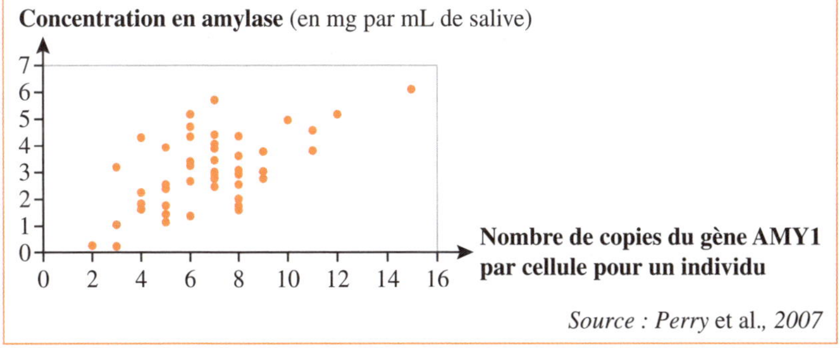

Chaque point représente un individu testé.

Document 3 : Comparaison du nombre de copies du gène AMY1 selon le régime alimentaire

L'étude porte sur des régimes plus ou moins riches en amidon, dans deux groupes de populations humaines réparties sur le globe. Les différences sont statistiquement significatives.

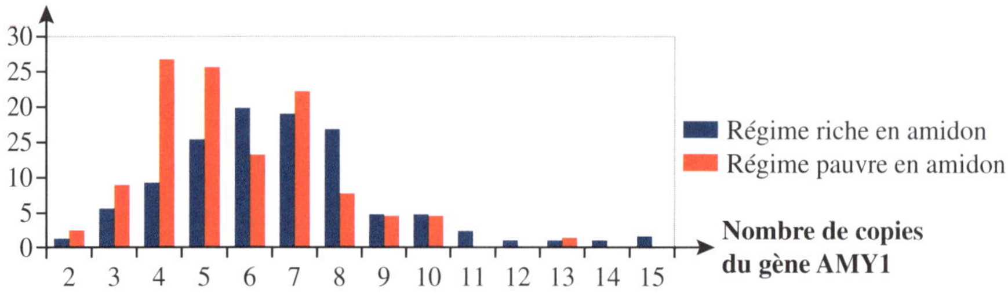

Source : November et al., *2007*

Localisation des groupes étudiés

Alimentation traditionnellement riche en amidon	Alimentation traditionnellement pauvre en amidon
les **Japonais**, les **Européens** et les **Hazda** (population de cueilleurs chasseurs de Tanzanie qui se nourrissent beaucoup de tubercules riches en amidon).	les **Biaka** et les **Mbuti** (deux populations de chasseurs-cueilleurs africains), une population pastorale africaine les **Datog**, et les **Yakut asiatiques**.

Document 4 : Corrélation entre le nombre de copies du gène AMY1 et l'IMC[1]

[1] *indice de masse corporelle*

Ce document de vulgarisation a été conçu à l'aide d'une publication scientifique dont les résultats étaient statistiquement significatifs. L'étude portait sur trois échantillons de personnes adultes non diabétiques, une anglaise et deux françaises.

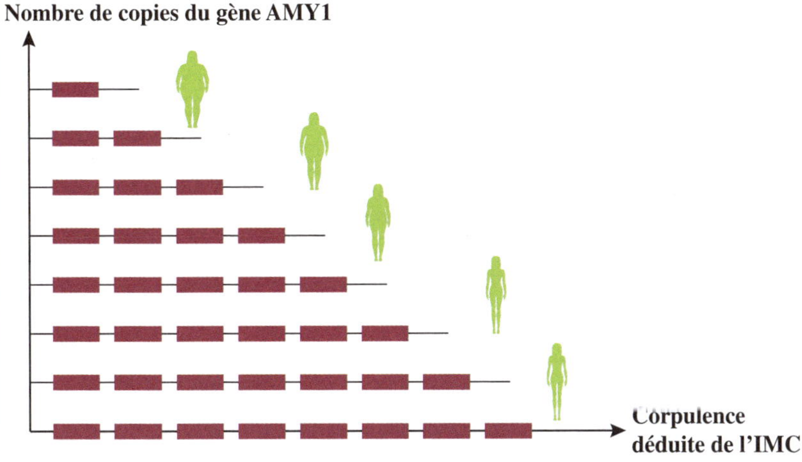

Source : Falchi et al., *2014*

L'IMC est un indicateur de la corpulence, égal au quotient de la masse (en kg) par le carré de la taille (en m).

Document 5 : Impact de l'obésité sur la santé

L'obésité correspond à un excès de masse grasse, entraînant des inconvénients pour la santé et pouvant réduire l'espérance de vie. En effet, l'obésité entraîne fréquemment des complications, en particulier le diabète de type 2 (44 % des cas imputables au surpoids/obésité), les maladies cardiaques (23 % des cas imputables) et les cancers (entre 7 % et 41 % des cas imputables au surpoids/obésité selon les localisations), entraînant le décès d'au moins 2,8 millions de personnes chaque année. Ainsi, le surpoids et l'obésité sont reconnus comme la cinquième cause de mortalité par l'OMS (Organisation mondiale de la santé). La prévalence (nombre de cas) de l'obésité a presque triplé entre 1975 et 2016.

Source : INSERM

→ *Corrigé p. 234*

CORRIGÉS

1 → Énoncé p. 224

Les affirmations exactes sont a) et b).

2 → Énoncé p. 224

Les affirmations exactes sont b) et c).

3 → Énoncé p. 224

Premièrement, au cours de la réduction de la diversité génétique ayant accompagné la domestication, les espèces végétales peuvent avoir perdu des mécanismes de défenses naturels contre des pathogènes ou des ravageurs.

Deuxièmement, l'uniformité génétique au sein d'une variété végétale ne permet pas aux populations d'évoluer selon les changements environnementaux. En effet, la sélection naturelle d'individus avantagés dans un milieu donné ne peut s'exercer que s'il existe une diversité allélique.

En conclusion, la réduction de la diversité génétique fragilise bien les espèces végétales cultivées.

4 → Énoncé p. 224

Conseil

Dans un schéma présentant une série de processus découlant les uns des autres, **penser à numéroter les différentes étapes** pour faciliter la lecture.

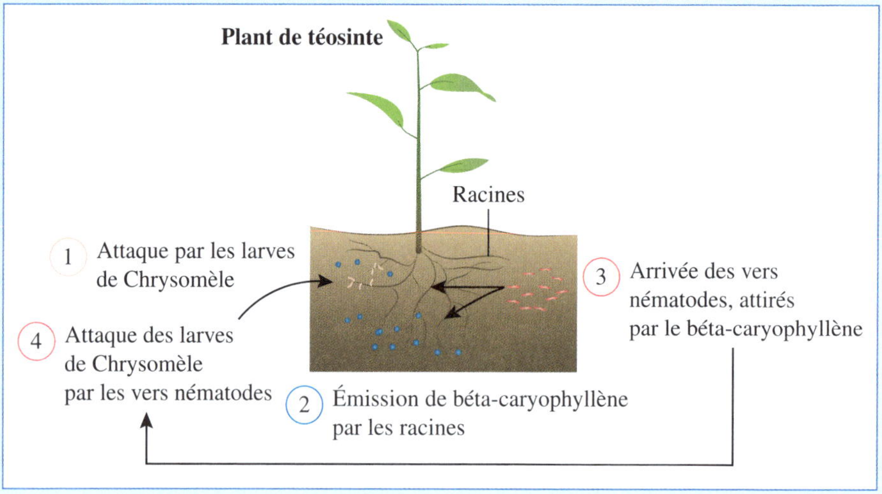

Schéma de la réaction de défense de la téosinte suite à une attaque par des larves de chrysomèle au niveau racinaire

5 → Énoncé p. 225

Méthode

Une bonne manière de présenter une **comparaison** est de la réaliser sous la forme d'un **tableau**.

Comparaison des blés modernes et ancestraux : caractères liés au « syndrome de domestication » et leurs avantages

	Blés ancestraux	Blés modernes	
		Caractères liés au « syndrome de domestication »	Avantages
Séparation des épillets contenant les grains	Les épillets se détachent spontanément de l'épi à maturité : ils tombent au sol.	Les épillets restent fixés et ne se séparent qu'au moment du battage.	→ Les grains ne s'éparpillent pas au sol, la récolte est facilitée et les pertes sont limitées.
Taille des grains	Grains de plus petite taille	Grains de plus grande taille	→ Meilleur rendement
Enveloppe des grains	Enveloppe adhérente	Enveloppe qui se détache facilement	→ Facilite la fabrication de farine

6 → Énoncé p. 227

Le maïs et son ancêtre supposé, la téosinte, ont un phénotype différent : le maïs possède une tige unique, tandis que la téosinte présente des ramifications. Les ramifications se forment lors du développement, à partir des bourgeons axillaires. Le gène tb1 a été mis en évidence pour son implication dans le développement de la ramification.

Deux hypothèses expliqueraient les différences phénotypiques entre le maïs et la téosinte :

– les deux espèces pourraient posséder des allèles différents du gène tb1 et ainsi exprimer des protéines différentes ;

– le niveau d'expression du gène tb1 pourrait être différent chez les deux espèces.

La comparaison des séquences d'acides aminés de la protéine issue de l'expression du gène tb1, chez différents individus de téosinte et de maïs, montre que les ressemblances entre les séquences sont comprises entre 97,88 % et 99,21 %, ce qui révèle que les protéines sont très similaires. De plus, certains individus d'espèces différentes présentent plus de ressemblances entre eux, qu'avec certains individus de la même espèce.

Exemple :

– téosinte individu 2 / maïs individu 4 : 98,94 % ;

– téosinte individu 1 / téosinte individu 3 : 98,15 % ;

– maïs individu 2 / maïs individu 4 : 98,68 %.

Les différences observées entre les séquences protéiques issues de l'expression du gène tb1 ne semblent pas pouvoir expliquer les différences phénotypiques entre le maïs et la téosinte.

La quantité d'ARN messager dans un organe révèle le niveau d'expression du gène concerné. Le dosage de la quantité d'ARNm, issus de l'expression du gène tb1 au niveau des bourgeons axillaires, montre que le gène tb1 est fortement exprimé chez le maïs alors qu'il est très faiblement exprimé chez la téosinte. Ainsi, l'expression du gène tb1 dans les bourgeons axillaires semble inhiber le développement des ramifications et expliquer la différence de morphologie entre le maïs et la téosinte.

7 → *Énoncé p. 229*

Le gène AMY1 code pour l'amylase salivaire, une enzyme digestive permettant d'hydrolyser l'amidon en maltose, qui sera lui-même dégradé en glucose. L'amylase permet donc de digérer l'amidon pour en tirer du glucose, molécule utile pour les cellules afin de produire de l'énergie.

> **Remarque**
> Cet exercice nécessite de faire des liens entre **les chapitres 3** et **10**.

- Si l'on évalue chez différents individus à la fois la quantité d'amylase contenue dans la salive (entre 0,2 et 6 mg·mL^{-1}) et le nombre de copies du gène AMY1 (entre 2 et 15), on constate que ces deux variables sont corrélées : plus le nombre de copies du gène AMY1 est élevé, plus la concentration d'amylase salivaire est élevée.

  Cependant, on constate qu'il existe des variations de la concentration d'amylase salivaire pour différentes personnes ayant le même nombre de copies du gène. Ceci suggère l'intervention d'autres mécanismes éventuellement en lien avec l'expression génétique.

  Or, la quantité d'amylase conditionne la capacité à digérer efficacement l'amidon : les personnes possédant un plus grand nombre de copies du gène AMY1 seraient donc avantagées en ce qui concerne la digestion de l'amidon.

- Une étude a été menée sur plusieurs groupes humains, dont le régime alimentaire est traditionnellement soit riche, soit pauvre en amidon. Les résultats de cette étude permettent d'établir un lien entre le régime alimentaire plus ou moins riche en amidon et le nombre de copies du gène AMY1.

– Dans le groupe à régime traditionnellement riche en amidon, seuls 30 % des individus possèdent moins de 6 copies du gène AMY1. 70 % des personnes issues de ces populations ont donc entre 6 et 15 copies du gène AMY1, la majorité en possède entre 6 et 8.

– Dans le groupe à régime traditionnellement pauvre en amidon, au contraire, la plus grande partie des individus possède moins de 6 copies du gène AMY1, majoritairement 4 ou 5.

Ainsi, il existe un lien entre le régime alimentaire riche en amidon d'une population humaine et la possession d'un nombre important de copies du gène AMY1. Ceci suggère que le fait de présenter une forte concentration d'amylase salivaire, en lien avec un nombre important de copies du gène AMY1, ait pu constituer un avantage sélectif au cours de l'évolution des populations humaines.

- De plus, d'autres travaux réalisés chez des adultes non diabétiques ont montré un lien entre le nombre de copies du gène AMY1 dans le génome et l'indice de masse corporelle (IMC). Or, un IMC très élevé correspond à l'obésité, qui est un facteur de risque pour le développement de certaines maladies : en particulier le diabète et les maladies cardio-vasculaires, qui sont des causes de mortalité.

  Dans certaines populations humaines, selon le régime alimentaire et les conditions de vie, le fait de posséder un nombre important de copies du gène AMY1 pourrait ainsi constituer un avantage sélectif en contribuant à maintenir un IMC normal.

Pour conclure, la sélection naturelle a pu s'exercer sur les populations humaines et favoriser les individus possédant de nombreuses copies du gène AMY1 dans les cultures présentant un régime alimentaire riche en amidon. Cependant, le régime alimentaire des populations humaines varie au cours du temps. Actuellement une alimentation trop riche pourrait donc défavoriser les personnes ayant hérité d'un faible nombre de copies du gène AMY1, et peut-être expliquer l'augmentation des cas d'obésité dans le monde.

Remarque

Attention à ne pas surinterpréter de telles données. Le nombre de copies du gène AMY1 peut intervenir dans le déterminisme de l'obésité **sans en être l'unique cause**.

CHAPITRE 11 Comprendre les variations climatiques passées

Depuis 150 ans, le climat planétaire présente un réchauffement d'environ 1 °C. Celui-ci est corrélé à la perturbation du cycle du carbone par l'émission de gaz à effet de serre liée aux activités humaines.

> **Remarque**
> Ce chapitre fait appel aux connaissances de l'enseignement scientifique de Première et de Terminale.
> Se référer à l'**échelle internationale des temps géologiques** dans le chapitre 5 p. 118.

D'autres variations climatiques ont eu lieu au cours des temps géologiques : leur connaissance et leur compréhension permettent d'appréhender les enjeux climatiques actuels.

1 Variations climatiques récentes du Quaternaire

A. Indices sédimentaires

■ Des **moraines*** datées du Quaternaire (– 2,58 Ma à l'actuel) sont observées par exemple en France. Elles correspondent au relief formé par des amas de débris rocheux transportés par un glacier et témoignent d'un climat froid.

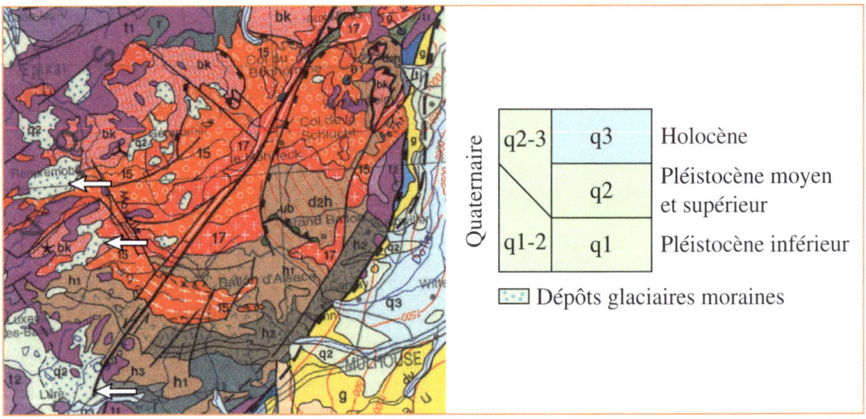

Figure 1 *Moraines quaternaires sur la carte géologique de France (1/10⁶)*

B. Indices isotopiques

■ Différents isotopes de l'oxygène existent dont notamment le ^{18}O et le ^{16}O (isotope majoritaire). Ils présentent une différence de comportement en raison de leur différence de masse, en fonction de la température : on parle de fractionnement isotopique.

> **Rappel**
> Deux **isotopes** d'un élément chimique ne diffèrent que par leur nombre de **neutrons.**

■ L'analyse des variations du rapport $^{18}O/^{16}O$, caractérisées par le $\delta^{18}O$ dans les carbonates des sédiments océaniques ou dans les glaces, renseigne sur les variations de température.

Variations du $\delta^{18}O$ dans les glaces et dans les carbonates

	Dans les glaces	**Dans les carbonates des sédiments océaniques**
Augmentation de la température	↗ $\delta^{18}O$	↘ $\delta^{18}O$
Diminution de la température	↘ $\delta^{18}O$	↗ $\delta^{18}O$

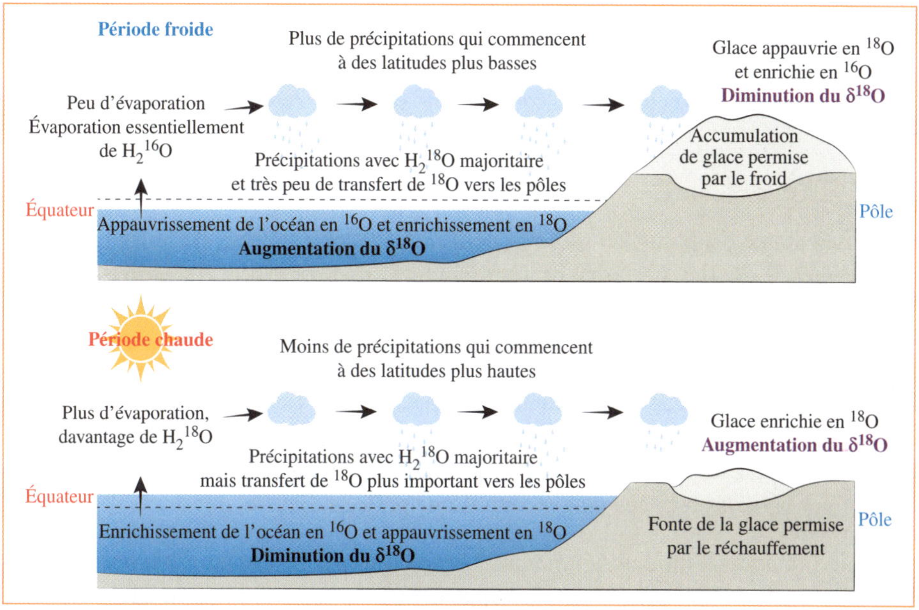

Figure 2 *Fractionnement isotopique de l'oxygène*

Remarque

L'**évaporation du ^{18}O** nécessite plus d'énergie (donc plus de chaleur) car il est « plus » lourd que l'^{16}O mais l'^{18}O « tombe » plus facilement lors des précipitations.

Définition

$$\delta^{18}O = \left[\frac{\left(\frac{^{18}O}{^{16}O}\right)_{\text{échantillon}} - \left(\frac{^{18}O}{^{16}O}\right)_{\text{référence}}}{\left(\frac{^{18}O}{^{16}O}\right)_{\text{référence}}}\right] \times 1000$$

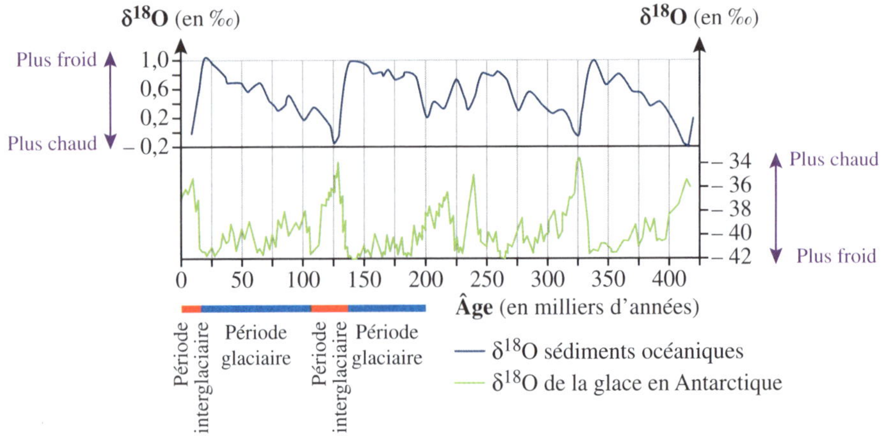

Figure 3 *Variations opposées du $\delta^{18}O$ dans les océans et la glace en Antarctique et interprétation*

C. Indices biologiques

■ Les végétaux peuplent les milieux continentaux en fonction de leurs exigences climatiques. Lors des périodes de reproduction, ils produisent du **pollen** (cas des Angiospermes et des pins) ou des **spores** (cas des mousses et fougères).

■ Pollens et spores peuvent être piégés et conservés dans des **tourbières** (dépressions humides dans lesquelles s'accumulent des restes de mousses à l'origine de la tourbe). Il est alors possible de construire des **diagrammes polliniques*** représentant l'abondance des pollens/spores de différentes espèces au cours du temps : il est alors possible de déterminer la ou les espèces majoritaires à une période donnée.

■ L'interprétation d'un diagramme pollinique en terme de climat nécessite l'utilisation du **principe d'actualisme*** : on suppose que les espèces passées ont les mêmes exigences écologiques que des espèces actuelles qui leur sont apparentées.

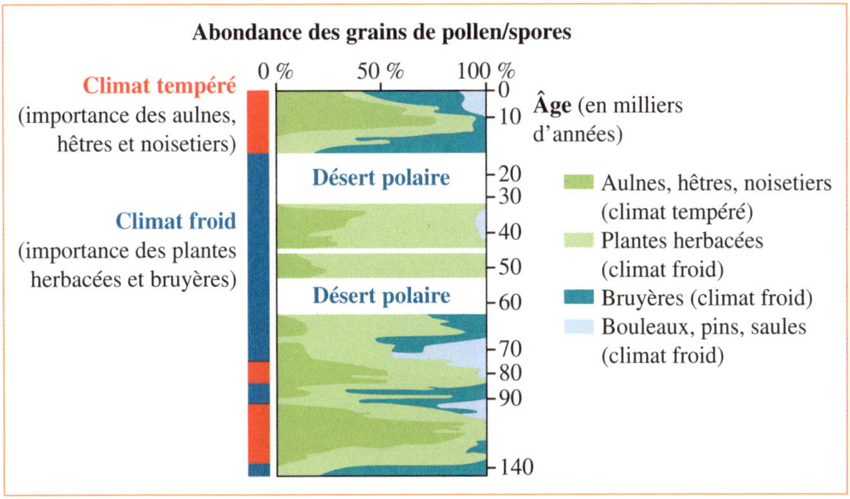

Figure 4 *Diagramme pollinique en Europe du Nord et interprétation*

D. Alternance de périodes glaciaires et interglaciaires

■ Les différents indices font apparaître une alternance de **périodes glaciaires*** (vaste extension des calottes glaciaires) et **interglaciaires*** (faible extension des calottes glaciaires) durant les 800 000 dernières années.

Ex. : La période s'étendant entre – 120 000 et – 11 000 ans est une période glaciaire, c'est-à-dire d'une période de temps où la baisse planétaire des températures conduit à une vaste extension des calottes glaciaires tandis que la période qui s'étend de – 11 000 à l'époque actuelle est une période interglaciaire.

2 Origine des variations climatiques

■ La quantité d'énergie solaire reçue par la Terre dépend de trois paramètres orbitaux nommés **paramètres de Milanković*** :
– l'**excentricité** : mesure de la différence entre l'ellipse de l'orbite de la Terre et un cercle ;
– l'**obliquité** : angle entre l'axe de rotation de la Terre et le plan de l'orbite terrestre ;
– la **précession des équinoxes** : mouvement très lent de rotation de l'axe de la Terre, elle-même en rotation.

■ Ces paramètres varient selon des cycles, nommés cycles de Milanković, avec chacun leur propre périodicité.

■ Les variations de température déterminés grâce aux rapports isotopiques montrent des variations cycliques coïncidant avec des **variations périodiques des paramètres orbitaux de la Terre**.

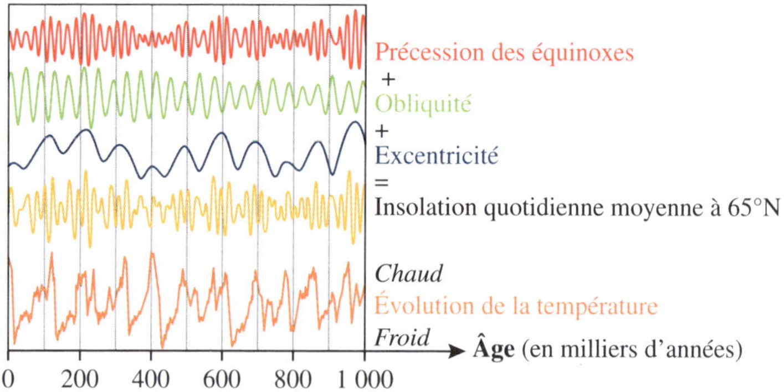

Figure 5 *Variation de la température et variations des paramètres orbitaux sur 1 million d'années*

■ Ces variations ont modifié la puissance solaire reçue et ont été accompagnées de boucles de **rétroactions*** positives et négatives (variation de l'**albédo*** en fonction des surfaces glacées, variation de solubilité du CO_2 dans les océans en fonction de la température) : la combinaison de ces phénomènes est à l'origine des entrées et des sorties de glaciation.

> **Remarque**
> Le CO_2 est d'autant plus soluble dans l'eau que la température de cette dernière est faible.

3 Refroidissement global depuis 30 millions d'années

■ Globalement, à l'échelle du Cénozoïque, et depuis 30 millions d'années, les indices isotopiques des sédiments marins montrent une tendance générale à la baisse de la température moyenne du globe.

■ Ce refroidissement s'explique en partie par une baisse de la concentration atmosphérique de CO_2 en relation avec l'altération des matériaux continentaux, notamment à la suite des **orogénèses*** du Cénozoïque (formation des Alpes et de l'Himalaya notamment).

Ex. : L'altération des feldspaths plagioclases (un des minéraux composant le granite) nécessite plus de CO_2 qu'elle n'en produit.

Le transport et le dépôt des produits de l'altération des matériaux continentaux conduit donc à un stockage de CO_2 sous forme de carbonates dans les océans. Or, le CO_2 est un gaz à **effet de serre***. Cela contribue à diminuer l'effet de serre et donc la température.

Altération d'un feldspath plagioclase

$CaAl_2Si_2O_8$ (feldspath plagioclase) + 2 CO_2 + 3 H_2O

↓

Ca^{2+} + 2 HCO_3^- + $Si_2O_5Al_2(OH)_4$ (argile)

(transport des produits de l'altération dans les océans)

Précipitation des carbonates dans les océans

$Ca^{2+} + 2\ HCO_3^- \rightarrow CaCO_3$ (calcaire) + CO_2 + H_2O

Bilan net

1 CO_2 stocké

Figure 6 *Altération de la croûte continentale et stockage de* CO_2

■ De plus, la variation de la position des continents par la tectonique des plaques a modifié la circulation océanique favorisant la mise en place du refroidissement.

Ex. : Vers 34 Ma, l'Antarctique n'est plus relié à l'Amérique du Sud : un courant autour de l'Antarctique se met en place et ce continent n'est alors plus réchauffé par les eaux chaudes venant de l'équateur. Ceci contribue à la mise en glace de l'Antactique.

4 Une période chaude au Crétacé

■ Au Mésozoïque, pendant le Crétacé (– 135 à – 65 Ma), les indices sédimentaires et paléontologiques montrent une tendance à une hausse de température.

Ex. : On observe des évaporites (roches sédimentaires se formant par évaporation) et des fossiles crocodiliens jusqu'à 60° de latitude Nord (latitude actuelle de Stockholm).

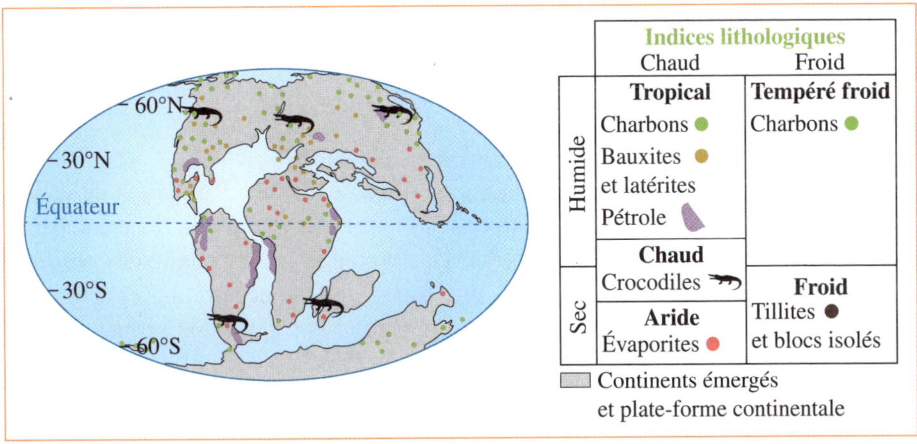

Figure 7 *Carte des indices climatiques au Crétacé*

■ Au cours du Crétacé, l'activité des dorsales augmente : il y a alors une forte production de magma au niveau des dorsales entraînant une forte augmentation des émissions de CO_2. Autrement dit, la géodynamique terrestre interne semble principalement responsable de cette augmentation de température.

5 Une glaciation au Carbonifère-Permien

■ Au Paléozoïque, des indices paléontologiques et sédimentaires, corrélés à l'échelle planétaire et tenant compte de la tectonique des plaques (la position actuelle des continents n'est pas la même que celle au Paléozoïque), révèlent une importante glaciation au Carbonifère-Permien (aux alentours de – 300 Ma).

Ex. : On observe des tillites jusqu'à environ 30° de latitude sud (latitude actuelle de Johannesburg, Afrique du Sud). Les tillites sont des roches formées par l'accumulation et la compaction des produits de l'érosion glaciaire des continents, au niveau des moraines.

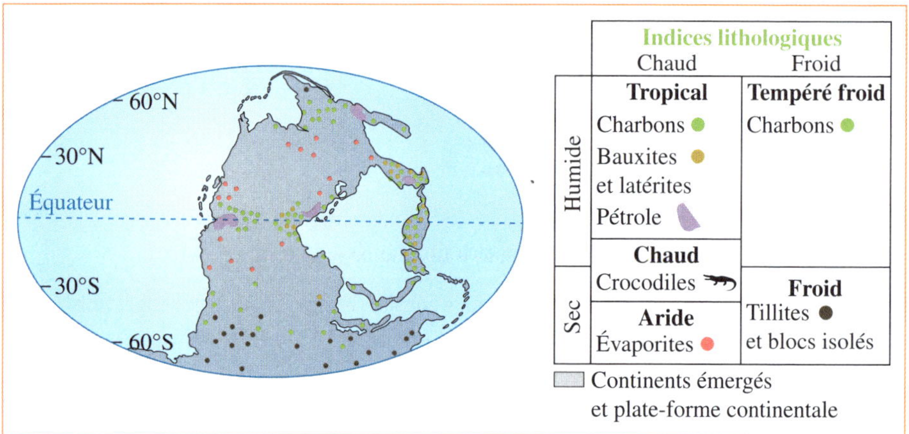

Figure 8 *Carte des indices climatiques au Carbonifère-Permien*

■ Au début du Carbonifère, le climat global est chaud (par rapport à l'actuel) et il y a une séquestration massive de carbone sous forme de charbon (formation de grands gisements carbonés). De plus, l'altération de la chaîne hercynienne entraîne une baisse de la quantité de CO_2 (voir *figure 6*). À cela, s'ajoute la faible activité des dorsales. L'ensemble de ces éléments conduit à une baisse de la concentration en CO_2 dans l'atmosphère et donc à une baisse de la température : une glaciation se met alors en place à la limite Carbonifère-Permien.

LA COMPRÉHENSION DES VARIATIONS CLIMATIQUES DU PASSÉ

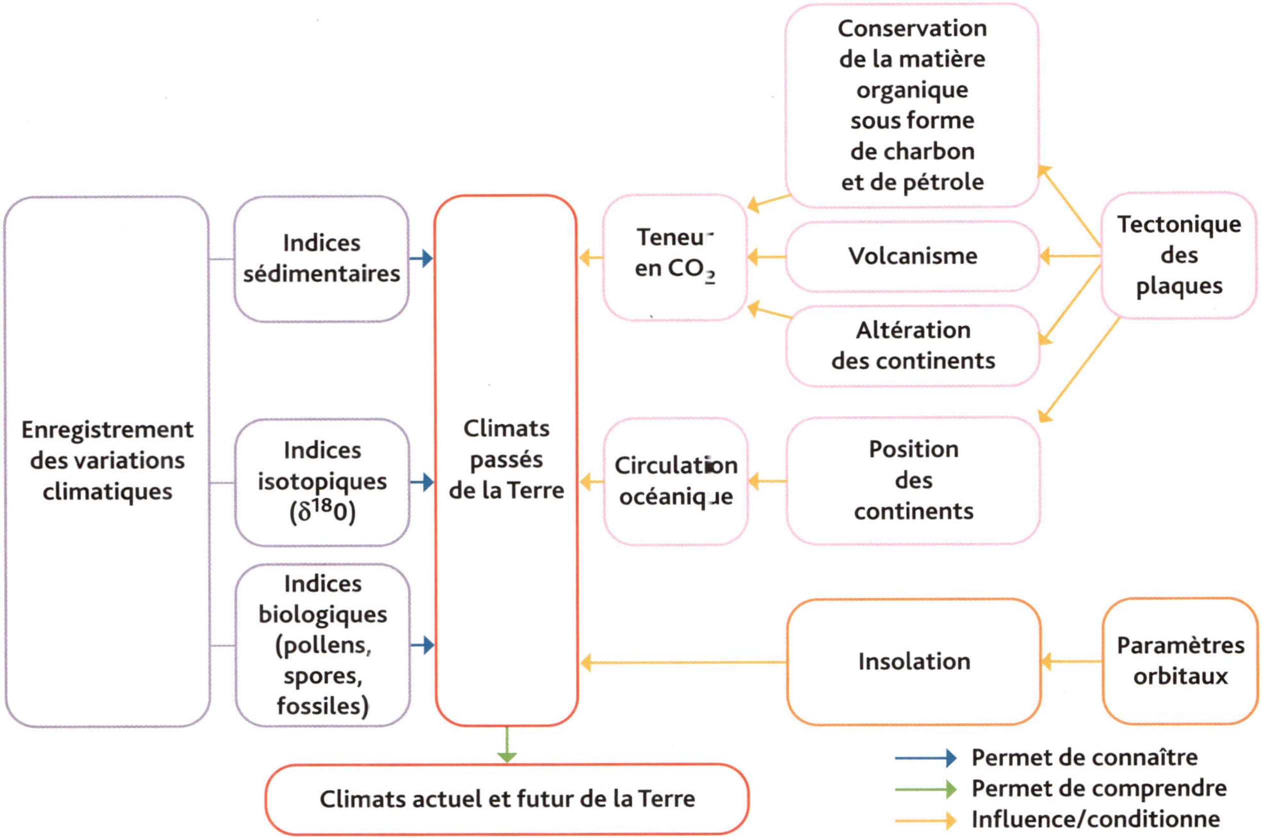

CARTE MENTALE

EXERCICES

Connaître le cours

1 2 min ★ Vrai ou faux ?

Relever la (ou les) affirmation(s) exacte(s).

Le Carbonifère-Permien est une période froide car :

a) l'activité des dorsales est importante.

b) l'activité des dorsales est faible.

c) il y a une séquestration massive de carbone sous forme de charbon.

d) l'altération de la chaîne hercynienne est faible.

→ Corrigé p. 251

2 2 min ★ Vrai ou faux ?

Relever la (ou les) affirmation(s) exacte(s).

Lorsque la température augmente, le $\delta^{18}O$ dans les glaces :

a) augmente et le $\delta^{18}O$ dans les carbonates des sédiments océaniques augmente.

b) diminue et le $\delta^{18}O$ dans les carbonates des sédiments océaniques diminue.

c) diminue et le $\delta^{18}O$ dans les carbonates des sédiments océaniques augmente.

d) augmente et le $\delta^{18}O$ dans les carbonates des sédiments océaniques diminue.

→ Corrigé p. 251

3 10 min ★ Restitution de connaissances

Expliquer pourquoi l'altération des orogènes conduit à une baisse de la température.

→ Corrigé p. 251

4 10 min ★★ Schématiser le cours

Schématiser le fractionnement isotopique de l'oxygène lors d'une période froide et indiquer le $\delta^{18}O$ résultant de ce phénomène dans l'océan et dans les glaces.

→ Corrigé p. 251

S'entraîner

5 20 min ★★ Conséquences de la formation de l'Himalaya

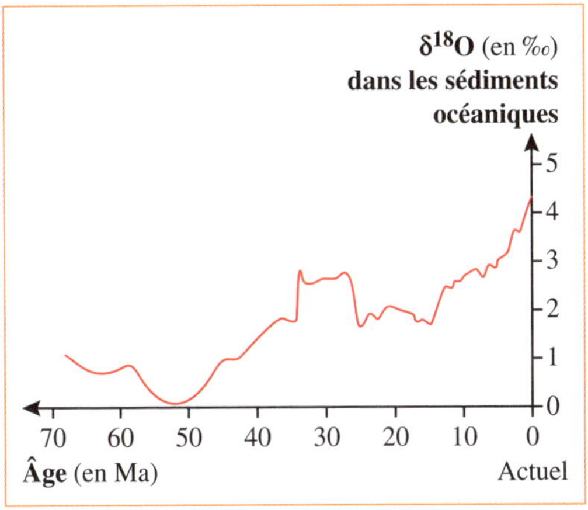

Figure 1 *Évolution du $\delta^{18}O$ dans les sédiments océaniques depuis 70 Ma*

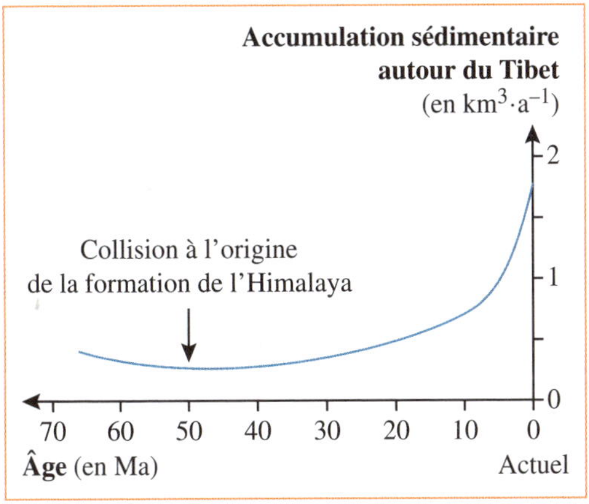

Figure 2 *Évolution de l'accumulation sédimentaire autour du Tibet depuis 70 Ma*

1. À l'aide de la figure 1, déterminer l'évolution de la température terrestre depuis 50 Ma.

2. À l'aide de la figure 2 et des connaissances, expliquer l'observation faite à la question 1.

→ Corrigé p. 251

6 30 min ★★ Variation climatique entre – 130 000 et – 120 000 ans

Les derniers 800 000 ans sont marqués par des variations climatiques importantes où alternent périodes glaciaires et périodes interglaciaires.

À partir de l'exploitation des indices de terrain proposés mis en relation avec vos connaissances, déterminer le sens de variation du climat et son origine pendant la période étudiée.

Document 1 : Évolution de la composition en CO_2 et CH_4 depuis 400 000 ans

Les mesures ont été réalisées dans les glaces antarctiques.

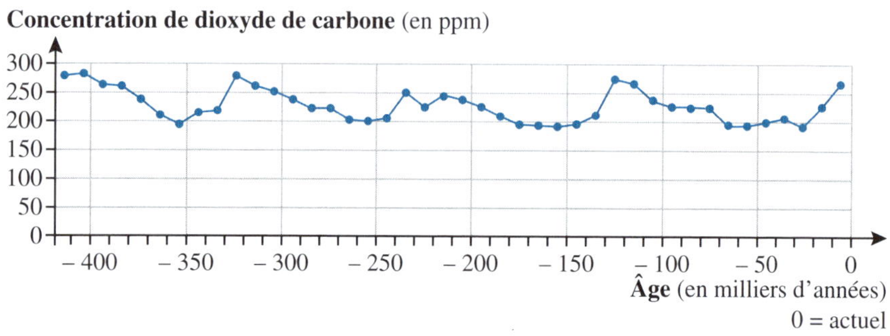

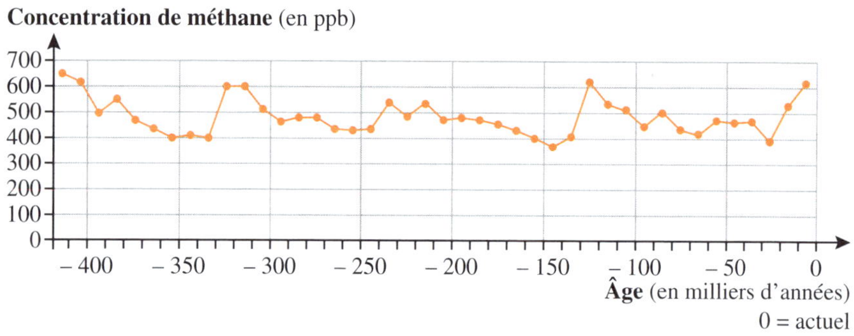

Source : CDIAC, 2003

Document 2 : Extension des glaciers des Alpes

2.a. : Extension des glaciers de – 180 000 à – 140 000 ans

2.b. : Extension actuelle des glaciers

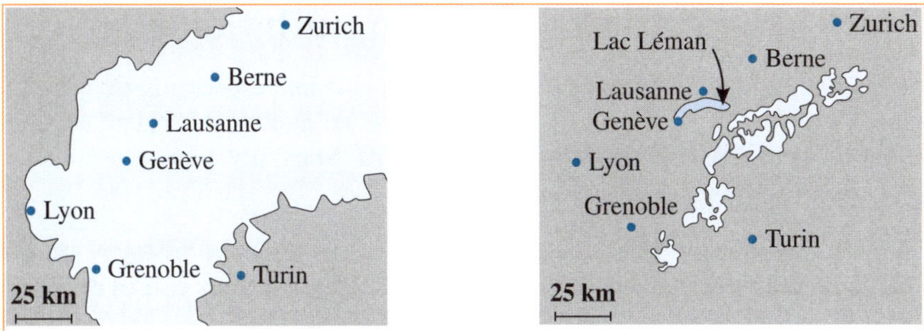

• Positionnement actuel des villes ▭ Glacier

Source : Coutterand, 2010

L'extension des glaciers des Alpes au cours de la période allant de – 130 000 à – 120 000 ans est semblable à l'actuelle.

Document 3 : Évolution du $\delta^{18}O$ des coquilles de mollusques marins fossiles trouvés dans la grotte du Lazaret (Nice)

Le $\delta^{18}O$ dans les coquilles de mollusques marins diminue quand la température augmente.

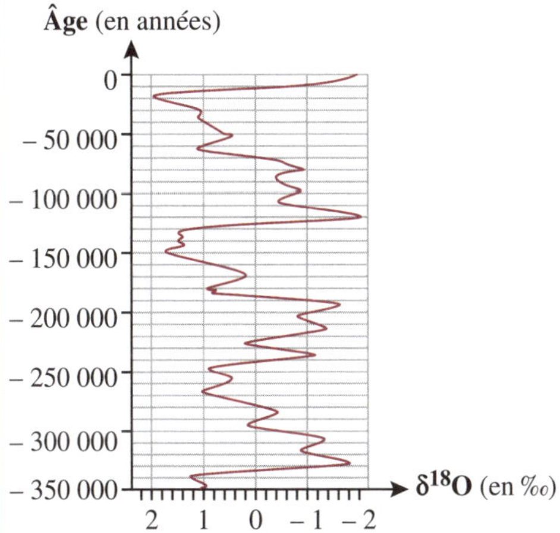

Source : P. Valensi et al.*, 2007*

→ Corrigé p. 251

SUJET DU BAC

Exercice 2 : Pratique du raisonnement scientifique 1 h 45 8 points

La disparition des mammouths laineux

Le mammouth laineux (*Mammuthus primigenius*) est une espèce fossile proche des éléphants actuels. Il y a quelques dizaines de milliers d'années, il occupait encore une large partie de l'Eurasie et de l'Amérique du Nord. Mais, il y a environ 10 000 ans, presque toutes ses populations ont disparu.

À l'aide de l'exploitation des documents proposés et des connaissances, montrer que la disparition des mammouths laineux pourrait avoir deux causes différentes.

Document 1 : Variation de l'insolation à 60° de latitude nord durant les derniers 45 000 ans

L'insolation correspond à la quantité d'énergie solaire reçue par mètre carré de surface terrestre (en $W \cdot m^{-2}$). Elle dépend largement des paramètres astronomiques de la planète.

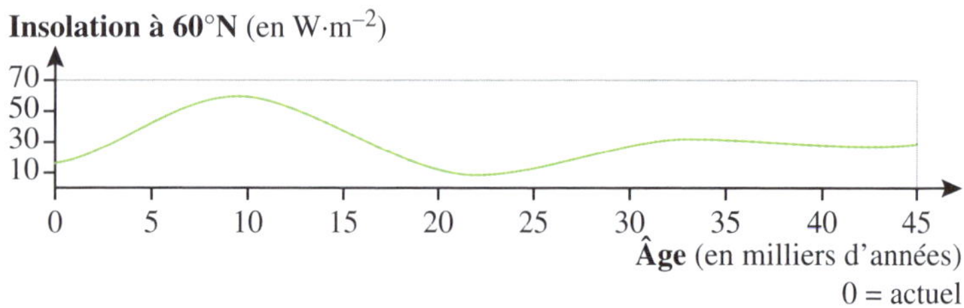

Source : MacDonald et al., *2012*

Document 2 : Informations déduites de la composition isotopique des glaces

2.a. : Relation entre le $\delta^{18}O$ de la glace du Groënland et la température moyenne de l'air dans cette région

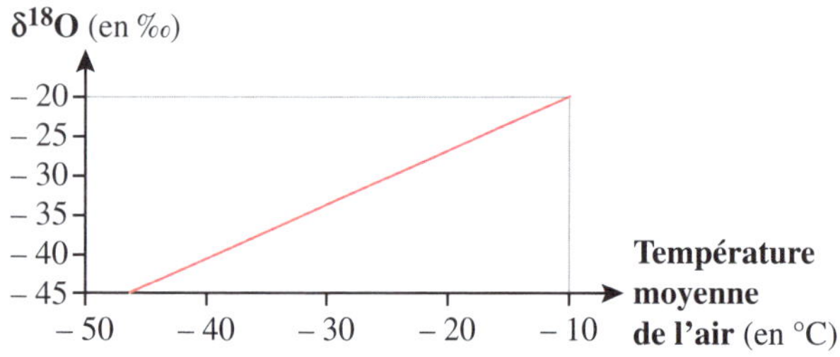

Source : Jouzel et al., *1994*

2.b. : Variation du $\delta^{18}O$ dans une carotte de glace du Groënland durant les derniers 45 000 ans

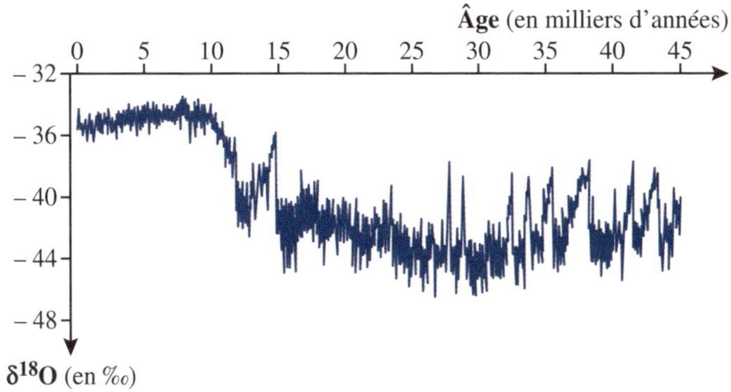

Document 3 : Variation de la teneur en spores de végétaux du genre *Sphagnum* dans une tourbière d'Alaska

Les végétaux du genre *Sphagnum*, caractéristiques des tourbières, présentent la particularité de résister à des températures extrêmement faibles (jusqu'à – 50 °C). Toutefois, ils sont plus abondants lors des périodes chaudes. Pour leur reproduction, les *Sphagnum* produisent des spores.

Selon les paléontologues l'expansion des tourbières en Alaska se faisait, dans le passé, au détriment des plantes dont se nourrissaient les mammouths. Autrement dit, plus les tourbières occupaient d'espaces et moins les mammouths disposaient de nourriture.

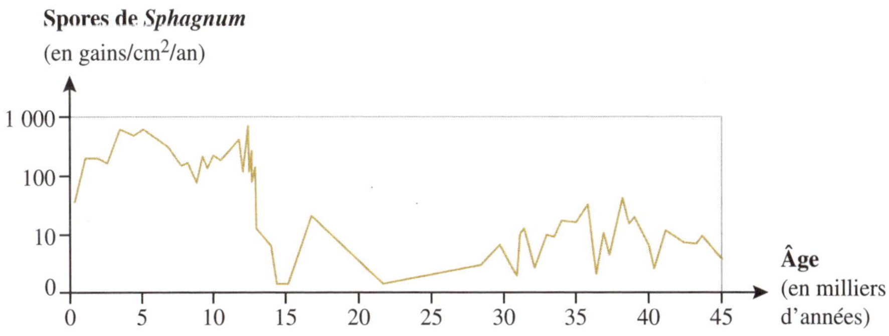

Source : MacDonald et al., *2012*

Document 4 : Territoires occupés par les mammouths laineux et par les êtres humains préhistoriques à différentes périodes

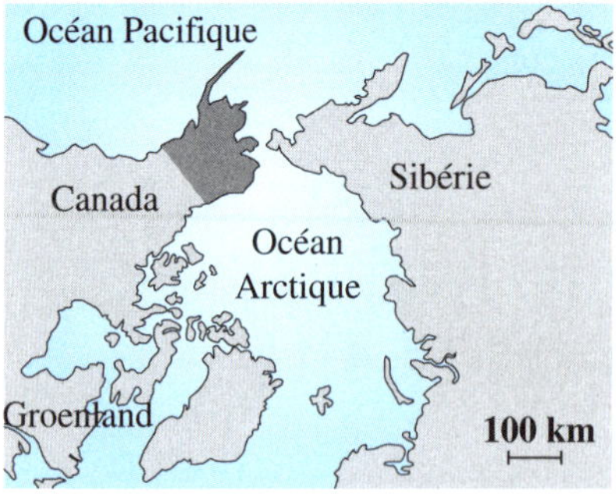

Alaska
60° de latitude nord

Les fouilles archéologiques ont révélé qu'entre – 40 000 et – 10 000 ans, les populations humaines de ces régions chassaient le mammouth laineux.

- Fossiles de mammouths
- Site occupé par des êtres humains préhistoriques

Entre – 40 000 et – 35 000 ans

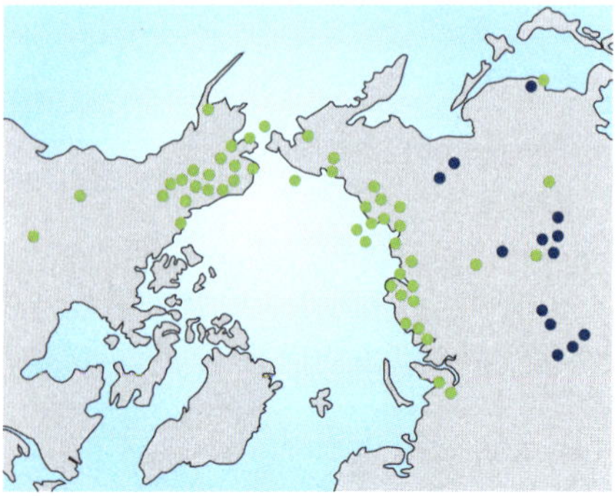

Entre –17 500 et – 15 000 ans

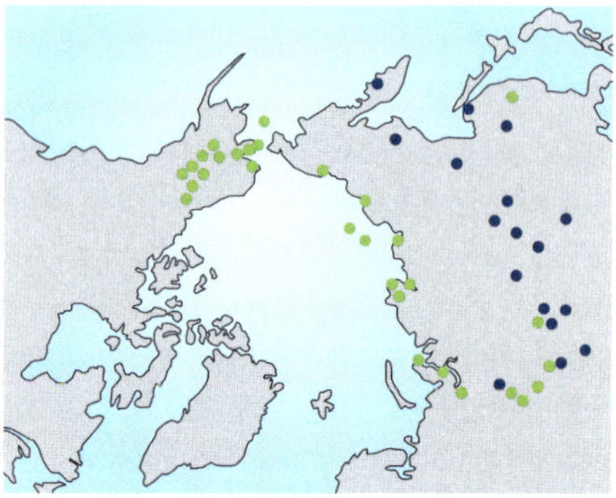

Entre – 15 000 et – 12 500 ans

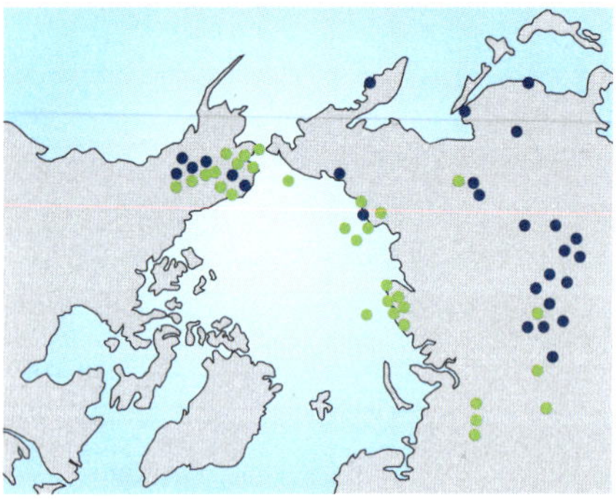

Entre – 12 500 et – 10 000 ans

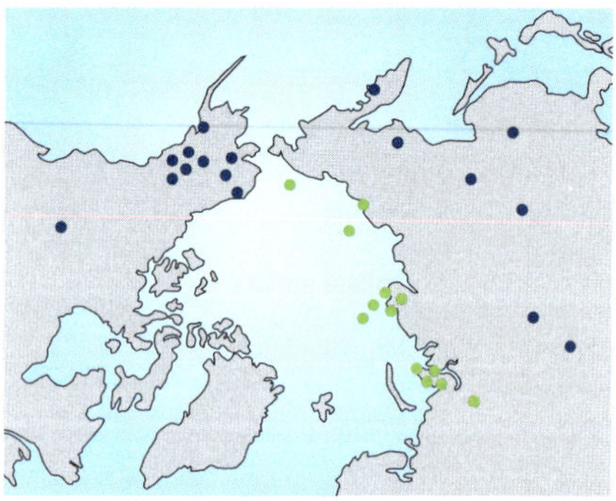

Source : MacDonald et al., *2012*

→ Corrigé p. 253

CORRIGÉS

1 → Énoncé p. 244

Les affirmations exactes sont b) et c).

2 → Énoncé p. 244

L'affirmation exacte est d).

3 → Énoncé p. 244

L'altération des orogènes et la précipitation des produits de cette altération sous forme de carbonates nécessitent plus de CO_2 qu'il n'en est libéré : cela conduit donc à un stockage de CO_2 sous forme de carbonates dans les océans. Or, le CO_2 est un gaz à effet de serre. Donc ce phénomène contribue à diminuer l'effet de serre et donc la température. C'est la raison pour laquelle l'altération des orogènes conduit à une baisse de la température.

4 → Énoncé p. 244

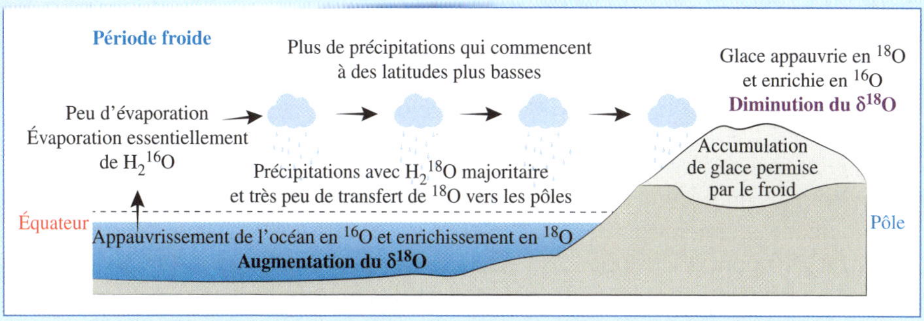

Le fractionnement isotopique de l'oxygène lors d'une période froide

5 → Énoncé p. 245

1. On observe, entre 50 Ma et l'actuel, une augmentation du $\delta^{18}O$ dans les sédiments océaniques passant de presque 0 à environ 4,5 ‰

Or, on sait qu'une diminution de la température se traduit par une augmentation du $\delta^{18}O$ dans les sédiments océaniques.

On en déduit donc une diminution de la température terrestre depuis 50 Ma.

> **Remarque**
>
> Lors d'une étude des variations climatiques avec le $\delta^{18}O$, il faut toujours préciser **où ont été mesurées les valeurs** (glaces ou carbonates) ainsi que la **signification du sens de variation du $\delta^{18}O$** d'un point de vue de la température.

2. On observe à partir de 50 Ma une augmentation de l'accumulation sédimentaire autour du Tibet passant d'environ 0,25 $km^3 \cdot a^{-1}$ il y a 50 Ma, à environ 1,75 $km^3 \cdot a^{-1}$ de nos jours : l'accumulation sédimentaire a été multipliée par 7.

Or, on sait que l'Himalaya s'est formée il y a environ 50 Ma et que la chaîne de montagnes est soumise à l'altération contribuant à la formation de sédiments. De plus, cette altération nécessite plus de CO_2 qu'il n'en est libéré.

On en déduit donc que l'altération de l'Himalaya ne fait que s'intensifier, renforçant le stockage de CO_2. Or, le CO_2 est un gaz à effet de serre. Donc cela contribue à diminuer l'effet de serre. C'est la raison pour laquelle une baisse de la température est observée depuis 50 Ma.

6 → *Énoncé p. 246*

• *Détermination du sens variation du climat*

Le document 3 montre qu'entre – 130 000 et – 120 000 ans, le $\delta^{18}O$ des coquilles de mollusques marins fossiles passe de – 1 à – 2 ‰. Or, une diminution du $\delta^{18}O$ dans les coquilles de mollusques marins indique que la température augmente. Ainsi, entre – 130 000 et – 120 000 ans la température augmente.

D'autre part, le document 4 montre que les glaciers des Alpes sont beaucoup moins étendus pour la période allant de – 130 000 à – 120 000 ans que de – 180 000 à – 140 000 ans. Cela indique donc qu'il y a une eu fonte des glaciers de – 130 000 à – 120 000 ans. Cette information va dans le même sens que les données du document 3 : entre – 130 000 et – 120 000 ans la température augmente.

• *Détermination de l'origine de cette variation*

Les graphiques du document 4 montrent que la concentration en dioxyde de carbone et en méthane augmente entre – 130 000 et – 120 000 ans, passant respectivement d'environ 210 ppm à 275 ppm et d'environ 400 ppm à 610 ppm. Or ces deux gaz sont des gaz à effet de serre : cela signifie qu'ils conduisent à une augmentation de la température. Ainsi, l'augmentation de température observée entre – 130 000 et – 120 000 ans peut être la conséquence d'une augmentation des gaz à effet de serre dans l'atmosphère terrestre.

SUJET DU BAC

Exercice 2 : Pratique du raisonnement scientifique

→ Énoncé p. 248

Il y a environ 10 000 ans, presque toutes les populations de mammouths laineux ont disparu. Les scientifiques pensent que leur disparition peut s'expliquer par deux causes différentes.
Quelles sont les deux causes de la disparition des mammouths laineux ?
Quels sont les arguments en faveur de ces deux causes ?

Conseil

Il ne faut pas vouloir impérativement **analyser les documents** dans l'ordre du sujet mais dans **l'ordre le plus pertinent pour la construction de la réponse.**

Méthode

La réponse doit être **structurée en paragraphes** et l'analyse doit s'appuyer sur des **valeurs chiffrées**.

I – Une disparition causée par un changement climatique

– Le document 2b montre une augmentation du $\delta^{18}O$ entre – 15 000 ans et – 10 000 ans : il passe de – 44 ‰ à – 36 ‰. Or le document 2a indique qu'une relation linéaire lie le $\delta^{18}O$ et la température de l'air : une augmentation du $\delta^{18}O$ correspond à une augmentation de la température de l'air. Dans ce cas précis, la température au niveau du Groënland passe de – 45 °C à – 32 °C environ entre – 15 000 ans et – 10 000 ans.

– Le document 1 montre une augmentation de l'insolation à 60°N entre – 22 000 ans et – 10 000 ans : de 10 $W{\cdot}m^{-2}$ à près de 60 $W{\cdot}m^{-2}$ environ. Cette augmentation de l'insolation est valable sur l'ensemble du globe (même si l'augmentation n'est pas de la même amplitude) et peut expliquer l'augmentation de la température constatée au Groënland entre – 15 000 ans et – 10 000 ans.

– Il y a ainsi une corrélation entre la disparition des mammouths laineux et l'augmentation de la température.

En quoi cette augmentation de température a-t-elle pu conduire à la disparition des mammouths ?

– Le document 3 montre que de – 15 000 ans à – 10 000 ans, le nombre de spores de *Sphagnum* est multiplié par 100. Une augmentation importante du nombre de spores peut laisser penser à une augmentation importante de la population de *Sphagnum.* Or l'expansion des tourbières constituées de *Sphagnum* en Alaska se fait au détriment des plantes dont se nourrissent les mammouths. Ainsi, les tourbières occupant plus d'espaces il y a – 10 000 ans qu'il y a – 15 000 ans, les mammouths disposaient de moins de nourriture.

– Par conséquent, l'augmentation des températures a conduit à la disparition des mammouths laineux car cette augmentation des températures a favorisé le développement des tourbières au détriment des végétaux dont se nourrissaient les mammouths : la raréfaction de la nourriture a provoqué leur disparition.

II – Une disparition causée par la chasse

Le document 4 précise les populations humaines préhistoriques chassaient le mammouth laineux entre – 40 000 ans et – 10 000 ans.

- Globalement, entre – 40 000 et – 15 000 ans, il y a peu de chevauchements entre les territoires occupés par les êtres humains et ceux occupés par les mammouths : la chasse ne devait pas être très importante.
- Entre – 15 000 et – 12 500 ans, de nombreux fossiles de mammouths sont retrouvés au niveau des sites occupés par des humains préhistoriques : ils ont dû chasser activement les mammouths conduisant à une réduction de la taille des populations.
- Entre – 12 500 et – 10 000 ans, moins de fossiles de mammouths sont retrouvés et ils sont localisés sur une aire plus restreinte qu'il y a – 40 000 ans : par exemple, il ne semble plus y avoir de mammouth en Alaska.

On peut alors penser que la chasse des mammouths laineux par les humains préhistoriques a pu conduire à leur disparition.

Pour conclure, il semble possible d'expliquer la disparition des mammouths laineux par deux causes différentes : une augmentation des températures conduisant à une raréfaction de leur nourriture et une chasse par les humains préhistoriques présents sur place. Il ne faut pas nécessairement chercher à trancher : la disparition des mammouths laineux est probablement le résultat de la combinaison de ces deux causes.

Méthode

La **conclusion** reprend les éléments forts qui permettent de répondre au problème posé.

Le réchauffement climatique

CHAPITRE 12

Le **réchauffement climatique***, ou **changement climatique***, désigne l'augmentation de la température moyenne de surface de notre planète à cause des activités humaines. On peut aussi parler de changement climatique car un réchauffement global peut se traduire par d'autres types de variations climatiques selon les endroits du globe. Le dernier rapport du GIEC (Groupe d'experts Intergouvernemental sur l'Évolution du Climat) en 2018 précise qu'entre 20 à 40 % de la population globale a connu un réchauffement de 1,5 °C au cours d'au moins une saison pour la période 2006-2015.

Un effort de recherche scientifique majeur est mené depuis quelques dizaines d'années pour élaborer un modèle robuste sur le changement climatique, ses causes et ses conséquences, et pour définir les actions qui peuvent être conduites pour y faire face.

> **Remarque**
> Ce chapitre fait écho au contenu de **l'Enseignement Scientifique de Terminale.**

1 Conséquences multiples du réchauffement climatique

A. Effets sur les milieux de vie

■ Le réchauffement climatique conduit à de nombreuses modifications des milieux de vie sur Terre : inondations plus fréquentes et importantes, sécheresses plus longues et intenses, fonte des glaces, montée du niveau marin, érosion littorale…

Ex. : À Soulac-sur-Mer (Gironde), l'augmentation du niveau marin conduit à une érosion littorale très importante : des habitations, autrefois à des dizaines de mètres du bord de mer, se retrouvent à présent au niveau de la ligne de côte et sont menacées par l'avancée de la mer.

© Google Earth

Figure 1 *Érosion littorale à Soulac-sur-Mer*

■ Les effets du réchauffement climatique sur les milieux de vie ont des conséquences directes et indirectes sur les populations humaines.

B. Effets directs sur les populations humaines

■ Le réchauffement climatique a des effets directs sur les populations, notamment en ce qui concerne les **effectifs des populations**, leur **état sanitaire** ainsi que leur **répartition**.

■ La hausse de la température terrestre et l'augmentation de la fréquence des **vagues de chaleur** entraînent une **surmortalité** dans toutes les populations humaines. À partir des données actuelles sur la surmortalité liée aux vagues de chaleur, des estimations selon différents scénarios ont pu être établies.

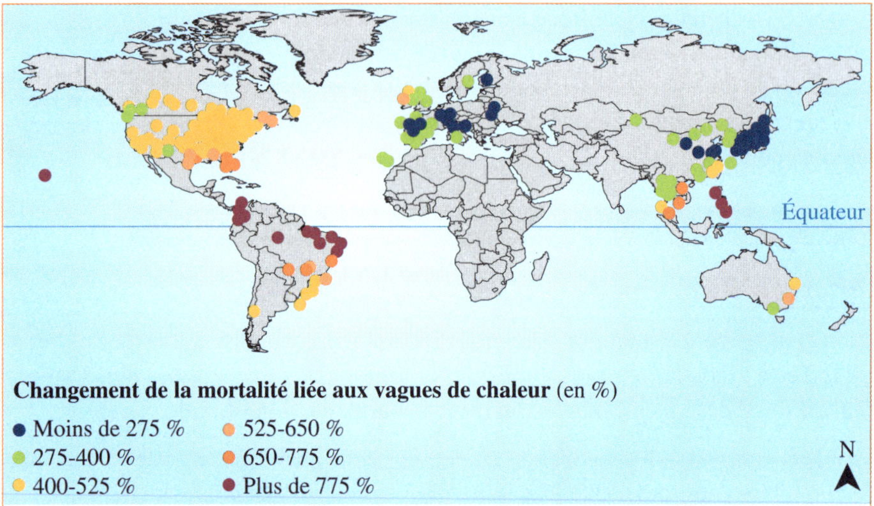

Source : Guo et al., *2018*

Figure 2 *Estimation de la surmortalité induite par des vagues de chaleur pour quelques populations pour la période 2031-2080*

Estimations faites dans le cadre du scénario où l'augmentation de la température est la plus importante (absence de stratégie d'atténuation) et sans mesure d'adaptation au changement climatique, et en comparaison avec la période 1971-2020.

■ Le changement climatique actuel conduit à une **modification des aires de répartition des vecteurs de maladies** (par exemple les moustiques dans le cas du paludisme) ainsi que des pathogènes eux-mêmes. Cela contribue donc à la propagation de maladies dans des zones où elles n'étaient autrefois par présentes.

■ Les conséquences du réchauffement climatique (inondations, sécheresses,…) contraignent certaines populations à quitter leur lieu d'habitation. Cela entraîne des **mouvements massifs de populations** (les « réfugiés climatiques ») et donc une modification de la répartition des populations humaines à la surface du globe.

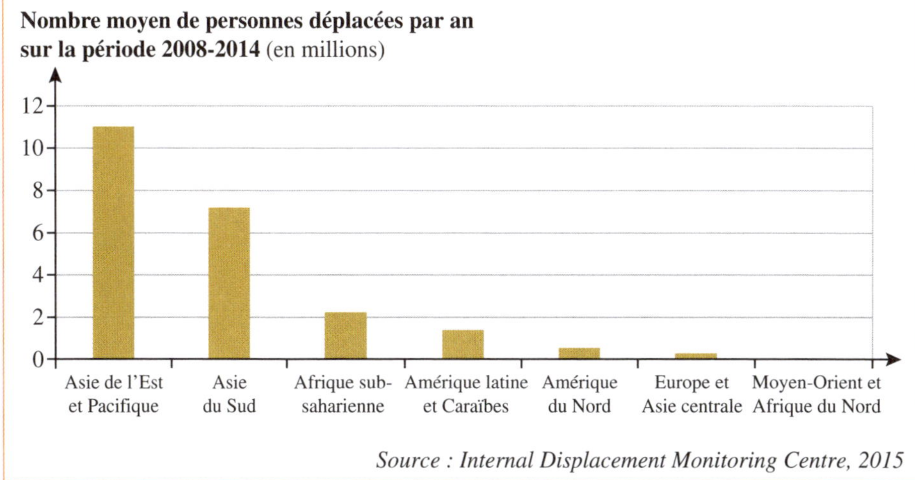

Figure 3 *Déplacement de populations lié au réchauffement climatique (estimations juin 2015)*

C. Effets indirects sur les populations humaines

■ Le réchauffement climatique perturbe le fonctionnement des écosystèmes et des agrosystèmes. Il en résulte une **atteinte à la biodiversité** : elle décroît fortement à cause de l'augmentation des températures. En effet, le caractère trop brutal de ces changements ne laisse pas le temps aux espèces de s'adapter.

■ L'humanité tire un grand bénéfice de fonctions assurées gratuitement par les écosystèmes : ce sont les **services écosystémiques***. Le réchauffement climatique impacte donc indirectement les populations humaines par la dégradation des écosystèmes dont elles sont dépendantes.

■ L'**augmentation de la concentration en CO_2** (par les activités humaines), responsable en partie du réchauffement climatique, favorise la production de biomasse par photosynthèse. Cependant, le fort impact du changement climatique sur les sols et les ressources en eau contribue à réduire la disponibilité en terres agricoles de qualité.

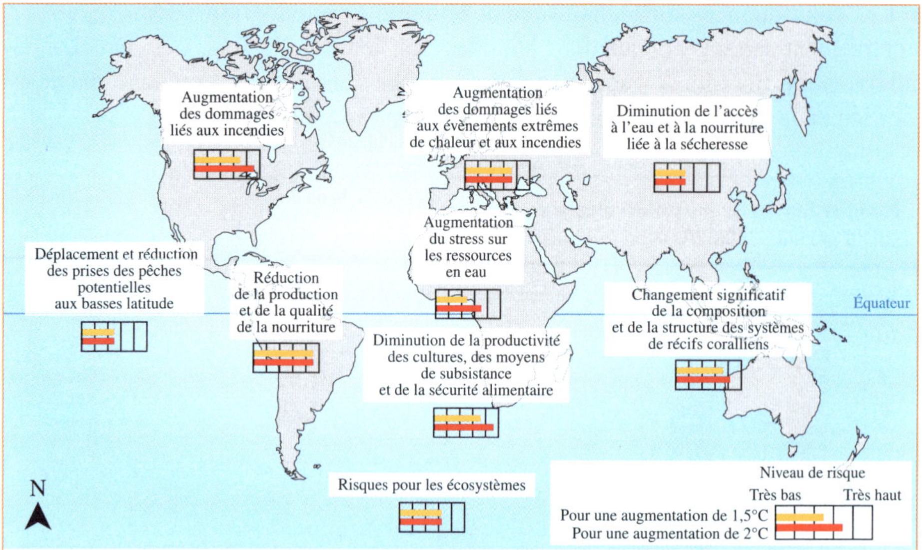

Source : GIEC 2019, réchauffement à 1,5 °C

Figure 4 *Principaux risques régionaux pour les écosystèmes et les agrosystèmes*

2 Actions possibles face au réchauffement climatique

■ Aux niveaux individuel et collectif, il est possible d'entreprendre des actions face au réchauffement climatique. Ces actions peuvent être de l'ordre de l'**adaptation*** ou de l'**atténuation***.

■ Il existe ainsi, dans différents pays, des plans d'action bâtis sur un consensus scientifique, dont l'objectif est de renforcer l'acquisition des connaissances, ainsi que d'évaluer les actions mises en place face au changement climatique.

Ex. : En France, il existe le Plan National d'Action sur le Changement Climatique (PNACC).

A. Stratégies d'adaptation

■ Les stratégies d'adaptation sont des stratégies visant à **réduire la vulnérabilité** face aux effets du changement climatique actuel et à venir. Ces stratégies tentent alors de modérer les dommages ou d'exploiter les potentielles opportunités du réchauffement climatique, par exemple l'augmentation de la production de biomasse.

Ex. : Une des stratégies d'adaptation adoptée dans les zones vulnérables exposées à des cyclones est l'utilisation de semences à cycle court : cela permet de semer et récolter entre deux périodes cycloniques.

B. Stratégies d'atténuation

■ Les stratégies d'atténuation visent à **réduire les émissions de gaz à effet de serre*** et/ou à **accroître le stockage des gaz à effet de serre** (notamment le CO_2).

■ Le rapport du GIEC de 2018 précise que pour stabiliser la température mondiale, il est nécessaire de cesser efficacement d'émettre du CO_2 dans l'atmosphère. Les secteurs émettant des gaz à effet de serre (dont du CO_2) sont nombreux. Ainsi la réduction durable d'émissions de gaz à effet de serre implique un changement radical d'habitudes, aux niveaux individuel et collectif.

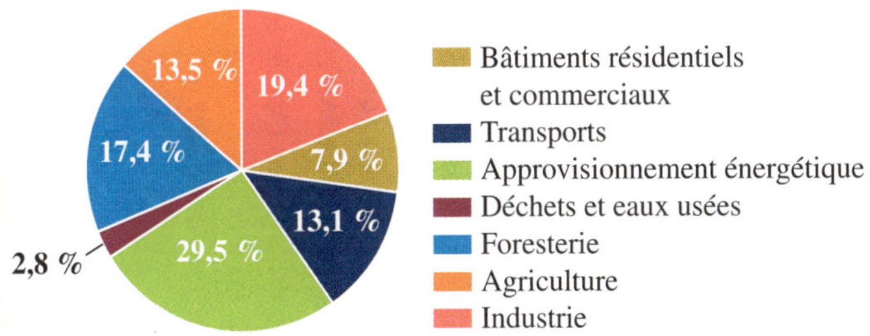

Source : FAO, 2013

Figure 5 *Contribution relative de différents secteurs à l'émission de gaz à effet de serre*

■ Le stockage du CO_2 atmosphérique peut se faire grâce à des moyens technologiques ou biologiques. Les **moyens technologiques** comprennent, par exemple, la capture directe du CO_2 atmosphérique grâce à des procédés chimiques. Cependant, ces techniques sont en cours de développement et n'ont pas encore fait leurs preuves. Les **moyens biologiques** comprennent, notamment, la restauration des écosystèmes et la transition vers des pratiques agroécologiques. En effet, les recherches actuelles montrent que ces deux stratégies auraient le plus d'effet sur la séquestration de CO_2.

> **Remarque**
> La seule manière de **fixer durablement le CO_2** par la végétation est un **enfouissement rapide** de celle-ci. Dans une forêt à l'équilibre, le bilan est nul vis-à-vis du CO_2 atmosphérique.

■ Néanmoins, les différentes méthodes de stockage ne seraient efficaces que si elles étaient effectuées à l'échelle mondiale. De plus, il est difficile de quantifier leur efficacité. Par conséquent, la réduction du taux atmosphérique des gaz à effet de serre doit prioritairement passer par une forte **réduction des émissions**.

■ La complémentarité entre les stratégies d'atténuation et d'adaptation, entre les démarches individuelles et collectives, et entre les politiques nationales et internationales permettrait de faire face au réchauffement climatique.

CARTE MENTALE

LE RÉCHAUFFEMENT CLIMATIQUE : DES CONSÉQUENCES AUX ACTIONS

Conséquences du réchauffement climatique

Effets sur les milieux de vie

Ex. : Inondations plus fréquentes, montée du niveau marin…

↓ Influence

Effets directs et indirects sur les populations humaines

Ex. : Déplacements de populations, propagation d'épidémies…

Actions possibles face au réchauffement climatique

(Limite → les conséquences du réchauffement climatique)

Stratégies d'adaptation (*réduire la vulnérabilité face aux effets du changement climatique actuel et à venir*)

Ex. : Semences à cycle court dans les zones exposées aux cyclones, déplacer les populations côtières dans des zones en hauteur…

Stratégies d'atténuation (*réduire les émissions de gaz à effet de serre et/ou à accroître le stockage de ces gaz*)

Ex. : Restaurer les écosystèmes, réduire, voire arrêter, l'utilisation des combustibles fossiles…

EXERCICES

Connaître le cours

1 2 min ★ Vrai ou faux ?

Relever la (ou les) affirmation(s) exacte(s).

Le réchauffement climatique :

a) entraîne une surmortalité dans les populations humaines.

b) conduit à des déplacements des populations humaines.

c) favorise des épidémies dans les populations humaines.

d) est positif.

→ Corrigé p. 268

2 2 min ★ Vrai ou faux ?

Relever la (ou les) affirmation(s) exacte(s)

Dans l'étude du réchauffement climatique, les stratégies d'adaptation sont des stratégies :

a) visant à réduire les émissions de gaz à effet de serre et/ou à accroître le stockage des gaz à effet de serre.

b) visant à réduire la vulnérabilité aux effets du changement climatique actuel et à venir.

c) applicables uniquement à l'échelle individuelle.

d) applicables uniquement à l'échelle collective.

→ Corrigé p. 268

3 10 min ★ Restitution de connaissances

Présenter les effets du réchauffement climatique sur les populations humaines.

→ Corrigé p. 268

4 15 min ★ Schématiser le cours

À l'aide d'un schéma fonctionnel, présenter, à l'aide d'exemples, les effets du réchauffement climatique et les possibilités d'action face à ces effets.

→ Corrigé p. 268

S'entraîner

5 15 min ★ Maladies dues à des bactéries du genre *Vibrio*

Une douzaine d'espèces de bactéries du genre *Vibrio* cause des maladies chez l'être humain. Parmi elles, *Vibrio cholerae* est responsable du choléra.

Ces différentes bactéries peuvent être présentes dans l'eau : on peut donc être contaminé en buvant de l'eau contaminée ou en mangeant des fruits de mer s'étant développés dans cette eau.

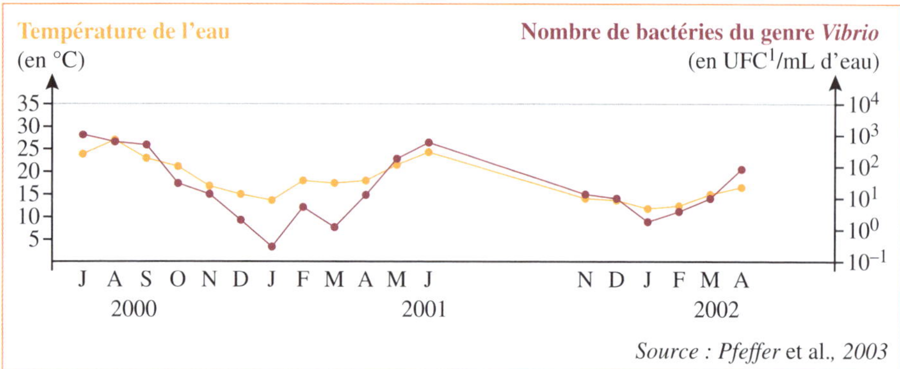

Évolution de la température de l'eau et du nombre de bactéries du genre Vibrio *dans l'eau*

Les mesures ont été prises dans les eaux estuariennes de Caroline du Nord (États-Unis).

[1] UFC : Unités Formant Colonies, nombre de colonies bactériennes visibles lors d'une culture de l'eau prélevée sur milieu gélosé.

Remarque

L'axe présentant le nombre de bactéries est en **échelle logarithmique**.

Expliquer, à l'aide du document, pourquoi le réchauffement climatique risque d'entraîner une augmentation des cas d'infections par des bactéries du genre *Vibrio*.

→ *Corrigé p. 268*

6 15 min ★★ Réchauffement climatique et paludisme

Le paludisme est une maladie infectieuse causée par le parasite *Plasmodium falciparum*. Les moustiques femelles du genre Anophèle sont les vecteurs de ce parasite.

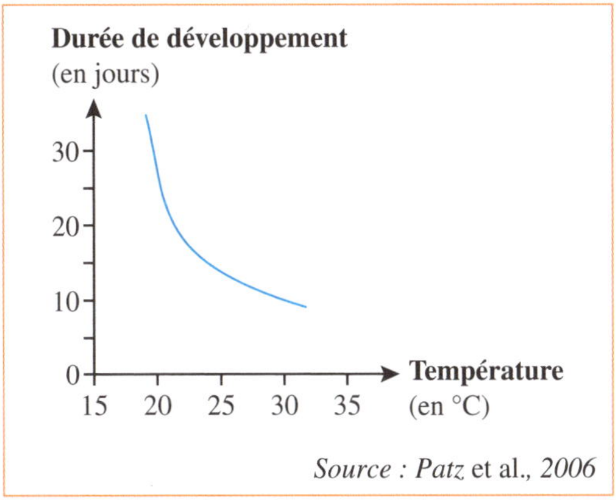

Durée de développement de Plasmodium falciparum *dans l'anophèle en fonction de la température*

À l'aide du document et des connaissances, expliquer les conséquences possibles du réchauffement climatique sur l'épidémie de paludisme.

➔ Corrigé p. 269

7 40 min ★★★ Blanchissement des coraux

Polypes coralliens, Philippines

Les coraux sont des animaux fixés qui sont constitués d'une partie molle (le polype) et d'un squelette rigide calcaire dont l'accumulation peut former un récif.

Les polypes vivent en symbiose avec des algues unicellulaires : les zooxanthelles, lesquelles possèdent des pigments qui donnent aux polypes leur couleur verdâtre-brunâtre.

Depuis quelques décennies, le réchauffement climatique entraîne le blanchissement des récifs coralliens et leur mort.

À l'aide de l'exploitation des documents proposés, expliquer le blanchissement des récifs coralliens lors d'une augmentation de température de l'eau des océans.

Document 1 : Schémas d'une coupe de polype et de sa paroi

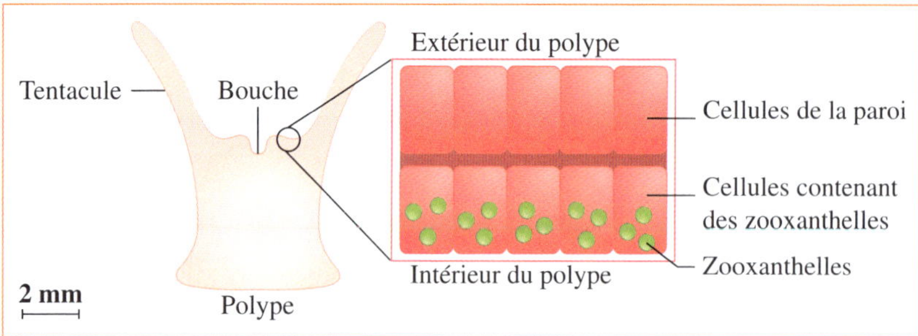

Document 2 : Nombre de zooxanthelles au sein du polype en fonction de la température

Dans les eaux tropicales où se développent les coraux, la température moyenne est de 27 °C. On estime que les changements climatiques provoqueraient une augmentation de température de l'ordre de 5 °C.

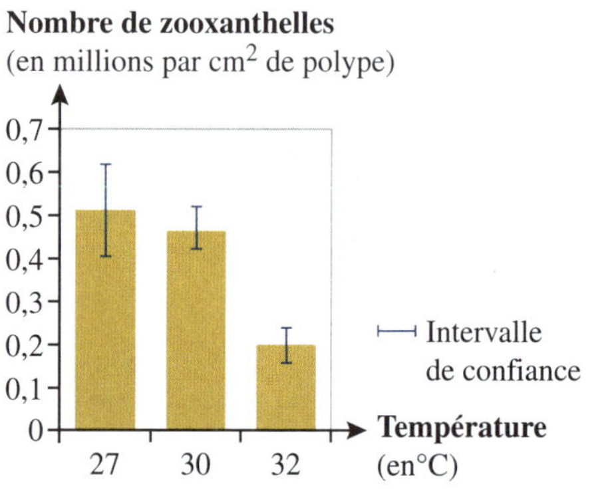

Source : Hoegh-Guldberg et al.

Document 3 : Nombre de zooxanthelles expulsées d'un polype en fonction de la température

Les coraux peuvent expulser les zooxanthelles qu'ils contiennent : elles se retrouvent alors dans le milieu (l'eau).

- Situation 1 : Polype témoin, en permanence dans une eau à 27 °C.
- Situation 2 : Polype soumis à un choc thermique (température de 32 °C) pendant 6 heures puis replacé dans un milieu à 27 °C (début du comptage).

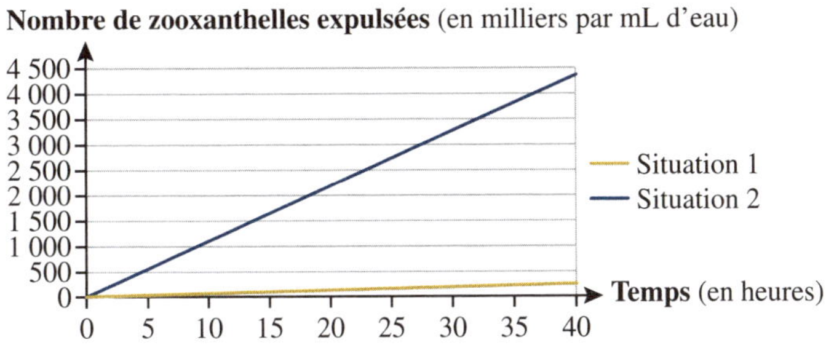

Source : O. Ladrière, Université de Liège, 2006

→ Corrigé p. 269

8 1 h 30 ★★★ Conséquences de la fonte du Pergélisol

Les régions arctiques sont caractérisées par un sol constamment gelé depuis des milliers d'années, appelé pergélisol ou permafrost. Sous l'effet du réchauffement climatique, ce pergélisol a amorcé un dégel qui inquiète les climatologues.

À partir de l'étude des documents, expliquer pourquoi certains scientifiques pensent que la fonte du permafrost pourrait accélérer le réchauffement climatique.

Document 1 : Répartition actuelle du pergélisol dans l'hémisphère nord

Le pergélisol représente 25 % des terres émergées dans l'hémisphère nord. C'est le plus gros réservoir de carbone continental de la planète, devant les réserves de combustibles fossiles. Cela représente deux fois plus de carbone que n'en contient actuellement l'atmosphère.

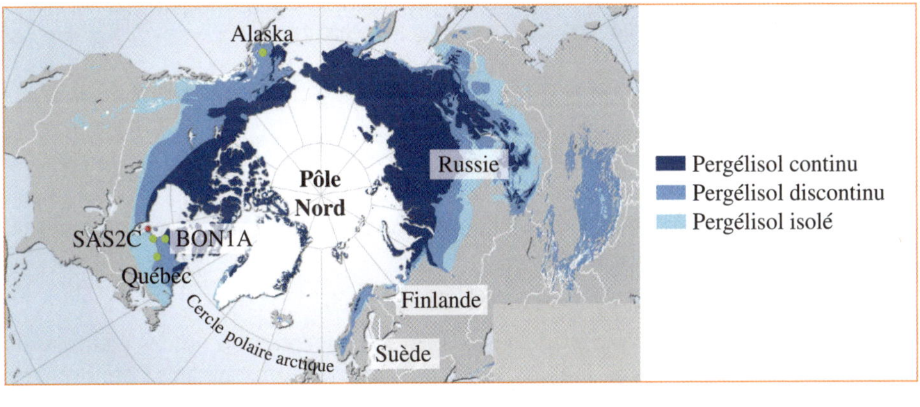

Document 2 : Évolution de la température du pergélisol à 20 mètres de profondeur en Alaska entre 1978 et 2008

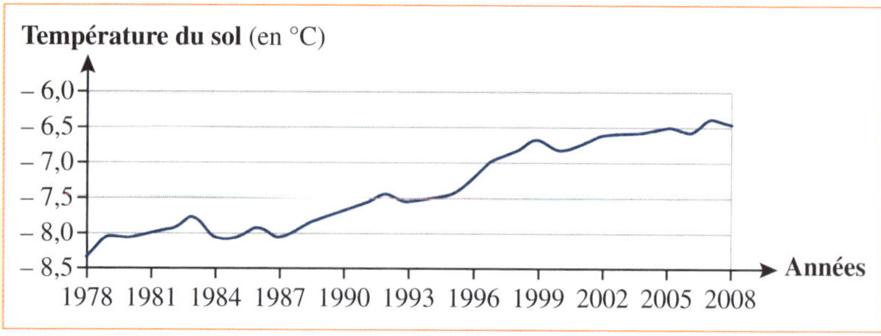

Document 3 : Évolution de la fréquence des mares de thermokarst entre 1959 et 2006 au Nord du Québec (Canada)

La fonte de la glace du pergélisol provoque des affaissements qui se remplissent d'eau, formant des mares de thermokarst.

Ce document présente la fréquence des mares de thermokarst en fonction de leur superficie. Les lignes verticales en pointillé indiquent pour chaque année la taille moyenne et la taille maximale des mares de thermokarst.

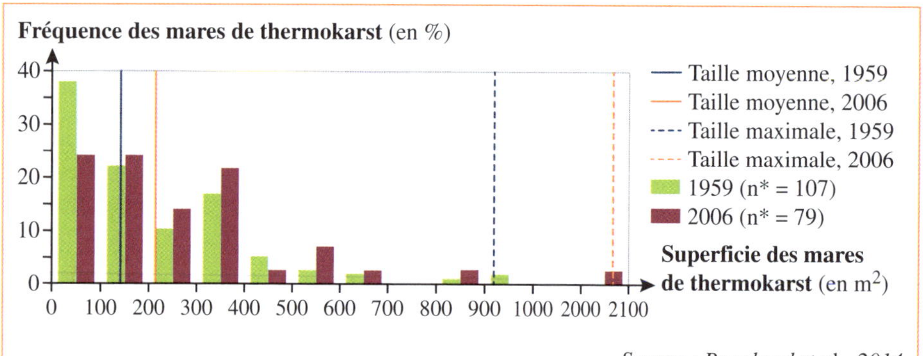

Source : Bouchard et al., 2014

**n = nombre de mares de thermokarst comptabilisé.*

Document 4 : Concentration de CH_4 et de CO_2 en fonction de la profondeur d'une grande mare de thermokarst

Localisation : Sud du pergélisol canadien (site SAS2C)

CH_4 et CO_2 sont des gaz à effet de serre. Plus la concentration de ces gaz dissous présents dans les mares de thermokarst augmente, plus ils diffusent dans l'atmosphère.

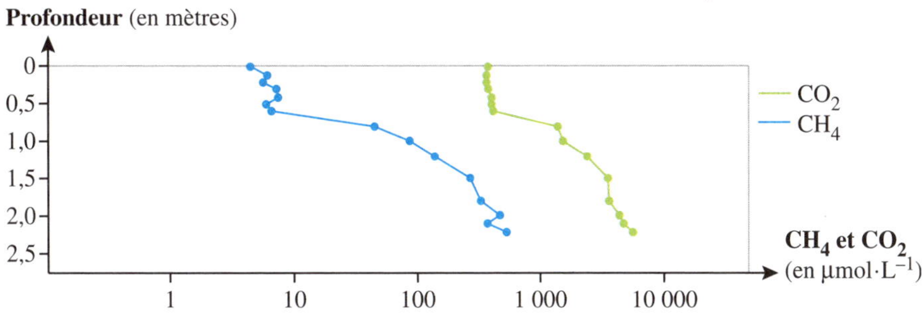

Source : Matveev, 2018

Document 5 : Modélisation de l'évolution de la dégradation du pergélisol et des émissions de carbone cumulé

La modélisation de la dégradation du pergélisol (diminution du volume de sol gelé) et des émissions de carbone cumulé se fait selon 4 scénarios possibles et pour 3 années : 2040, 2100 et 2300.

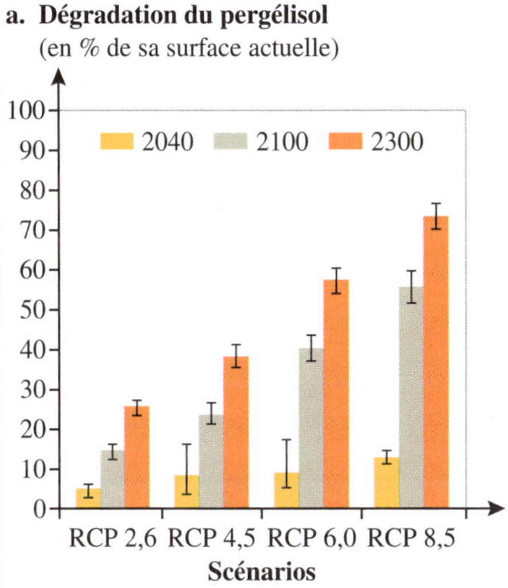

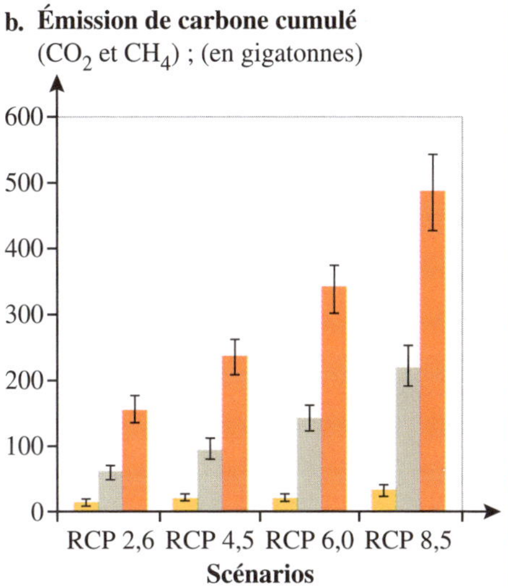

Source : Schuur et al., *2013*

Du scénario RCP 2,6 au scénario RCP 8,5, les émissions de carbone prises en compte sont de plus en plus importantes : ce sont les différents modèles actuels (« prévisions ») du réchauffement climatique.

→ Corrigé p. 270

CORRIGÉS

1 → *Énoncé p. 261*

Les affirmations exactes sont a), b) et c).

2 → *Énoncé p. 261*

L'affirmation exacte est b).

3 → *Énoncé p. 261*

Le réchauffement climatique a des effets directs sur les populations, notamment en ce qui concerne les effectifs des populations, leur état sanitaire ainsi que leur répartition.

En effet, la hausse de la température terrestre et l'augmentation de la fréquence des vagues de chaleur entraînent une surmortalité dans toutes les populations humaines. De plus, l'augmentation des températures conduit à une modification des aires de répartition des vecteurs de maladies (par exemple les moustiques) ainsi que des pathogènes eux-mêmes. Cela contribue donc à la propagation de maladies dans des zones où elles n'étaient autrefois pas présentes. Pour finir, les conséquences du réchauffement climatique (inondations, sécheresses, …) contraignent certaines populations à quitter leur lieu d'habitation. Cela entraîne des mouvements massifs de populations.

À ces effets directs, s'ajoutent des effets indirects. En effet, le réchauffement climatique perturbe le fonctionnement des écosystèmes et des agrosystèmes. Or, la biodiversité apporte des bénéfices à l'être humain. Le réchauffement climatique impacte indirectement les populations humaines par la dégradation des écosystèmes dont elles sont dépendantes.

4 → *Énoncé p. 261*

Voir carte mentale p. 260.

> **Méthode**
> Faire un **schéma** suffisamment grand. Ne pas oublier la légende et le titre.

5 → *Énoncé p. 262*

On observe que l'évolution du nombre de bactéries du genre *Vibrio* dans les eaux estuariennes de Caroline du Nord est corrélée à l'évolution de la température de ces eaux : quand la température augmente, le nombre de bactéries augmente et inversement.

Par exemple, quand la température passe de 15 à 25 °C (janvier-juin 2001), le nombre de bactéries passe de moins de 10^0 (= 1) à environ 10^3 UFC·mL^{-1} d'eau.

Or, on sait que la température des cours d'eau, des mers et des océans augmente à cause du réchauffement climatique.

On en déduit donc que le réchauffement climatique risque d'entraîner une augmentation du nombre de bactéries du genre *Vibrio* dans l'eau.

Or, une douzaine d'espèces de bactéries du genre *Vibrio* causent des maladies chez l'être humain. Par conséquent, le réchauffement climatique risque d'entraîner une augmentation des cas d'infections par des bactéries du genre *Vibrio*.

6 → *Énoncé p. 262*

On observe que le développement du parasite *Plasmodium falciparum* (responsable du paludisme) est plus rapide quand la température augmente : il lui faut près de 30 jours de développement dans l'anophèle quand il fait 20 °C, contre 3 fois moins quand il fait 30 °C. Autrement dit, la température accélère le développement du parasite dans l'anophèle.

Or, on sait que le réchauffement climatique entraîne une augmentation globale de la température terrestre.

On en déduit donc qu'avec le réchauffement climatique, la propagation de l'épidémie de paludisme risque d'être plus rapide car les parasites se développent plus vite.

De plus, on sait que la hausse des températures modifie l'aire de répartition des moustiques comme l'anophèle.

Par conséquent, le réchauffement climatique risque de conduire à propagation de l'épidémie de paludisme dans des zones autrefois exemptes de cette maladie.

7 → *Énoncé p. 263*

Conseil

Faire des liens entre les informations des différents documents.

On cherche à expliquer le blanchissement des récifs coralliens lors d'une augmentation de la température de l'eau des océans.

Dans le document 2, on observe que le nombre moyen de zooxanthelles par cm^2 de polype est de 0,5 à 27 °C (situation normale).

Quand la température augmente de 5 °C (réchauffement climatique), le nombre moyen de zooxanthelles par cm^2 de polype est de 0,2.

Or, les zooxanthelles donnent leur couleur verdâtre-brunâtre au coraux.

On en déduit donc que l'augmentation de température conduit à une diminution du nombre de zooxanthelles dans les cellules des coraux, et donc provoque une perte de couleur (blanchissement).

Dans le document 3, on observe qu'au bout de 40 heures, un polype dans une eau à 27 °C (situation normale) expulse des zooxanthelles : environ 250 000 par mL d'eau. Un polype soumis à un choc thermique (32 °C pendant 6 heures) en expulse 18 fois plus !

On en déduit donc que l'augmentation de la température de l'eau conduit à une expulsion très importante de zooxanthelles par les polypes.

Donc la réduction du nombre de zooxanthelles dans les cellules du polype, constatée dans le document 2, est le résultat d'une expulsion très importante de zooxanthelles sous l'effet de l'augmentation de la température.

8 → *Énoncé p. 265*

Les régions arctiques sont caractérisées par un sol constamment gelé depuis des milliers d'années : le pergélisol. Le réchauffement climatique actuel conduit à la fonte de ce dernier. Certains scientifiques pensent que la fonte du pergélisol pourrait accélérer le réchauffement climatique et avoir des conséquences directes sur les populations humaines.
Quels sont les arguments allant dans ce sens ?

I – Fonte des pergélisols

Tout d'abord, le document 2 montre que le pergélisol se réchauffe : en 30 ans, de 1978 à 2008, la température à 20 mètres de profondeur est passée de – 8,5 °C à – 6,5 °C. Cette donnée est cohérente avec la fonte en surface du pergélisol.

Le document 3 indique que la fonte du pergélisol conduit à la formation de mares de thermokarst : il s'agit d'affaissements se remplissant de l'eau fondue du pergélisol.

De plus, il illustre le fait qu'au Nord du Québec, la taille moyenne des mares de thermokarst entre 1959 et 2006 augmente passant de 150 m^2 à 200 m^2. Ainsi, la fonte des pergélisols est bien en cours.

II – Fonte des pergélisols et accélération du réchauffement climatique

Le document 4 précise que du méthane (CH_4) et du dioxyde de carbone (CO_2) sont dissous dans les mares de thermokarst. Par exemple, à 0,5 m de profondeur, il y a environ 10 µmol·L^{-1} de CH_4 et 500 µmol·L^{-1} de CO_2 dissous.

Or, plus la concentration des gaz dissous présents dans les mares de thermokarst augmente, plus ils diffusent dans l'atmosphère.

> **Conseil**
>
> Il ne faut pas citer toutes les valeurs du graphique. Il est plus pertinent **d'indiquer les grandes tendances** et de **justifier à l'aide d'un ou deux exemples chiffrés**.

Ainsi, avec l'augmentation en taille des mares de thermokarst (document 3), il y a de plus en plus de CH_4 et CO_2 diffusant dans l'atmosphère. Or ce sont des gaz à effet de serre.

Par conséquent, la fonte des pergélisols contribue à l'augmentation de l'effet de serre et donc à l'accélération du réchauffement climatique.

Le document 5a présente une modélisation de l'évolution de la dégradation du pergélisol pour 4 scénarios RCP (émissions de carbone de plus en plus importantes). Si on regarde l'année 2100, 65 % de la surface du pergélisol serait dégradée si le réchauffement climatique suit le scénario RCP 8,5 contre 15 % s'il suit le scénario RCP 2,6. Autrement dit, plus l'intensité du réchauffement climatique est importante (émissions importantes de gaz à effet de serre), plus la dégradation du pergélisol est importante.

Le document 5b présente une modélisation de l'évolution des émissions de carbone cumulé pour les mêmes scénarios que le document 5a. Si l'on regarde l'année 2100, il y aura environ 200 gigatonnes d'émissions de carbone pour le scénario RCP 8,5 contre 4 fois moins pour le scénario RCP 2,6.

Ainsi, plus le réchauffement climatique est important, plus le pergélisol est dégradé. Plus celui-ci est dégradé, plus il libère de méthane et de dioxyde de carbone dans l'atmosphère. Plus il y a de méthane et de dioxyde de carbone, plus le réchauffement climatique est important. Si rien n'est fait, la dégradation du pergélisol continuera d'entraîner sa propre dégradation, indirectement, par augmentation du réchauffement climatique.

Remarque

Cela correspond à une **rétroaction climatique positive**.

Pour conclure, les pergélisols sont en train de fondre à cause du réchauffement climatique. Leur fonte libère des gaz à effet de serre, ce qui amplifie le réchauffement climatique et leur propre fonte. La gestion des pergélisols est un enjeu majeur car leur fonte accentue le réchauffement climatique.

CHAPITRE 13
La réalisation d'un mouvement réflexe

■ Chez un animal, certains comportements sont liés à la réalisation de mouvements involontaires en réponse à des stimulations de l'environnement : on les appelle des **réflexes***. La réalisation d'un mouvement réflexe met en jeu la contraction des muscles, sous l'effet d'une commande nerveuse. Ainsi, lors d'un examen de santé, le test des **réflexes myotatiques*** sert d'outil pour apprécier l'intégrité du système neuromusculaire.

1 Éléments de l'arc-réflexe

■ Un réflexe est un mouvement involontaire déclenché par un **stimulus***. Par exemple, le réflexe myotatique correspond à la contraction d'un muscle en réponse à son propre étirement. Le médecin teste habituellement le réflexe rotulien (au niveau du genou) et le réflexe achilléen (extension du pied suite à l'étirement du tendon d'Achille).

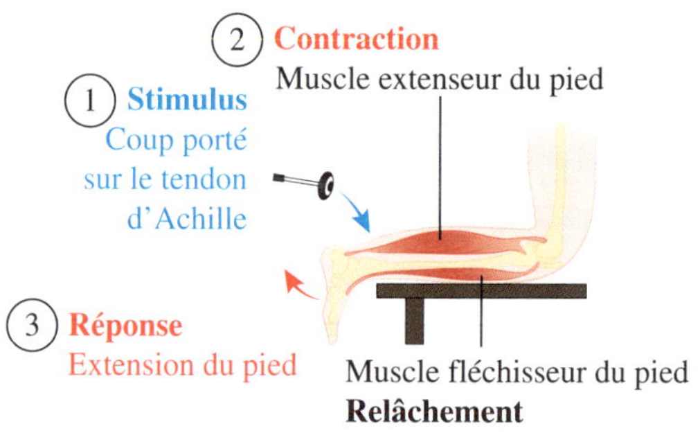

Figure 1 *Test du réflexe achilléen*

■ Le circuit nerveux, de la réception du stimulus à la réponse motrice, se nomme **arc-réflexe***. Il met en jeu un **récepteur sensoriel***, les **neurones*** véhiculant les messages nerveux, un **centre nerveux***, qui regroupe les corps cellulaires des neurones, et un **muscle***.

> **Définition**
> Le muscle extenseur et le muscle fléchisseur du pied sont qualifiés de **muscles antagonistes***, car leur contraction produit un effet inverse au niveau de l'articulation.

Un arc-réflexe implique l'élaboration de messages nerveux, leur propagation et leur transmission entre neurones (relais synaptique), puis entre neurone et cellule musculaire (appelée aussi **fibre musculaire***).

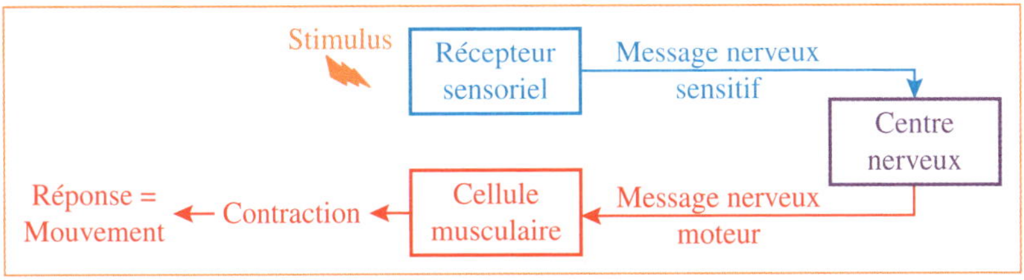

Figure 2 *Principe de l'arc-réflexe dans le cas d'un mouvement réflexe*

■ Les neurones sont des cellules capables de générer des messages nerveux. Les neurones présentent des prolongements cytoplasmiques permettant de recevoir, conduire et transmettre les messages nerveux. Les longs prolongements cytoplasmiques le long desquels se propagent les messages nerveux sont appelés **fibres nerveuses***. L'**axone*** est la fibre nerveuse unique qui s'étend du corps cellulaire à l'**arborisation terminale***.

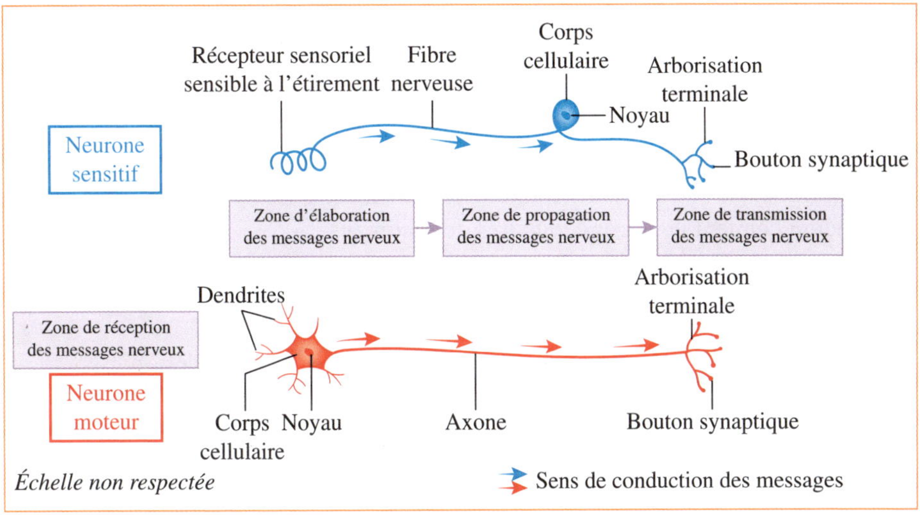

Figure 3 *Structure des neurones impliqués dans le réflexe myotatique*

■ Dans le cas du réflexe myotatique, le récepteur sensoriel fait partie d'une structure appelée **fuseau neuromusculaire***. Sensible à l'étirement du muscle, le fuseau neuromusculaire est constitué de cellules musculaires modifiées et de l'extrémité d'un **neurone sensitif***.

■ La transmission du message nerveux moteur au muscle s'effectue au niveau de la **jonction neuromusculaire***, qui correspond à une **synapse*** entre un **neurone moteur*** (ou motoneurone) et une cellule musculaire.

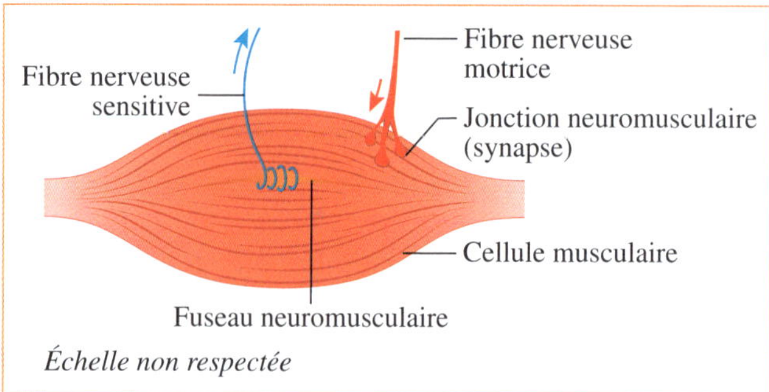

Figure 4 *Fuseau et jonction neuromusculaires au niveau d'un muscle*

■ Le centre nerveux impliqué dans le réflexe myotatique est la **moelle épinière***. Il s'agit donc d'un **réflexe médullaire*** (ou réflexe spinal). Le corps cellulaire du neurone sensitif se trouve dans le **ganglion rachidien***. Le message nerveux sensitif est transmis au neurone moteur au niveau d'une synapse dans la **substance grise*** de la moelle épinière. La substance grise est la partie de la moelle épinière qui contient les corps cellulaires des neurones.

> **Définition**
>
> Une **synapse** est une zone de contact entre un neurone et une autre cellule, au niveau de laquelle un message nerveux est transmis par la libération de **neurotransmetteurs***.

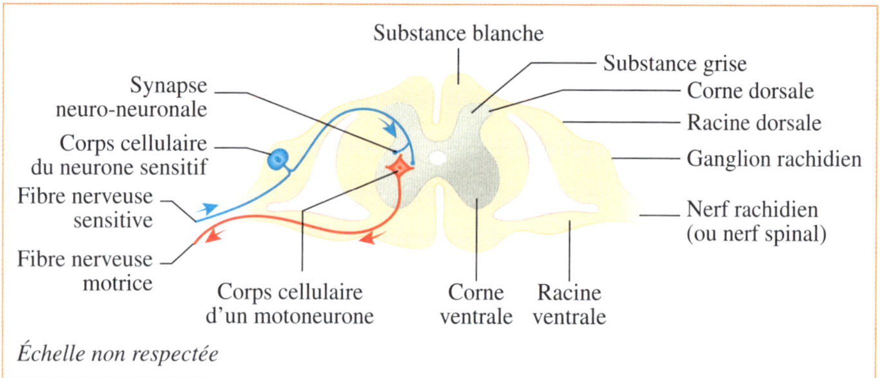

Figure 5 *Coupe transversale de la moelle épinière*

2 Élaboration et propagation des messages nerveux

■ Toute cellule excitable est caractérisée par un **potentiel membranaire de repos*** d'environ - 70 mV, qui correspond à la différence de potentiel électrique entre les faces interne (négative) et externe (positive) de la membrane plasmique.

■ Les cellules sensorielles, les neurones et les cellules musculaires sont des cellules excitables : si elles sont suffisamment stimulées, elles peuvent générer des messages nerveux sous la forme de **potentiels d'action***.

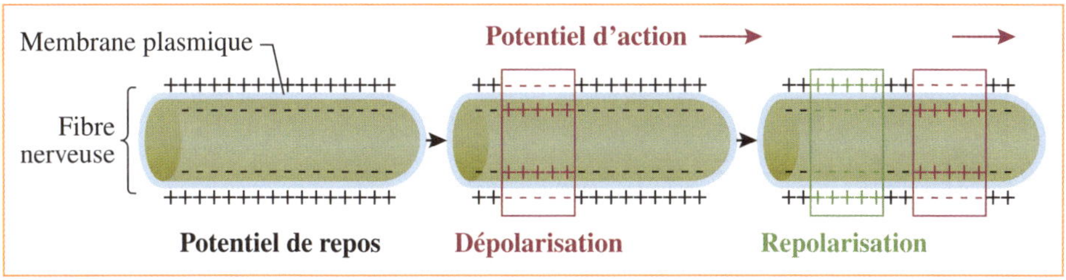

Figure 6 *Potentiel de repos et potentiel d'action*

■ Un potentiel d'action est une inversion transitoire de la polarité de la membrane plasmique, c'est-à-dire une **dépolarisation***, suivie d'un retour au potentiel de repos. Un potentiel d'action est un signal stéréotypé, qui a toujours la même forme et la même amplitude.

Remarque

Le **potentiel d'action** obéit à la loi du « tout ou rien » : il ne peut être généré que si la stimulation entraîne une dépolarisation membranaire supérieure à une **valeur seuil**. Au-delà de cette valeur seuil, le potentiel d'action présente toujours la même amplitude, quelle que soit l'intensité de la stimulation. **L'intensité du message nerveux est codée en fréquence de potentiels d'action.**

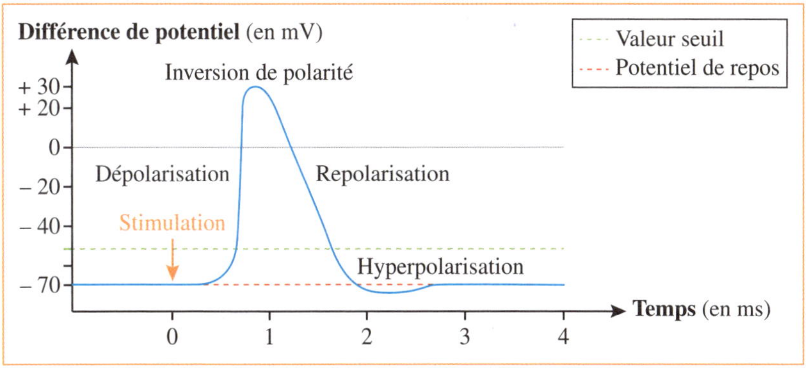

Figure 7 *Le potentiel d'action : un signal stéréotypé*

■ Un récepteur sensoriel élabore un message nerveux sensitif en générant des potentiels d'action lorsqu'il est soumis à un stimulus. L'intensité de la stimulation est codée en fréquence de potentiels d'action, qui se propagent ensuite sans atténuation le long de la fibre nerveuse.

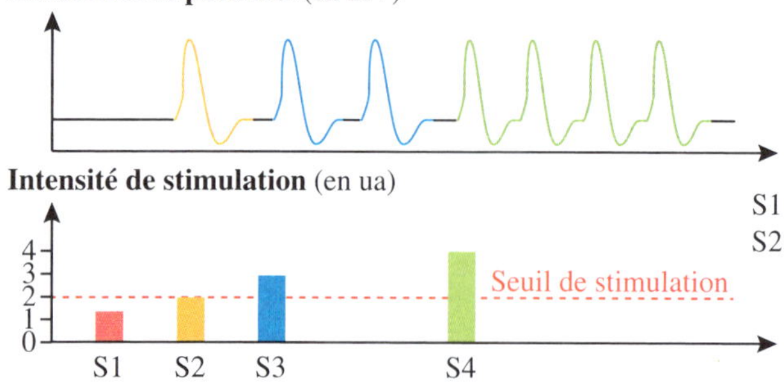

Figure 8 *Codage en fréquence de potentiels d'action selon l'intensité du stimulus au niveau d'une fibre nerveuse sensorielle*

■ Les fibres nerveuses sont regroupées au sein des **nerfs***, qui relient les différentes parties du corps aux centres nerveux.

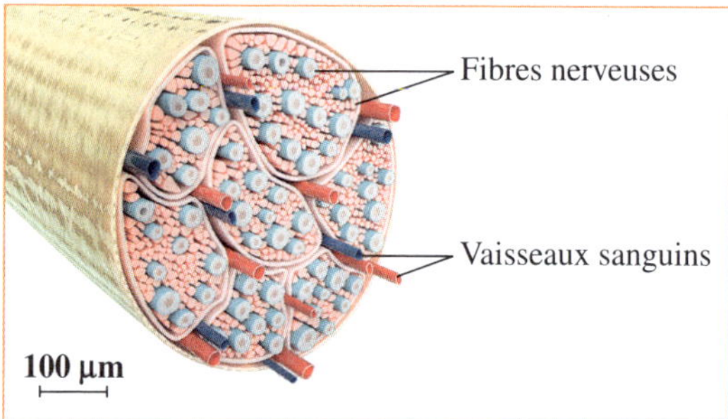

Figure 9 *Structure d'un nerf vu en coupe transversale*

3 Transmission des messages nerveux

A. Relais synaptique dans le centre nerveux

■ Dans le cas du réflexe myotatique, le neurone sensitif transmet le message nerveux au neurone moteur au sein de la moelle épinière : il s'agit d'une synapse neuro-neuronale. **La transmission est chimique** : l'arrivée du message nerveux au niveau de l'arborisation terminale du neurone sensitif déclenche la libération de **neurotransmetteurs***.

Ces derniers se fixent sur des **récepteurs*** spécifiques situés sur la membrane du neurone moteur, ce qui entraîne la naissance d'un nouveau message nerveux.

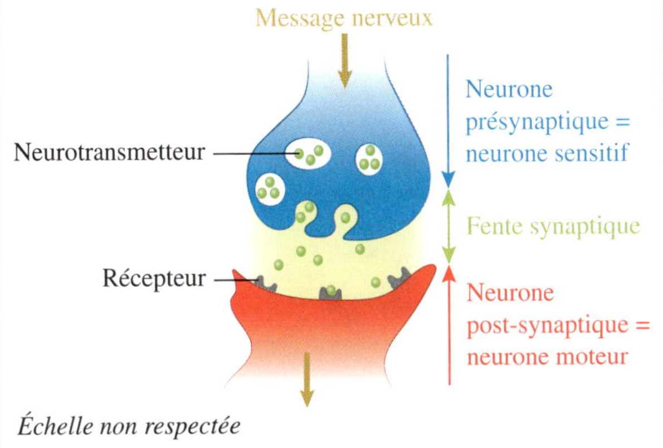

Figure 10 *Structure et fonctionnement d'une synapse neuro-neuronale*

■ La fréquence des potentiels d'action qui arrivent au niveau de la terminaison synaptique détermine la quantité de neurotransmetteurs libérés : il s'agit d'un codage en concentration de neurotransmetteurs.

B. Synapse neuromusculaire

■ Le message nerveux moteur, arrivé à l'arborisation terminale du neurone moteur, est transmis aux cellules musculaires au niveau de la jonction neuromusculaire. Le neurotransmetteur libéré est l'**acétylcholine***. Les molécules d'acétylcholine se fixent sur leurs récepteurs spécifiques, situés sur la membrane de la cellule musculaire, ce qui entraîne une dépolarisation qui évolue en un potentiel d'action musculaire.

4 Contraction de la cellule musculaire

■ Le potentiel d'action musculaire se propage le long de la membrane de la cellule musculaire. Par une cascade de réactions, le potentiel d'action musculaire a pour effet l'ouverture de **canaux calciques*** situés au niveau de la membrane d'un organite contenant des **ions calcium (Ca^{2+})** : le **réticulum sarcoplasmique**. Les ions calcium diffusent alors dans le **hyaloplasme*** (la fraction liquide du cytoplasme), ce qui entraîne la contraction de la cellule musculaire. *(Voir chapitre 16 p. 322)*.

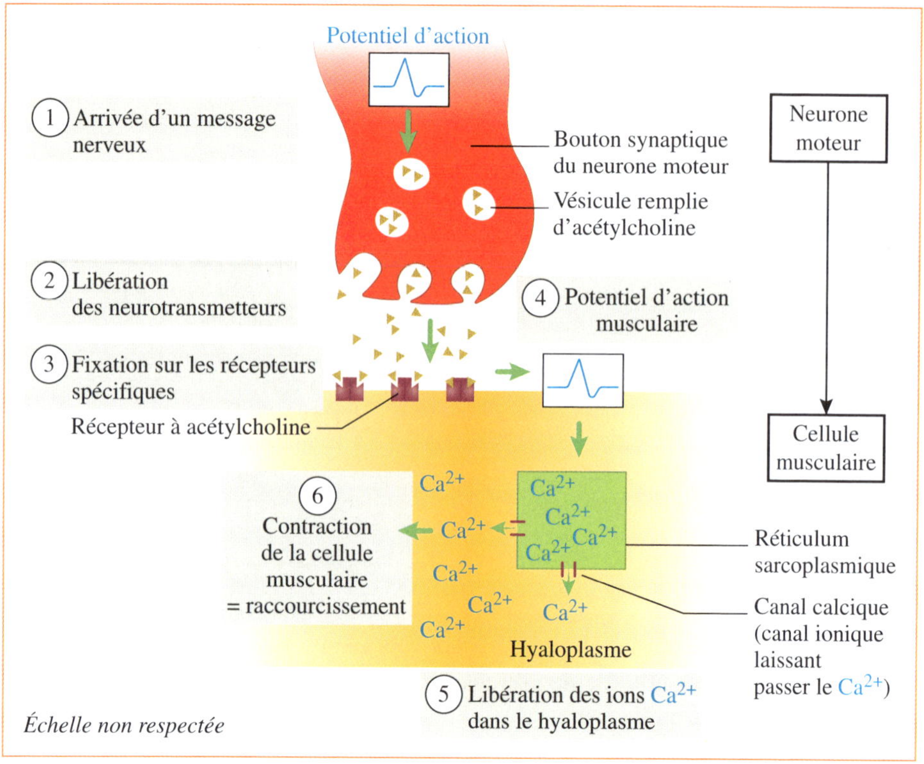

Figure 11 *Fonctionnement de la jonction neuromusculaire*

■ Chaque neurone moteur innerve un ensemble de cellules musculaires formant une unité motrice. La contraction de l'ensemble de ces cellules contribue à la contraction du muscle.

■ Dans le cas du **réflexe myotatique achilléen**, la contraction du muscle extenseur entraîne l'**extension du pied**, ce qui constitue la réponse au stimulus initial (étirement du muscle extenseur au niveau du tendon d'Achille).

LE RÉFLEXE MYOTATIQUE : UN EXEMPLE DE MOUVEMENT RÉFLEXE

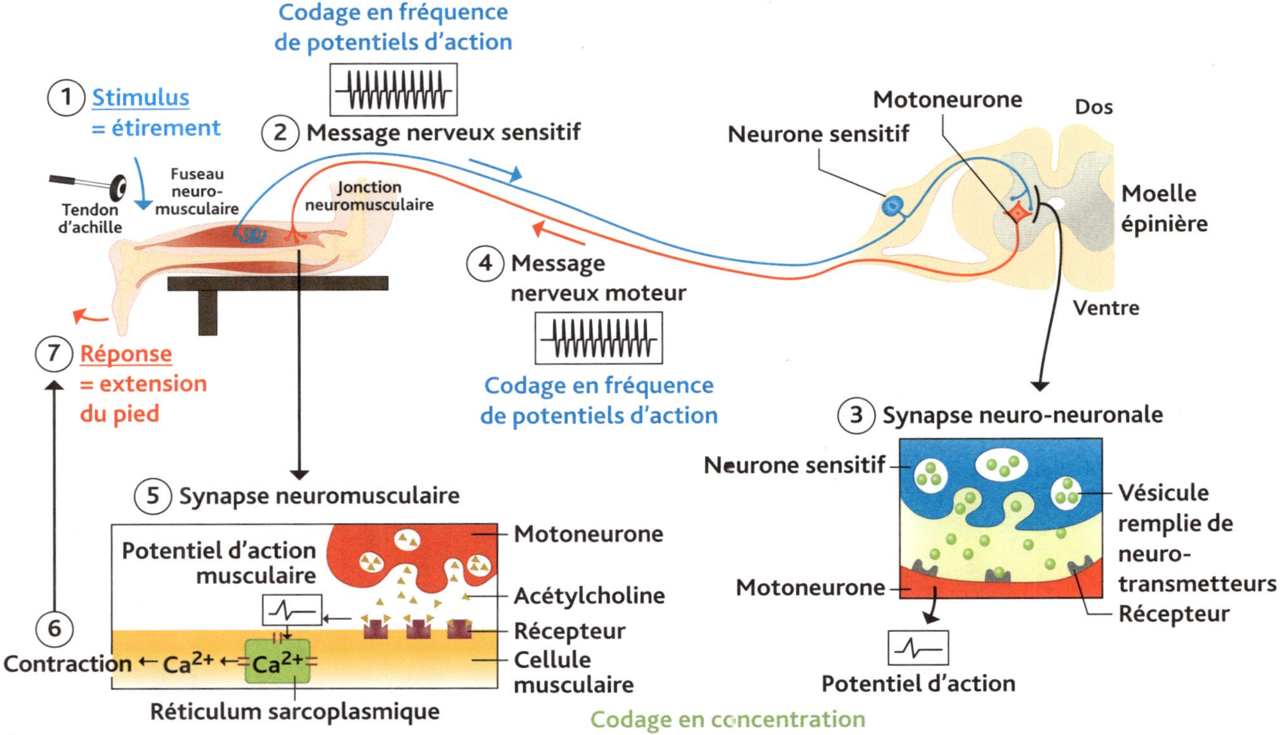

Échelles non respectées

CARTE MENTALE

EXERCICES

Connaître le cours

1 2 min ★ Vrai ou faux ?

Relever la (ou les) affirmation (s) exacte (s).

Le réflexe myotatique :

a) ne dépend pas du cerveau.

b) ne dépend pas de la moelle épinière.

c) correspond à la contraction d'un muscle en réponse à l'étirement de son antagoniste.

d) correspond à la contraction d'un muscle en réponse à son propre étirement.

→ *Corrigé p. 287*

2 2 min ★ Vrai ou faux ?

Relever la (ou les) affirmation (s) exacte (s).

La synapse entre un neurone moteur et une cellule musculaire s'effectue :

a) au niveau du fuseau neuromusculaire.

b) dans la moelle épinière.

c) au niveau de la jonction neuromusculaire.

d) au niveau du tendon.

→ *Corrigé p. 287*

3 10 min ★ Restitution de connaissances

Expliquer sous quelle forme un message nerveux se propage le long d'une fibre nerveuse.

→ *Corrigé p. 287*

4 10 min ★★ Schématiser le cours

Schématiser une synapse neuromusculaire, de l'arrivée du message nerveux au niveau de la terminaison synaptique du neurone moteur, jusqu'à la naissance du potentiel d'action musculaire.

→ *Corrigé p. 287*

S'entraîner

5 30 min ★★ Action du curare

Dans une série de leçons au Collège de France, publiées en 1875, Claude Bernard exposa ses expériences sur l'action des anesthésiques. Et c'est également au Collège de France que fut enseigné le résultat de ses recherches sur les curares.

On se propose de retracer quelques étapes de la démarche scientifique suivie par Claude Bernard pour montrer l'action du curare sur le système nerveux : il réalise des expériences sur une préparation comportant un nerf moteur isolé et relié au muscle de la cuisse de grenouille qu'il innerve.

L'expérience historique de Claude Bernard

Soient deux verres de montre (coupelles) *V* et *V'* contenant une solution de curare et un muscle isolé de cuisse de grenouille avec son nerf moteur.

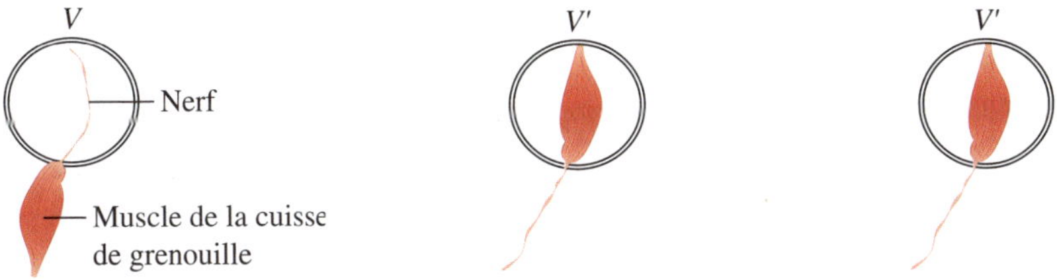

Expérience 1 : le nerf est placé dans le curare du verre de montre V et le muscle à l'extérieur du verre de montre.
→ L'excitation du nerf provoque la contraction du muscle.

Expérience 2 : seul le muscle est plongé dans le curare du verre de montre *V'* et le nerf est laissé à l'extérieur du verre de montre.
→ L'excitation du nerf ne provoque plus la contraction du muscle.

Expérience 3 : seul le muscle est plongé dans le curare du verre de montre *V'* et le nerf est laissé à l'extérieur du verre de montre.
→ La stimulation directe du muscle dans le verre de montre *V'* provoque sa contraction.

Les mêmes expériences réalisées avec du sérum physiologique entraînent systématiquement la contraction du muscle.

Relever l'affirmation exacte (une seule bonne réponse) :

1. L'exploitation seule de l'expérience 1 permet de dire que le curare :

a) agit sur la jonction nerf-muscle.

b) agit sur le muscle.

c) n'empêche pas le message nerveux de circuler dans le nerf.

d) permet la contraction musculaire.

2. L'exploitation seule de l'expérience 2 montre que le curare :
a) empêche la circulation du message nerveux au niveau du nerf.
b) empêche la contraction du muscle.
c) agit uniquement au niveau de la jonction nerf-muscle.
d) agit à la fois sur le nerf et sur le muscle.

3. La mise en relation des trois expériences montre que :
a) le curare agit directement sur le muscle.
b) le nerf ne véhicule pas le message nerveux en présence de curare.
c) le curare n'agit pas sur la jonction nerf muscle.
d) le curare agit sur la jonction nerf muscle.

→ *Corrigé p. 287*

6 45 min ★★★ Expériences de Sherrington

En 1924, le physiologiste britannique Charles Scott Sherrington a réalisé une série d'expériences pour comprendre les mécanismes de rétractation de la patte chez le chat.

Remarque

Au cours de l'histoire des sciences, des découvertes importantes ont pu être réalisées en physiologie grâce à des expériences sur des animaux vivants. Désormais, l'**expérimentation animale** est très encadrée et régie par des comités d'éthique.

Montrer, à l'aide des documents, que ces expériences permettent de mettre en évidence le réflexe myotatique.

Document 1 : Dispositif expérimental

Dans l'expérience suivante, on modélise comment Sherrington avait sectionné l'arrière de l'encéphale d'un chat anesthésié, libérant ainsi sa moelle épinière (animal décérébré) puis avait allongé l'animal sur une planche qu'il pouvait déplacer du haut vers le bas.

La modélisation consiste ensuite à isoler le muscle extenseur (quadriceps crural) du membre postérieur, à le rattacher par son tendon inférieur à un dynamomètre. Ce système fixe permet de mesurer l'étirement subi et la tension développée par le muscle en réponse à cet étirement. Dans ces conditions, et bien que l'animal soit décérébré, le muscle conserve son innervation.

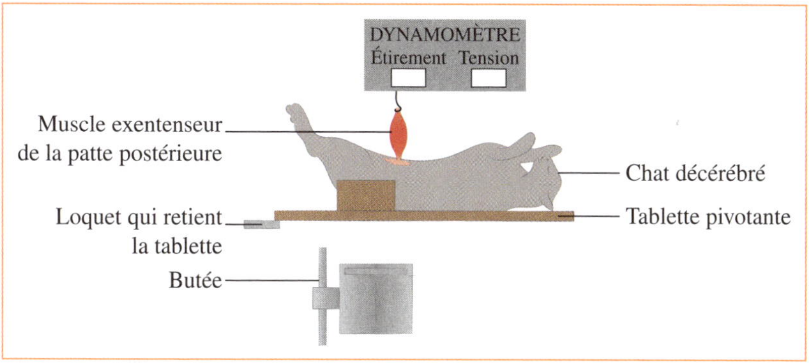

Protocole expérimental modélisé

Document 2 : Déroulement des expériences

On modélise ensuite le déplacement vers le bas de la planche sur laquelle l'animal est allongé. Dans cette adaptation contemporaine et virtuelle de l'expérience de Sherrington, il a été prévu de simuler l'ajout de micro-électrodes sur une fibre nerveuse sensorielle qui innerve le muscle extenseur de la patte postérieure du chat.

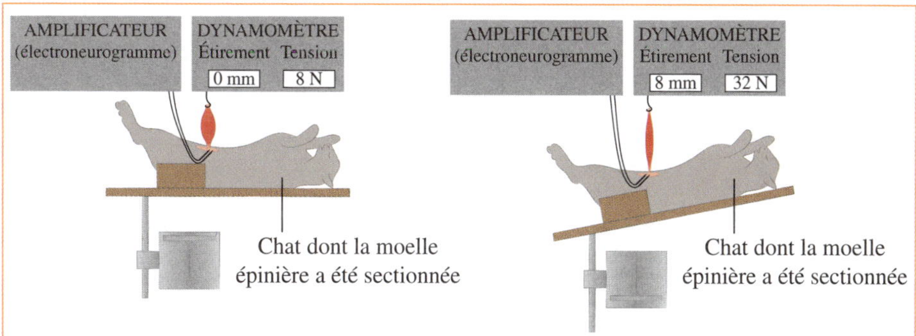

Dans cette animation, la planche sur laquelle l'animal est allongé est virtuellement basculée vers le bas 3 secondes après le début de l'enregistrement et jusqu'à 8,5 secondes.

Document 3 : Enregistrement des résultats de l'ensemble de l'expérience

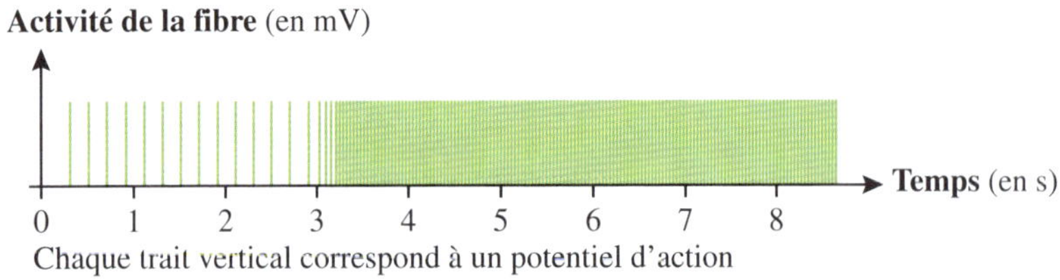

a. Activité de la fibre nerveuse sensorielle durant l'expérience

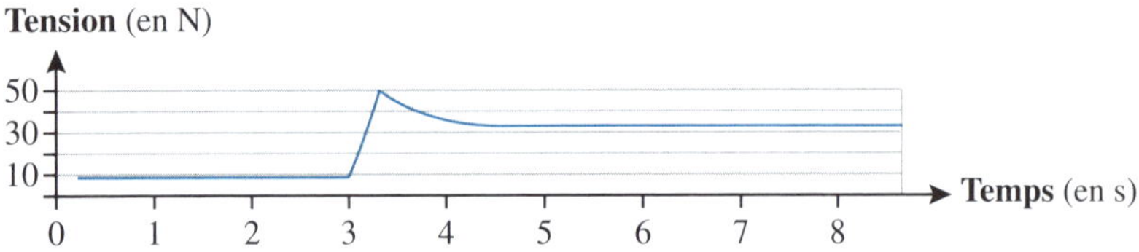

b. Tension mesurée par le dynamomètre durant l'expérience

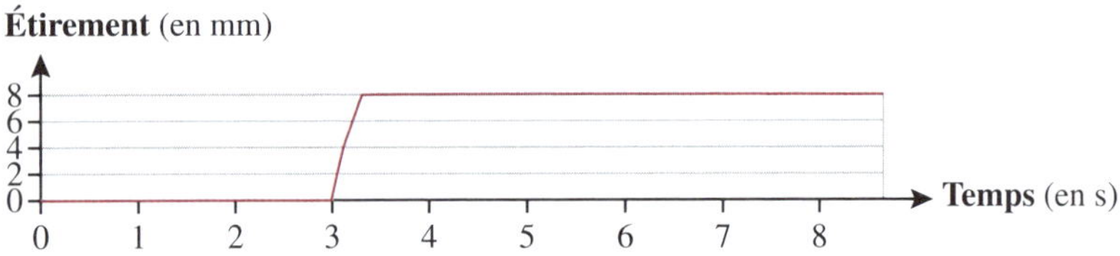

c. Évolution de l'étirement du muscle durant l'expérience

→ *Corrigé p. 288*

7 30 min ★★★ Le réflexe de flexion

La détection de l'altération du réflexe de flexion permet de diagnostiquer une insensibilité congénitale à la douleur.

Identifier les ressemblances et les différences entre le réflexe de flexion et le réflexe myotatique.

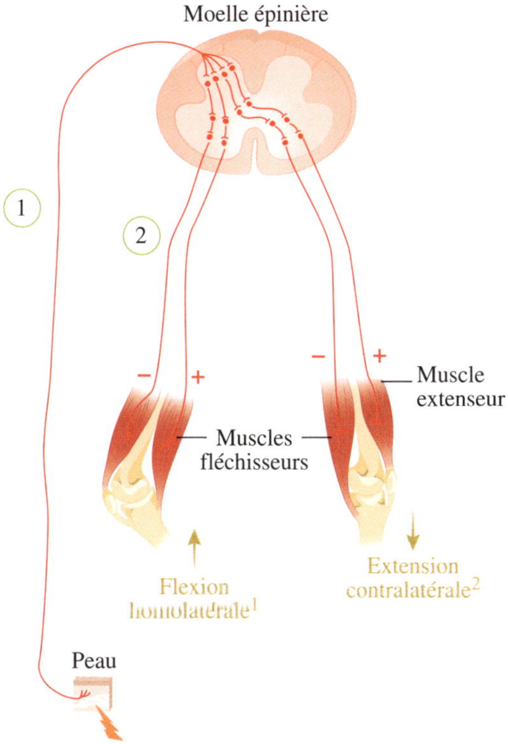

(+) Stimulation de la contraction du muscle
(–) Absence de stimulation de la contraction du muscle

Source : Vibert et al., *2011*

Schéma simplifié du réflexe de flexion

[1] *homolatérale : du même côté que la stimulation.*
[2] *contralatérale : du côté opposé à la stimulation.*

→ *Corrigé p. 288*

SUJET DU BAC

Exercice 1 : Maîtrise des connaissances 1 h 30 7 points

Le réflexe myotatique, un exemple de commande réflexe du muscle

Le maintien de la position debout nécessite un réajustement permanent et réflexe de la contraction des muscles des jambes.

Par exemple, lorsque le corps penche vers l'avant, les muscles du mollet se trouvent légèrement étirés. Par réflexe, ils se contractent, ce qui permet le retour à une position parfaitement verticale.

Le réflexe myotatique, primordial dans ce maintien, nécessite la mise en jeu de différents éléments constituant un arc réflexe.

Décrire les différents éléments mis en jeu dans le réflexe myotatique, puis préciser les caractéristiques des messages nerveux élaborés, propagés et transmis par ces éléments.

L'exposé sera limité à la contraction d'un seul muscle du mollet, et devra être accompagné d'un schéma fonctionnel de l'arc-réflexe mis en œuvre dans le cas du réflexe myotatique achilléen.

Méthode

- Un **schéma fonctionnel** est une représentation simplifiée d'un processus complexe.
- Un schéma fonctionnel est composé de **cadres** et/ou de **formes simples mises en relation par des flèches**.

→ *Corrigé p. 289*

CORRIGÉS

1 → Énoncé p. 280

Les affirmations exactes sont les a) et d).

Conseils

- Les **schémas** doivent être suffisamment grands et soignés.
- Utiliser des **couleurs** et **numéroter les étapes** pour plus de clarté.
- Ne pas oublier le **titre** et la **légende**.

2 → Énoncé p. 280

L'affirmation exacte est la c).

3 → Énoncé p. 280

Un message nerveux se propage le long d'une fibre nerveuse sous la forme de potentiels d'action. Il s'agit de dépolarisations transitoires de la membrane plasmique qui se propagent sans atténuation. Un potentiel d'action est un signal stéréotypé qui a toujours la même forme et la même amplitude : l'intensité de la stimulation est donc codée en fréquence de potentiels d'action.

4 → Énoncé p. 280

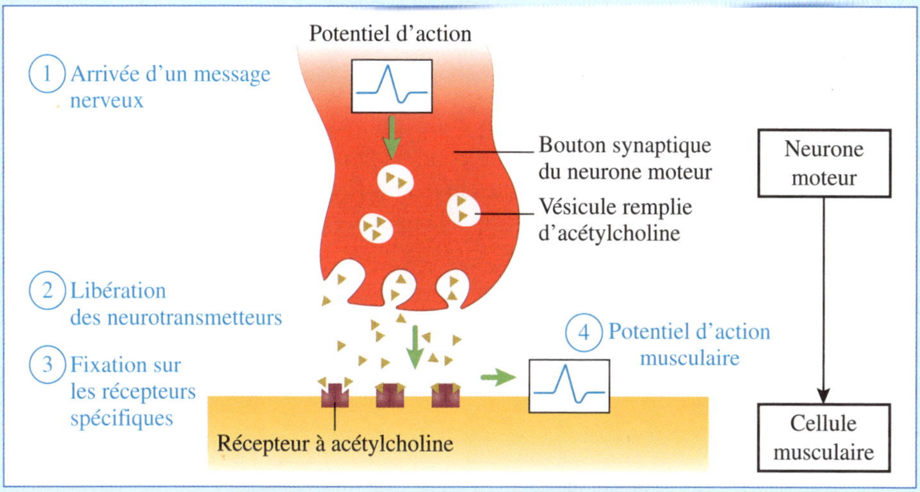

Schéma d'une synapse neuromusculaire

5 → Énoncé p. 281

1. L'affirmation exacte est la c).
2. L'affirmation exacte est la b).
3. L'affirmation exacte est la d).

6 → *Énoncé p. 282*

> **Méthode**
> **Structurer la réponse** afin qu'elle corresponde à une démarche explicative sous la forme d'une argumentation. Ne pas oublier de **définir les termes importants**.

Un réflexe myotatique correspond à la contraction d'un muscle en réponse à son propre étirement.

Montrons que la stimulation du muscle extenseur du membre postérieur du chat correspond bien à un étirement.

- Le muscle extenseur est détaché de l'organisme du chat au niveau du tendon inférieur. Celui ci est relié à un dynamomètre permettant notamment de mesurer l'étirement subi. Le muscle est orienté verticalement.
- Lorsque la planche bascule vers le bas, la distance entre l'insertion du muscle dans le corps du chat et le système d'enregistrement augmente : le muscle est donc étiré. En effet, l'appareil de mesure indique un étirement de 8 mm et l'activité nerveuse de la fibre sensorielle augmente fortement (fréquence des signaux électriques).

Montrons que le muscle extenseur répond à cette stimulation par une contraction.

- Dès le début de l'étirement, la tension développée par le muscle augmente fortement (de 8 à 32 Newtons) : le muscle répond à la stimulation par une contraction.

NB : Cependant cette contraction n'est pas suffisante pour ramener la tablette à sa position initiale.

Montrons que ces réactions sont réflexes et ne font pas intervenir le cerveau.

- Le chat est décérébré : il n'y a plus de connexion nerveuse entre son cerveau et le reste de son corps. Malgré cela, le muscle réagit. Il s'agit donc d'une réaction involontaire (réflexe) ne faisant intervenir que la moelle épinière comme centre nerveux, et non le cerveau.

7 → *Énoncé p. 284*

Ressemblances	Différences	
	Réflexe myotatique	**Réflexe de flexion**
• Réflexes médullaires (ou spinaux) : seule la moelle épinière est impliquée et non le cerveau.	• La stimulation est l'étirement du muscle. • Seul le membre concerné par la stimulation réagit (le muscle étiré se contracte). • Il y a un contact direct entre le neurone sensitif et le neurone moteur.	• La stimulation est une douleur au niveau de la peau. • Les deux membres réagissent (de manière opposée) : du côté de la stimulation, le muscle fléchisseur se contracte (le membre se retire); du côté opposé le muscle extenseur se contracte. • Il y a plusieurs relais synaptiques dans la moelle épinière.

SUJET DU BAC

Exercice 1 : Maîtrise des connaissances

→ Énoncé p. 286

Le réflexe myotatique, un exemple de commande réflexe du muscle

Un réflexe est un mouvement involontaire en réponse à une stimulation. Le réflexe myotatique correspond à la contraction d'un muscle en réponse à son propre étirement. Comment le réflexe myotatique permet-il le maintien de la position debout ?

> **Méthode**
> L'**introduction** d'une synthèse des connaissances doit comporter la **définition des mots-clés** du sujet, la **problématique** et l'**annonce du plan**.

Nous verrons, dans une première partie, les éléments mis en jeu dans le réflexe achilléen (extension du pied lors d'un coup porté sur le tendon d'Achille). Les relations entre ces éléments constituent un circuit appelé arc-réflexe, qui sera décrit dans une deuxième partie. Enfin, la troisième partie sera consacrée aux caractéristiques des messages nerveux élaborés, propagés et transmis le long de l'arc-réflexe.

I – Éléments mis en jeu dans le réflexe myotatique

a) Le fuseau neuromusculaire : un récepteur sensoriel

Le muscle impliqué dans le réflexe achilléen est le muscle extenseur du pied, il est situé au niveau du mollet.

Le fuseau neuromusculaire est un récepteur sensoriel sensible à l'étirement, situé au niveau du muscle. Il est constitué de cellules musculaires modifiées et de l'extrémité d'un neurone sensitif.

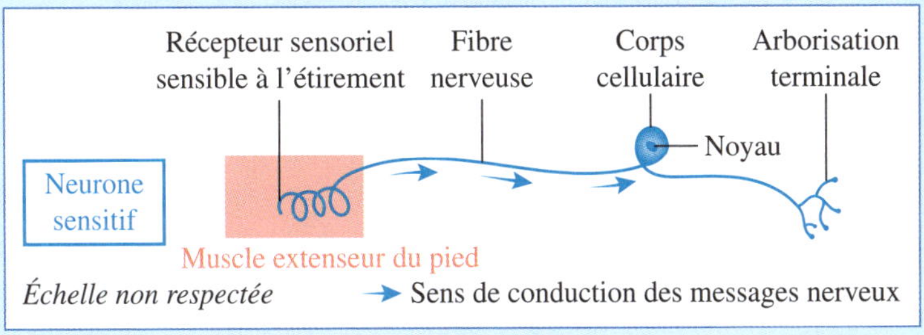

Schéma simplifié d'un neurone sensitif dont l'une des extrémités fait partie du fuseau neuromusculaire

b) Le réflexe myotatique : un réflexe médullaire

Le corps cellulaire du neurone sensitif se trouve au niveau d'un ganglion rachidien relié à la moelle épinière. Le neurone sensitif est relié au neurone moteur, situé dans la substance grise de la moelle épinière, et lui-même relié au muscle extenseur du pied.

Les fibres nerveuses sensitives et motrices sont réunies au sein d'un nerf rachidien émanant de la moelle épinière.

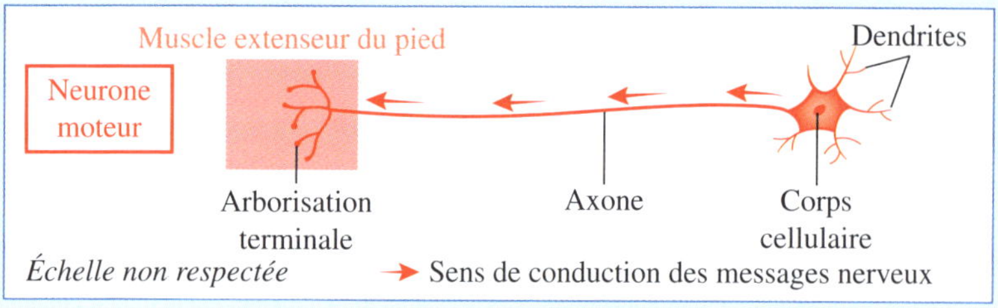

Schéma simplifié d'un neurone moteur dont l'arborisation terminale forme la jonction neuromusculaire

c) La jonction neuromusculaire

L'arborisation terminale du neurone moteur est reliée à un ensemble de cellules musculaires du muscle extenseur du pied.

Méthode

Un **schéma fonctionnel** peut parfois remplacer un long paragraphe descriptif. Il doit cependant être accompagné d'un **titre** et d'une **légende**.

II – L'arc-réflexe

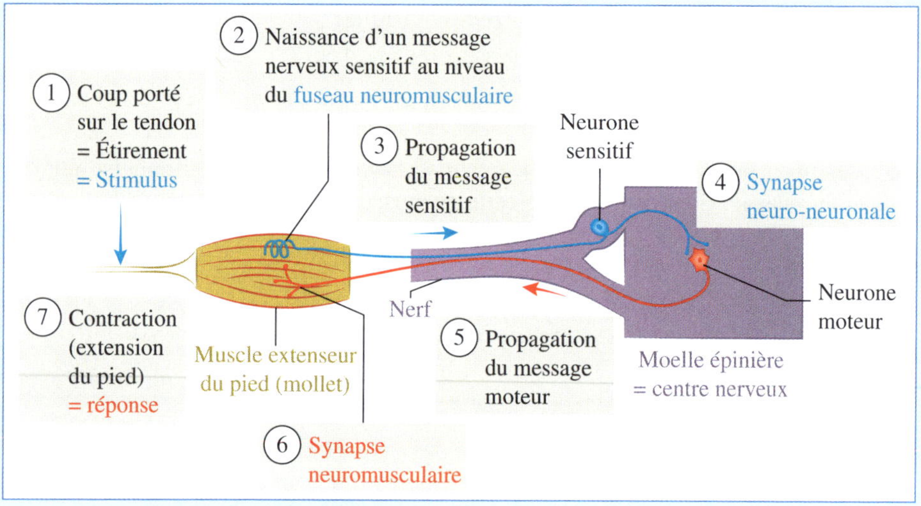

Schéma fonctionnel de l'arc-réflexe pour le réflexe myotatique achilléen

III – Les messages nerveux

a) Élaboration du message nerveux sensitif

Le message nerveux sensitif est élaboré au niveau du fuseau neuromusculaire sous la forme de potentiels d'action dont la fréquence dépend de l'intensité de stimulation.

Les potentiels d'action sont des dépolarisations transitoires de la membrane plasmique.

b) Propagation des messages nerveux

Les potentiels d'action se propagent sans atténuation et dans une seule direction le long des fibres nerveuses :
- pour les messages sensitifs, du muscle vers la moelle épinière ;
- pour les messages moteurs, de la moelle épinière vers le muscle.

Conseil

Ne pas oublier d'aérer votre copie en sautant des lignes entre les paragraphes afin de **faciliter la lecture pour le correcteur**.

c) Transmission des messages nerveux

Les messages nerveux sont transmis par les neurones au niveau de zones de contact appelées synapses. L'arrivée de potentiels d'action au niveau de l'arborisation terminale d'un neurone déclenche la libération de neurotransmetteurs dans la fente synaptique.

Dans la moelle épinière, une synapse neuro-neuronale permet de transmettre le message sensitif au neurone moteur.

Au niveau de la jonction neuromusculaire, une synapse entre le neurone moteur et la cellule musculaire permet de transmettre le message moteur.

Un potentiel d'action musculaire est alors généré, ce qui a pour conséquence de libérer les ions calcium (Ca^{2+}) du réticulum sarcoplasmique. En conséquence, la contraction du muscle extenseur est à l'origine du mouvement réflexe du pied.

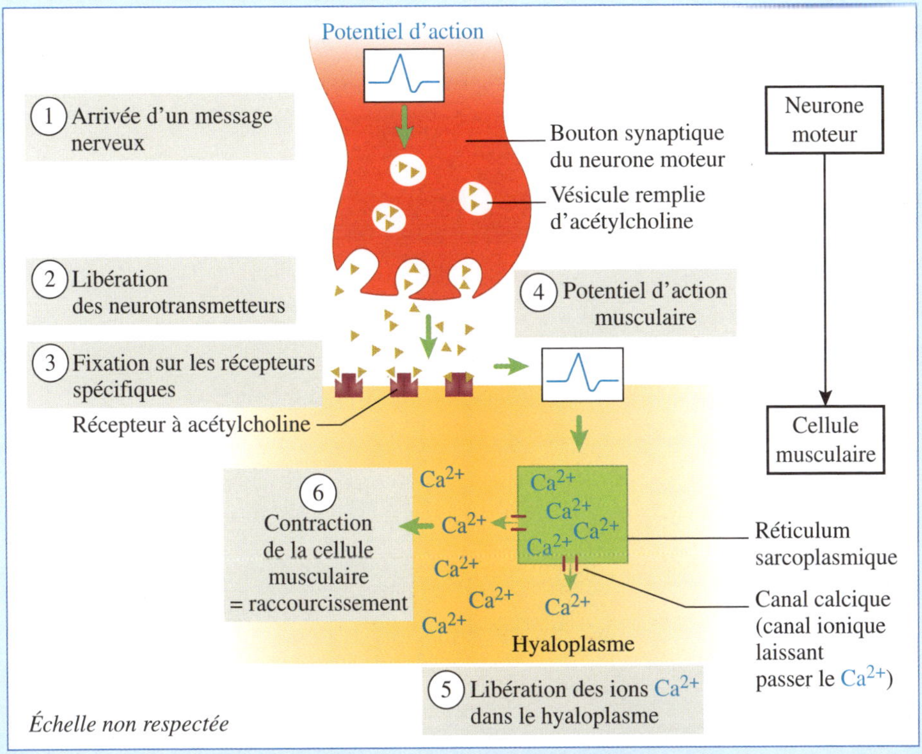

Fonctionnement de la jonction neuromusculaire

L'intensité des messages nerveux (codés en fréquence de potentiels d'action) est traduite en quantité de neurotransmetteurs libérés au niveau de la synapse (codage chimique), qui détermine elle-même l'intensité de contraction du muscle, et donc l'amplitude du mouvement.

Ainsi, les réflexes myotatiques contribuent au maintien de la station debout, et le test médical de leur bonne réalisation (réflexe achilléen, réflexe rotulien) permet d'apprécier l'intégrité du système neuromusculaire. Les réflexes myotatiques font intervenir uniquement la moelle épinière, ce qui explique la rapidité de leur exécution et leur caractère involontaire. À contrario, les mouvements volontaires impliquent l'élaboration et la transmission de messages nerveux au sein du cerveau.

Conseil

Une bonne **conclusion** reprend brièvement quelques **éléments clés de l'exposé** et peut proposer une **ouverture** en lien avec un autre point du programme ou une actualité.

La réalisation d'un mouvement volontaire

CHAPITRE 14

Le réflexe myotatique aboutit à une contraction automatique des muscles, sans intervention du cerveau. Les muscles peuvent également être contractés volontairement : dans ce cas, la commande nerveuse part du cerveau.

1 Aires cérébrales de la motricité volontaire

■ Le cerveau est composé d'un ensemble de cellules nerveuses : les **neurones***. Les **cellules gliales*** forment l'environnement des neurones et assurent leur bon fonctionnement (apport de nutriments et de dioxygène, défense contre les pathogènes).

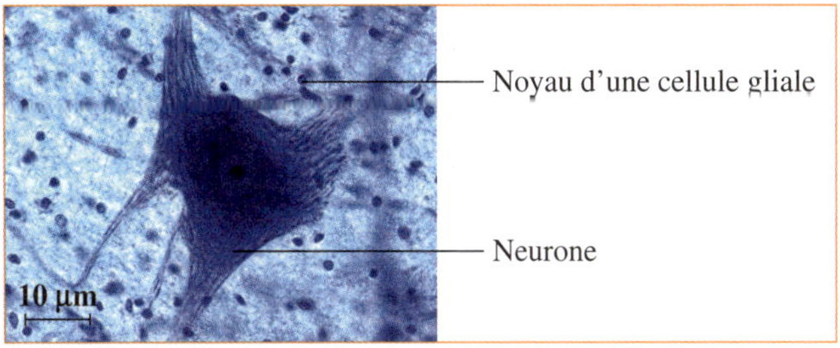

Figure 1 *Neurone entouré de cellules gliales*

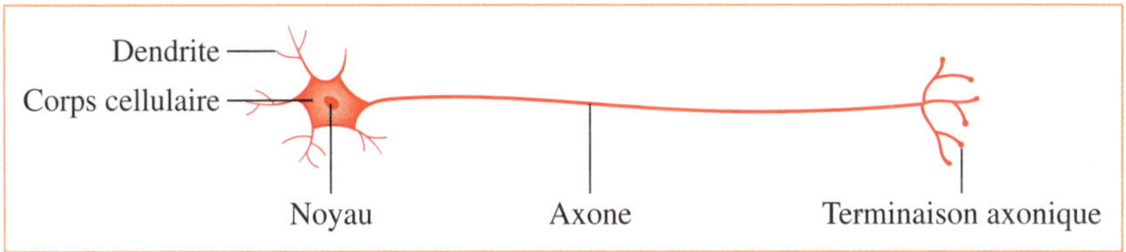

Figure 2 *Structure d'un neurone*

■ L'exploration fonctionnelle du cortex cérébral met en évidence sa spécialisation. La commande du mouvement volontaire est permise par l'**aire motrice primaire***.

■ L'aire motrice primaire collabore avec d'autres aires corticales (**aire pré-motrice*** et **aire motrice supplémentaire***) formant le **cortex moteur**. Les aires pré-motrice et motrice supplémentaires permettent la planification et l'organisation du mouvement.

■ L'aire motrice primaire collabore également avec le **cortex pariétal*** : les intentions du mouvement y sont élaborées.

■ L'aire motrice primaire contrôle la réalisation des mouvements suite à l'**intégration des messages nerveux** provenant du cortex pariétal, de l'aire pré-motrice et de l'aire motrice supplémentaire.

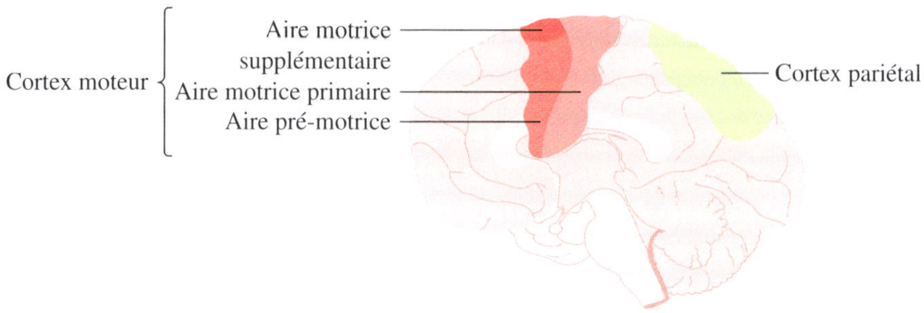

Figure 3 *Localisation des zones cérébrales impliquées dans la motricité volontaire*

■ Les muscles de chaque région du corps sont contrôlés par une zone particulière de l'aire motrice primaire : on représente alors cela sous la forme d'un *Homunculus* moteur, sur lequel chaque région du corps est associée à une zone de l'aire motrice primaire la contrôlant. Plus la surface est grande dans l'aire motrice primaire, plus la précision des mouvements est importante.

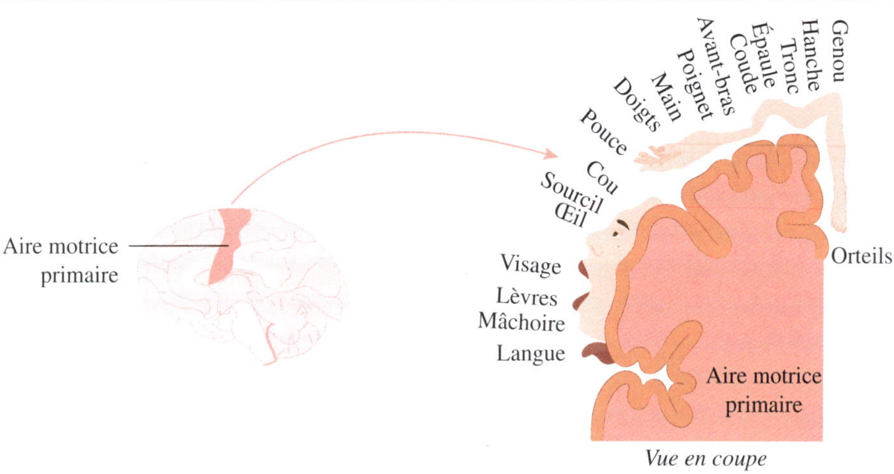

Figure 4 *Homonculus moteur*

2 Organisation des voies motrices

■ Les neurones de l'aire motrice projettent leurs axones dans la moelle épinière et transmettent ainsi les messages nerveux moteurs. Les terminaisons axoniques de ces neurones établissent des **synapses***, avec des **neurones moteurs*** (ou motoneurones) de la moelle épinière.

■ À chaque instant, le corps cellulaire d'un neurone moteur est soumis à l'influence de nombreuses synapses. Ces synapses sont mises en place par un neurone de l'aire motrice primaire et des neurones sensoriels. Le neurone moteur intègre tous ces messages nerveux : on parle de **sommation***.

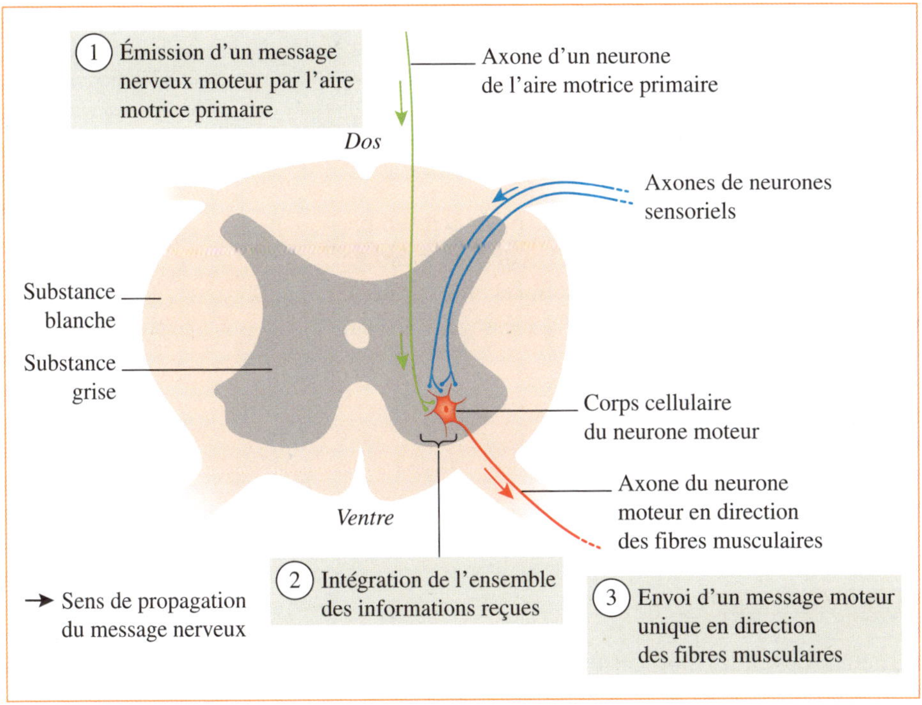

Figure 5 *Intégration des messages nerveux par le neurone moteur*

■ Le neurone moteur effectue une sommation temporelle et spatiale des informations reçues. La **sommation temporelle*** consiste à intégrer les informations nerveuses provenant d'un même neurone à différents instants très rapprochés dans le temps. La **sommation spatiale*** consiste à intégrer les informations nerveuses provenant de différents neurones à un même instant. Les messages nerveux reçus peuvent être **stimulateurs** ou **inhibiteurs**.

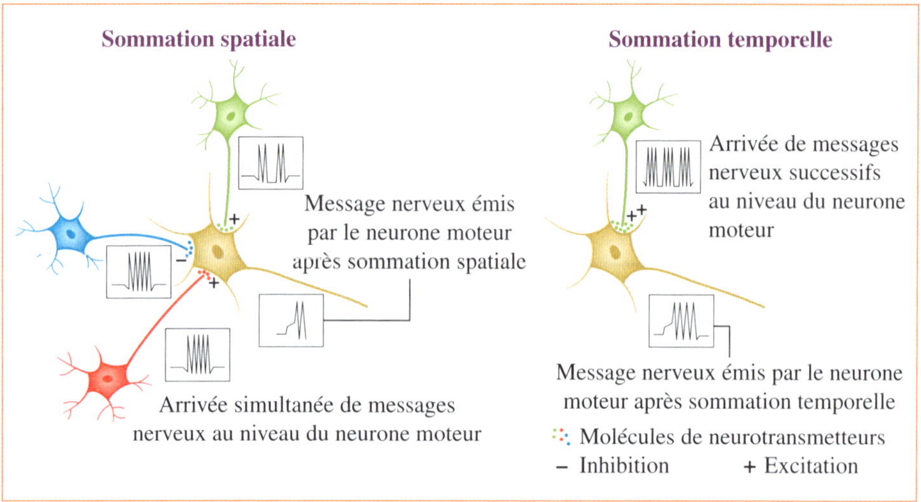

Figure 6 *Intégration des informations reçues par le neurone moteur*

■ L'intégration par le neurone moteur de l'ensemble des informations reçues permet l'envoi d'un message moteur unique en direction des fibres musculaires. Chaque **fibre musculaire*** reçoit le message d'un seul neurone moteur.

Remarque

Un muscle est constitué d'un ensemble de cellules nommées **fibres musculaires**.

3 Plasticité cérébrale

A. Apprentissages

■ L'étude des cartes motrices montre des variations entre les individus. Ces différences sont le résultat d'un apprentissage différent.

Ex. : La zone de l'aire motrice primaire affectée aux mouvements des mains occupe plus de surface chez une pianiste que chez une personne ne jouant pas au piano. Cette différence anatomique s'explique par une différence d'apprentissage.

■ Ainsi, le cerveau n'est pas une structure figée. Il est au contraire capable de modifier son organisation en réponse à une stimulation environnementale : on appelle cela la **plasticité cérébrale***.

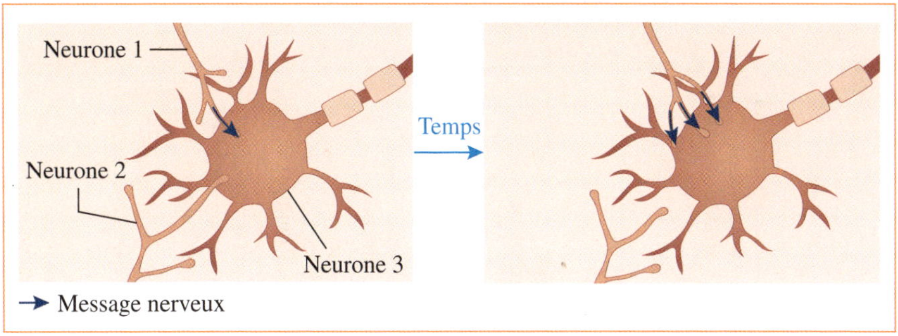

Figure 7 *La plasticité cérébrale*

Les connexions synaptiques peuvent changer avec le temps, en fonction de l'activité des synapses. Une activité intense à la synapse du neurone 1 sur le neurone 3 conduit à l'augmentation du nombre de terminaisons synaptiques du neurone 1 sur le neurone 3. L'absence d'activité à la synapse du neurone 2 sur le neurone 3 conduit à une perte de connexions fonctionnelles avec le neurone 3.

B. Récupération suite à un dysfonctionnement du système nerveux

■ Le système nerveux est un système fragile. Des lésions ou certaines maladies peuvent conduire à des dysfonctionnements du système nerveux. Ces dysfonctionnements modifient le comportement (difficulté voire impossibilité à réaliser certains mouvements) et ont des conséquences sur la santé.

Ex. : Un accident vasculaire cérébral (AVC) peut perturber la réalisation de mouvements. Un AVC correspond soit à l'obstruction, soit à la rupture d'un vaisseau sanguin dans le cerveau, conduisant à un arrêt de l'apport de dioxygène pour la zone concernée.

Remarque

Un **AVC** entraîne une destruction irrémédiable de la partie du cerveau concerné par l'accident.

■ La récupération de la fonction cérébrale après un accident repose aussi sur la plasticité cérébrale.

Ex. : Lors d'un AVC affectant une partie de l'aire motrice primaire, la récupération des fonctions motrices est permise par un remaniement de l'organisation de l'aire motrice primaire. L'aire motrice primaire se réorganise dans les zones non affectées par l'AVC.

CARTE MENTALE

LA RÉALISATION D'UN MOUVEMENT VOLONTAIRE

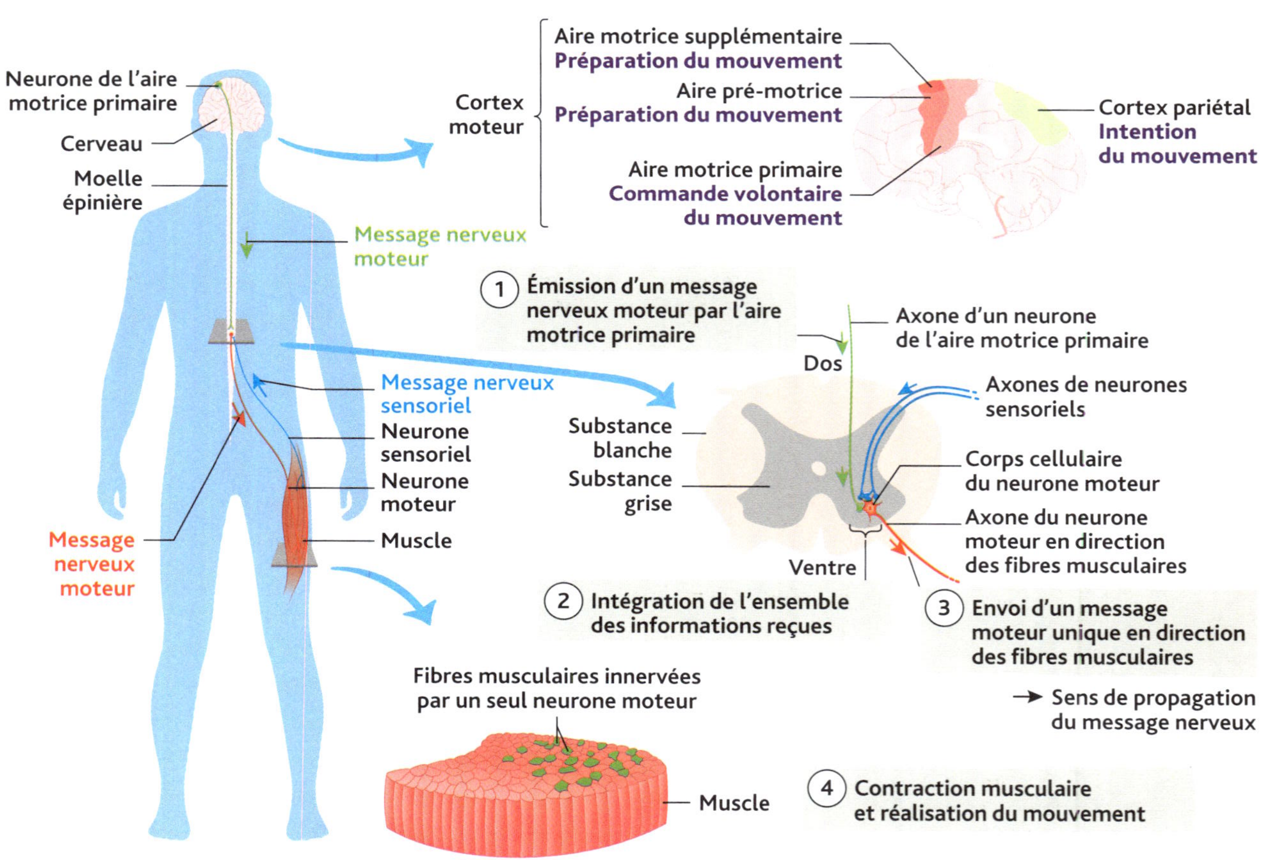

EXERCICES

Connaître le cours

1 2 min ★ Vrai ou faux ?

Relever la (ou les) affirmation(s) exacte(s).
L'aire motrice primaire :
a) permet la préparation du mouvement.
b) permet la commande volontaire du mouvement.
c) permet l'initiation du mouvement.
d) collabore avec d'autres zones du cerveau.

→ *Corrigé p. 304*

2 2 min ★ Vrai ou faux ?

Relever la (ou les) affirmation(s) exacte(s).
Le cerveau est :
a) composé uniquement de neurones.
b) composé uniquement de cellules gliales.
c) une structure figée.
d) une structure capable de plasticité.

→ *Corrigé p. 304*

3 10 min ★ Restitution de connaissances

Expliquer le rôle du neurone moteur dans la réalisation d'un mouvement volontaire.

→ *Corrigé p. 304*

4 10 min ★ Schématiser le cours

Schématiser, sur le schéma fonctionnel ci-dessous, le circuit des messages nerveux entre le cortex pariétal, l'aire pré-motrice, l'aire motrice supplémentaire et l'aire motrice primaire ainsi que le message nerveux émis par l'aire motrice primaire.

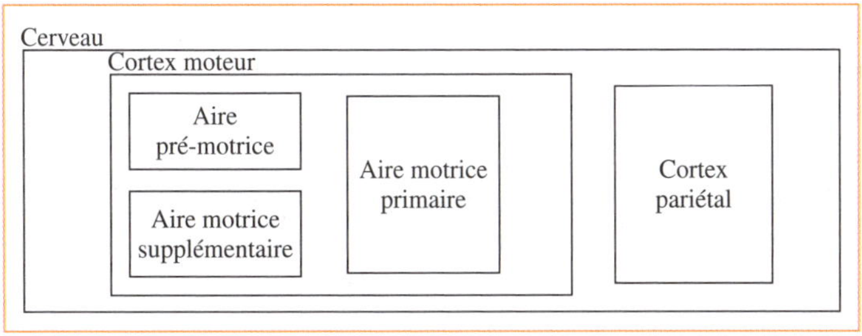

→ *Corrigé p. 304*

S'entraîner

5 15 min ★ Une greffe des mains

Un homme a subi en 1996 la section accidentelle de ses deux mains. En 2000, une greffe bilatérale des mains a été pratiquée à Lyon.

Les mouvements de la main sont effectués grâce aux muscles de l'avant-bras. Avant l'opération, cet homme amputé des mains pouvait contracter les muscles de ses avant-bras.

Par IRMf, on suit l'activité de l'aire motrice primaire lors d'un mouvement des mains ou des avant-bras.

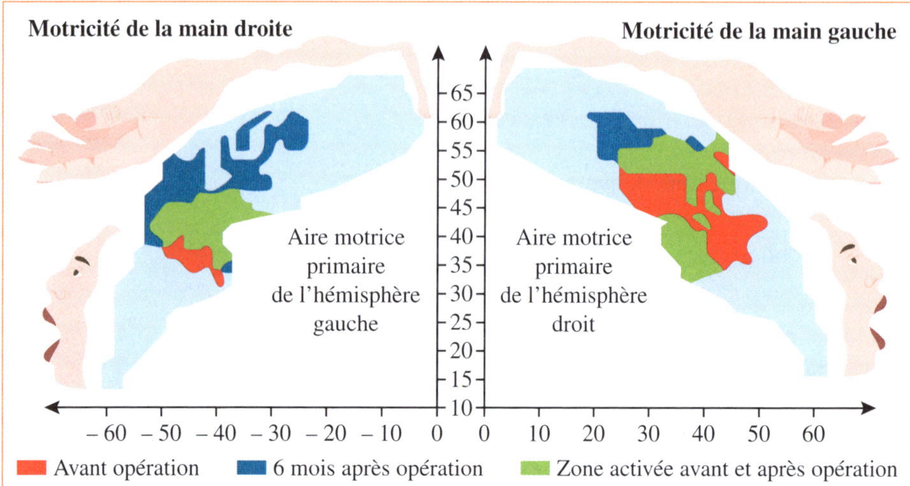

Source : P. Giraux et al., *Nature, 2001*

Zones actives de l'aire motrice primaire droite et gauche du patient lors de mouvements des avant-bras ou des mains

1. Préciser quelles sont les conséquences d'une greffe des mains sur l'organisation de l'aire motrice primaire.

2. Nommer le mécanisme cérébral mis en évidence par la comparaison des zones activées de l'aire motrice primaire avant et après la greffe.

3. La position, après greffe, de la zone activée lors de mouvements des mains est proche de la zone avant la section accidentelle des deux mains. Expliquer pourquoi, suite à la section des deux mains, les zones activées par un mouvement des mains ou des avant-bras se sont réduites.

→ Corrigé p. 304

6 15 min ★ Pratique du piano

On étudie les effets d'un entraînement moteur au travers des mouvements des doigts. Chaque jour, pendant 5 jours, 3 groupes de 6 personnes non musiciennes viennent pratiquer le piano (ou ne rien faire) pendant 2 heures :

- Groupe 1 : les personnes pratiquent une séquence de huit notes à faire avec la main droite (notamment avec le doigt le plus long) au piano avec un métronome.
- Groupe 2 : les personnes jouent ce qu'elles veulent au piano mais n'ont pas le droit de jouer des séquences fixes.
- Groupe 3 : les personnes ne font rien.

Tous les jours, on procède à une stimulation magnétique transcrânienne (TMS) qui permet de définir la cartographie des zones motrices corticales pour les muscles fléchisseurs et extenseurs du plus long doigt de la main droite. L'activité de la zone corticale mesurée pour les 3 groupes pendant les 5 jours est présentée dans le tableau suivant.

Groupes	Activité des zones du cortex moteur des muscles fléchisseurs et extenseurs du plus long doigt (majeur) de la main droite.					
		Jour 1	Jour 2	Jour 3	Jour 4	Jour 5
Groupe 1	Muscles fléchisseurs	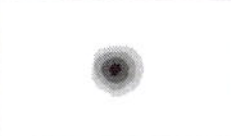	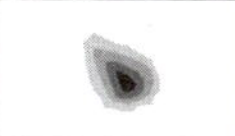		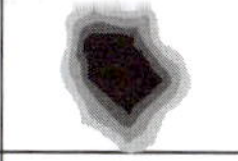	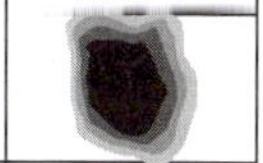
	Muscles extenseurs	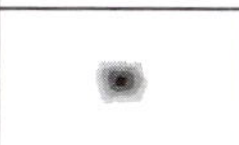	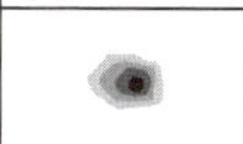	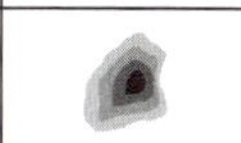	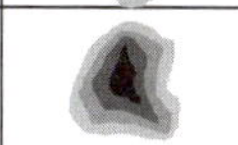	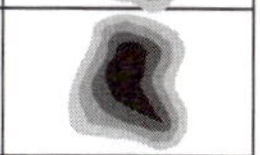
Groupe 2	Muscles fléchisseurs	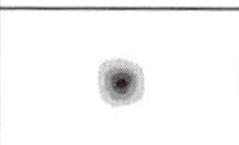			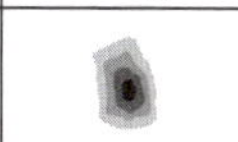	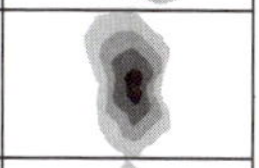
	Muscles extenseurs	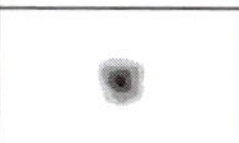	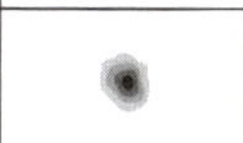	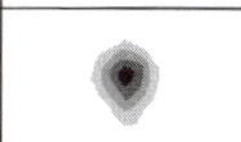	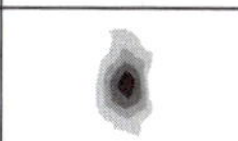	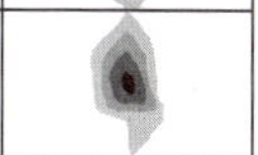
Groupe 3	Muscles fléchisseurs	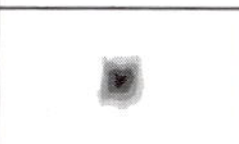	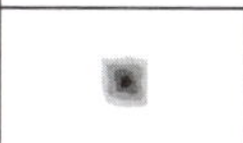	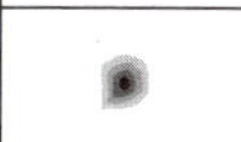	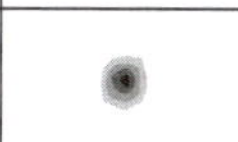	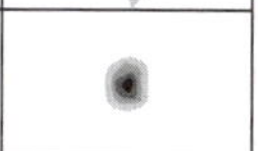
	Muscles extenseurs	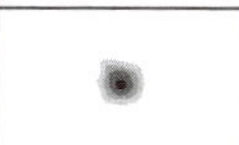	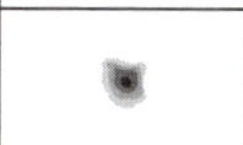	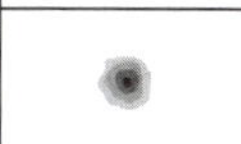	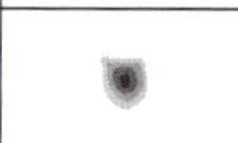	

Augmentation de l'activité corticale

2 cm

Source : Elbert et al., *1998*

Évolution de la zone corticale motrice dédiée au majeur en fonction de l'entraînement au piano

Présenter et expliquer les effets de l'entraînement au piano sur le cortex moteur.

→ Corrigé p. 305

7 20 min ★★★ Motricité volontaire

Un singe reçoit une stimulation tactile au temps 0, en réponse il effectue alors un mouvement volontaire des doigts au temps 10.

Les graphes traduisent l'activité, exprimée en %, des cellules nerveuses de diverses aires corticales mises en jeu en fonction du temps.

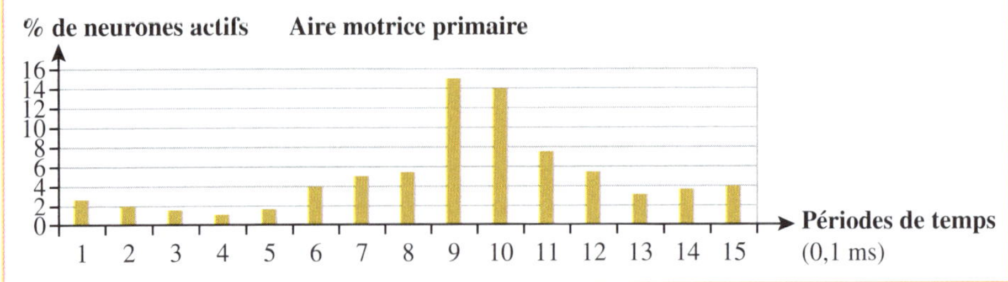

Figure 1 *Activité des neurones de l'aire motrice primaire lors de l'expérience*

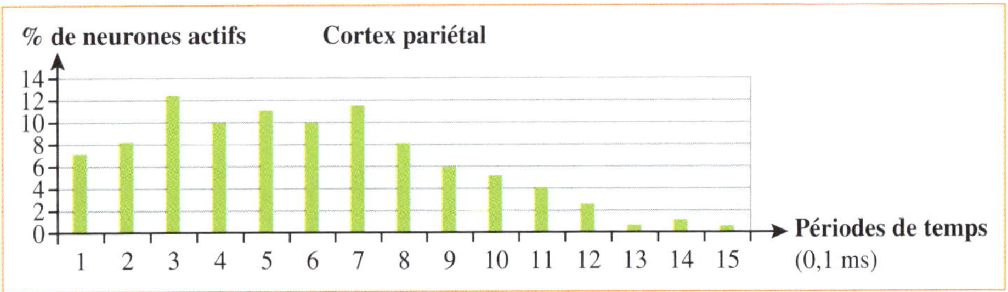

Figure 2 *Activité des neurones du cortex pariétal lors de l'expérience*

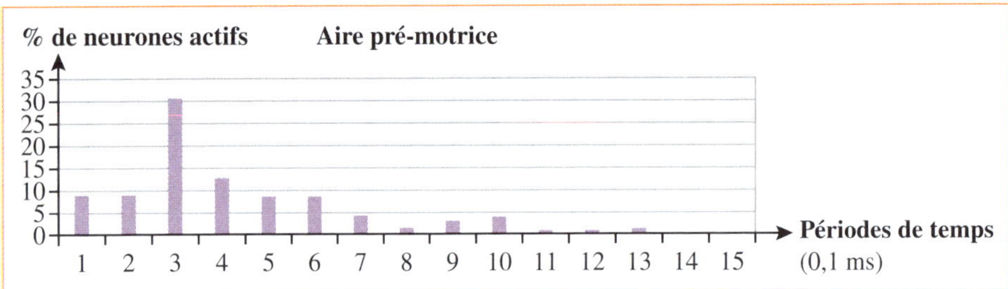

Figure 3 *Activité des neurones de l'aire pré-motrice lors de l'expérience*

Déterminer l'ordre probable de mobilisation des aires corticales dans la motricité volontaire, en expliquant la démarche entreprise.

→ *Corrigé p. 305*

SUJET DU BAC

Exercice 1 : Maîtrise des connaissances 1 h 30 7 points

La réalisation d'un mouvement volontaire

Présenter les structures et les étapes nécessaires à la réalisation d'un mouvement volontaire.

La description des mécanismes à l'origine de la contraction du muscle n'est pas attendue. L'exposé structuré sera illustré et comportera une introduction et une conclusion.

→ Corrigé p. 306

CORRIGÉS

1 → *Énoncé p. 299*

Les affirmations exactes sont b) et d).

2 → *Énoncé p. 299*

L'affirmation exacte est la d).

3 → *Énoncé p. 299*

Le neurone moteur, présent dans la moelle épinière, intègre les informations nerveuses reçues de la part d'un neurone de l'aire motrice primaire et de neurones sensoriels. Il réalise la sommation spatiale et temporelle de toutes les informations nerveuses permettant l'envoi d'un message moteur unique en direction des fibres musculaires. Chaque fibre musculaire reçoit le message d'un seul neurone moteur conduisant à la contraction de la fibre à l'origine d'un mouvement.

4 → *Énoncé p. 299*

Remarque

Faire le **schéma** suffisamment grand.
Ne pas oublier la **légende** et le **titre**.

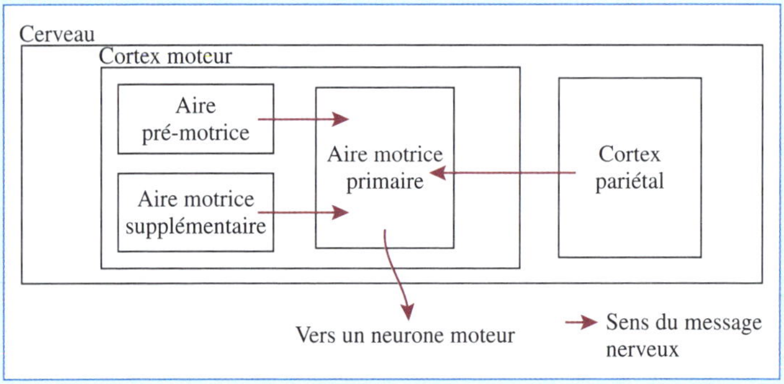

Schéma fonctionnel de la collaboration entre les aires cérébrales intervenant dans le mouvement volontaire et production d'un message nerveux par l'aire motrice primaire

5 → *Énoncé p. 300*

1. Suite à la greffe des deux mains, il y a une réorganisation de l'aire motrice primaire : les zones activées lors du mouvement des mains migrent vers le haut de l'aire motrice primaire et sont plus importantes qu'avant la greffe.

2. La comparaison des zones activées de l'aire motrice primaire avant et après la greffe met en évidence la plasticité cérébrale.

3. Suite à la section des deux mains, les zones activées par un mouvement des mains ou des avant-bras se sont réduites car les neurones de ces zones ont été beaucoup moins sollicités. La plasticité cérébrale a conduit à une réorganisation de l'aire motrice primaire : les zones attribuées à d'autres parties du corps se sont agrandies tandis que celles des mains/avant-bras se sont réduites.

6 → *Énoncé p. 301*

L'entraînement au piano chez les sujets du groupe 1 et du groupe 2 conduit à une augmentation de la taille de la zone du cortex moteur dédiée au majeur en comparaison avec les sujets du groupe 3. En effet, la zone activée à J5 fait environ 4 cm x 4 cm pour les individus du groupe 1 et 4 cm x 3 cm pour les individus du groupe 2 contre seulement 1 cm x 1 cm pour les individus du groupe 3. L'entraînement conduit à une réorganisation du cortex moteur car les neurones associés au contrôle du majeur sont bien plus activés : on parle de plasticité cérébrale.

> **Conseil**
>
> **Citer des valeurs** pour justifier le propos.

7 → *Énoncé p. 302*

Il y a toujours un niveau basal d'activité des neurones des aires corticales impliquées dans la motricité volontaire. Pour déterminer l'ordre de mobilisation des aires corticales dans la motricité volontaire, il faut déterminer les périodes à partir desquelles il y a une augmentation du nombre de neurones actifs suite à la stimulation.

Pour l'aire motrice primaire, on observe une augmentation de la quantité de neurones actifs à partir de la période 5 passant de 2 % à 15 % à la période 9.

Pour le cortex pariétal, on observe une augmentation de la quantité de neurones actifs dès la période 1 passant de 7 % à 13 % à la période 3.

Pour l'aire pré-motrice, on observe une augmentation de la quantité de neurones actifs à la période 3 : il passe d'environ 10 % à la période 2 à 30 % à la période 3.

On en déduit qu'il y a d'abord mobilisation du cortex pariétal puis de l'aire pré-motrice et enfin de l'aire motrice primaire lors de la réalisation d'un mouvement volontaire.

SUJET DU BAC

Exercice 1 : Maîtrise des connaissances → Énoncé p. 303

La commande volontaire du mouvement fait intervenir le cerveau, ce qui n'est pas le cas des mouvements réflexes.

Quelles sont les structures impliquées dans la réalisation d'un mouvement volontaire ? Comment se réalise-t-il ?

Conseil

Penser à bien structurer la réponse à l'aide d'un **plan logique**.

I – Les structures impliquées dans la réalisation d'un mouvement volontaire

a) Les aires cérébrales spécialisées dans la motricité volontaire

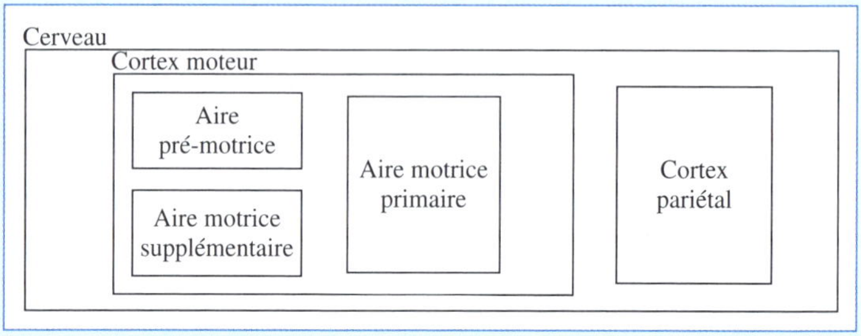

Figure 1 *Les différentes zones cérébrales impliquées dans la motricité volontaire.*

L'exploration fonctionnelle du cortex cérébral met en évidence sa spécialisation.

Les aires pré-motrice et motrice supplémentaires permettent la planification et l'organisation du mouvement. La commande du mouvement volontaire est permise par l'aire motrice primaire reliée aux neurones moteur de la moelle épinière. Ces trois aires forment le cortex moteur.

Le cortex pariétal participe aussi à la réalisation d'un mouvement volontaire : il est le lieu où les intentions du mouvement sont élaborées.

b) Les neurones, les cellules produisant les messages nerveux

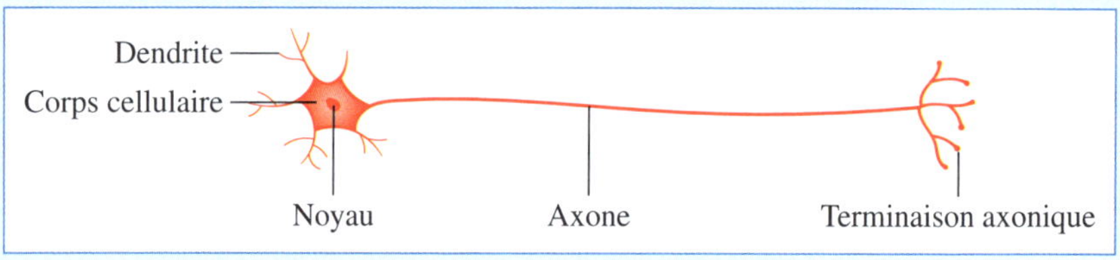

Figure 2 *Structure d'un neurone*

Les neurones sont les cellules nerveuses présentes dans le cerveau et dans la moelle épinière. Ils transmettent le message nerveux du cerveau aux muscles par l'intermédiaire de plusieurs neurones.

Remarque

Illustrer la réponse à l'aide de **schémas** suffisamment grands.
Il ne faut pas oublier le **titre** et la **légende**.

c) Les muscles, effecteurs du mouvement

Les muscles sont les effecteurs du mouvement. Grâce à la contraction des muscles, l'organisme est mis en mouvement.

Comment se déroule la commande volontaire du mouvement ?

II – La réalisation d'un mouvement volontaire : un processus en plusieurs étapes

a) L'élaboration du message nerveux moteur dans le cerveau

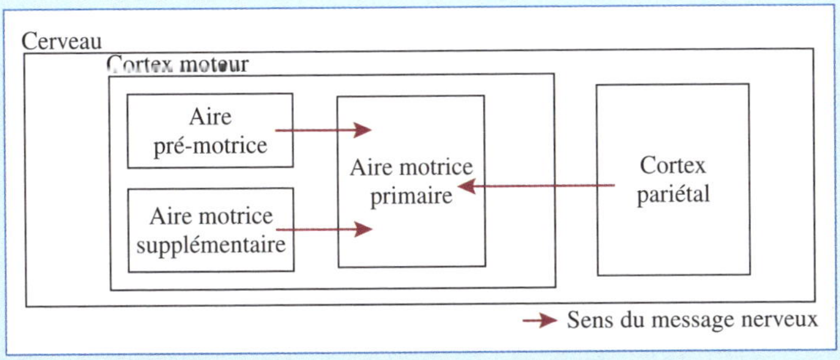

Figure 3 *La collaboration entre les aires cérébrales intervenant dans le mouvement volontaire et la production d'un message nerveux par l'aire motrice primaire*

L'aire motrice primaire collabore avec les aires pré-motrice et motrice supplémentaires ainsi qu'avec le cortex pariétal. Elle procède à l'intégration des messages nerveux provenant du cortex pariétal, de l'aire pré-motrice et de l'aire motrice supplémentaire. Un message nerveux moteur unique est produit par un neurone de l'aire motrice.

b) La propagation du message nerveux moteur le long de la moelle épinière

Le message nerveux en provenance de l'aire motrice primaire circule dans la moelle épinière, le long de l'axone d'un neurone dont le corps cellulaire se trouve dans l'aire motrice primaire. La terminaison axonale de ce neurone fait synapse sur un neurone moteur présent dans la moelle épinière.

c) L'intégration des messages nerveux par le neurone moteur

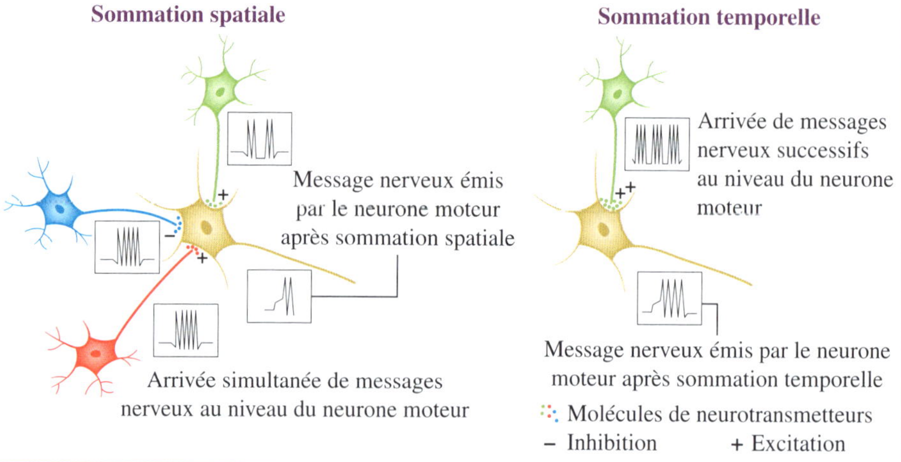

Figure 4 *L'intégration des messages nerveux par le neurone moteur*

Le neurone moteur intègre les informations provenant du neurone de l'aire motrice primaire ainsi que de neurones sensoriels : on parle de sommation.

Le neurone moteur effectue une sommation temporelle et spatiale des informations reçues. La sommation temporelle consiste à intégrer les informations nerveuses provenant d'un même neurone à différents instants très rapprochés. La sommation spatiale consiste à intégrer les informations nerveuses provenant de différents neurones à un même instant.

L'intégration par le neurone moteur de l'ensemble des informations reçues permet l'envoi d'un message moteur unique en direction des fibres musculaires. Chaque fibre musculaire reçoit le message d'un seul neurone moteur.

> **Rappel**
> **Fibre musculaire** ou **cellule musculaire** désignent la même chose.

d) La contraction du muscle

En réponse au message nerveux du neurone moteur, l'ensemble des fibres musculaires innervées par ce neurone se contractent. Cela conduit à la contraduction du muscle et à la réalisation d'un mouvement.

> **Remarque**
> Si le sujet ne précise pas le contraire, il est nécessaire de **détailler le mécanisme** à l'origine de la contraction du muscle. Voir chapitre 16.

Pour conclure, la réalisation d'un mouvement volontaire implique des zones particulières du cerveau, dont notamment l'aire motrice primaire. Cette zone élabore un message nerveux unique par sommation de tous les messages nerveux qu'elle reçoit. Ce message nerveux unique circule le long de neurones jusqu'au muscle. L'arrivée du message nerveux entraine la contraction du muscle.

Le cerveau, un organe fragile à préserver

CHAPITRE 15

Le cerveau joue un rôle important dans le fonctionnement de l'organisme humain : régulation du fonctionnement d'autres organes (action sur les muscles, les glandes…) et fonctions cognitives.

1 Transmission des messages nerveux dans le cerveau

A. Propagation électrique le long des neurones

■ Les aires du **cortex cérébral** (aires corticales) communiquent entre elles par des voies nerveuses constituées par des **chaînes de neurones**.

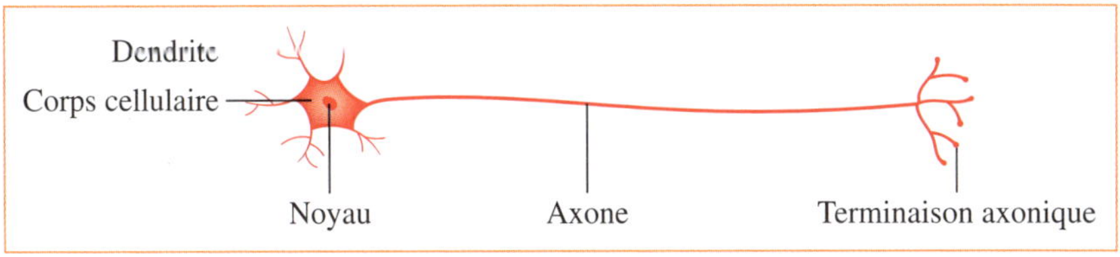

Figure 1 *Structure d'un neurone*

■ Le long d'un neurone, **le message nerveux est de nature électrique** et se propage sous la forme de **potentiels d'action**. Un potentiel d'action est une inversion transitoire de la polarité de la membrane plasmique, c'est-à-dire une **dépolarisation***, suivie d'un retour au potentiel de repos. Un potentiel d'action est un signal stéréotypé qui a toujours la même forme et la même amplitude.

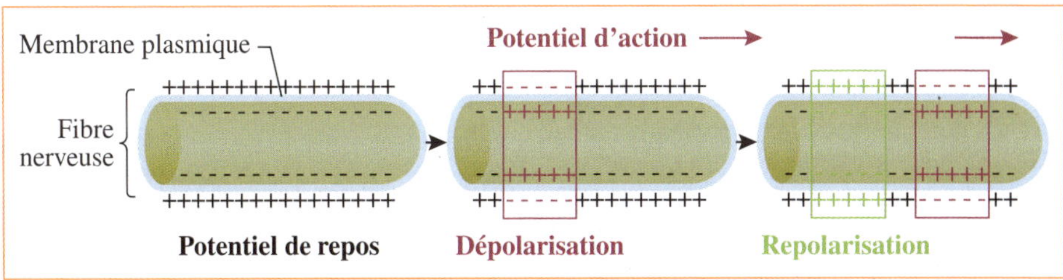

Figure 2 *Potentiel de repos et potentiel d'action*

■ L'information circulant dans les neurones est **codée en fréquence de potentiels d'action** : cela signifie que le message est modifié en fonction du nombre de potentiels d'action par unité de temps.

B. Transmission chimique entre neurones au niveau des synapses

■ La transmission du message nerveux entre les neurones se fait au niveau des synapses par l'intermédiaire de **substances chimiques** nommées **neurotransmetteurs***.

■ La fréquence des potentiels d'action qui arrivent au niveau de la terminaison synaptique du neurone pré-synaptique détermine la quantité de neurotransmetteurs libérés dans la fente synaptique : il s'agit d'un **codage en concentration de neurotransmetteurs**.

■ La fixation des neurotransmetteurs sur des **récepteurs*** spécifiques situés sur la membrane du neurone post-synaptique entraîne la naissance d'un nouveau message nerveux.

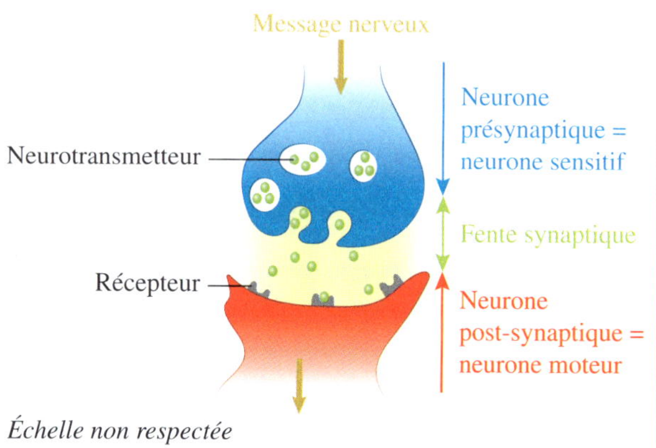

Figure 3 *Structure et fonctionnement d'une synapse neuro-neuronale*

■ La concentration ainsi que le type de neurotransmetteurs module la fréquence des potentiels d'actions du neurone post-synaptique.

Ex. : Le glutamate a un effet stimulateur tandis que le GABA a un effet inhibiteur sur le neurone post-synaptique.

■ Le neurone post-synaptique effectue une sommation temporelle et spatiale des messages nerveux stimulateurs et/ou inhibiteurs reçus.

Remarque

Les neurones utilisant le **GABA** et le **glutamate** comme neurotransmetteurs représentent plus de 80 % des neurones du cerveau et sont respectivement les **systèmes d'inhibition** et **d'excitation** du cerveau les plus importants.

– La **sommation temporelle*** consiste à intégrer les informations nerveuses provenant d'un même neurone à différents instants.
– La **sommation spatiale*** consiste à intégrer les informations nerveuses provenant de différents neurones à un même instant.

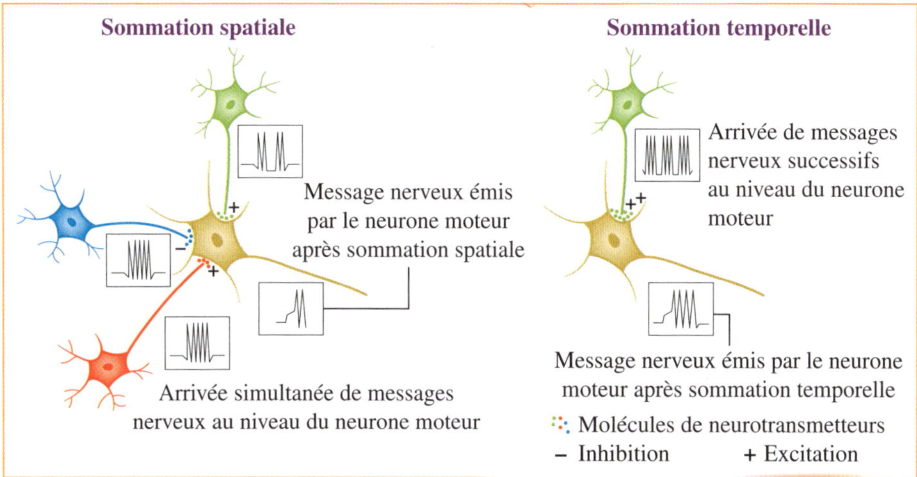

Figure 4 *Intégration des informations reçues par le neurone moteur*

2 Conséquences de la prise de molécules exogènes

■ La prise de **molécules exogènes*** (alcool, drogues, certains médicaments,…) peut entraîner la perturbation des messages nerveux dans le cerveau. Toutes les molécules exogènes n'agissent pas de la même façon dans le cerveau.

■ L'action de certaines de ces molécules est due à la **similitude de leur structure moléculaire** avec celle de certains neurotransmetteurs du cerveau auxquels elles se substituent : elles sont donc capables de se fixer sur les récepteurs du neurone post-synaptique.

Ex. : Le LSD est capable de se fixer sur les récepteurs à la sérotonine (neurotransmetteur) et la nicotine sur ceux à l'acétylcholine (neurotransmetteur).

■ Certaines de ces molécules **empêchent la recapture des neurotransmetteurs** sécrétés au niveau de la fente synaptique : cela augmente l'effet des neurotransmetteurs.

Ex. : La cocaïne empêche la recapture de la dopamine (neurotransmetteur) et l'ecstasy celle de la sérotonine.

■ D'autres de ces molécules **empêchent le fonctionnement normal des récepteurs spécifiques** des neurotransmetteurs.

Ex. : L'alcool réduit le pouvoir excitateur du glutamate (neurotransmetteur) sur certains récepteurs.

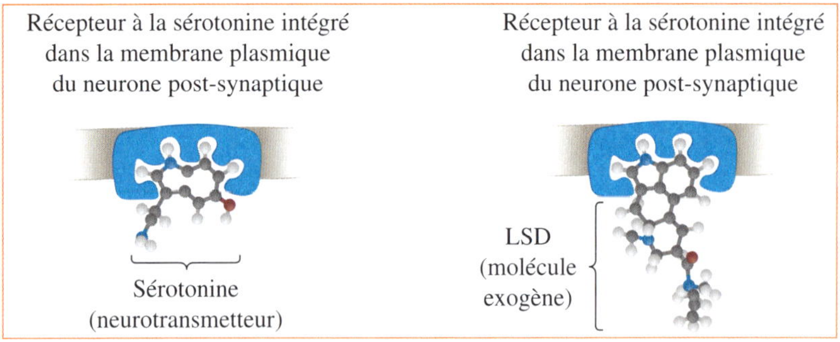

Figure 5 *Comparaison moléculaire entre la sérotonine (neurotransmetteur) et le LSD (molécule exogène) fixé sur le récepteur à la sérotonine*

■ Il existe, dans le cerveau, des neurones faisant partie d'un système nommé « **circuit de la récompense*** » : ce circuit est complexe mais le noyau *accumbens* et l'aire tegmentale ventrale, deux zones du cerveau, jouent un rôle important. L'activation des neurones du circuit de la récompense conduit à une **sensation de plaisir**.

■ Les molécules exogènes augmentent l'activité général du circuit de la récompense : cela conduit à un renforcement du comportement (prise de molécules exogènes) et donc à des comportements addictifs. En effet, l'augmentation artificielle d'un neurotransmetteur peut conduire à une diminution de sa production naturelle par le corps. Ainsi, quand l'apport extérieur de la drogue cesse, l'organisme est en état de manque, ce qui conduit à consommer à nouveau.

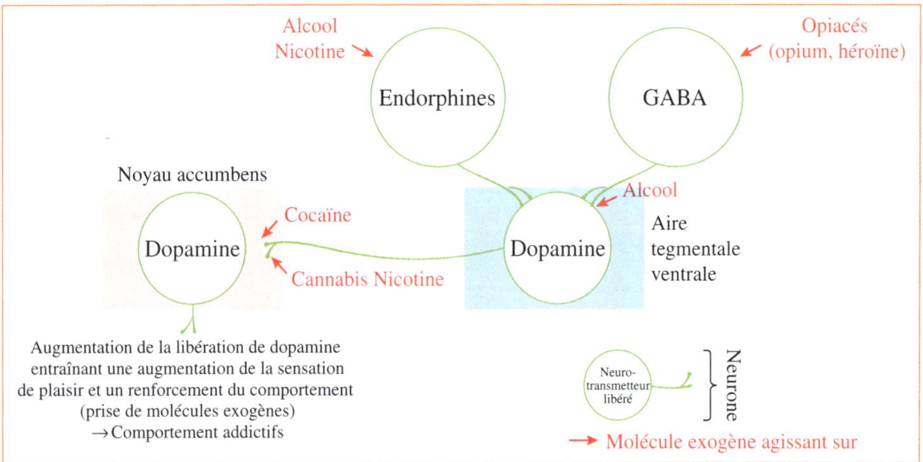

Figure 6 *Niveau d'action de quelques molécules exogènes sur le circuit de la récompense*

LES MESSAGES NERVEUX DANS LE CERVEAU

Un neurone de cerveau

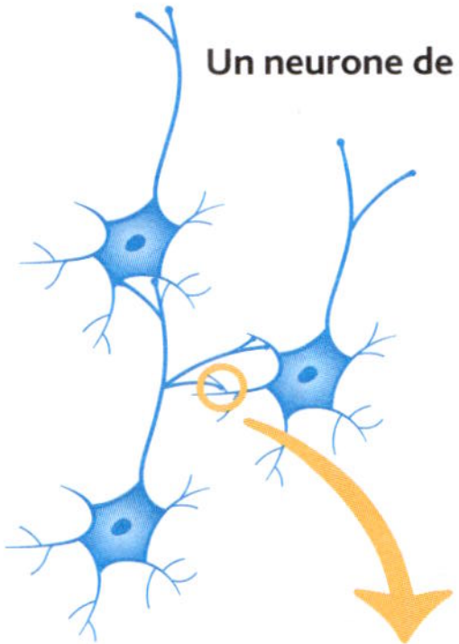

DÉTAIL AU NIVEAU D'UNE SYNAPSE

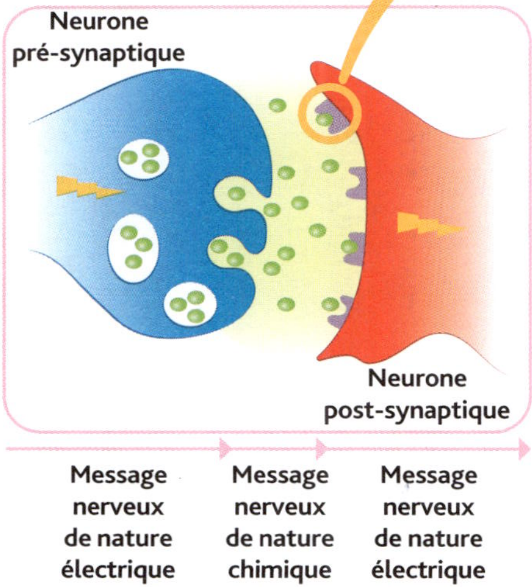

Molécules de neurotransmetteur

Récepteur

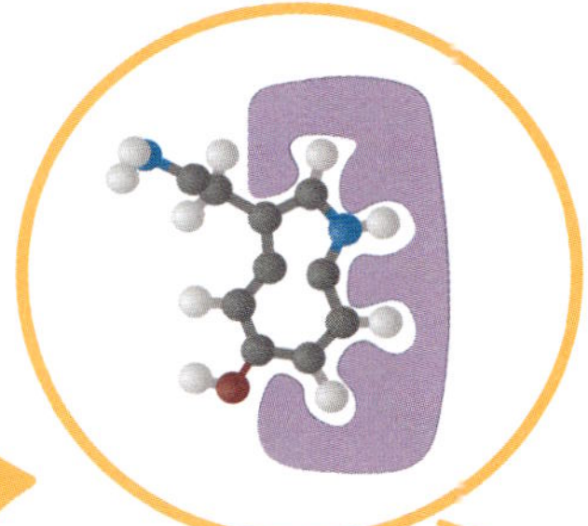

Complémentarité de forme entre le neurotransmetteur et le récepteur du neurone post-synaptique permettant la poursuite du message nerveux

USAGE DE MOLÉCULES EXOGÈNES (EXEMPLE DU LSD)

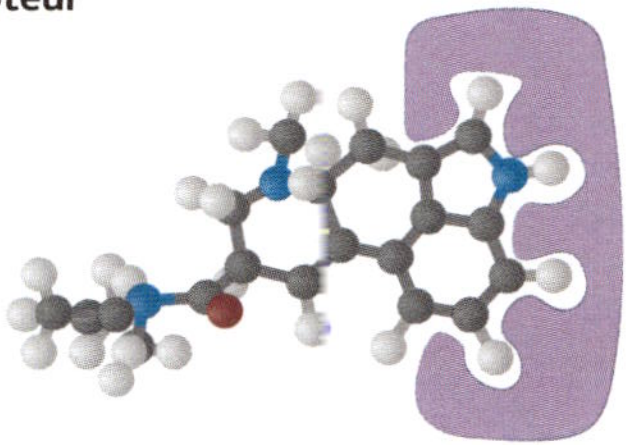

1. Similitude de la structure moléculaire entre molécules exogènes et neurotransmetteurs : substitution du neurotransmetteur par la molécule exogène perturbant les messages nerveux dans le cerveau
2. Consommation de molécules exogènes (drogues, alcool…) dangereuse tant d'un point de vue individuel (comportement dangereux, addiction…) que d'un point de vue sociétal (accidents…)

CARTE MENTALE

EXERCICES

Connaître le cours

1 2 min ★ Vrai ou faux ?

Relever la (ou les) affirmation(s) exacte(s).

Le long d'un neurone, le message nerveux :

a) est de nature chimique.

b) est de nature électrique.

c) se propage sous forme de potentiel de repos.

d) se propage sous forme de potentiels d'action.

→ *Corrigé p. 318*

2 2 min ★ Vrai ou faux ?

Relever la (ou les) affirmation(s) exacte(s).

Le circuit de la récompense :

a) est inhibé par la consommation de drogues.

b) est impliqué dans les comportements addictifs.

c) conduit à une sensation de plaisir lorsqu'il est activé.

d) est formé d'un ensemble complexe de neurones.

→ *Corrigé p. 318*

3 10 min ★ Restitution de connaissances

Expliquer comment peuvent agir les molécules exogènes qui perturbent les messages nerveux dans le cerveau.

→ *Corrigé p. 318*

4 10 min ★ Schématiser le cours

Schématiser le mode d'action du LSD (molécule exogène).

Utiliser les figurés suivants :

→ *Corrigé p. 318*

S'entraîner

5 15 min ★★ Cocaïne et synapse à dopamine

La plupart des études sur la cocaïne ont révélé que cette drogue perturbe le fonctionnement des synapses à dopamine, un neurotransmetteur cérébral. On cherche à préciser comment la cocaïne peut intervenir au niveau de ces synapses.

Document 1 : Évolution de concentration en dopamine extracellulaire en présence ou non de cocaïne

Une sonde très fine est implantée dans une région bien précise du cerveau du rat et reliée à un système permettant de mesurer en permanence la concentration en dopamine extracellulaire (présente dans le liquide qui entoure les neurones). Le résultat ci-dessous a été obtenu chez des rats à qui on a injecté de la cocaïne :

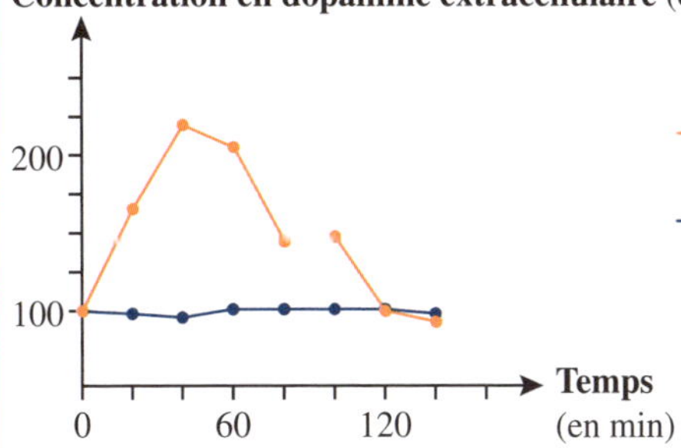

Source : The Journal of Neuroscience, *Vol 21, 2001*

Document 2 : Modèle de fonctionnement d'une synapse à dopamine

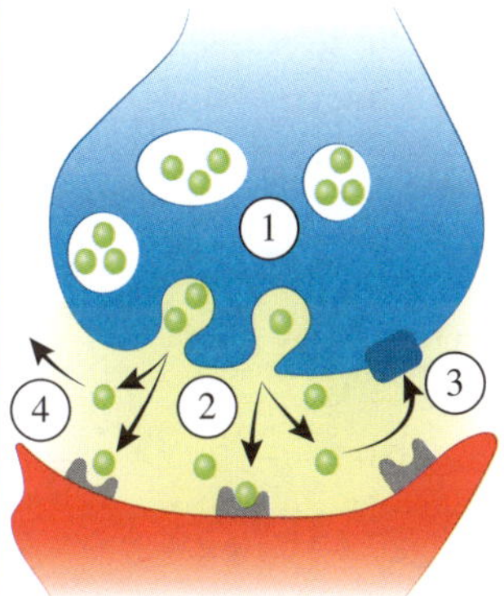

1. Les vésicules synaptiques contenant la dopamine fusionnent avec la membrane présynaptique et s'ouvrent, libérant leur contenu dans l'espace synaptique.
2. La dopamine diffuse dans l'espace synaptique (milieu extracellulaire) et se lie à des récepteurs membranaires du neurone postsynaptique.
3. La dopamine extracellulaire est recapturée à l'intérieur du neurone présynaptique grâce à des transporteurs membranaires.
4. La dopamine extracellulaire est dégradée par des enzymes dans l'espace synaptique.

Relier les informations apportées par l'étude des documents pour proposer les modes d'action possibles de la cocaïne au niveau de la synapse à dopamine.

→ Corrigé p. 318

6 30 min ★★ L'affaire du pain maudit

Le 16 août 1951, une hystérie collective frappe Pont-Saint-Esprit, petit village paisible du Gard. Tout commence par une mystérieuse intoxication alimentaire collective. Les salles d'attente des deux médecins ne désemplissent pas. Près d'une vingtaine de malades viennent consulter pour des problèmes digestifs : nausées, vomissements, frissons, bouffées de chaleur. Les jours suivants, les symptômes s'aggravent et mutent en crises hallucinatoires insupportables. Les comptes rendus de l'époque décrivent la petite bourgade comme un enfer dantesque. Transportés à l'hôpital sur des charrettes ou des voitures, les malades hurlent, gémissent et s'insultent. D'autres, la bave aux lèvres, terrorisés par le bruit des sirènes des ambulances, déambulent dans les rues. Bêtes immondes, chimères et flashs colorés peuplent leurs délires, lorsque ce ne sont pas les flammes ou des voix d'outre-tombe.

Pour expliquer l'ensemble des symptômes, on parie d'abord de pain infecté par l'ergot de seigle, sans pour autant parvenir à une certitude scientifique. D'autres hypothèses se succèdent parmi lesquelles celle d'un journaliste américain, qui prétendra avoir percé le mystère. Selon lui, la CIA (l'Agence Centrale du Renseignement Américain) se serait purement et simplement servi de la population de Pont-Saint-Esprit pour étudier les effets de l'utilisation du LSD comme nouvelle arme de guerre en pulvérisant cette drogue sur le village et les champs de blés avoisinants.

D'après Lamoureux, www.lepoint.fr, 2012

Actuellement, le mystère sur le pain maudit de Pont Saint Esprit reste entier. Aucune des deux hypothèses n'a été validée. Expliquer, de manière justifiée, en quoi ces deux hypothèses étaient scientifiquement fondées.

Document 1 : Ergotisme et formule topologique de l'ergotamine

L'ergot (*Claviceps purpurea*) est un champignon qui infecte le seigle et d'autres céréales. Bien visible sur la plante en herbe où des grains se teintent en noir, l'ergot se transforme en poudre rouge lorsqu'il est écrasé par les meules, passant facilement inaperçu dans la farine de seigle de teinte foncée.

L'ergot produit une substance toxique l'ergotamine, à l'origine d'intoxications graves. Les symptômes comprennent des crises de convulsions et des spasmes douloureux, des diarrhées, des maux de tête, des nausées et des vomissements. Il peut exister des hallucinations visuelles et auditives.

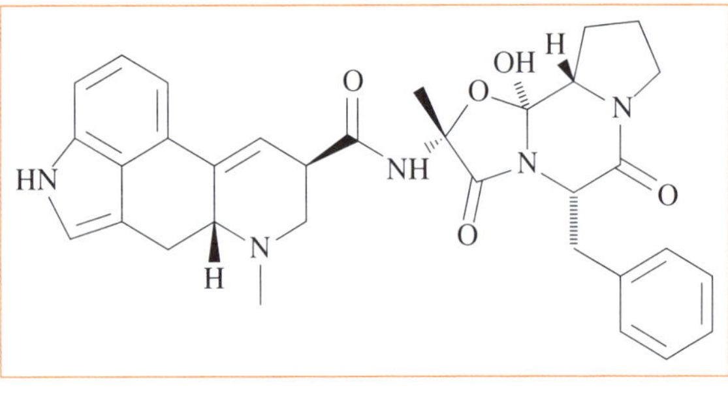

Molécule d'ergotamine

Document 2 : Molécule de sérotonine (neurotransmetteur) fixée sur son récepteur à la surface d'un neurone

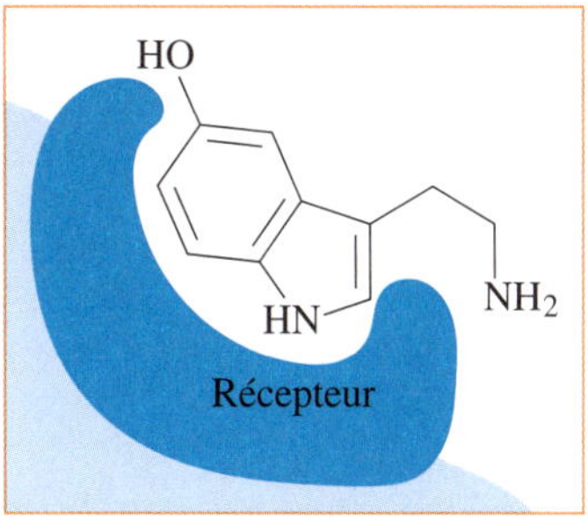

Document 3 : Le LSD (acide lysergique diéthylamide)

Le LSD, dont le modèle moléculaire est représenté ci-dessous, est une drogue de synthèse responsable d'hallucinations visuelles et auditives, ainsi que de troubles locomoteurs et respiratoires accompagnés de nausées et de vertiges. Elle est responsable de troubles psychiatriques et peut déclencher des maladies mentales durables dès la première prise.

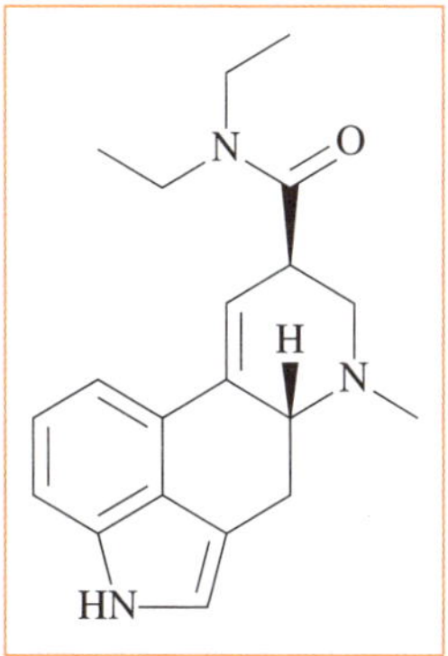

Molécule de LSD

→ *Corrigé p. 319*

CORRIGÉS

1 → *Énoncé p. 314*

Les affirmations exactes sont b) et d).

2 → *Énoncé p. 314*

Les affirmations exactes sont b), c) et d).

3 → *Énoncé p. 314*

Certaines molécules exogènes (alcool, drogues, certains médicaments,…) perturbent les messages nerveux dans le cerveau en altérant la communication chimique par les neurotransmetteurs. Cependant, elles n'agissent pas toutes de la même façon dans le cerveau :

– certaines molécules, à cause de la similitude de leur structure moléculaire avec celle de certains neurotransmetteurs du cerveau, se substituent à eux ;
– d'autres molécules empêchent la recapture des neurotransmetteurs secrétés dans la fente synaptique ;
– une partie de ces molécules empêchent le fonctionnement normal des récepteurs spécifiques des neurotransmetteurs.

4 → *Énoncé p. 314*

Remarque

Faire le **schéma** suffisamment grand. Ne pas oublier la **légende** et le **titre**.

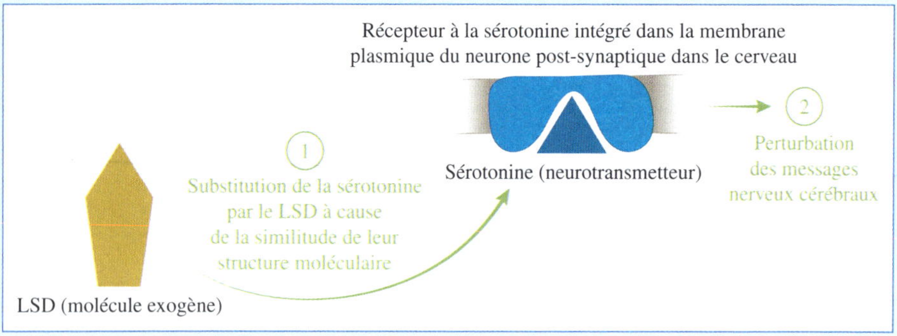

Schéma du mode d'action du LSD (molécule exogène)

5 → *Énoncé p. 315*

On observe dans le document 1 que la prise de cocaïne augmente pendant 120 minutes la concentration de dopamine dans le milieu extracellulaire en comparaison avec la situation sans prise de cocaïne : elle passe de 100 % (niveau de référence, sans cocaïne) à 225 % de $t = 0$ min à $t = 40$ min puis diminue jusqu'à la valeur de référence à $t = 120$ min.

À l'aide du document 2, on peut proposer différentes explications pour expliquer l'augmentation de la quantité de dopamine dans le milieu extracellulaire suite à la prise de cocaïne :

– la cocaïne stimule le neurone pré-synaptique qui libère alors plus de dopamine dans le milieu extracellulaire ;
– la cocaïne limite, voire empêche, la recapture de la dopamine au niveau du neurone pré-synaptique ce qui contribue à une augmentation de la concentration dans le milieu extracellulaire ;
– la cocaïne inhibe les enzymes dégradant la dopamine dans le milieu extracellulaire ce qui conduit à une augmentation de la concentration dans le milieu extracellulaire

Remarque

Il a été démontré que la **cocaïne** agit en **empêchant la recapture de la dopamine** au niveau du neurone pré-synaptique.

6 → *Énoncé p. 316*

Hypothèse 1 : Pain infecté par l'ergot de seigle

Tout d'abord, l'ergot de seigle produit une substance toxique, l'ergotamine, entraînant des crises de convulsions et des spasmes douloureux, des diarrhées, des maux de tête, des nausées, des vomissements et même des hallucinations visuelles et auditives. Cela correspond aux symptômes observés chez les habitants de Pont-Saint-Esprit. On peut donc penser qu'il y a effectivement eu consommation de pain infecté par l'ergot de seigle.

De plus, l'ergotamine présente une structure moléculaire proche de la sérotonine (neurotransmetteur cérébral) au niveau de son domaine d'interaction avec le récepteur. Elle peut alors se fixer sur le récepteur à la sérotonine et perturber les messages nerveux cérébraux entrainant les symptômes décrits précédemment.

Par conséquent, l'hypothèse du pain infecté par l'ergot de seigle est scientifiquement fondée.

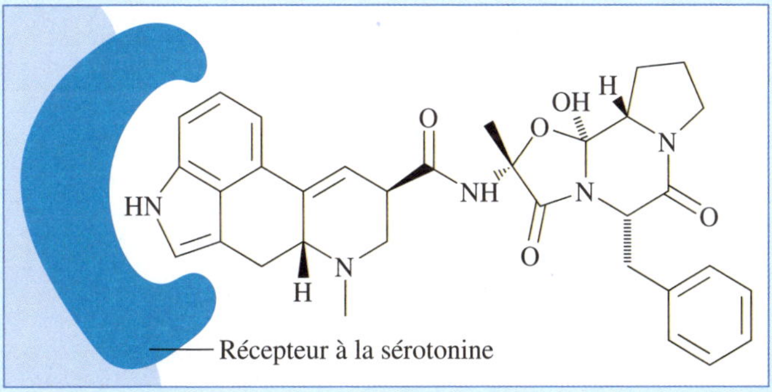

Fixation de l'ergotamine sur le récepteur à la sérotonine

Hypothèse 2 : Essai du LSD sur la population de Pont-Saint-Esprit

Tout d'abord, le LSD est une drogue qui peut entraîner tous les symptômes observés chez les habitants de Pont-Saint-Esprit.

> **Remarque**
> La réponse doit être **argumentée**. Il est même possible d'**illustrer les propos** pour renforcer l'argumentation.

De plus, le LSD présente une structure moléculaire proche de la sérotonine au niveau de son domaine d'interaction avec le récepteur. Il peut alors se fixer sur le récepteur à la sérotonine et perturber les messages nerveux cérébraux entrainant les symptômes décrits précédemment.

Par conséquent, l'hypothèse d'une consommation de LSD est aussi scientifiquement fondée.

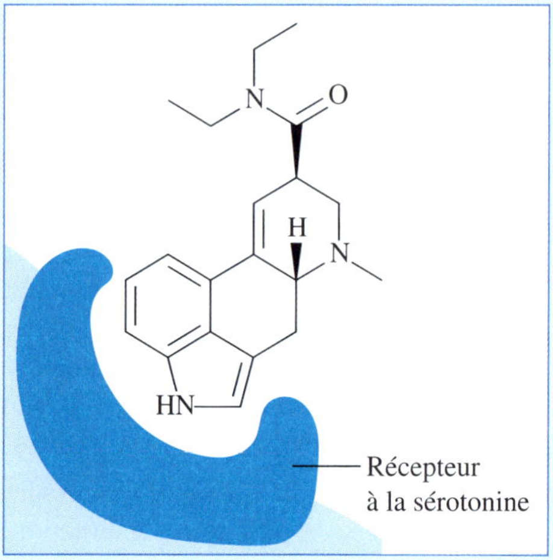

Fixation du LSD sur le récepteur à la sérotonine.

La contraction musculaire

CHAPITRE 16

La contraction musculaire lors d'un mouvement volontaire ou d'un mouvement réflexe nécessite un travail à l'échelle de la cellule musculaire.

1 Contraction musculaire à l'échelle du muscle

A. Organisation d'un muscle

■ Les **muscles striés squelettiques*** sont les muscles permettant la mise en mouvement du squelette d'un organisme. Ils sont reliés aux os par des tendons.

■ Le muscle strié squelettique est formé d'un ensemble de **faisceaux musculaires***. Chaque faisceau musculaire est formé d'un ensemble de cellules musculaires striées également nommées **fibres musculaires***.

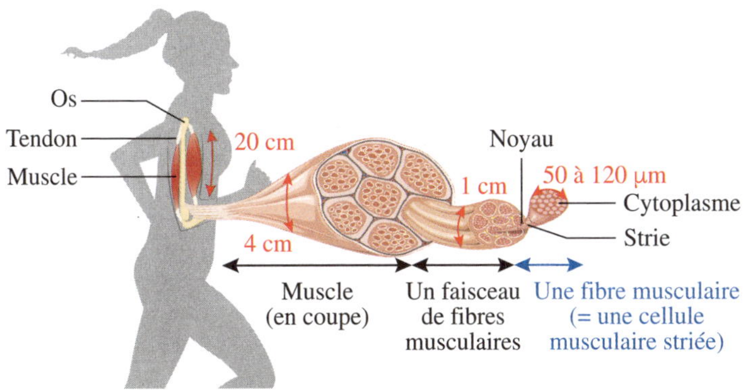

Les valeurs indiquées sont des valeurs moyennes : elles dépendent du muscle considéré.

Figure 1 *Les différents niveaux d'organisation d'un muscle strié squelettique*

Remarque

Les **fibres musculaires** ont une longueur pouvant atteindre 30 à 35 cm.

B. Mise en mouvement des os par contraction des muscles

■ Lors de sa **contraction**, le muscle raccourcit et s'épaissit.

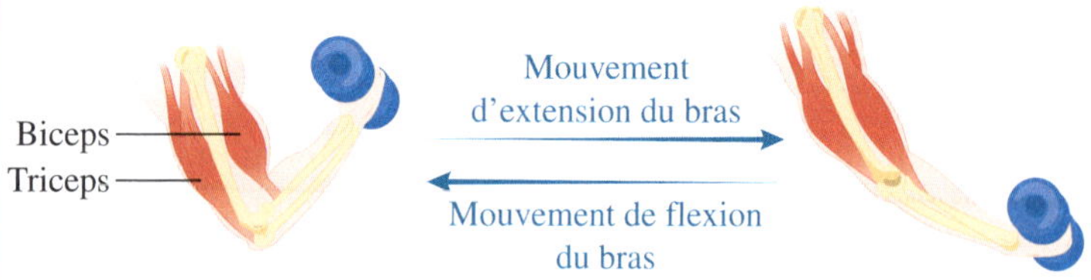

Contraction du biceps (raccourcissement et épaississement du muscle) et **relâchement du triceps**

Contraction du triceps (raccourcissent et épaississement du muscle) et **relâchement du biceps**

Figure 2 *Contraction et relâchement des muscles antagonistes*

■ L'épaississement et le raccourcissement du muscle permettent le mouvement relatif des deux os auxquels le muscle est relié par les tendons.

2 Contraction musculaire à l'échelle de la cellule musculaire

A. La cellule musculaire : une cellule spécialisée

■ La cellule musculaire est une **cellule spécialisée** permettant son propre raccourcissement.

■ Les cellules musculaires sont des cellules très allongées présentant une striation verticale à cause de leur **cytosquelette***.

> **Remarque**
> Les cellules musculaires contiennent **plusieurs noyaux** car elles sont **issues de la fusion de plusieurs cellules musculaires lors du développement embryonnaire**.

■ Le cytosquelette est le réseau complexe de filaments protéiques à l'intérieur d'une cellule. Dans le cas des cellules musculaires, le cytosquelette a une organisation particulière : il forme de longues fibres striées nommées **myofibrilles***.

■ Les myofibrilles sont organisées en unités répétitives, les **sarcomères***. Les sarcomères sont formés par des filaments d'actine et de myosine.

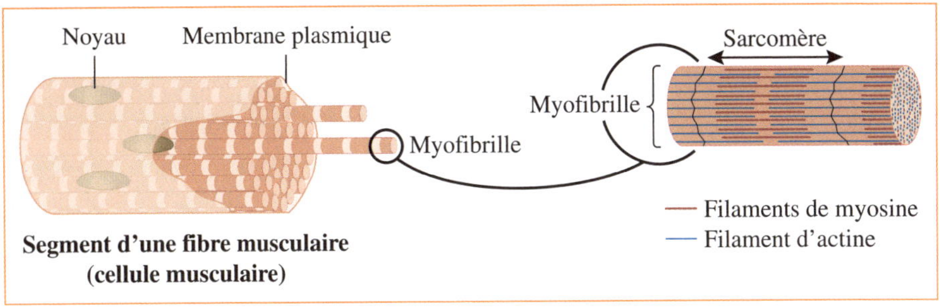

Figure 3 *Organisation de la fibre musculaire*

■ Lors de la contraction, il y a un glissement des filaments de myosine par rapport aux filaments d'actine : les sarcomères se raccourcissent. Cela entraîne le raccourcissement de la cellule musculaire.

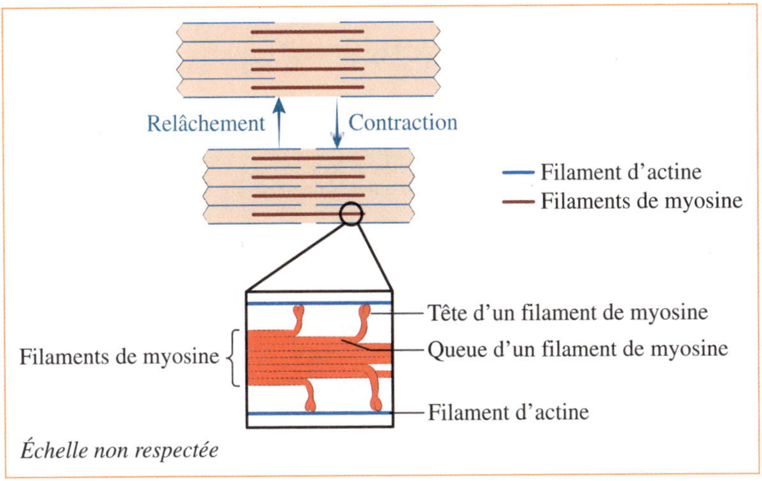

Figure 4 *Contraction et relâchement d'un sarcomère au sein d'une myofibrille de fibre musculaire*

B. Mécanisme de la contraction

■ Le mécanisme de la contraction du sarcomère peut être décrit en cinq étapes avec pour point de départ la myosine fixée à l'actine :
- la tête de la myosine est fixée au filament d'actine : le **pont d'union*** actine-myosine est en place ;
- de l'**ATP*** se fixe à la tête de myosine : cela entraîne la rupture du pont d'union actine-myosine par détachement de la tête de myosine ;

– l'**hydrolyse* de l'ATP** par la tête de myosine fournit l'énergie nécessaire à l'activation de la tête (changement d'orientation). L'ADP et le Pi (phosphate inorganique), issus de l'hydrolyse, restent fixés à la tête ;
– la tête de myosine activée établit le **pont d'union avec l'actine** ;
– la tête de myosine ainsi fixée pivote provoquant le **glissement du filament de myosine sur celui d'actine**. Cela entraîne un raccourcissement du sarcomère. Au cours du mouvement, il y a libération de l'ADP et du Pi (retour à l'étape de départ).

Définition

Hydrolyse : désigne la rupture d'une liaison chimique en présence d'eau.

Remarque

L'ATP est une molécule riche en énergie. **L'hydrolyse de l'ATP en ADP + Pi** libère de l'**énergie chimique**.

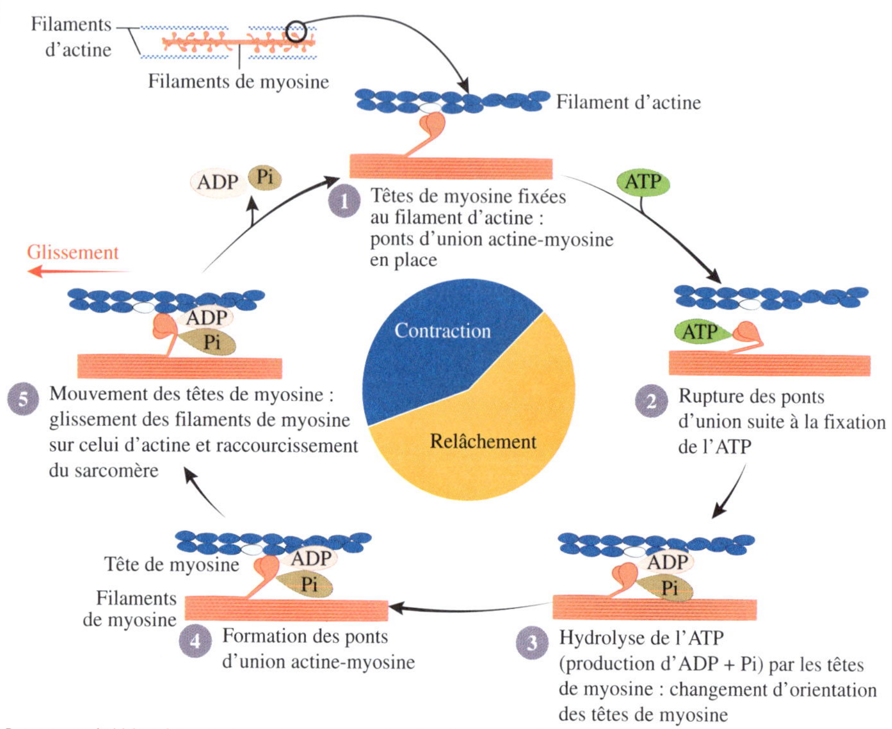

La sous-unité blanche sert de repère pour montrer le déplacement.
Échelle non respectée

Figure 5 *Détail moléculaire du mécanisme de contraction du sarcomère*

Remarques

• Chacune des quelques **350 têtes présentes sur un filament de myosine** forme et reforme environ **cinq ponts d'union par seconde**, ce qui provoque le glissement des myofilaments les uns sur les autres.
• Voir **chapitre 17** p. 339 pour l'origine de l'ATP et **chapitre 13** p. 277 pour l'origine du Ca^{2+}.

■ La contraction du sarcomère nécessite donc de l'ATP mais aussi des ions calcium Ca^{2+}. Ces ions permettent de rendre accessible les sites de fixation de la myosine sur l'actine.

3 Myopathies

■ Des maladies peuvent affecter les muscles : ce sont les **myopathies***. Elles se caractérisent par une dégénérescence des cellules musculaires.

■ Dans certaines myopathies, la dégénérescence des cellules musculaires est due à un défaut dans les interactions entre les protéines membranaires des cellules et la **matrice extra-cellulaire***.

Ex. : Dans le cas de la myopathie de Duchenne, une protéine nommée dystrophine n'est pas fonctionnelle. Elle sert au maintien de l'architecture des cellules musculaires et fait le lien entre l'actine de la cellule et la matrice extra-cellullaire : sans elle, les cellules musculaires se désorganisent et finissent par dégénérer.

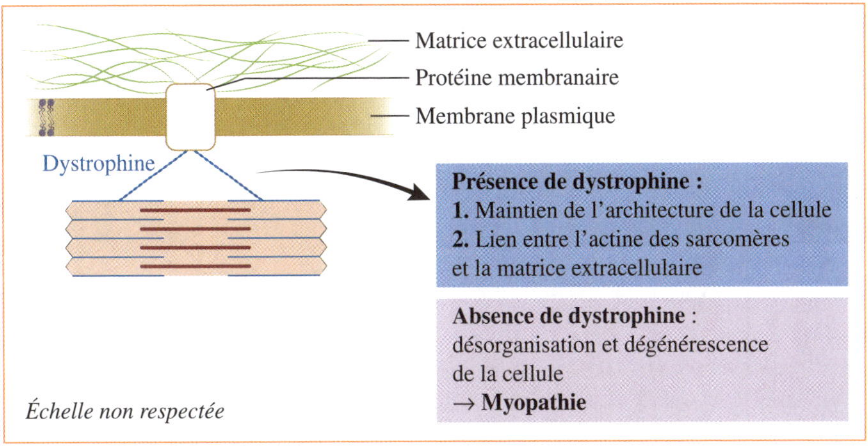

Figure 6 *Localisation et rôle de la dystrophine*

LA CONTRACTION MUSCULAIRE

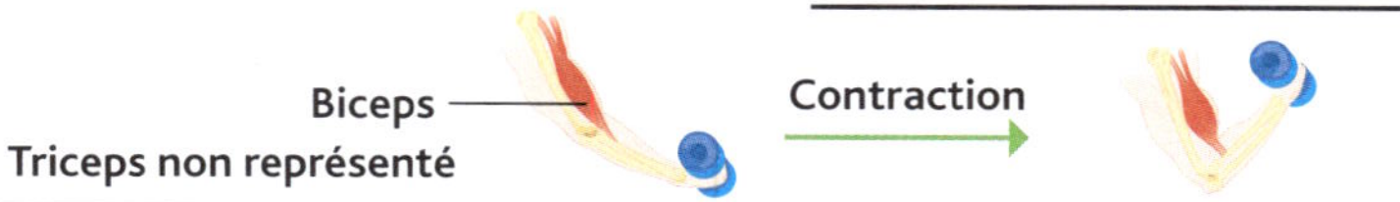

Contraction à l'échelle du muscle :
Épaississement et raccourcissement du muscle

Contraction à l'échelle de la cellule musculaire :
Épaississement et raccourcissement de la cellule

Contraction à l'échelle de la myofibrille :
raccourcissement de la myofibrille par glissement
des filaments de myosine sur les filaments d'actine

Contraction à l'échelle du sarcomère :
glissement des filaments de myosine
sur les filaments d'actine
par mouvements des têtes myosine

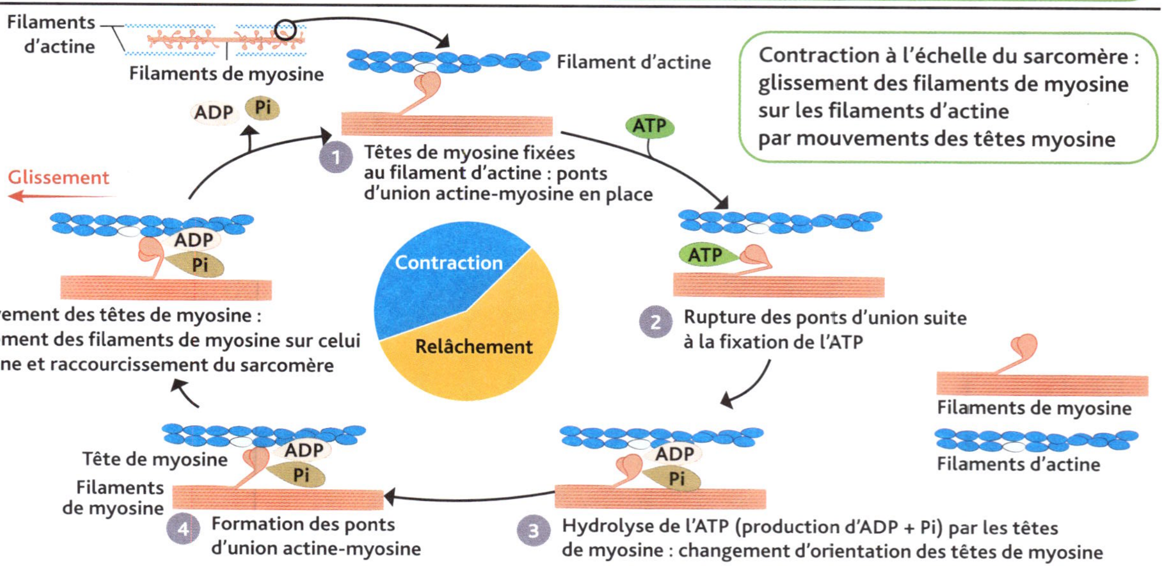

EXERCICES

Connaître le cours

1 2 min ★ Vrai ou faux ?

Relever la (ou les) affirmation(s) exacte(s).

Les cellules musculaires sont :

a) aussi appelées fibres musculaires.
b) des cellules très allongées.
c) formées d'un ensemble de faisceaux.
d) spécialisées et capables de se raccourcir.

→ Corrigé p. 335

2 2 min ★ Vrai ou faux ?

Relever la (ou les) affirmation(s) exacte(s).

Un sarcomère est :

a) l'unité répétitive des myofibrilles.
b) capable de se raccourcir.
c) formé uniquement de filaments d'actine.
d) formé uniquement de filaments de myosine.

→ Corrigé p. 335

3 10 min ★ Restitution de connaissances

Expliquer le rôle des ions calcium et de l'ATP dans la contraction musculaire.

→ Corrigé p. 335

4 10 min ★ Schématiser le cours

Schématiser la structure d'un sarcomère avant et après contraction.

→ Corrigé p. 335

S'entraîner

5 10 min ★ La contraction musculaire

Des fibres musculaires d'un muscle de lapin ont été prélevées et finement dissociées les unes des autres.

Les fibres musculaires sont alors placées dans un milieu ionique dépourvu d'ions calcium. On applique différentes conditions expérimentales par ajout de différentes molécules.

Expériences réalisées sur des fibres musculaires de lapin

Conditions expérimentales	Observations
1. Glucose	Non-contraction des fibres musculaires
2. ATP	Non-contraction des fibres musculaires
3. ADP + Pi	Non-contraction des fibres musculaires
4. Ca^{2+}	Non-contraction des fibres musculaires
5. Glucose + ATP	Non-contraction des fibres musculaires
6. Glucose + ADP + Pi	Non-contraction des fibres musculaires
7. ATP + ADP + Pi	Non-contraction des fibres musculaires
8. ATP + Ca^{2+}	Contraction des fibres musculaires
9. ADP + Pi + Ca^{2+}	Non-contraction des fibres musculaires

Analyser l'expérience et conclure sur les conditions nécessaires à la contraction musculaire.

→ *Corrigé p. 335*

6 10 min ★ Rôle de l'ATP et des ions calcium

La tension développée par un muscle, une cellule musculaire ou bien encore une myofibrille est le reflet de la contraction du muscle : plus la tension développée est importante, plus la contraction du muscle est importante.

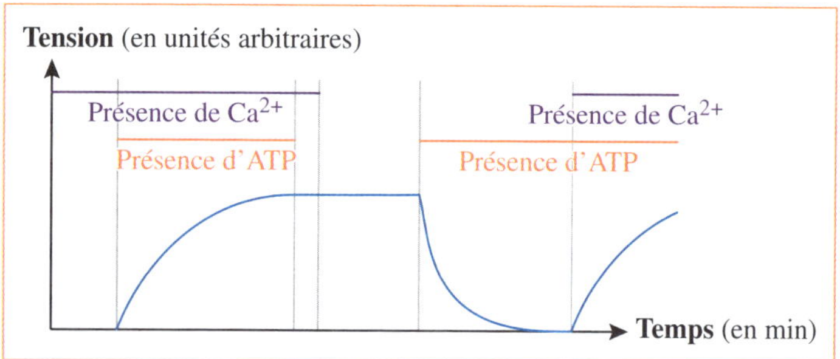

Tension développée par une myofibrille selon différentes conditions expérimentales

1. Justifier que la contraction musculaire nécessite de l'ATP et des ions calcium.

2. À l'aide du document et des connaissances, préciser le rôle de l'ATP et des ions calcium.

→ *Corrigé p. 336*

7 15 min ★★★ Rigidité cadavérique

Environ 4 heures après un décès, le corps se rigidifie à cause de la contraction de l'ensemble des muscles : on parle de rigidité cadavérique. Cette rigidité disparaît au bout de 2 ou 3 jours.

1. Expliquer pourquoi les muscles sont contractés malgré la mort de l'individu.

2. Proposer une hypothèse pour expliquer le fait que la rigidité cadavérique n'apparait qu'au bout de 4 heures environ.

→ *Corrigé p. 336*

Exercice 2 : Pratique du raisonnement scientifique 1 h 45 8 points

La cyclose

Les nouvelles technologies telles que la vidéomicroscopie permettent de visualiser l'activité à l'intérieur d'une cellule.

À partir de l'exploitation des documents, mis en relation avec les connaissances, proposer un mécanisme expliquant le phénomène mis en évidence par le document 1 et préciser l'influence de la concentration en ions calcium sur ce mécanisme.

> **Remarque**
> Un sujet de partie 2 peut très bien porter sur une situation nouvelle non traitée par le programme : il est alors attendu de **réexploiter des connaissances acquises** dans ce contexte nouveau.
> Il ne faut pas être destabilisé(e) et faire des liens entre ses connaissances et les documents.

Document 1 : Cellules chlorophylliennes de la feuille d'élodée (videomicroscopie)

Les trois images proposées sont extraites d'une vidéo qui dure 5 secondes.
Elles permettent de suivre le déplacement du chloroplaste repéré par un astérisque.

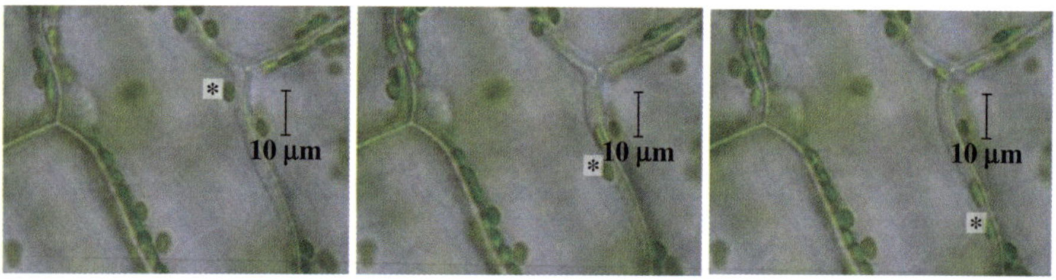

Document 2 : Variation de la vitesse de cyclose des chloroplastes en fonction des conditions énergétiques de la cellule

La cyclose est le mouvement des organites dans le cytoplasme.

La vitesse de la cyclose des chloroplastes de l'élodée a été mesurée en plaçant un fragment de feuille successivement dans trois solutions :
– une solution témoin ;
– puis une solution composée de la solution témoin additionnée d'ATP (10^{-5} mol · L^{-1}) ;
– puis une solution composée de la solution témoin additionnée d'ATP (10^{-5} mol · L^{-1}) et de pC1BA (10^{-5} mol · L^{-1}), une molécule empêchant l'utilisation de l'ATP par la cellule.

Cette expérience a été répétée pour plusieurs concentrations d'ATP et de pC1BA et des résultats comparables sont obtenus à chaque fois.

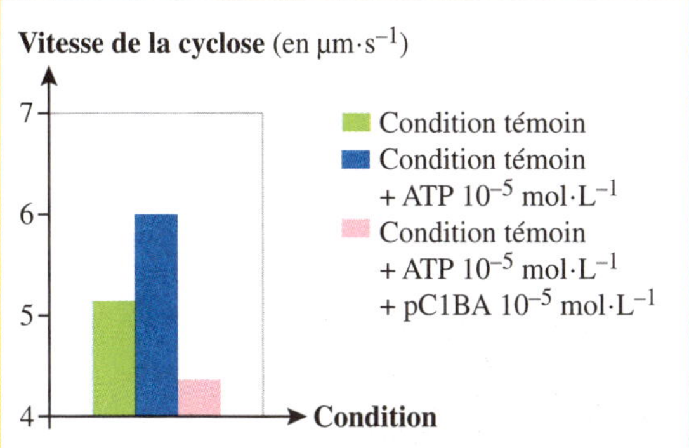

Remarque
Les résultats sont significativement différents.

Document 3 : Schéma d'interprétation de la disposition des chloroplastes dans une cellule chlorophyllienne de *Nitella flexilis* observée en microscopie électronique

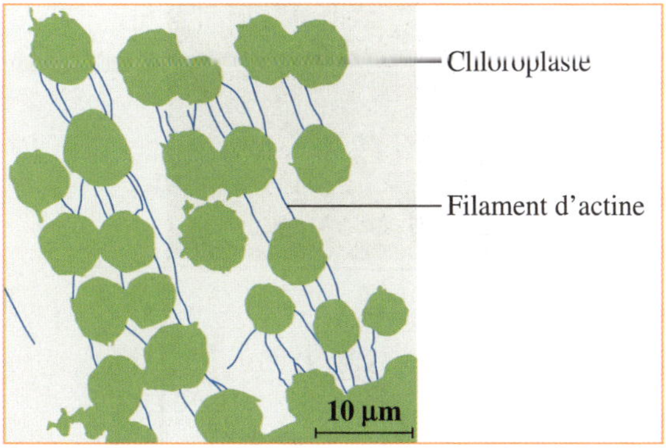

Document 4 : Schéma d'interprétation des interactions entre les chloroplastes et les filaments d'actine à l'origine du déplacement des chloroplastes

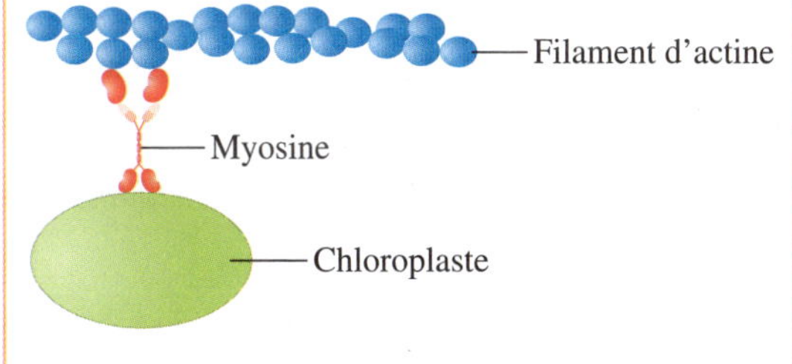

Source : Shimmen et Yokota, 2004

Document 5 : Effet de la concentration en ions calcium sur le déplacement de l'actine par la myosine

Des molécules de myosine ont été expérimentalement fixées sur des lames de microscope. Une solution contenant de l'actine marquée a ensuite été déposée sur la lame et le déplacement de l'actine par la myosine a été suivi.

5.a. : Déplacement des filaments d'actine par la myosine en présence d'EGTA

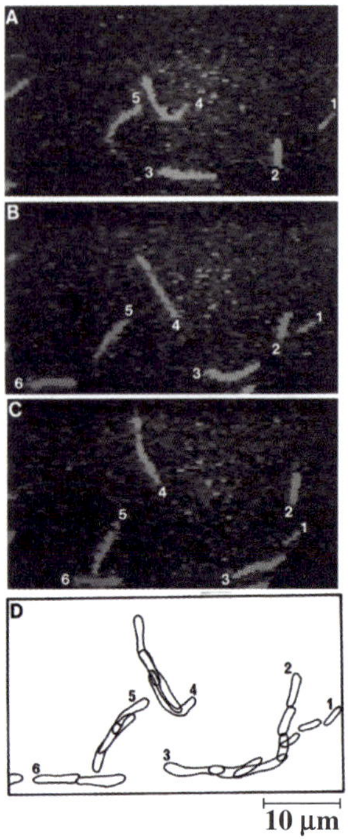

Source : E. Yokota et al., *1999*

L'expérience est réalisée en présence d'EGTA, une molécule capable de piéger les ions calcium : ces derniers ne peuvent alors plus agir.

A, B, C : Photographies séquentielles du déplacement des filaments d'actine (intervalle de temps de 0,66 s).

D : Traces surimposées des 6 filaments d'actine des photos A à C.

5.b. : Déplacement des filaments d'actine par la myosine en présence d'ions calcium

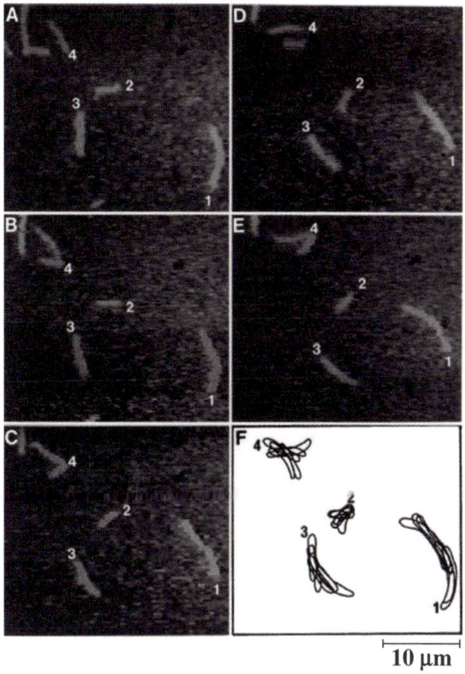

Source : E. Yokota et al., *1999*

L'expérience est réalisée en présence d'une concentration en ions calcium de 10^{-5} mol·L^{-1}.

A, B, C, D, E : Photographies séquentielles du déplacement des filaments d'actine (intervalle de temps de 0,66 s).

F : Traces surimposées des 4 filaments d'actine des photos A à E.

Document 6 : Effet de la concentration en ions calcium sur l'hydrolyse de l'ATP par la myosine

Des molécules de myosine sont mises en solution dans un milieu contenant de l'ATP en quantité suffisante. L'hydrolyse de l'ATP par la myosine est mesurée en fonction de la concentration en ions calcium

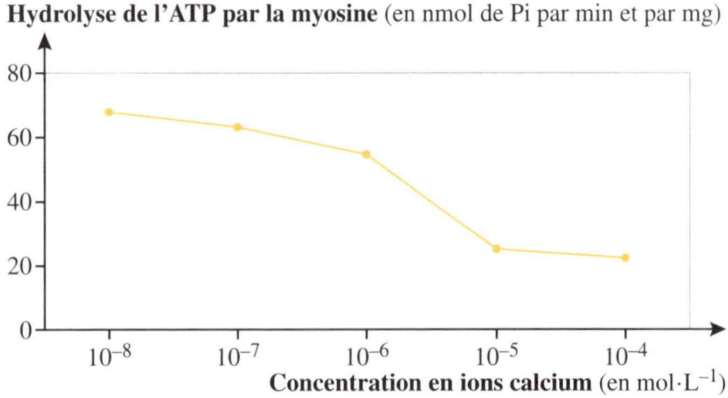

Source : E. Yokota et al., *1999*

→ *Corrigé p. 336*

CORRIGÉS

1 → Énoncé p. 327

Les réponses exactes sont a), b) et d).

2 → Énoncé p. 327

Les réponses exactes sont a) et b)

3 → Énoncé p. 327

L'ATP est nécessaire à la contraction musculaire car son hydrolyse par la tête de myosine fournit l'énergie requise à son activation. La tête de myosine change d'orientation, se fixe à l'actine (formation du pont d'union actine-myosine) et pivote, entraînant le glissement du filament de myosine sur celui d'actine. L'ATP est nécessaire à chaque cycle permettant la rupture de l'ancien pont d'union et la mise en place d'un nouveau pont d'union suite à son hydrolyse : cela permet le glissement progressif de la myosine sur l'actine.

Les ions calcium (Ca^{2+}) sont aussi nécessaires car ils permettent de rendre accessible les sites de fixation de la myosine sur l'actine.

4 → Énoncé p. 327

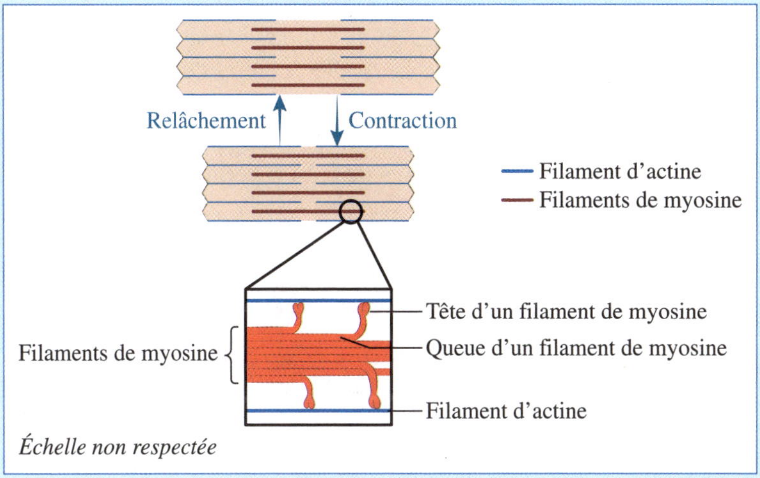

5 → Énoncé p. 328

On observe une contraction des fibres musculaires de lapin uniquement lorsqu'on ajoute dans le milieu de l'ATP et des ions calcium Ca^{2+} (condition 8).

On en déduit que les conditions nécessaires à la contraction musculaire sont la présence simultanée d'ATP et d'ions calcium dans le milieu.

6 → *Énoncé p. 328*

1. On observe que la myofibrille ne développe une tension que lorsqu'il y a, en même temps dans le milieu, de l'ATP et des ions calcium.

On sait que la tension développée par la myofibrille est le reflet de la contraction musculaire.

On en déduit que la contraction musculaire nécessite à la fois de l'ATP et des ions calcium.

> **Remarque**
> L'argumentation se base sur l'**exploitation de données scientifiques** (observations, mesures).

2. Le graphique montre que l'ATP et les ions calcium sont nécessaires au développement d'une tension par la myofibrille : en effet, l'ATP fournit l'énergie nécessaire au glissement des têtes de myosine sur les filaments d'actine au niveau des sarcomères.

La tension exercée par la myofibrille perdure même sans ATP et sans ions calcium. L'ajout d'ATP dans le milieu entraîne un retour à l'état initial (relâchement de la myofibrille) : l'ATP est aussi nécessaire à la rupture des ponts d'union actine-myosine, sinon la myofibrille reste contractée.

Les ions calcium (Ca^{2+}) permettent de rendre accessibles les sites de fixation de la myosine sur l'actine.

7 → *Énoncé p. 329*

1. L'ATP est nécessaire à la rupture des ponts d'union actine-myosine. Un organisme mort ne produit plus d'ATP : en l'absence d'ATP les têtes de myosine restent fixées à l'actine, les muscles sont alors contractés.

2. On peut supposer que la rigidité cadavérique n'apparaît pas tout de suite après la mort car il y a encore dans les cellules de l'ATP permettant la rupture des ponts d'union. Une fois les stocks épuisés, les muscles restent contractés.

SUJET DU BAC

Exercice 2 : Pratique du raisonnement scientifique → *Énoncé p. 330*

Le document 1 montre que les chloroplastes n'ont pas une position fixe : on observe un mouvement de cyclose dans le cytoplasme. Quel est le mécanisme à l'origine de ce phénomène ?

- Le document 2 montre que la cyclose dépend de l'état énergétique de la cellule, c'est-à-dire de la présence ou non d'ATP. En présence d'ATP, la cyclose est de 6 $\mu m \cdot s^{-1}$ contre 5 $\mu m \cdot s^{-1}$ pour la

> **Méthode**
> Il est conseillé de **structurer son propos** lorsque l'on analyse une expérience (j'observe que…, je sais que…, j'en déduis que…) et d'**utiliser des valeurs chiffrées et des comparaisons** dès que possible.

situation témoin. De plus, en présence d'une molécule empêchant l'utilisation de l'ATP par la cellule, la cyclose passe à environ 4,2 $\mu m \cdot s^{-1}$. Ainsi, la cyclose est un phénomène dépendant en partie de la présence d'ATP : plus il y a d'ATP, plus la cyclose est importante (il doit néanmoins exister une vitesse limite).

La microscopie électronique du document 3 laisse penser que les chloroplastes sont fixés au filament d'actine. Le schéma d'interprétation va dans ce sens et montre que la fixation des chloroplastes sur les filaments d'actine se fait grâce à la myosine. Or on sait que la myosine est une molécule capable de fixer l'ATP et de changer de conformation conduisant à des mouvements (exemple de la cellule musculaire).

Ainsi, on peut supposer que le mécanisme en jeu est semblable à celui de la contraction musculaire : la fixation puis l'hydrolyse de l'ATP par la tête de la myosine conduit à son changement de conformation, à l'origine d'un mouvement le long du filament d'actine. Par conséquent le mouvement des chloroplastes dans le cytoplasme serait permis par les molécules de myosine qui se déplacent le long des filaments d'actine présents dans la cellule.

- Des expériences ont été réalisées dans le but de montrer l'influence des ions calcium sur le mécanisme de la cyclose.

Dans le document 5a, on suit le déplacement de filaments d'actine par la myosine en présence d'une molécule piégeant les ions calcium (l'EGTA) : cela revient à avoir un milieu sans ions calcium. Dans cette situation, on observe un déplacement des filaments d'actine par la myosine (environ 5 µm pour chacun des filaments étudiés) : il semble donc que ce mécanisme ne nécessite pas d'ions calcium.

Dans le document 5b, on suit le déplacement de filaments d'actine par la myosine en présence d'une concentration en ions calcium de 10^{-5} $mol \cdot L^{-1}$. On constate un déplacement très faible des filaments par rapport à la situation du document 5a. Le fonctionnement des myosines ne semble pas amélioré par la présence d'ions calcium, au contraire, il semble y avoir une inhibition de l'activité des myosines par les ions calcium.

Le document 6 présente l'effet de la concentration en ions calcium sur l'hydrolyse de l'ATP par la myosine. L'hydrolyse de l'ATP par la myosine diminue quand la concentration en ions calcium augmente : elle passe d'environ 70 nmol de Pi par min et par mg pour une concentration de 10^{-8} $mol \cdot L^{-1}$ à 20 nmol de Pi par min et par mg pour une concentration de 10^{-4} $mol \cdot L^{-1}$. Or, l'hydrolyse de l'ATP par la myosine permet le déplacement des chloroplastes lors de la cyclose. Ainsi, une augmentation de la concentration en ions calcium conduit à une inhibition de la cyclose.

Par conséquent, les ions calcium ne semblent pas nécessaires à la cyclose et une trop forte concentration (dès 10^{-6} $mol \cdot L^{-1}$) à un effet inhibiteur important sur la cyclose.

CHAPITRE 17 Origine de l'énergie nécessaire à la contraction musculaire

La contraction des fibres musculaires nécessite de l'énergie sous forme d'**ATP***.

1 Consommation d'ATP par les fibres musculaires

■ Lors de la **contraction musculaire**, les fibres musculaires consomment de l'ATP. Cet ATP est nécessaire au glissement des filaments de myosine sur les filaments d'actine.

■ Le stock d'ATP dans les cellules est très réduit : il ne peut permettre une contraction que pendant quelques secondes. Il existe donc des **mécanismes qui permettent la régénération en permanence de l'ATP** dans les cellules.

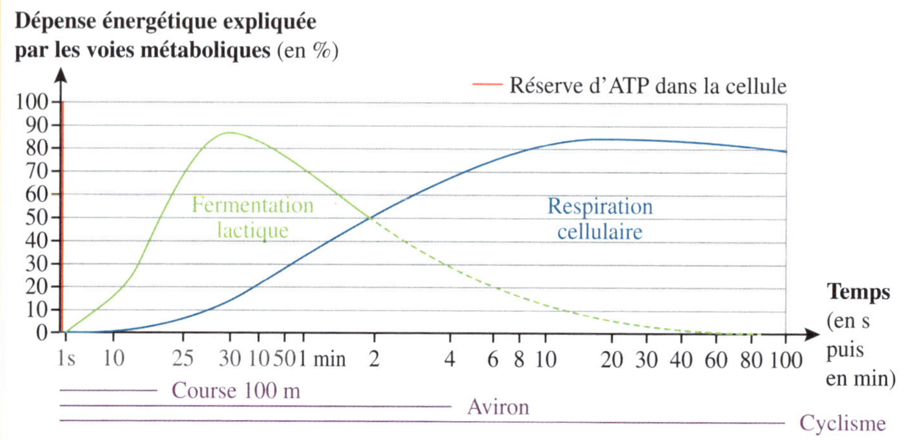

Figure 1 *Mode de production d'ATP par la fibre musculaire en fonction de la durée et du type d'effort*

2 Régénération de l'ATP

A. Oxydation du glucose lors de la glycolyse

■ L'ATP est produit par les cellules grâce à la dégradation de matière organique (glucides, lipides, protéines). Dans la majorité des cas, l'ATP est produit à partir de la dégradation du glucose.

■ Dans les cellules, au niveau du cytoplasme (plus précisément dans l'**hyaloplasme***, fraction liquide du cytoplasme), le glucose est oxydé en pyruvate lors de la **glycolyse***. Ce mécanisme conduit à la formation de deux molécules d'ATP et de **composés réduits*** (NADH, H^+) utilisés par la suite. Les composés réduits jouent le rôle de **transporteurs d'électrons**.

Définitions

Une molécule à l'**état oxydé** a libéré des électrons. Une molécule à l'**état réduit** a capturé des électrons.

- Une **oxydation*** est une réaction chimique où un ou plusieurs électrons sont libérés par une molécule.
- Une **réduction*** est une réaction chimique où un ou plusieurs électrons sont capturés par une molécule.

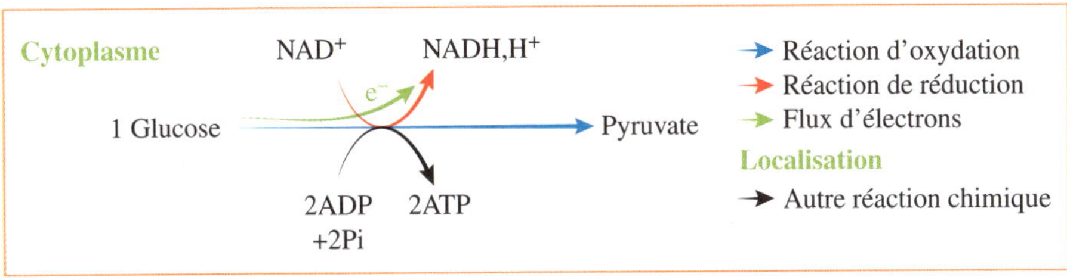

Figure 2 *Bilan de la glycolyse*

Les coefficients stoechiométriques ne sont précisés que pour le glucose et l'ATP car nécessaires au calcul du rendement de la réaction.

■ Le pyruvate est à son tour dégradé. Le mécanisme de dégradation dépend du type d'effort (courte ou longue durée).

B. Production anaérobie d'ATP : la fermentation lactique

■ Les cellules musculaires produisent de l'ATP par **fermentation lactique*** lorsque le dioxygène vient à manquer : cette production d'ATP se fait donc sans dioxygène (métabolisme **anaérobie***). Cela arrive notamment lors des efforts brefs mais intenses : la dégradation du glucose se fait plus rapidement que l'apport du dioxygène aux muscles.

■ La fermentation lactique consiste en une **glycolyse** à laquelle s'ajoute la **réduction du pyruvate en acide lactique**. Cette réduction régénère le NAD^+ en transférant les électrons du NADH, H^+, au pyruvate. Le NAD^+ peut alors servir de nouveau pour l'oxydation du glucose dans la glycolyse.

■ La fermentation lactique conduit à la production de deux molécules d'ATP à partir d'une molécule de glucose.

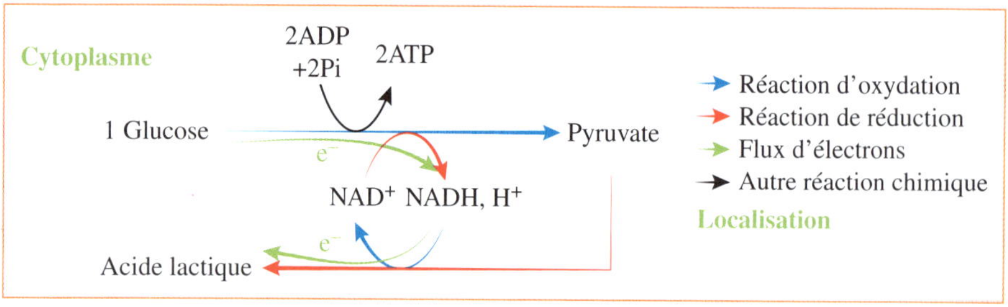

Figure 3 *Bilan de la fermentation lactique*

Les coefficients stoechiométriques ne sont précisés que pour le glucose et l'ATP car nécessaires au calcul du rendement de la réaction.

C. Production aérobie d'ATP : la respiration cellulaire

■ Les cellules musculaires produisent de l'ATP par **respiration cellulaire*** lors d'efforts de longue durée : cette production d'ATP se fait en présence de dioxygène (métabolisme **aérobie***).

■ La respiration cellulaire comprend deux étapes.

– **L'utilisation du pyruvate** (produit par la glycolyse) lors du **cycle de Krebs***, dans la matrice mitochondriale. Cela conduit principalement à la formation de CO_2 et de composés réduits (NADH, H^+).

– **La réoxydation des composés réduits** grâce à la réduction de dioxygène en eau au niveau de la **chaîne respiratoire mitochondriale*** (membrane interne des mitochondries). Cela conduit à la production d'ATP.

■ Le dioxygène étant indispensable à la production d'ATP par respiration cellulaire, il est **nécessaire d'avoir une bonne oxygénation** durant l'effort physique, d'autant plus quand celui-ci est un effort prolongé.

■ La glycolyse, suivie de la respiration cellulaire, conduisent à la production d'environ 30 molécules d'ATP à partir d'une molécule de glucose.

■ Le rendement de la respiration cellulaire est donc bien supérieur à celui de la fermentation lactique.

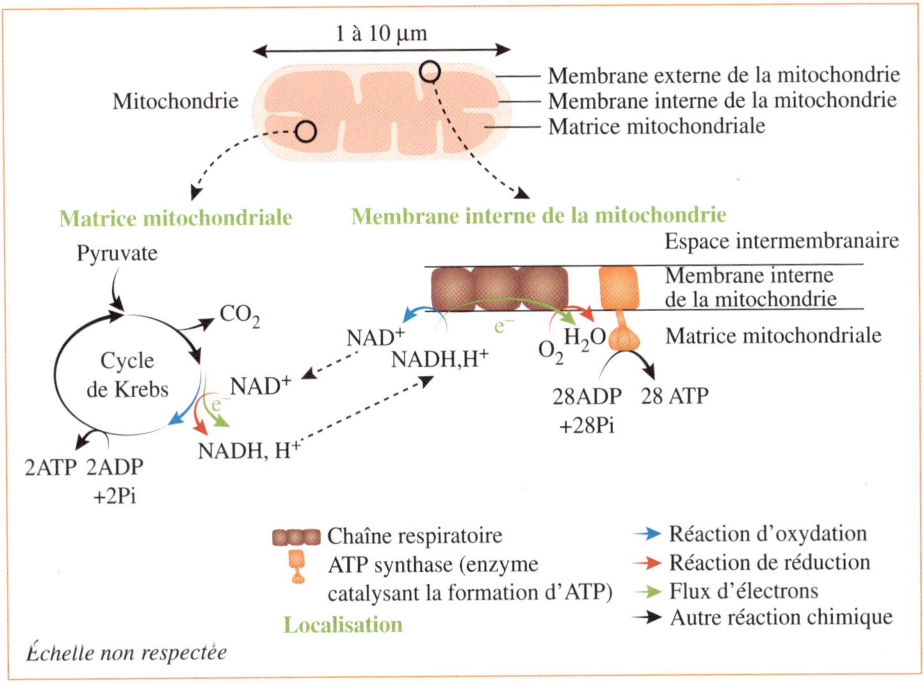

Figure 4 *Localisation et bilan simplifié des étapes de la respiration cellulaire*

Les coefficients stoechiométriques ne sont précisés que pour l'ATP car nécessaires au calcul du rendement de la réaction.

3 Utilisation de produits dopants et performance sportive

■ Certaines substances peuvent être utilisées pour améliorer les performances sportives : ce sont les **produits dopants**. Ils agissent notamment en **améliorant le métabolisme musculaire**.

Ex. : L'EPO (ou érythropoïétine) est une hormone naturellement fabriquée par les reins. Elle agit sur la moelle osseuse en stimulant la fabrication des globules rouges. L'augmentation de la quantité de globules rouges améliore le transport de dioxygène dans le sang. C'est par cette fonction que l'EPO peut favoriser la respiration cellulaire et améliorer les performances. De ce fait, elle est utilisée à des fins dopantes principalement dans les sports d'endurance.

■ Les produits dopants peuvent avoir des effets, parfois graves, sur la santé.

Ex. : À court terme, l'utilisation d'EPO augmente le risque d'infarctus et d'accidents vasculaires cérébraux (AVC). À long terme, cette hormone entraîne des risques d'hypertension artérielle et favorise le cancer de la moelle osseuse.

CARTE MENTALE

RÉGÉNÉRATION DE L'ATP DANS UNE CELLULE MUSCULAIRE

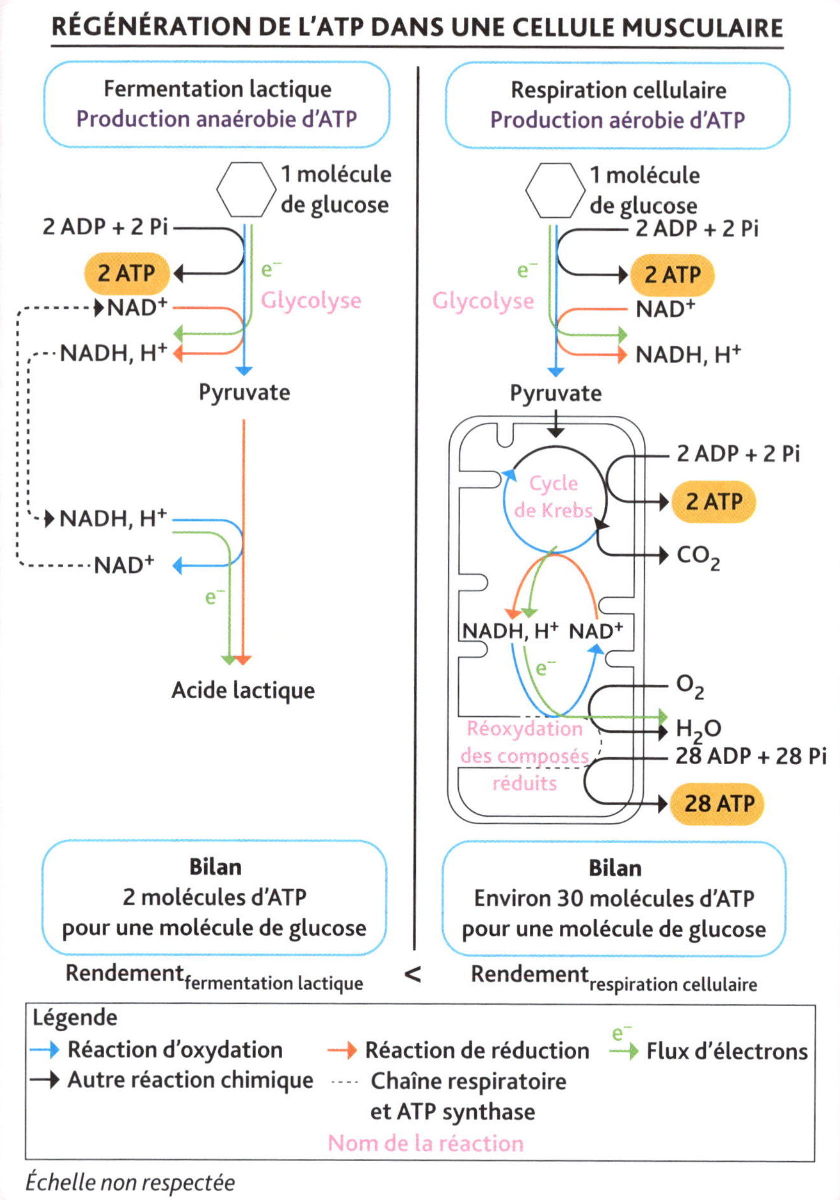

Échelle non respectée

Les coefficients stoechiométriques ne sont précisés que pour le glucose et l'ATP car nécessaires au calcul du rendement de la réaction.

Remarque

Le **glucose** arrive par voie sanguine jusqu'aux cellules.

EXERCICES

Connaître le cours

1 2 min ★ Vrai ou faux ?

Relever la (ou les) affirmation(s) exacte(s).

La respiration cellulaire :

a) à un rendement supérieur à la fermentation lactique.

b) à un rendement inférieur à la fermentation lactique.

c) nécessite du dioxygène.

d) nécessite de l'ATP.

→ Corrigé p. 351

2 2 min ★ Vrai ou faux ?

Relever la (ou les) affirmation(s) exacte(s).

La fermentation lactique :

a) est une réaction qui nécessite du dioxygène.

b) est une réaction qui ne nécessite pas de dioxygène.

c) produit de nombreuses molécules d'ATP à partir d'une molécule de glucose.

d) se déroule dans les mitochondries.

→ Corrigé p. 351

3 10 min ★ Restitution de connaissances

Expliquer l'importance du glucose dans le phénomène de la contraction musculaire.

→ Corrigé p. 351

4 10 min ★ Schématiser le cours

1. Schématiser une cellule et y faire figurer la localisation des réactions suivantes :
– la glycolyse ;
– la fermentation lactique ;
– le cycle de Krebs ;
– la réoxydation des composés réduits, grâce à la réduction de dioxygène en eau.

2. Indiquer ensuite si ces réactions participent à la production aérobie ou anaérobie d'ATP.

→ Corrigé p. 351

S'entraîner

5 10 min ★ Rendement de la fermentation lactique et de la respiration cellulaire

Le glucose possède une énergie chimique de 2 840 kJ par mole et l'ATP de 30,5 kJ par mole.

Le rendement est le rapport de l'énergie produite sur l'énergie investie. Il s'exprime en pourcentage.

1. Calculer le rendement de la fermentation lactique pour une mole de glucose au départ.

2. Calculer le rendement de la respiration cellulaire pour une mole de glucose au départ.

3. Comparer les deux rendements calculés et déterminer la réaction la plus efficace dans la production d'ATP.

→ *Corrigé p. 351*

6 10 min ★ Substrat de la respiration cellulaire

À partir d'un broyat de cellules, on a isolé un culot de mitochondries. Ces dernières sont placées dans un milieu fermé (pas d'échanges gazeux avec l'extérieur), bien oxygéné et contenant de l'ADP + Pi. On suit au cours du temps la concentration en O_2 du milieu dans différentes conditions expérimentales.

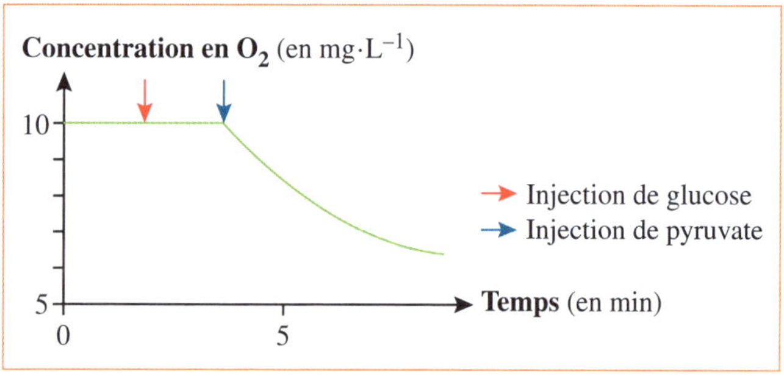

Évolution de la concentration en dioxygène du milieu en fonction du temps

1. À l'aide du graphique, justifier que le pyruvate est le substrat de la respiration cellulaire au sein des mitochondries.

2. Préciser au cours de quel processus est formé le pyruvate et la localisation de cette réaction.

→ *Corrigé p. 352*

7 40 min ★★ Localisation de la respiration cellulaire

On cherche à identifier expérimentalement l'organite nécessaire à la respiration ainsi qu'à localiser les deux étapes de la respiration cellulaire :
utilisation du pyruvate lors du cycle de Krebs et réoxydation des composés réduits grâce à la réduction de dioxygène en eau.

Document 1 : Évolution de la quantité de dioxygène avant et après injection de glucose dans le milieu pour deux souches de levures

Deux souches de levures cultivées sur un milieu gélosé contenant du glucose, donnent pour l'une de grandes colonies (levures G), pour l'autre de petites colonies (levures mutantes P).

Les levures sont transférées dans un nouveau milieu de culture sans glucose et on obtient les résultats suivants :

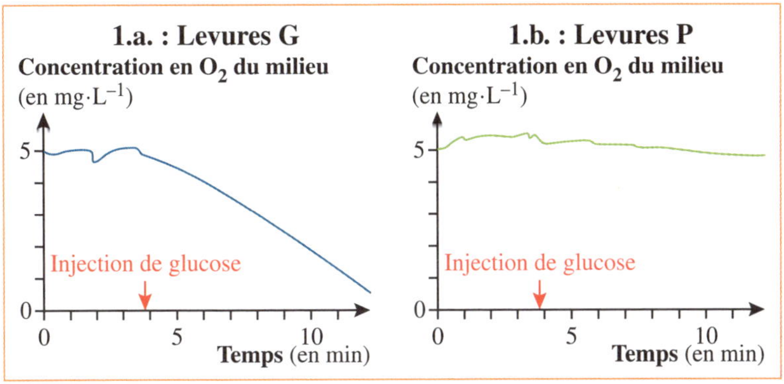

Document 2 : Mitochondrie et schéma d'interprétation

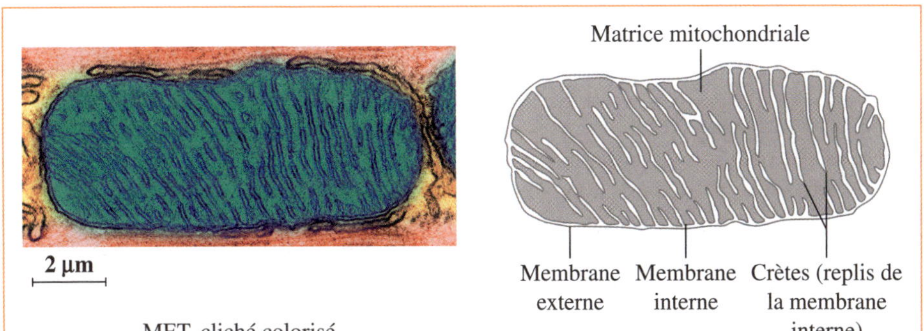

MET, cliché colorisé

Document 3 : Abondance des mitochondries dans les souches de levures G et P

Levures G	Levures P
Mitochondries abondantes	Mitochondries rares

Document 4 : Expérience sur des fractions mitochondriales

Les mitochondries sont fragmentées par l'action d'ultrasons. Les fractions obtenues sont placées dans un milieu expérimental contenant du dioxygène, des composés réduits (NADH, H^+), de l'ADP + Pi et du pyruvate :

Fraction mitochondriale utilisée	Résultats
Fragments de membrane externe	• Pas de production d'ATP • Pas d'oxydation des composés réduits (NADH, H^+) (en présence d'oxygène) • Pyruvate toujours présent
Fragments de membrane interne	• Production d'ATP • Oxydation des composés réduits (NADH, H^+) (en présence d'oxygène) • Pyruvate toujours présent
Matrice mitochondriale	• Pas de production d'ATP • Production de CO_2 • Absence de pyruvate

À l'aide de l'ensemble des documents et des connaissances, identifier l'organite nécessaire à la respiration cellulaire et la localisation des deux étapes de la respiration cellulaire.

→ *Corrigé p. 352*

Exercice 2 : Pratique du raisonnement scientifique 1 h 45 8 points

Effort musculaire et entraînement

On définit deux types d'effort physique :
– l'endurance : l'effort est modéré mais prolongé ;
– la résistance : l'effort est intense mais de courte durée.

Les muscles contiennent deux types de fibres : des fibres de type I et des fibres de type II.

À partir de l'étude des documents et de l'utilisation des connaissances, définir les voies métaboliques et les fibres musculaires impliquées dans chaque type d'effort ainsi que les caractéristiques de ces fibres.

Montrer ensuite quel est l'effet de l'entraînement sur les voies métaboliques impliquées dans la production d'ATP par la cellule musculaire.

Document 1 : Quelques caractéristiques des fibres musculaires

Caractéristiques / Types de fibres	Fibres de Type I	Fibres de type II
Couleur	Rouge	Blanche
Myoglobine	++++	+
Vitesse de contraction	+	++++
Résistance à la fatigue	++++	+
Mitochondries	++++	+
Irrigation sanguine	+++	+
Métabolisme de dégradation du glucose en présence d'O_2	++++	+
Métabolisme de dégradation du glucose en absence d'O_2	+	++++
Contenu en glycogène	+++	+++

La myoglobine est une protéine musculaire qui fixe le dioxygène.
Le métabolisme d'oxydation du glucose consomme du dioxygène.
Le glycogène est une molécule de mise en réserve du glucose.
Le glucose et l'O_2 sont véhiculés par le sang.
+ : indique l'importance de chaque caractéristique

Document 2 : Électronographies de fibres musculaires

Vues de détail en MET.

2.a. : Fibre de type I

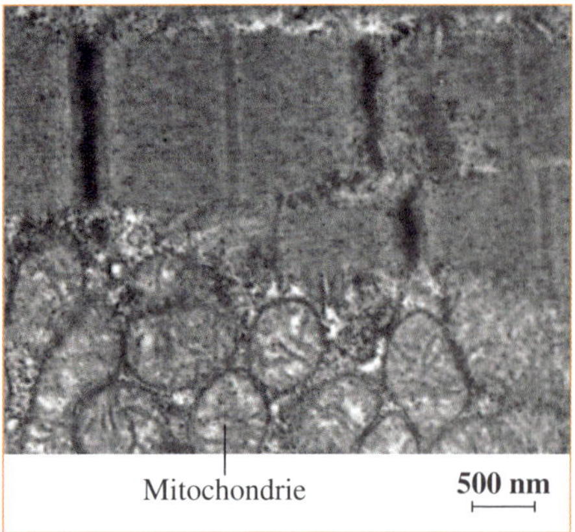

2.b. : Fibre de type II

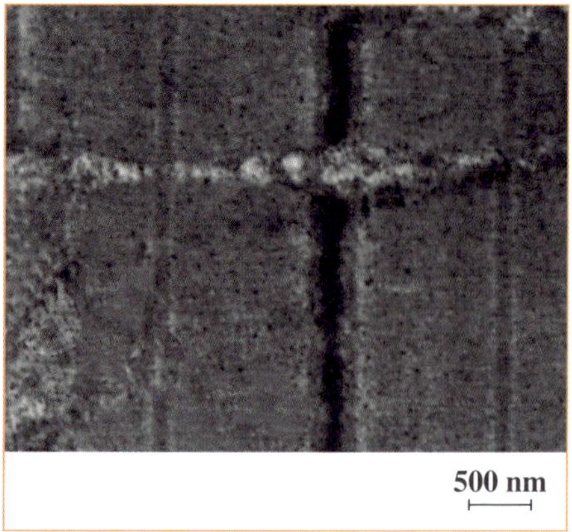

Document 3 : Coupe transversale de cellules musculaires issues d'une biopsie d'un quadriceps chez deux athlètes

Les clichés sont obtenus après utilisation d'une technique faisant apparaître en foncé une forte teneur en enzyme de la fermentation lactique. On reproduit les observations sur le croquis ci-dessous :

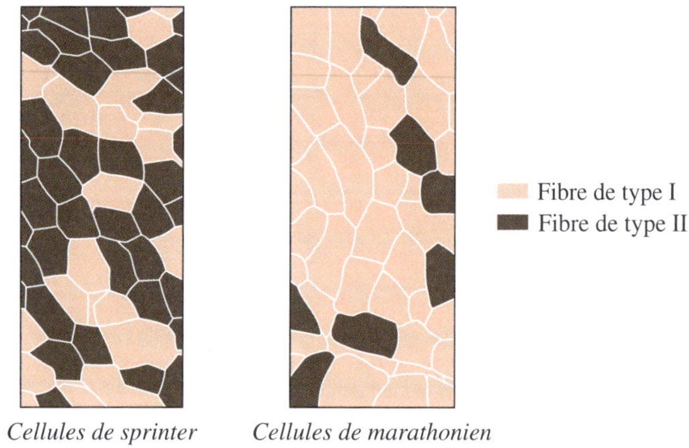

Document 4 : Pourcentage des deux types de fibres chez différents athlètes

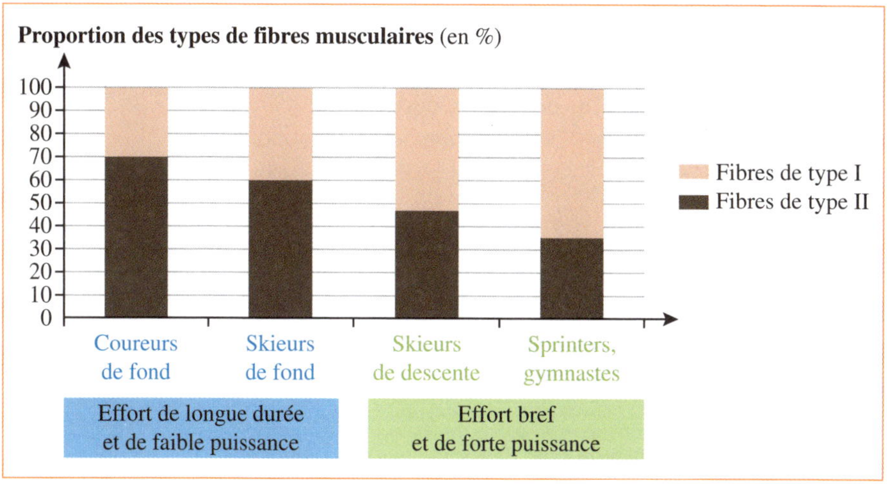

Document 5 : Production d'acide lactique et consommation de dioxygène chez un individu non entraîné et chez un individu entraîné, pour un exercice de puissance donnée

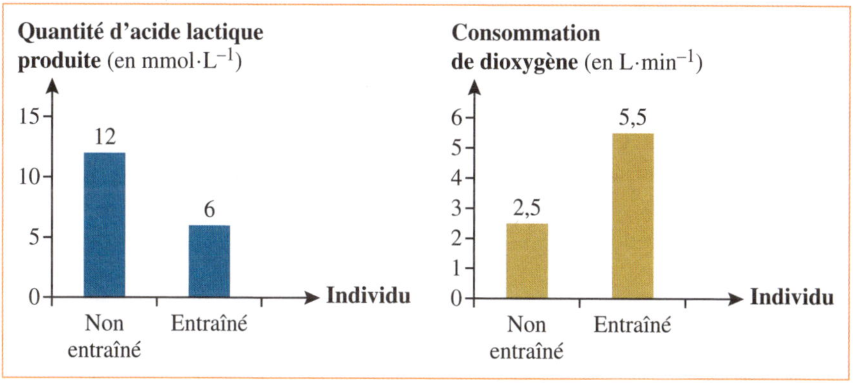

N.B. : On considère que les changements constatés à l'échelle de l'organisme sont dus principalement à l'activité des muscles pendant l'exercice.

Document 6 : Quantité de mitochondries dans les cellules musculaires

Les mitochondries sont des organites présents dans les cellules musculaires. Elles permettent la synthèse d'ATP par oxydation des métabolites.

Un entraînement de 21 semaines à raison de 5 séances par semaine permet d'observer dans les cellules musculaires :
– une augmentation du nombre de mitochondries de 120 % ;
– une augmentation de 14 à 40 % de la taille des mitochondries.

Document 7 : Activité des enzymes du cycle de Krebs en fonction de l'entraînement à un sport d'endurance

Des mesures de l'activité des enzymes du cycle de Krebs sont réalisées à partir d'extraits de muscles prélevés chez différents sportifs avant et après entraînement.

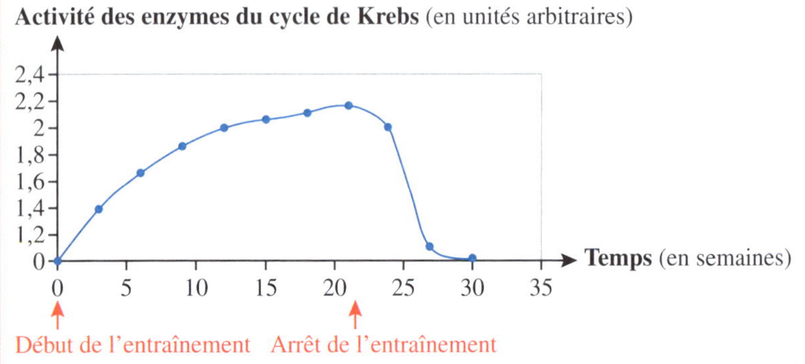

Document 8 : Entraînement et réserves de métabolites

Le glycogène est une forme de stockage du glucose. Le tableau ci-dessous présente les réserves moyennes en glycogène musculaire chez une personne non entraînée et chez une personne entraînée.

	Réserves en glycogène musculaire
Personne non entraînée	13 à 15 $g \cdot kg^{-1}$ de muscle
Personne entraînée	15,5 à 17,5 $g \cdot kg^{-1}$ de muscle

→ *Corrigé p. 353*

CORRIGÉS

1 → Énoncé p. 343

Les affirmations exactes sont a) et c).

2 → Énoncé p. 343

L'affirmation exacte est b).

3 → Énoncé p. 343

La contraction musculaire nécessite de l'énergie sous forme d'ATP. Le glucose est le point de départ majeur des réactions conduisant à la formation d'ATP, d'où son importance pour le métabolisme d'une cellule musculaire. En effet, la dégradation anaérobie du glucose via la fermentation lactique, ou aérobie via la respiration cellulaire, conduit à la formation d'ATP.

4 → Énoncé p. 343

Remarque

Faire le **schéma** suffisamment grand. Ne pas oublier la **légende** et le **titre**.

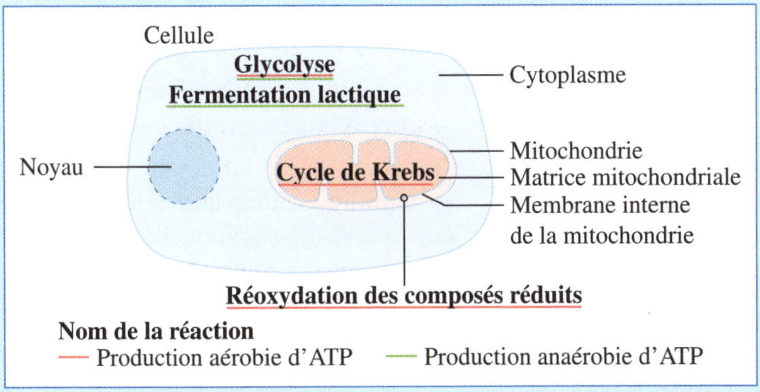

Schéma de la localisation des réactions participant à la régénération de l'ATP dans une cellule

5 → Énoncé p. 344

1. Sachant que la fermentation lactique conduit à la formation de 2 molécules d'ATP à partir d'une molécule de glucose, on peut écrire :

$$rendement_{fermentation\ lactique} = \frac{2 \times 30{,}5}{2\ 840} \times 100 \approx 2\ \%$$

2. Sachant que la glycolyse associée à la respiration cellulaire conduit à la formation d'environ 30 molécules d'ATP à partir d'une molécule de glucose, on peut écrire :

> **Remarque**
> Lors d'un calcul, **ne pas oublier de mettre une unité** au résultat obtenu.

$$rendement_{respiration\ cellulaire} = \frac{30 \times 30{,}5}{2\ 840} \times 100 \approx 32\ \%$$

3. Le rendement de la respiration cellulaire est 16 fois plus important que le rendement de la fermentation lactique : la respiration cellulaire est donc la réaction la plus efficace dans la production d'ATP.

6 → *Énoncé p. 344*

1. Lors de l'injection de glucose dans le milieu, il n'y a aucune modification de la concentration en dioxygène. Dès lors qu'il y a ajout de pyruvate, la concentration en dioxygène diminue passant de 10 mg·L^{-1} à 6 mg·L^{-1}.

Or, on sait que la production de dioxygène par des mitochondries est le reflet de la respiration cellulaire.

On en déduit que cette réaction nécessite le pyruvate comme substrat.

2. Le pyruvate est formé par la glycolyse, dans le cytoplasme, à partir du glucose.

7 → *Énoncé p. 345*

I – Identification de l'organite nécessaire à la respiration cellulaire

Dans le document 1, on observe qu'à la suite de l'ajout de glucose, la concentration en dioxygène diminue fortement pour le milieu contenant les levures G tandis qu'il diminue très faiblement pour le milieu contenant les levures P.

Or, la respiration cellulaire a besoin de glucose et se manifeste par une consommation de dioxygène. Plus la consommation en dioxygène est importante, plus la respiration cellulaire est importante.

Ainsi les levures G réalisent une respiration cellulaire importante contrairement aux levures P.

Le document 2 montre que les levures G possèdent de nombreuses mitochondries tandis qu'elles sont rares chez les levures P.

On en déduit ainsi que la respiration cellulaire nécessite des mitochondries.

II – Localisation de l'utilisation du pyruvate lors du cycle de Krebs

On observe dans le document 4 que lorsqu'on utilise comme fraction la matrice mitochondriale, il n'y a plus de pyruvate dans le milieu alors qu'il était présent initialement. De plus, il y a production de CO_2. Les résultats avec les fragments de membrane de mitochondries ne sont pas les mêmes.

Or, on sait que le cycle de Krebs utilise le pyruvate et conduit notamment à la production de CO_2.
On en déduit donc que l'utilisation du pyruvate lors du cycle de Krebs se déroule dans la matrice mitochondriale.

III – Localisation de la réoxydation des composés réduits grâce à la réduction de dioxygène en eau

On observe, dans le document 4, que lorsqu'on utilise comme fraction les fragments de membrane interne des mitochondries, il y a réoxydation des composés réduits (NADH, H^+) en présence de dioxygène. Les résultats avec les fragments de membrane externe ne montrent pas de différence entre l'état initial et l'état final. De plus, il n'y a pas de réoxydation des composés réduits avec comme fraction la matrice mitochondriale.

On en déduit donc que la réoxydation des composés réduits grâce à la réduction de dioxygène en eau se déroule au niveau de la membrane interne des mitochondries.

SUJET DU BAC

Exercice 2 : Pratique du raisonnement scientifique → Énoncé p. 347

Conseils

- Toujours **justifier** ses propos, notamment à l'aide de valeurs.
- Ne pas nécessairement analyser les documents dans l'ordre du sujet : **choisir un ordre logique** permettant une démarche cohérente.

La contraction musculaire lors d'un effort physique nécessite de l'énergie sous forme d'ATP. Il existe deux voies métaboliques principales de production d'ATP par la cellule musculaire : la fermentation lactique et la respiration cellulaire.
De plus, il existe deux types de fibres musculaires : des fibres de type I et des fibres de type II.
Quelles sont les voies métaboliques et fibres musculaires impliquées dans chaque type d'effort ?

I – Voies métaboliques et fibres musculaires impliquées lors d'un effort modéré mais prolongé (endurance)

Le document 4 présente la proportion de chaque type de fibres en fonction de différents athlètes (c'est-à-dire en fonction du type d'effort) : plus l'effort est bref mais intense, plus la proportion de fibres de type II est importante (65 % pour un sprinter) et plus l'effort est long, plus la proportion de fibres de type I est importante (70 % pour un coureur de fond).

> **Remarque**
>
> Il ne faut pas chercher à redonner toutes les valeurs du document. L'important est d'**établir une comparaison pertinente**.

On en déduit donc que les fibres principalement impliquées dans un effort modéré mais prolongé sont les fibres de type I. De plus, le document 1 indique que les fibres de type I ont une forte résistance à la fatigue : elles ont donc bien la capacité de produire un effort prolongé.

Les coupes transversales de cellules musculaires du document 3 abondent dans le sens de la conclusion du document 4 : les marathoniens (effort modéré mais prolongé) possèdent de nombreuses fibres de type I et très peu de fibres de type II contrairement aux sprinters (effort intense de courte durée). En effet, on observe un ratio approximatif, d'après la coupe, d'une fibre de type II pour 5 fibres de type I dans le cas d'un marathonien. De plus, la technique de coloration utilisée donne des informations sur le métabolisme de production d'ATP : elle fait apparaître en foncé une forte teneur en enzyme de la fermentation lactique. La coloration se retrouve dans les fibres de type II. Ainsi, les fibres majoritaires chez un marathonien, celles de type I, ne sont pas colorées : le métabolisme principal de ses muscles n'est pas la fermentation lactique. L'autre voie de production d'ATP étant la respiration cellulaire, on en déduit que les fibres de type I produisent de l'ATP grâce à la respiration cellulaire.

L'électronographie des fibres de type I du document 2 montre la présence de mitochondries dans le cytoplasme des fibres. Le document 1 indique que les mitochondries sont effectivement nombreuses dans ces fibres et que le métabolisme de dégradation du glucose en présence de dioxygène est très actif.

Or, on sait que les mitochondries sont nécessaires à la dégradation du glucose en présence de dioxygène (respiration cellulaire). Cela confirme que les fibres de type I produisent de l'ATP par la respiration cellulaire.

De plus, les fibres de type I possèdent de nombreuses molécules de myoglobine, des « réservoirs » à dioxygène, contrairement aux fibres de type II. Le dioxygène est nécessaire à la production d'ATP par respiration cellulaire. Ce constat conforte l'idée que les fibres de type I produisent de l'ATP par la respiration cellulaire.

II – Voies métaboliques et fibres musculaires impliquées lors d'un effort intense mais de courte durée

Le document 4 présente la proportion de chaque type de fibres en fonction de différents athlètes (c'est-à-dire en fonction du type d'effort). De l'analyse du document dans la partie précédente, on en déduit donc que les fibres principalement impliquées dans un effort modéré mais prolongé sont les fibres de type II. De plus, le document 1 indique que les fibres de type II ont une vitesse de contraction très rapide, cela permet des efforts rapides et intenses mais ont une faible résistance à la fatigue (effort bref).

> **Remarque**
> Il peut être pertinent de **faire des comparaisons** (x fois plus grand/petit que, utilisation de proportions).

Les coupes transversales de cellules musculaires du document 3 abondent dans le sens de la conclusion du document 4 : les sprinters (effort intense de courte durée) possèdent de nombreuses fibres de type II et très peu de fibres de type I contrairement aux marathoniens (effort modéré mais prolongé). En effet, on observe un ratio approximatif, d'après la coupe, d'une fibre de type I pour 3 fibres de type II. La technique de coloration utilisée fait apparaître en noir une forte teneur en enzyme de la fermentation lactique dans les fibres de type II. Ces fibres étant majoritaires dans les muscles d'un sprinter, on en déduit que la production d'ATP se fait majoritairement par fermentation lactique.

L'électronographie des fibres de type II du document 2 ne montre pas la présence de mitochondries dans le cytoplasme des fibres. Ce constat est confirmé par les données du document 1 : les mitochondries sont peu nombreuses. Ainsi ces fibres ne réalisent que très peu la respiration cellulaire. En outre, le document 2 indique que le métabolisme de dégradation du glucose en l'absence de dioxygène est très important dans ces fibres. La fermentation lactique ne nécessitant pas de dioxygène, cette information va dans le sens d'une production d'ATP par fermentation lactique dans le cas des fibres de type II.

III – Effet de l'entraînement dans la production d'ATP par la cellule musculaire

Le document 8 indique qu'une personne entraînée possède de plus grandes réserves en glycogène : de 15,5 à 17,5 $g \cdot kg^{-1}$ de muscles contre entre 13 et 15 $g \cdot kg^{-1}$ de muscles pour une personne non entraînée.
Le glycogène est une forme de stockage de glucose et le glucose permet la production d'ATP par la cellule (par fermentation lactique ou respiration cellulaire).
On en déduit donc que les fibres musculaires d'une personne entraînée sont en mesure de produire bien plus d'ATP qu'une personne non entraînée. Par conséquent, les personnes entraînées sont en mesure de faire des efforts plus longs ou plus intenses que des personnes non entraînées.
Le document 5 présente l'importance de la fermentation lactique et de la respiration cellulaire chez une personne entraînée et chez une personne non entraînée.
On observe que la quantité d'acide lactique produite est 2 fois moins importante chez un individu entraîné que chez un individu non entraîné (6 $mmol \cdot L^{-1}$ contre 12 $mmol \cdot L^{-1}$). Or, l'acide lactique est le résultat de la fermentation lactique.
On en déduit donc que le métabolisme de fermentation lactique est moins important chez un individu entraîné.
En outre, on observe que la quantité de dioxygène consommé est environ 2 fois plus importante chez un individu entraîné que chez un individu non entraîné (5,5 $L \cdot min^{-1}$ contre 2,5 $L \cdot min^{-1}$).
Or, la consommation de dioxygène est la conséquence de la respiration cellulaire.
On en déduit donc que le métabolisme de respiration cellulaire est plus important chez un individu entraîné.

Ainsi, l'entraînement conduit à une augmentation de la capacité des cellules à produire de l'ATP grâce à la respiration cellulaire. Cela est « intéressant » car le rendement en ATP est meilleur avec la respiration cellulaire qu'avec la fermentation lactique.

Le document 6 indique que l'entraînement conduit à une augmentation du nombre (+ 120 %) et de la taille des mitochondries (+ 14 à 40 %). Cela conforte l'idée que le métabolisme des fibres musculaires s'oriente vers un métabolisme aérobie (respiration cellulaire via les mitochondries) suite à un entraînement.
À cela s'ajoute le fait que le document 7 montre que l'activité des enzymes du cycle de Krebs double entre le début et la fin d'un entraînement de 21 semaines.
Or, le cycle de Krebs est une des étapes de la respiration cellulaire.
On en déduit donc bien une augmentation de la respiration cellulaire lors d'une période d'entraînement.

Par conséquent, l'entraînement conduit une augmentation de la capacité des cellules musculaires à produire de l'ATP grâce à la respiration cellulaire.

Méthode

La **conclusion** doit reprendre les idées fortes de la réponse.

Pour conclure, lors d'un effort modéré mais prolongé, les fibres principalement impliquées sont les fibres de type I tandis que pour un effort intense de courte durée ce sont principalement les fibres de type II. Ces deux types de fibres ne produisent pas l'ATP avec le même métabolisme : les fibres de type I produisent de l'ATP par respiration cellulaire alors que les fibres de type II le produisent par fermentation lactique. Un entraînement prolongé conduit à augmenter la capacité des fibres à produire de l'ATP grâce à la respiration cellulaire.

Le contrôle des flux de glucose

CHAPITRE 18

Les cellules musculaires, comme toutes les cellules, ont besoin de glucose et de dioxygène pour la production d'**ATP***, source d'énergie cellulaire nécessaire à la réalisation des mouvements (*voir chapitre 17*). Le contrôle des flux de glucose permet de garantir l'approvisionnement des cellules musculaires, tout en évitant les dommages sur la santé d'un excès de glucose sanguin.

1 Mise en évidence d'une régulation de la glycémie

La **glycémie*** est la concentration de glucose dans le sang (exprimée en $g \cdot L^{-1}$).

A. Des besoins en glucose variables

■ Les cellules musculaires puisent le glucose dans le sang.

■ Les besoins en glucose des cellules musculaires varient selon que l'organisme est au repos ou fournit un effort, et selon l'intensité de l'activité physique réalisée.

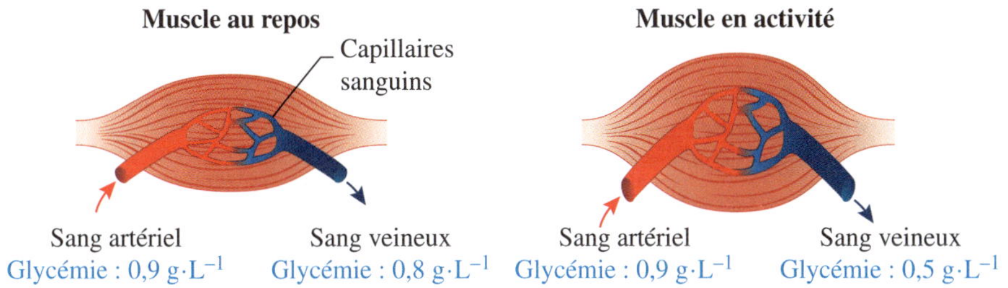

Figure 1 *Consommation en glucose d'un muscle et effort fourni*

B. Des apports en glucose discontinus

■ Le glucose puisé dans le sang par les cellules musculaires provient initialement de la **digestion des aliments**. Le glucose entre dans le sang au niveau de l'**intestin grêle**.

■ Les apports directs en glucose se réalisent au moment des repas et varient selon le type d'aliments ingérés. Ils sont particulièrement importants lors de la consommation d'**aliments riches en glucides** (sucres, pommes de terre, produits céréaliers…).

C. Régulation de la glycémie

■ La glycémie dépend des apports alimentaires (hausse transitoire de la glycémie) et de l'activité physique (baisse transitoire de la glycémie), mais elle est toujours maintenue dans un intervalle relativement étroit autour d'une valeur d'équilibre proche de 1 $g \cdot L^{-1}$.

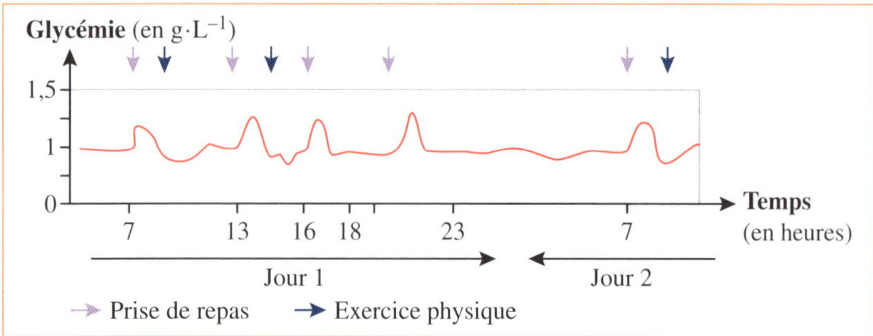

Figure 2 *Évolution de la glycémie au cours d'une journée chez une personne*

■ Une **hypoglycémie*** (< 0,5 $g \cdot L^{-1}$) est dangereuse pour l'organisme car le fonctionnement du cerveau est menacé par l'insuffisance en glucose. Elle peut mener au coma voire au décès de la personne.

■ Une **hyperglycémie*** (> 1,1 $g \cdot L^{-1}$ à jeun et > 1,4 $g \cdot L^{-1}$ après un repas) n'a pas de conséquence grave à court terme sauf si elle est très élevée (risque de coma au-dessus de 3 $g \cdot L^{-1}$). À long terme, une hyperglycémie, même légère mais en continu, cause des dommages aux reins, aux yeux, aux nerfs et aux pieds et augmente le risque d'accident cardio-vasculaire.

2 Contrôle hormonal de la glycémie

■ La glycémie est contrôlée par un **système de régulation hormonal** impliquant des flux variables entre les sources (intestin et réserves de glucose) et les organes consommateurs de glucose (notamment les muscles).

A. Stockage du glucose

■ Les réserves de glucose se trouvent sous forme de **glycogène*** dans les cellules musculaires et dans les cellules hépatiques (cellules du foie). Le glycogène est un polymère de glucose (nombreuses molécules de glucose reliées les unes aux autres).

Remarque

Les **glucides complexes** qui constituent les formes de stockage du glucose ne sont pas les mêmes chez les animaux et chez les végétaux : le **glycogène** (chez les animaux) et l'**amidon** (chez les végétaux) sont tous les deux des polymères, qui diffèrent par le type de liaisons chimiques entre les molécules de glucose.

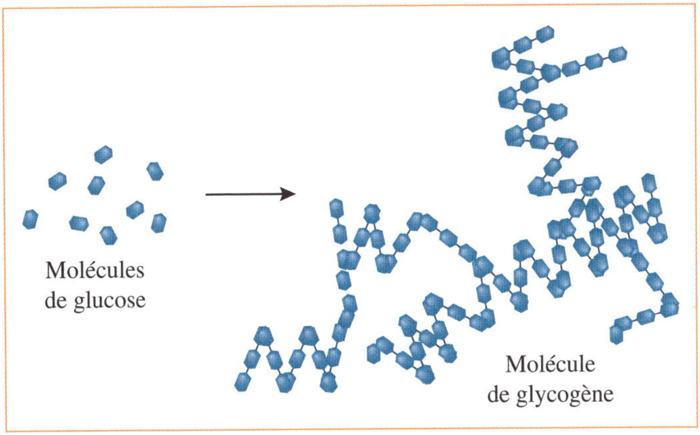

Figure 3 *Le glycogène : une forme de stockage du glucose*

B. Rôle du pancréas

■ Le pancréas a une fonction **endocrine*** : il possède des structures nommées îlots de Langerhans, qui produisent et libèrent dans le sang des **hormones***. Les cellules β (bêta) sécrètent **l'insuline*** et les cellules α (alpha) sécrètent le **glucagon***. Ces deux hormones permettent de réguler la glycémie.

Remarque

Une astuce pour mémoriser facilement ! La **sécrétion d'insuline** par les cellules **bêta** permet de faire **baisser** la glycémie. À l'inverse, la sécrétion de glucagon par les cellules **alpha** permet de faire **augmenter** la glycémie.

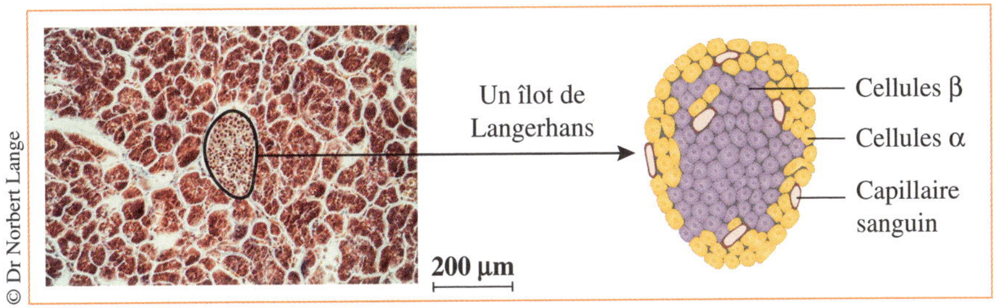

Figure 4 *Coupe de pancréas observée au microscope et schéma d'un îlot de Langerhans*

C. Tissus cibles des hormones pancréatiques

■ Les hormones peuvent agir sur les cellules qui présentent des **récepteurs*** spécifiques au niveau de leur membrane plasmique : une reconnaissance entre hormone et récepteur est nécessaire.

■ Les cellules hépatiques (du foie) présentent à la fois des récepteurs à l'insuline et au glucagon. Les cellules musculaires striées squelettiques ne présentent que des récepteurs à l'insuline.

■ La fixation d'insuline ou de glucagon sur leurs récepteurs spécifiques permet de contrôler la production ou la dégradation de glycogène, afin de stocker du glucose ou de le libérer dans le sang.

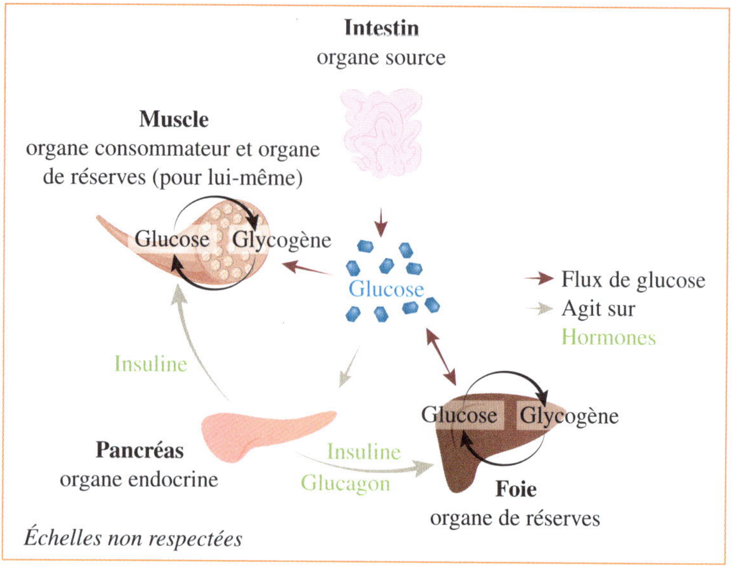

Figure 5 *Contrôle des flux de glucose par les hormones pancréatiques*

D. Déclenchement et effets de la sécrétion d'insuline

■ Après un repas riche en glucides, la glycémie augmente par absorption intestinale de glucose.

■ Du glucose entre dans les cellules β du pancréas grâce à des protéines membranaires, ce qui déclenche la libération d'insuline dans le sang.

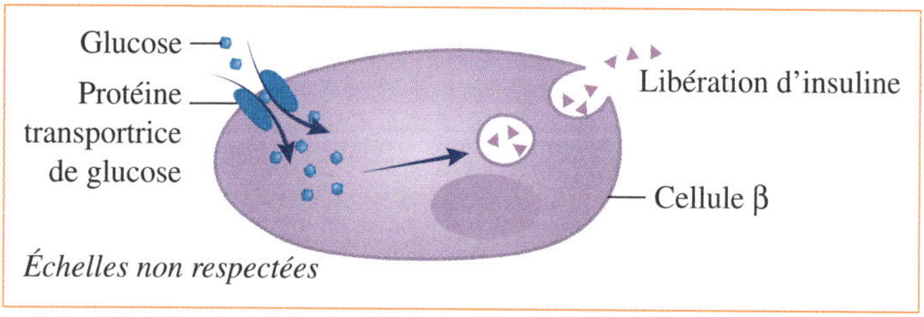

Figure 6 *Déclenchement de la sécrétion d'insuline au niveau d'une cellule β du pancréas*

■ En se fixant sur ses récepteurs spécifiques, l'insuline permet l'entrée de glucose dans les cellules musculaires et hépatiques grâce à des **protéines membranaires**. Le glucose y est alors stocké sous forme de **glycogène**.

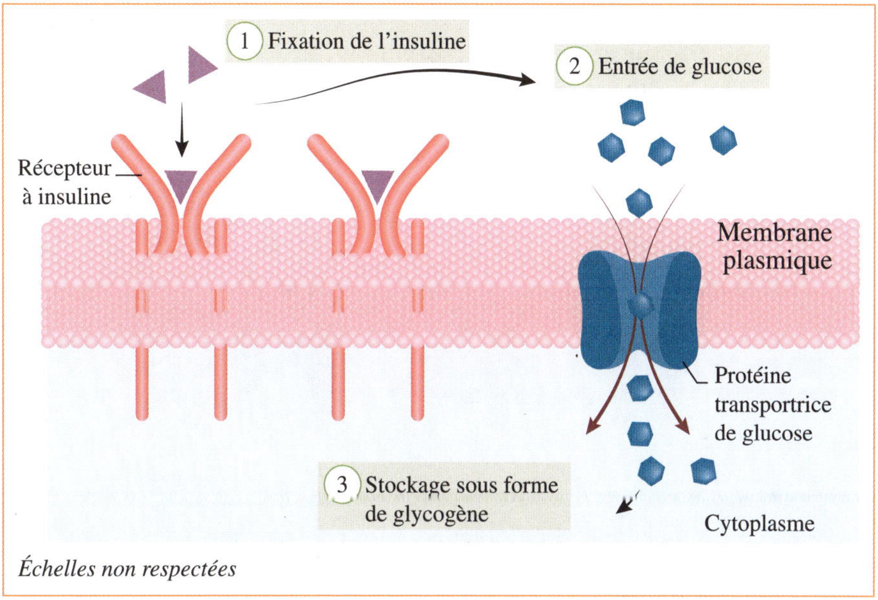

Figure 7 *Effet de l'insuline sur une cellule-cible hépatique ou musculaire*

■ Ainsi, le taux de glucose dans le sang diminue : l'insuline est une hormone **hypoglycémiante***.

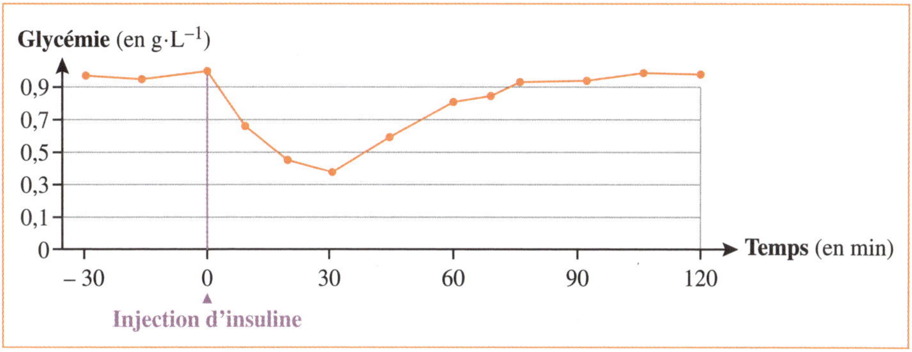

Figure 8 *Évolution de la glycémie d'un sujet sain à la suite d'une injection d'insuline*

E. Déclenchement et effets de la sécrétion de glucagon

■ Entre les repas, ou au cours d'un effort physique, la glycémie diminue car le glucose est consommé par les cellules, en particulier musculaires. Cette hypoglycémie déclenche la libération de **glucagon** dans le sang par les **cellules α du pancréas**.

■ Le glucagon se fixe sur ses **récepteurs spécifiques** au niveau de la membrane plasmique des cellules hépatiques, ce qui provoque la dégradation du glycogène et la sortie du glucose, grâce à des protéines membranaires.

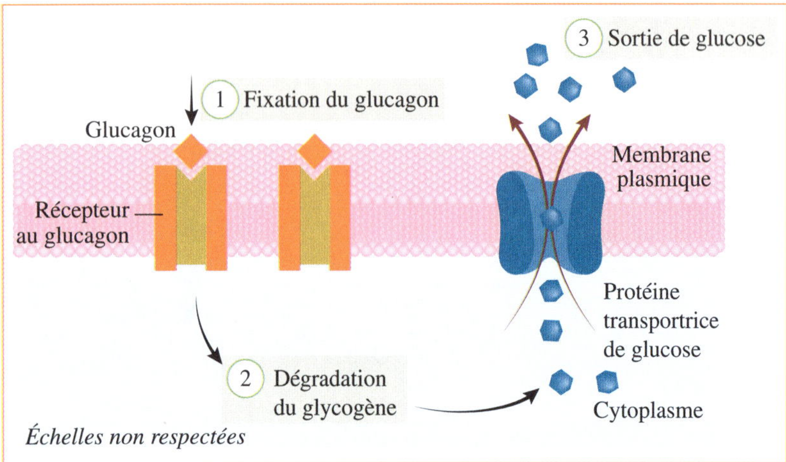

Figure 9 *Effet du glucagon sur une cellule hépatique*

■ Ainsi, le taux de glucose dans le sang augmente : le glucagon est une hormone **hyperglycémiante***.

■ Dans les cellules musculaires, le glucose issu de la dégradation du glycogène n'est pas exporté et est directement consommé pour produire le mouvement.

3 Diabètes

■ Le **diabète*** se caractérise par une hyperglycémie chronique, c'est-à-dire un taux de glucose sanguin trop élevé de manière continue. Un diagnostic de diabète est posé lorsque la glycémie à jeun est égale ou supérieure à 1,26 $g \cdot L^{-1}$, ou égale ou supérieure à 2 $g \cdot L^{-1}$ à n'importe quel moment de la journée.

■ L'hyperglycémie chronique est dangereuse pour différents organes, surtout à long terme (*voir 1.C*).

■ Il existe deux grands types de dysfonctionnement de la régulation de la glycémie.

A. Déficit de la sécrétion d'insuline

■ Lorsque le pancréas ne produit pas assez ou plus du tout d'insuline, le glucose sanguin en excès n'entre plus dans les cellules hépatiques et musculaires et n'est plus transformé en glycogène. Ceci entraîne donc une hyperglycémie chronique.

■ Ce dysfonctionnement peut être pallié par la prise d'insuline : on dit qu'il est **insulinodépendant***.

■ Dans le cas du **diabète de type 1** (6 % des cas de diabètes), qui est diagnostiqué chez des personnes jeunes, les cellules β des îlots de Langerhans sont détruites par le système immunitaire : c'est une maladie **auto-immune***.

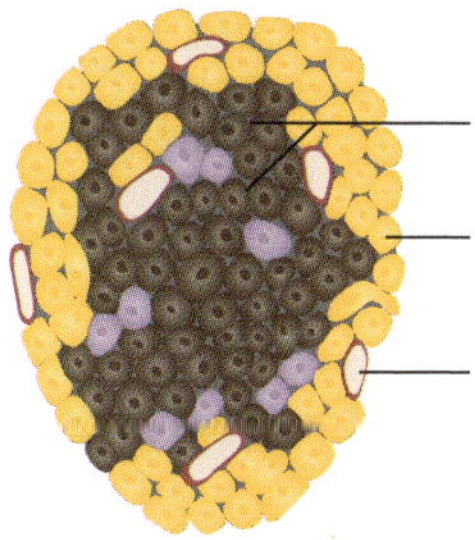

Figure 10 *Coupe dans un îlot de Langerhans chez une personne atteinte de diabète de type 1*

B. Insulino-résistance des tissus cibles

■ Dans le cas du **diabète de type 2** (92 % des cas), qui est diagnostiqué en général chez des personnes plus âgées, les cellules du foie et des muscles ne répondent plus à l'insuline : on dit alors que les tissus-cibles sont devenus insulino-résistants.

■ Cette **insulino-résistanee*** peut s'expliquer par un déficit en récepteurs à insuline ou la perte de leur fonctionnalité.

■ Ainsi, quelle que soit l'importance de la sécrétion d'insuline, le glucose en excès ne peut plus entrer dans les cellules hépatiques et musculaires pour y être stocké sous forme de glycogène. Le glucose est maintenu à un taux élevé dans le sang. Ce dysfonctionnement est qualité de non-insulinodépendant.

■ Le surpoids, l'obésité et le manque d'activité physique sont des facteurs qui favorisent le déclenchement du diabète de type 2 chez des personnes souvent génétiquement prédisposées.

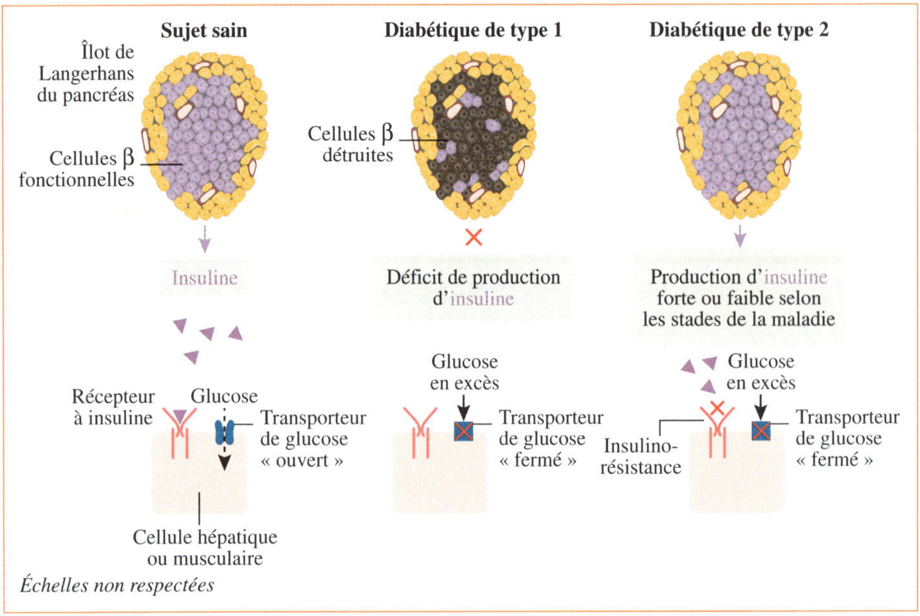

Figure 11 *Les différents types de diabètes*

CARTE MENTALE

LE CONTRÔLE DES FLUX DE GLUCOSE, SOURCE D'ÉNERGIE DES CELLULES MUSCULAIRES

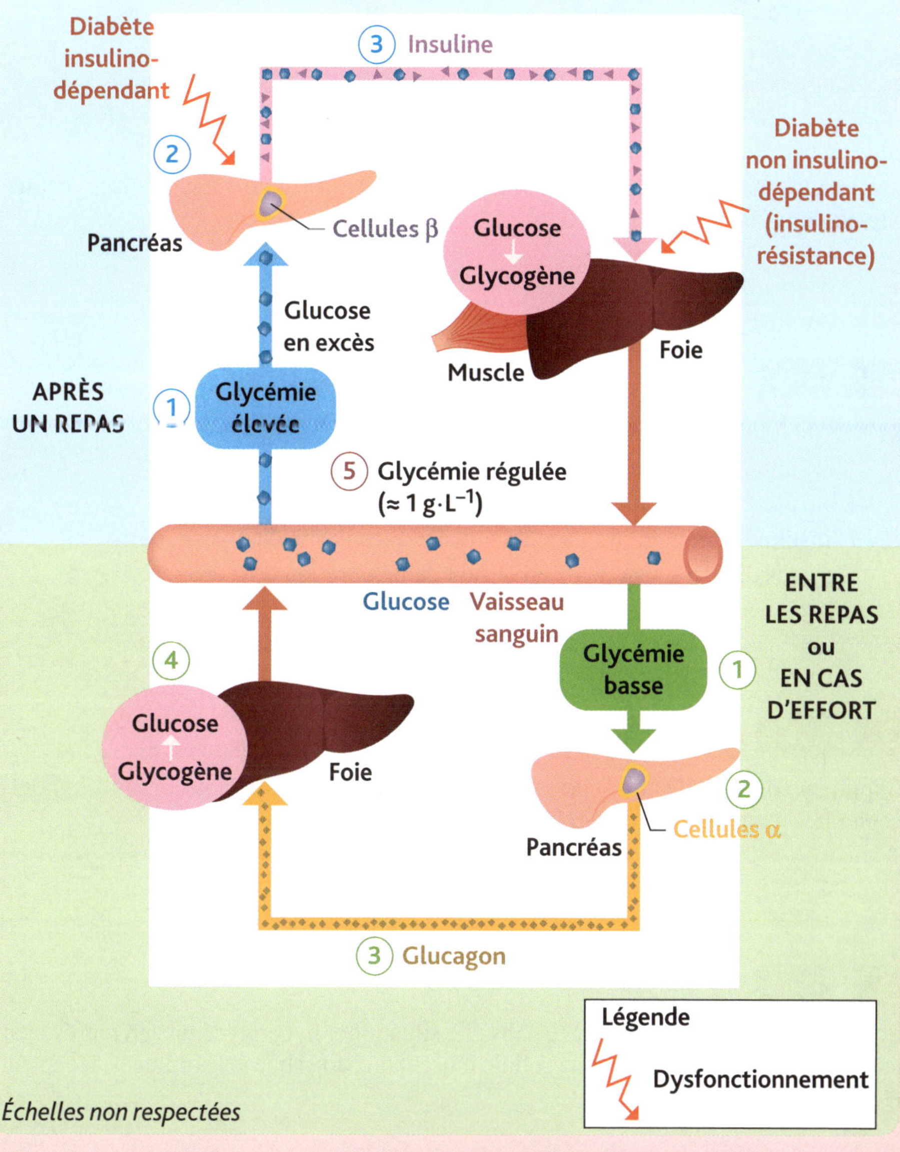

Échelles non respectées

EXERCICES

Connaître le cours

1 2 min ★ Vrai ou faux ?

Relever la (ou les) affirmation(s) exacte(s).

a) « Seules les cellules musculaires ont besoin de glucose. »

b) « La glycémie varie selon les apports alimentaires et l'activité physique réalisée. »

c) « Les cellules musculaires ne peuvent pas se contracter en cas d'hyperglycémie car elles ne peuvent pas produire d'ATP. »

d) « Le glycogène est un polymère de glucose qui permet son stockage dans les cellules hépatiques et musculaires. »

→ *Corrigé p. 374*

2 2 min ★ Vrai ou faux ?

Relever la (ou les) affirmation(s) exacte(s).

a) « L'insuline est une hormone hypoglycémiante. »

b) « L'insuline est sécrétée en cas d'hypoglycémie. »

c) « L'insuline permet le stockage du glucose sous forme de glycogène. »

d) « Certains diabètes sont dus à un déficit de la sécrétion de glucagon. »

→ *Corrigé p. 374*

3 15 min ★★ Restitution de connaissances

Expliquer comment la glycémie est ramenée à une valeur suffisante en cas d'hypoglycémie liée à un effort physique.

→ *Corrigé p. 374*

4 15 min ★★ Schématiser le cours

Schématiser la régulation exercée dans une situation d'hyperglycémie, en représentant une cellule β pancréatique et une cellule musculaire, ainsi que les hormones, récepteurs et transporteurs impliqués.

→ *Corrigé p. 374*

S'entraîner

5 30 min ★★ Glycémie et insulinémie après ingestion de glucose

L'insulinémie correspond au taux d'insuline dans le sang. Elle est exprimée en $mUI \cdot L^{-1}$, UI étant l'unité internationale.

À l'aide du document et des connaissances, écrire et expliquer l'évolution de la glycémie et de l'insulinémie au cours du temps suite à une ingestion de glucose chez une personne non diabétique.

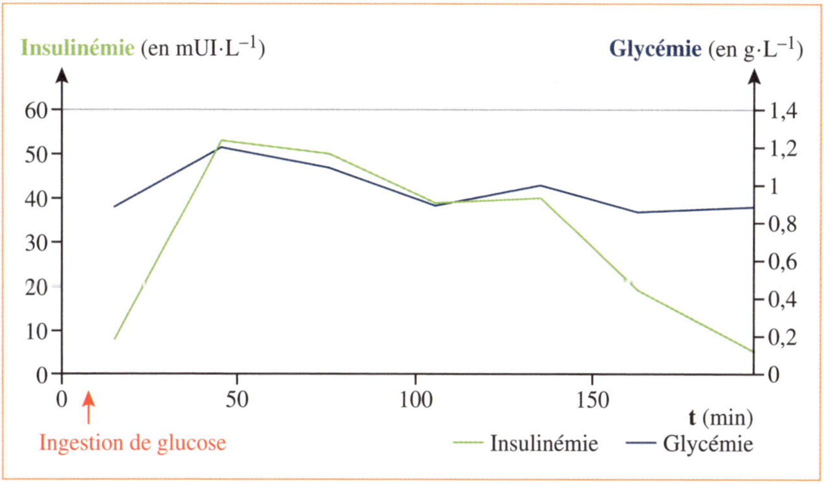

Évolution de l'insulinémie et de la glycémie chez un patient non diabétique

➔ Corrigé p. 375

6 30 min ★★ Diagnostiquer un diabète

Un médecin diagnostique un diabète à M. X, âgé de 45 ans. Les résultats des investigations médicales sont présentés dans le document ci-après.

Le test d'hyperglycémie provoquée consiste à mesurer les variations de la glycémie après avoir ingéré une grande quantité de glucose (75 g). Chez une personne saine, la valeur maximale d'insulinémie atteinte lors de l'ingestion de 75 g de glucose est de 45 $mUI \cdot L^{-1}$.

En utilisant les informations du document et les connaissances, déterminer le type de diabète dont souffre M. X.

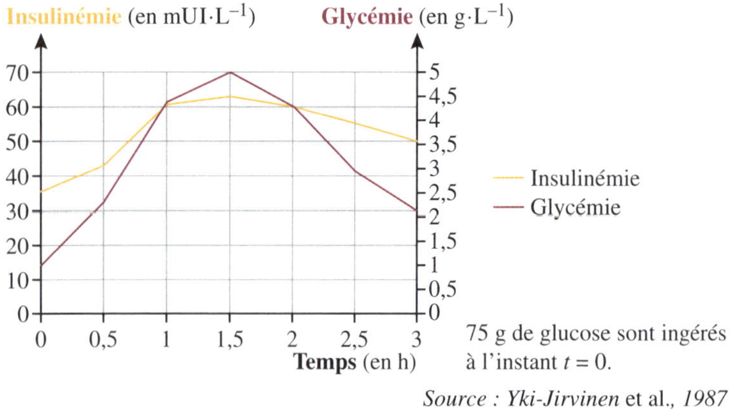

Résultats du test d'hyperglycémie provoquée de M. X

→ Corrigé p. 375

7 45 min ★★★ Deux types de diabète

Le diabète se caractérise par une hyperglycémie chronique. On compare deux sujets : une jeune fille de 13 ans atteinte de diabète de type 1 et un homme de 50 ans atteint de diabète de type 2. Les cellules β du pancréas sécrètent l'insuline, hormone hypoglycémiante.

1. Décrire les différences entre les diabètes de type 1 et 2 mises en évidence par le graphique.

2. Justifier la mise en place d'un traitement immédiat par injection d'insuline pour la jeune fille de 13 ans, mais pas pour l'homme de 50 ans.

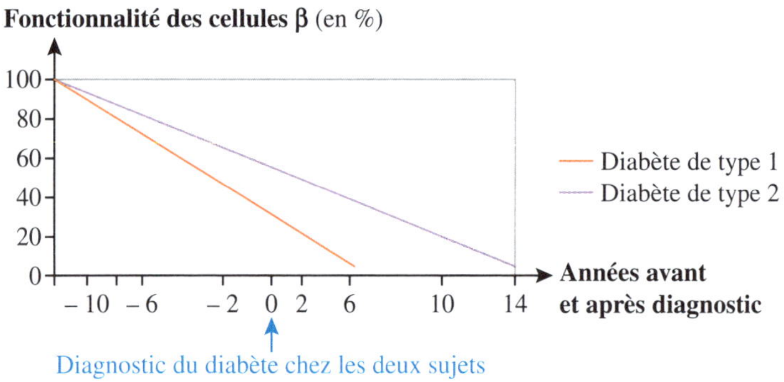

→ Corrigé p. 376

SUJET DU BAC

Exercice 2 : Pratique du raisonnement scientifique 1 h 45 8 points

Le diabète insulino-dépendant

Le diabète de type 1 est une maladie caractérisée par une glycémie élevée, liée à une insuffisance de production d'insuline provoquée par la destruction des cellules β des îlots de Langerhans du pancréas. Les patients atteints doivent surveiller régulièrement leur glycémie et sont traités par des injections d'insuline.

Dans l'optique de mettre au point un nouveau traitement, des chercheurs ont étudié les effets de l'acide gamma-amino-butyrique (GABA) sur la régulation de la glycémie chez la souris.

À partir de l'étude des documents et de l'utilisation des connaissances :
- **justifier l'intérêt d'un traitement par injection d'insuline des individus atteints du diabète de type 1 ;**
- **expliquer comment le GABA pourrait permettre de limiter l'hyperglycémie et justifier l'intérêt de ces recherches thérapeutiques.**

Document 1 : Risques associés à l'hyperglycémie.

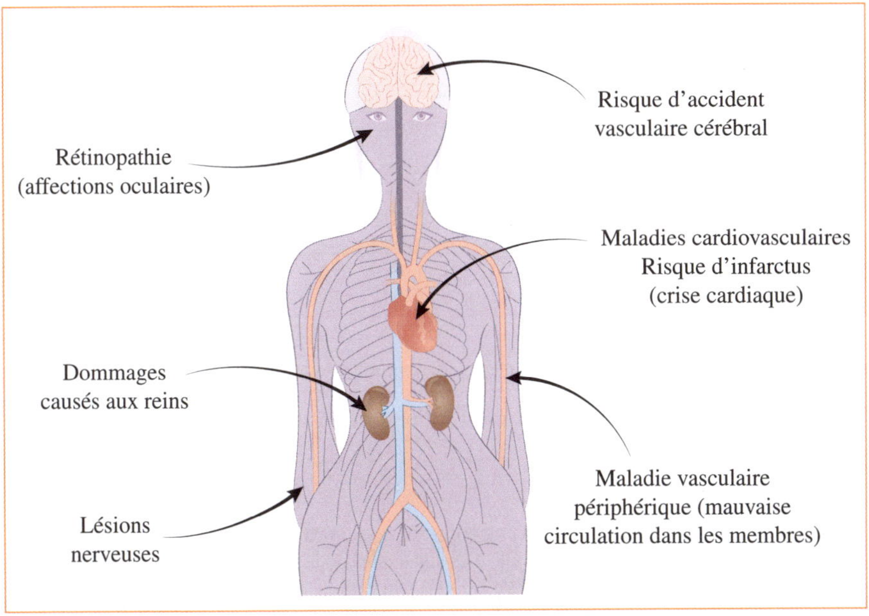

Document 2 : Contraintes et risques du traitement par injection d'insuline (insulinothérapie) chez les patients atteints de diabète de type 1

Pour les patients sous insulinothérapie, il existe un risque d'hypoglycémie entre les repas (glycémie inférieure à la normale) en cas d'injection d'une dose excessive d'insuline ou d'un apport insuffisant en sucres. Ces hypoglycémies peuvent être graves en l'absence de prise rapide de sucre, avec notamment un risque de coma. Ainsi, les patients doivent constamment surveiller leur glycémie en la mesurant avec précision à l'aide d'un appareil, à partir d'une goutte de sang prélevée au bout du doigt. Au moins 4 mesures par jour doivent être effectuées. La dose d'insuline injectée doit être calculée en fonction des apports alimentaires et des efforts physiques prévus dans les heures qui suivent. Ceci est particulièrement contraignant à appliquer chez le jeune enfant et constitue une source d'angoisse pour les parents.

Sources : INSERM

Document 3 : Effets de l'insuline sur la glycémie chez l'être humain

Dans le pancréas, les îlots de Langerhans sont formés de cellules capables de produire des hormones ayant un effet sur la glycémie. Les cellules α produisent une hormone appelée glucagon.

L'hormone produite par les cellules β est l'insuline. Pour déterminer le rôle de cette hormone, des mesures de glycémie ont été réalisées chez un sujet sain suite à une injection d'insuline. Les résultats sont présentés dans le graphique ci-dessous.

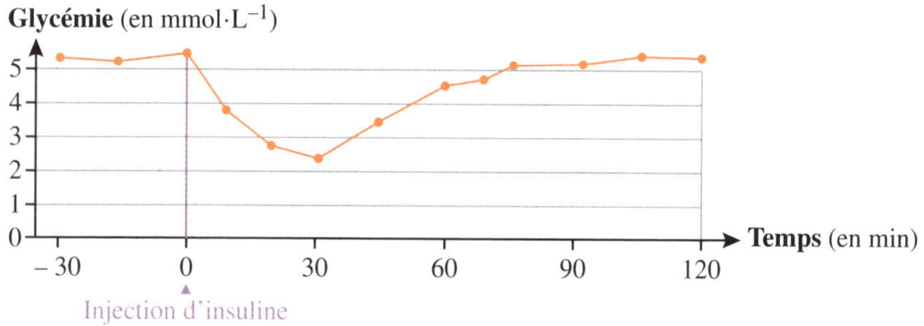

5,56 mmol · L^{-1} correspondent à 1 g · L^{-1} (glycémie normale).

Évolution de la glycémie d'un sujet sain à la suite d'une injection d'insuline

Remarque

L'**insuline** est une hormone également produite chez la souris. Elle a le même effet sur la glycémie des souris que sur celle de l'humain.

Document 4 : Conséquences de l'injection quotidienne de GABA sur des souris diabétiques (type 1)

4.a. : Concentration en glucose mesurée dans le sang de souris diabétiques ayant reçu des injections quotidiennes de GABA ou de solution saline (témoin)

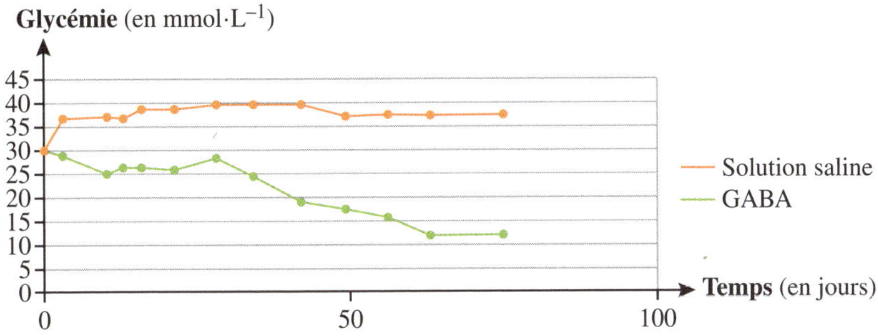

5,56 mmol · L^{-1} correspondent à 1 g · L^{-1}

Source : Soltani et al., *2011*

4.b. : Concentrations d'insuline et de glucagon mesurées dans le sang de souris diabétiques ayant reçu des injections quotidiennes de solution saline (témoin) ou de GABA

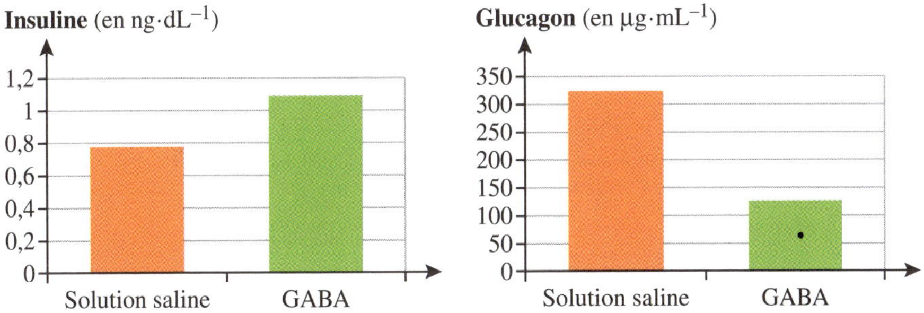

Source : Soltani et al., *2011*

Document 5 : Effet de la destruction des cellules β puis d'un traitement au GABA sur la glycémie chez la souris

5.a. : Expérience 1

Des souris, dont les cellules β des îlots de Langerhans ont été détruites à $t = 0$ jour, sont traitées par une injection hebdomadaire de 250 µg · kg^{-1} de GABA dans la cavité abdominale à partir de $t = 8$ jours. Le graphique page suivante montre l'évolution de la glycémie de ces souris pendant toute la durée du traitement au GABA (80 jours).

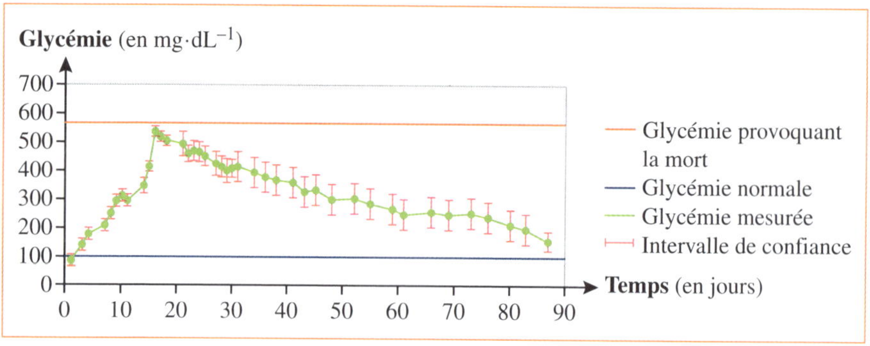

5.b. : Expérience 2

Un autre lot de souris dont les cellules β des îlots de Langerhans ont été détruites, est traité seulement avec une solution saline (témoin). Ces souris décèdent d'hyperglycémie (560 mg · dL^{-1}) environ 16 jours après le début de l'expérience.

Source : Collombat et Combemorel, 2017

Document 6 : Effet du GABA sur les îlots de Langerhans du pancréas de souris

Le pourcentage de cellules β dans le pancréas de souris est évalué dans les conditions suivantes :

- la souris témoin *A* a subi pendant 5 jours un traitement avec une solution saline.
- les souris *B*, *C*, *D* et *E* ont subi une destruction chimique des cellules β du pancréas puis :
  - un traitement de 5 jours avec une solution saline pour la souris *B* ;
  - un traitement avec du GABA pendant 10 jours (souris *C*), 25 jours (souris *D*) et 85 jours (souris *E*).

Remarque

Une fois détruites, les **cellules β ne peuvent pas se régénérer** seules au sein des îlots de Langerhans.

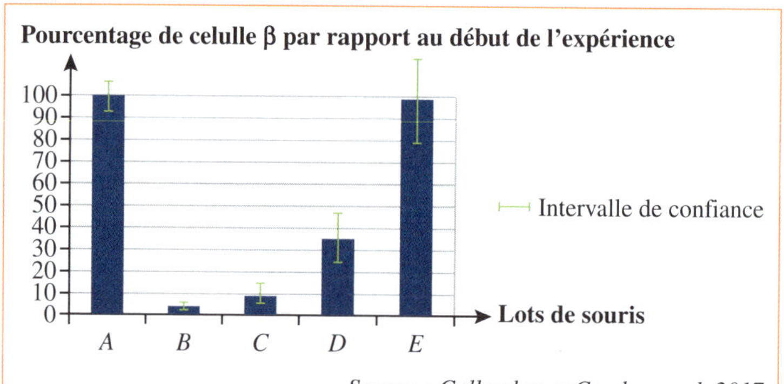

Source : Collombat et Combemorel, 2017

Document 7 : Origine de cellules β nouvellement formées chez des souris en l'absence de traitement au GABA

Après une première étape de marquage cellulaire, l'ensemble des cellules pancréatiques β des souris a été détruit par l'administration d'une toxine. Les souris rendues diabétiques sont ensuite maintenues en vie par un traitement à l'insuline.

> **Remarque**
> Les souris de cette expérience ne sont pas diabétiques de type 1, ainsi leur système immunitaire ne détruit pas les cellules β nouvellement formées.

On étudie la régénération des cellules pancréatiques β à partir de quatre mois dans les deux situations présentées ci-dessous. Les cellules marquées sont figurées en rouge sur le schéma et les cellules non marquées en noir.

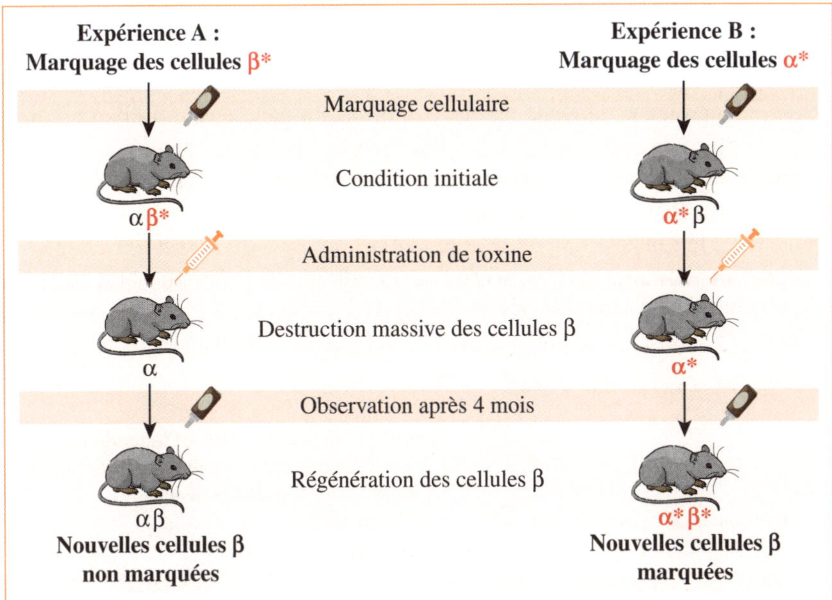

Source : Thorel et Herrera, 2010

Document 8 : Effet du GABA sur l'expression du gène ARX chez la souris

Le gène ARX joue un rôle clé dans la différenciation des cellules α et β du pancréas.

> **Remarque**
> Voir le **chapitre 20** pour d'autres fonctions de la molécule **GABA** dans l'organisme

Chez une souris adulte, on peut inhiber expérimentalement l'expression du gène ARX dans une cellule α. Elle se transforme alors en cellule β. Des chercheurs ont observé que dans des cellules α traitées avec des concentrations croissantes de GABA, l'expression du gène ARX est inhibée.

Source : Collombat et Combemorel, planet-vie.ens.fr, consulté en octobre 2017

→ *Corrigé p. 377*

CORRIGÉS

1 → Énoncé p. 366

Les affirmations exactes sont b) et d).

2 → Énoncé p. 366

Les affirmations exactes sont a) et c).

3 → Énoncé p. 366

Lors d'un effort physique, les cellules musculaires consomment une quantité importante de glucose, ce qui peut mener à une hypoglycémie (taux de glucose sanguin insuffisant pour le fonctionnement de l'organisme).

Cette hypoglycémie est détectée par les cellules α du pancréas, qui libèrent alors une hormone, le glucagon, dans le sang. Le glucagon se fixe sur ses récepteurs spécifiques au niveau de la membrane plasmique des cellules hépatiques et musculaires, ce qui provoque la dégradation du glycogène.

- Dans le foie, le glucose issu de la dégradation du glycogène sort des cellules grâce à des protéines membranaires. Ainsi, le taux de glucose dans le sang augmente et retrouve une valeur normale proche de 1 $g \cdot L^{-1}$.
- Au niveau des muscles, le glucose est directement consommé pour produire le mouvement.

Conseil

En SVT, **un schéma clair et légendé** peut souvent avantageusement compléter voire **remplacer une explication** sous forme de texte.

4 → Énoncé p. 366

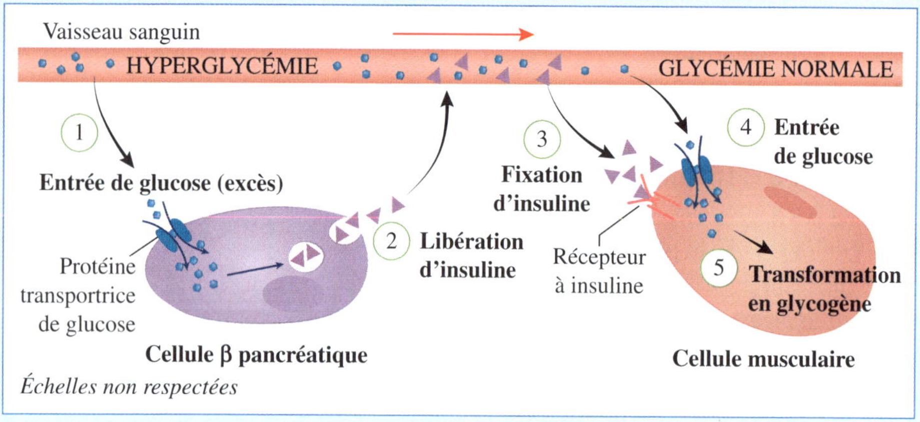

Rétablissement d'une glycémie normale suite à une hyperglycémie, par action des cellules β pancréatiques sur les cellules musculaires

5 → Énoncé p. 367

Chez le patient non diabétique, la glycémie vaut initialement 0,9 $g \cdot L^{-1}$. Suite à l'ingestion de glucose, la glycémie augmente jusqu'à environ 1,2 $g \cdot L^{-1}$ vers $t = 45$ min. Puis la glycémie diminue et atteint la valeur initiale vers $t = 100$ min. Même si des variations sont encore observables, la glycémie reste stable entre 0,9 et 1 $g \cdot L^{-1}$ à partir de $t = 100$ min.

> **Méthode**
>
> Lorsqu'une **analyse de graphique** est demandée, il est absolument nécessaire de **fournir quelques valeurs chiffrées « repères »** (maximum, minimum…). Quand le graphique présente plusieurs courbes, il est conseillé de les décrire séparément, puis d'essayer d'expliquer ensuite les relations entre les deux courbes.

Ainsi, après une ingestion de glucose, la glycémie augmente temporairement (passage du glucose de l'intestin au sang) puis retrouve sa valeur initiale.

L'insulinémie est initialement inférieure à 10 $mUI \cdot L^{-1}$. Suite à l'ingestion de glucose, l'insulinémie augmente en une vingtaine de minutes pour atteindre la valeur d'environ 50 $mUI \cdot L^{-1}$ à $t = 45$ min. L'insulinémie diminue alors progressivement jusqu'à environ $t = 140$ min, puis elle diminue plus rapidement et retrouve sa valeur initiale vers $t = 200$ min.

L'ingestion de glucose provoque une hyperglycémie et déclenche la libération d'insuline dans le sang par les cellules β du pancréas. On constate que la glycémie commence à diminuer lorsque l'insulinémie a atteint sa valeur maximale. En effet, l'insuline agit sur les muscles et le foie en favorisant l'entrée de glucose dans les cellules et sa transformation en glycogène, forme de stockage. L'insulinémie diminue au fur et à mesure de la diminution de la glycémie. Quand l'insulinémie retrouve sa valeur initiale, la glycémie est normale.

6 → Énoncé p. 367

À $t = 0$, la glycémie de M. X est normale (1 $g \cdot L^{-1}$). Son insulinémie est d'environ 35 $mUI \cdot L^{-1}$. Suite à l'ingestion de glucose, on constate que la glycémie et l'insulinémie de M. X augmentent rapidement pour atteindre un maximum après 1 h 30. La glycémie atteint alors la valeur très importante de 5 $g \cdot L^{-1}$, cinq fois plus élevée que la valeur normale. L'insulinémie atteint 62 $mUI \cdot L^{-1}$, alors que chez une personne saine la valeur maximale d'insulinémie atteinte lors de l'ingestion de 75 g de glucose est de 45 $mUI \cdot L^{-1}$. Après 3 heures, l'insulinémie de M. X est toujours élevée (50 $mUI \cdot L^{-1}$) et la glycémie n'a pas retrouvé sa valeur normale (elle est encore à 2 $g \cdot L^{-1}$).

La glycémie très élevée est le signe d'un diabète. L'insulinémie de M. X devient très élevée suite à l'ingestion de glucose, il ne souffre donc pas d'un déficit de sécrétion d'insuline et des injections de cette hormone seraient inutiles : son diabète est non-insulinodépendant. Il semble que le foie et les muscles de M. X ne répondent pas à la forte sécrétion d'insuline : ils sont donc insulinorésistants. On peut ainsi penser que M. X souffre d'un diabète de type 2, ce qui est plus compatible avec son âge au moment du diagnostic qu'un diabète de type 1.

7 → Énoncé p. 368

Méthode

Lorsque l'énoncé demande à effectuer une **comparaison**, il est pertinent de la présenter sous la forme d'un **tableau**, qui facilite la lisibilité lors de la correction de la copie.

Dans les deux cas, le diagnostic de diabète est posé 12 ans après le début de la perte de fonctionnalité des cellules β du pancréas. Ces cellules sécrètent l'insuline, hormone hypoglycémiante.

	Jeune fille de 13 ans	**Homme de 50 ans**
Type de diabète	Diabète de type 1	Diabète de type 2
Fonctionnalité des cellules ß au moment du diagnostic	30 %	55 %
Âge au début de la dégradation du pancréas	1 an	38 ans
Durée écoulée entre le début de la maladie et l'absence totale de sécrétion d'insuline (0 % de fonctionnalité des cellules ß)	18 ans (la jeune fille aura 19 ans)	26 ans (l'homme aura 64 ans)

1. Le diabète de type 1 touche des personnes jeunes et évolue plus rapidement en terme de perte de la fonctionnalité des cellules β du pancréas. Ainsi, à 19 ans il n'y a plus aucune sécrétion d'insuline possible chez la jeune fille.

Le diabète de type 2 touche des personnes plus âgées et évolue plus progressivement en terme de perte de la fonctionnalité des cellules β du pancréas. Lorsque le diabète est détecté, les cellules β sont encore fonctionnelles à 55 %, elles sécrètent donc de l'insuline.

2. Au moment du diagnostic, la jeune fille possède des cellules ß dont la fonctionnalité est évaluée à 30 %. Ainsi, elle souffre d'un déficit de sécrétion d'insuline qui peut être pallié par des injections de cette hormone, afin d'éviter l'hyperglycémie.

Lorsque le diabète est détecté chez l'homme de 50 ans, les cellules β sont encore fonctionnelles à 55 %, le déficit de sécrétion d'insuline est donc moindre. Par ailleurs, le diabète de type 2 se caractérise par une insulinorésistance des tissus-cibles (foie et muscles). Ainsi, des injections d'insuline pourraient s'avérer inutiles pour faire baisser la glycémie.

SUJET DU BAC

Exercice 2 : Pratique du raisonnement scientifique

→ Énoncé p. 369

Le diabète de type 1 est une maladie caractérisée par une glycémie élevée, or l'hyperglycémie est dangereuse pour l'organisme à long terme et peut entraîner des affections au niveau des yeux, des reins et des membres. L'hyperglycémie favorise les accidents vasculaires cérébraux et les crises cardiaques *(document 1)*. Ainsi, il est nécessaire de traiter le diabète de type 1 pour maintenir la glycémie à une valeur normale autour d'1 $g \cdot L^{-1}$.

Remarque

Dans l'exercice 2, il est fondamental de **bien organiser son brouillon** pour une première analyse des documents. Il s'agira ensuite d'organiser les informations issues des documents selon un **plan pertinent**.

I – Intérêt d'un traitement par injection d'insuline des individus atteints de diabète de type 1

Le diabète de type 1 est lié à une insuffisance de production d'insuline provoquée par la destruction des cellules β des îlots de Langerhans du pancréas.

Les mesures de glycémie réalisées chez un sujet sain suite à une injection d'insuline *(document 3)* montrent l'effet hypoglycémiant de cette hormone pancréatique. En effet, la glycémie du sujet chute de 5,3 $mmol \cdot L^{-1}$ (environ 1 $g \cdot L^{-1}$ ce qui correspond à une glycémie normale) à 3,2 $mmol \cdot L^{-1}$ (hypoglycémie) en trente minutes.

Le traitement par l'insuline est donc utile pour les patients atteints de diabète de type 1 pour faire diminuer la glycémie en palliant au déficit de production d'insuline.

II – Intérêt de recherches thérapeutiques alternatives

Le traitement par l'insuline est utile pour les patients atteints de diabète de type 1 *(document 2)*, mais la surveillance régulière de la glycémie et les injections d'insuline sont contraignantes et parfois risquées, en particulier pour les enfants.

En effet, un coma hypoglycémique est possible si les patients s'injectent trop d'insuline par rapport à leur consommation de sucres, ou s'ils effectuent un exercice physique trop intense. Ainsi, quatre mesures de la glycémie doivent être réalisées chaque jour.

III – Comment le GABA pourrait permettre de limiter l'hyperglycémie

Des chercheurs ont étudié les effets de l'acide gamma-amino-butyrique (GABA) sur la régulation de la glycémie chez la souris. L'insuline est une hormone également produite chez la souris avec le même effet sur la glycémie que chez l'humain.

On étudie les conséquences de l'injection quotidienne de GABA sur des souris diabétiques *(document 4a)*. La glycémie des souris ayant reçu les injections de GABA baisse progressivement de 30 $mmol \cdot L^{-1}$ à 12 $mmol \cdot L^{-1}$ en environ 80 jours, alors que les souris témoins ont conservé une glycémie autour de 38 $mmol \cdot L^{-1}$, après une augmentation initiale.

Ainsi le GABA a pour effet de faire baisser la glycémie. De quelle manière ?

> **Remarque**
>
> Ne pas attendre d'avoir tout rédigé pour commencer la réalisation du schéma fonctionnel au brouillon.
> Au contraire, le concevoir au fur et à mesure des analyses de documents peut aider à y voir plus clair.

Les souris diabétiques ayant reçu des injections quotidiennes de GABA *(document 4b)* montrent une concentration sanguine en insuline plus importante que les souris témoins (1,1 contre 0,8 $ng \cdot dL^{-1}$). À l'inverse, les souris diabétiques ayant reçu des injections quotidiennes de GABA présentent une concentration sanguine en glucagon plus faible que les souris témoins (125 contre 325 $\mu g \cdot mL^{-1}$).

On détruit les cellules ß des îlots de Langerhans du pancréas chez des souris (à $t = 0$) *(document 5)*. Ces cellules sont normalement responsables de la production d'insuline, mais sont détruites chez les personnes diabétiques. La destruction des cellules β entraîne une augmentation de la glycémie, qui est multipliée par plus de cinq et atteint quasiment la valeur mortelle de 580 $mg \cdot dL^{-1}$. Le traitement de ces souris au GABA à partir de $t = 8$ jours entraîne une baisse progressive de la glycémie à partir de $t = 17$ jours. La glycémie atteint une valeur proche de la normale après 80 jours de traitement au GABA. Les souris traitées seulement avec une solution saline (témoin) décèdent d'hyperglycémie environ 16 jours après le début de l'expérience, ce qui montre que c'est bien le GABA qui est responsable de la baisse de glycémie.

Le GABA permet de faire baisser la glycémie en faisant augmenter la sécrétion d'insuline. Pourtant l'insuline est produite par les cellules ß du pancréas, qui sont détruites chez les diabétiques de type 1.

On évalue l'effet du GABA sur les îlots de Langerhans du pancréas de souris en estimant le pourcentage de cellules β *(document 6)*. Par rapport à une souris témoin *A* dont le pancréas est intact (100 % de cellules β) et qui n'a pas reçu de GABA, on constate qu'une souris *B* dont les cellules β ont été détruites chimiquement et qui n'a reçu qu'une solution saline ne présente qu'environ 4 % de cellules β. Les souris *C*, *D* et *E* ont reçu un traitement au GABA pendant respectivement 10, 25 et 85 jours. À la fin de l'expérience, les souris *C*, *D* et *E* présentent respectivement 9 %, 35 % et 98 % de cellules β. Ainsi, plus la durée de traitement au GABA a été longue, plus les cellules β se sont régénérées. Le traitement de 85 jours a permis de retrouver un pourcentage de cellules β comparable à une souris témoin.

Le GABA permet de rétablir la sécrétion d'insuline et une glycémie normale en permettant une régénération des cellules β du pancréas. Or, une fois détruites, les cellules β ne peuvent pas se régénérer seules au sein des îlots de Langerhans. Quelle est alors l'origine des cellules β nouvellement formées chez les souris *C*, *D* et *E* ?

Chez des souris non diabétiques, la régénération spontanée des cellules pancréatiques β est étudiée grâce à des techniques de marquage des cellules β ou α avant destruction des cellules β *(document 7)*. On constate qu'après quatre mois, les souris ont de nouvelles cellules β qui sont marquées si les cellules α avaient été marquées, et non marquées si ce sont les cellules β qui avaient été marquées avant destruction. Ceci permet de démontrer que les nouvelles cellules β sont issues des cellules α. Ceci permet d'expliquer pourquoi les souris traitées au GABA produisent moins de glucagon (*document 4b*). Comment des cellules alpha peuvent-elles se régénérer en cellules β, en particulier sous l'effet du GABA chez les souris diabétiques ?

Le gène *ARX* joue un rôle clé dans la différenciation des cellules du pancréas *(document 8)*. Si on inhibe expérimentalement l'expression du gène *ARX* dans une cellule α, elle se transforme alors en cellule β. Or, des cellules α traitées avec du GABA montrent une inhibition de l'expression du gène *ARX*.
Donc sous l'effet du GABA, les cellules α du pancréas se transforment en cellules β par inhibition de l'expression du gène *ARX*.

Ainsi, on peut expliquer comment le traitement au GABA de personnes diabétiques pourrait permettre de rétablir une glycémie normale par le schéma fonctionnel suivant :

Remarque

La destruction des cellules β par le système immunitaire du patient au fur et à mesure de leur régénération pourrait cependant constituer un frein à cette perspective thérapeutique.

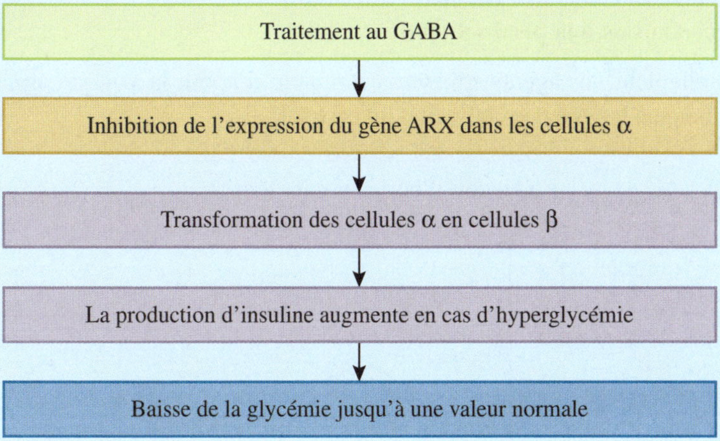

Remarque

Voir le **chapitre 20** pour d'autres fonctions de la molécule **GABA** dans l'organisme.

CHAPITRE 19

Le stress aigu

■ Face aux perturbations de son environnement, l'être humain dispose de réponses adaptatives impliquant le système nerveux et lui permettant de produire des comportements appropriés à la situation. Il s'agit d'une réponse normale de l'organisme face aux **agents stresseurs*** : on parle de **stress aigu***.

> **Remarque**
> Les **perturbations** peuvent être **d'ordre physiologique, mental, social ou émotionnel**.

1 Réponse de l'organisme lors du stress aigu

■ La réponse adaptative de l'organisme lors du stress aigu est extrêmement rapide. Elle emprunte deux axes principaux :
– un axe conduisant à la **production d'adrénaline** ;
– un axe conduisant à la **production de cortisol**.

> **Remarque**
> **Adrénaline** et **cortisol** sont des **hormones***.

■ Temporellement, les agents stresseurs stimulent d'abord la voie de production de l'adrénaline puis la voie de production du cortisol.

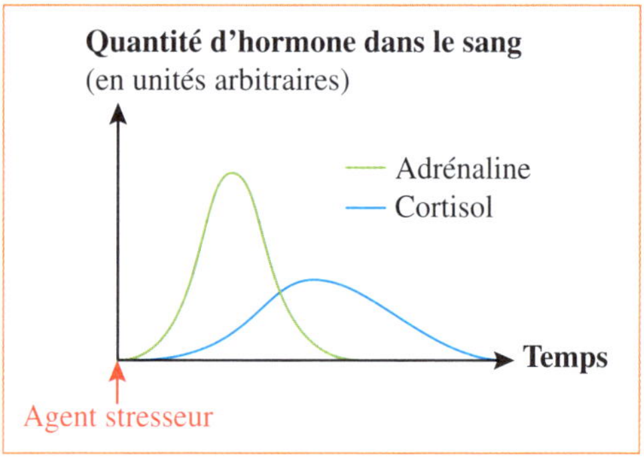

Figure 1 *Quantité d'adrénaline et de cortisol dans le sang d'un organisme soumis à un agent stresseur*

■ Ces différentes voies physiologiques sont coordonnées au sein d'un système, qualifié de complexe. Elles permettent une économie importante de l'énergie (par l'inhibition de certaines fonctions de l'organisme) et augmentent ainsi la disponibilité en substrats énergétiques. Il y a ensuite une redistribution adaptative de ces substrats permettant de faire face à la situation stressante. Autrement dit, ces voies permettent l'**adaptabilité*** de l'organisme face aux agents stresseurs.

Ex. : Dans une situation où la réponse aux agents stresseurs est la fuite, le glucose (source d'énergie) est redistribué majoritairement aux muscles dans le but de permettre la fuite, les autres organes reçoivent alors moins de glucose (les fonctions de ces organes sont alors inhibées).

■ De nombreux facteurs (génétiques, psychologiques, sociaux, émotionnels) peuvent intervenir dans la réponse physiologique de l'individu. Ainsi, il existe des variations inter-individuelles lors de la réponse au stress aigu.

Remarque

Si l'action des agents stresseurs est trop intense ou se prolonge dans le temps, **l'organisme peut être débordé** dans ses capacités d'adaptation. Voir chapitre 20 p. 393.

2 Réponse rapide de l'organisme lors du stress aigu via l'adrénaline

■ La réponse rapide de l'organisme lors du stress aigu fait intervenir le **système limbique***. Le système limbique désigne un ensemble de structures du cerveau, dont l'**amygdale** et l'**hippocampe**, intervenant dans le comportement et les émotions.

■ Le système limbique est stimulé par les agents stressants. En réponse à cette stimulation, un message nerveux, en partance du système limbique atteint les **glandes médullo-surrénales**.

Remarque

Les **glandes surrénales** sont situées au-dessus des reins. Elles comportent deux parties :
– la **partie corticale** (glande cortico-surrénale) ;
– la **partie médullaire** (glande médullo-surrénale).

■ La stimulation nerveuse des glandes médullo-surrénales conduit à la production d'**adrénaline** par ces dernières. Cette hormone est libérée dans le sang.

■ L'adrénaline provoque une **augmentation du rythme cardiaque**, **de la fréquence respiratoire** et la **libération de glucose dans le sang par le foie**. Cela prépare l'organisme à la réponse aux agents stresseurs.

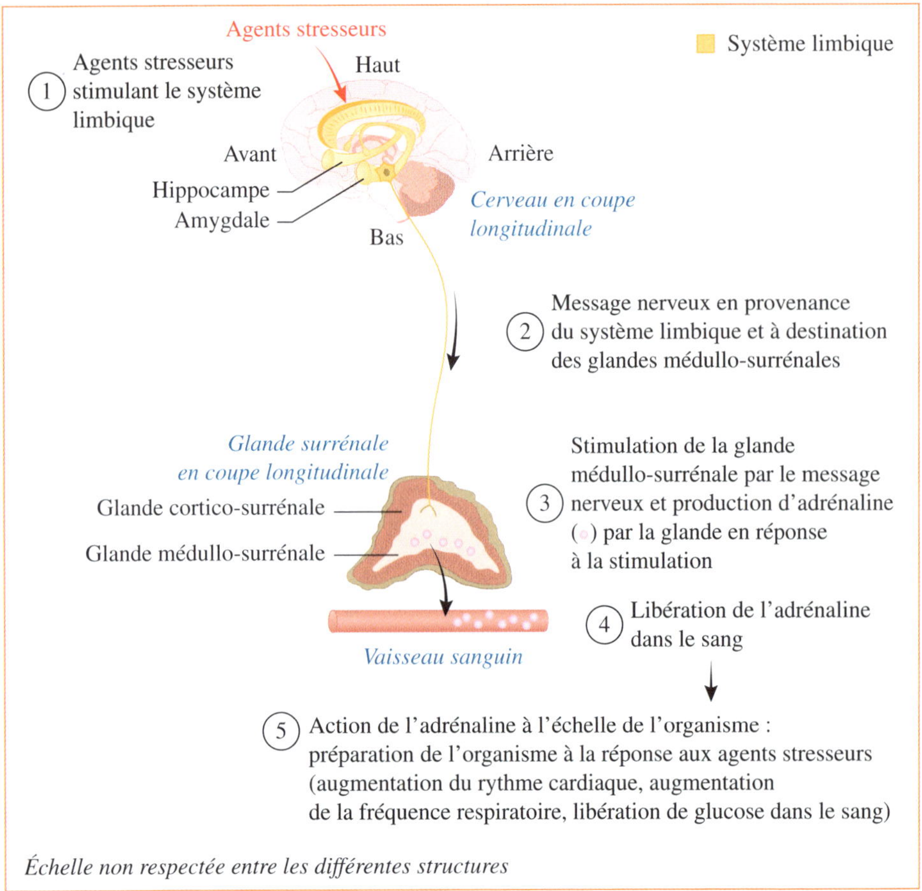

Figure 2 *Déroulement de la réponse rapide de l'organisme lors du stress aigu*

3 Réponse plus lente de l'organisme lors du stress aigu via le cortisol

■ Dans un second temps, les agents stresseurs stimulent dans le cerveau l'**hypothalamus**. En réponse à cette stimulation, l'hypothalamus produit une neuro-hormone, la **CRH** (*Corticotropin Releasing Hormone*). Cette hormone est libérée au niveau de l'hypophyse.

■ En réponse à la CRH, l'**hypophyse** produit une hormone, l'**ACTH** (*Adreno CorticoTrophic Hormone*).

■ L'ACTH agit sur les **glandes cortico-surrénales**. En réponse à cette stimulation, elles produisent du **cortisol**. Ainsi, la libération de cortisol lors du stress aigu fait intervenir l'axe hypothalamo-hypophyso-corticosurrénalien.

■ Le **cortisol favorise la mobilisation du glucose** (libération de glucose dans le sang par le foie). De plus, il **inhibe certaines fonctions** (dont le système immunitaire) : cela permet une économie d'énergie.

■ Le cortisol exerce un **rétrocontrôle*** négatif sur l'hypothalamus : il inhibe la production de CRH par l'hypothalamus. Ce mécanisme favorise le rétablissement de conditions de fonctionnement durables : on parle de **résilience***.

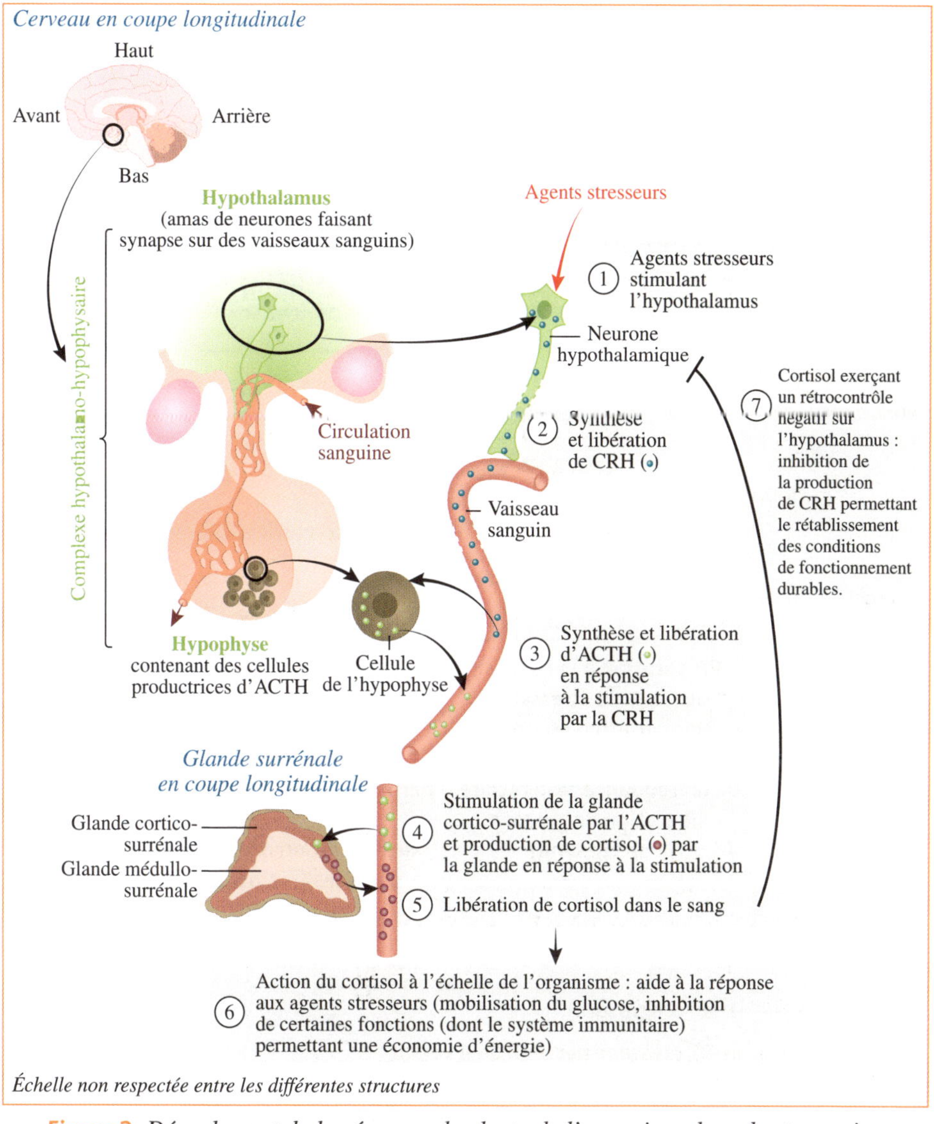

Figure 3 *Déroulement de la réponse plus lente de l'organisme lors du stress aigu*

CARTE MENTALE

L'ADAPTABILITÉ DE L'ORGANISME FACE AUX PERTURBATIONS DE SON ENVIRONNEMENT

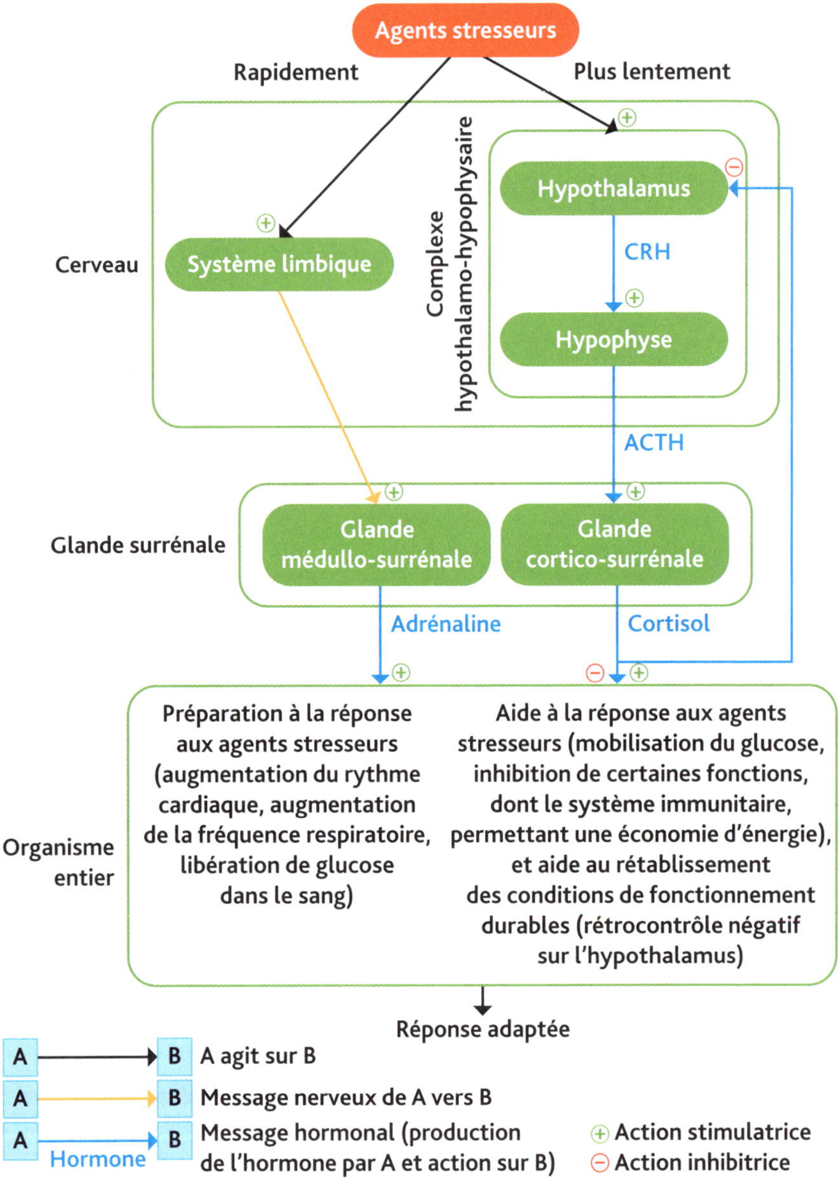

EXERCICES

Connaître le cours

1 2 min ★ Vrai ou faux ?

Relever la (ou les) affirmation(s) exacte(s).

Le stress aigu :

a) est une réponse anormale d'un organisme soumis à des agents stresseurs.

b) est une réponse normale d'un organisme soumis à des agents stresseurs.

c) permet à un organisme de faire face aux perturbations de son environnement.

d) se met en place très lentement suite à des perturbations de l'environnement d'un organisme.

→ Corrigé p. 390

2 2 min ★ Vrai ou faux ?

Relever la (ou les) affirmation(s) exacte(s).

Le cortisol :

a) est produit par les glandes cortico-surrénales.

b) est produit par l'hypothalamus.

c) exerce un rétrocontrôle négatif sur l'hypothalamus favorisant le rétablissement de conditions de fonctionnement durable.

d) favorise la mobilisation du glucose.

→ Corrigé p. 390

3 10 min ★ Restitution de connaissances

Expliquer la production d'adrénaline et son rôle lors du stress aigu.

→ Corrigé p. 390

4 15 min ★ Schématiser le cours

Schématiser le fonctionnement de l'axe hypothalamo-hypophyso-corticosurrénalien lors du stress aigu.

Un schéma fonctionnel est attendu.

→ Corrigé p. 390

5 10 min ★ Adrénaline et glycémie

Des expériences sont réalisées chez le rat pour montrer l'influence du taux d'adrénaline sur la glycémie.

L'organisme est capable de stocker des sucres dans le foie (sous forme de glycogène, un polymère de glucose) : suite à une stimulation, le foie peut libérer du glucose dans le sang.

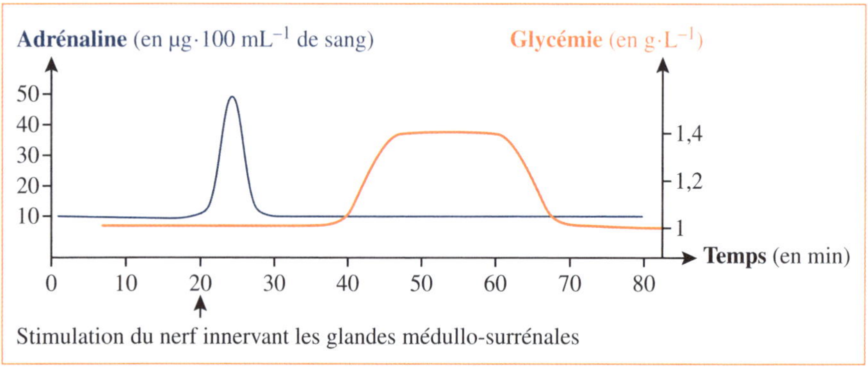

Variation du taux d'adrénaline dans le sang et de la glycémie, à la suite d'une stimulation du nerf innervant les glandes médullo-surrénales

1. Expliquer l'augmentation de la quantité d'adrénaline dans le sang suite à la stimulation du nerf innervant les glandes médullo-surrénales.

2. Proposer une explication à l'augmentation de la glycémie 20 minutes après la stimulation du nerf innervant les glandes médullo-surrénales.

→ Corrigé p. 391

6 25 min ★★ Stress et division cellulaire des lymphocytes

Des scientifiques ont cherché à savoir si le stress pouvait influencer la division cellulaire des lymphocytes. Des lymphocytes de porc ont été prélevés et le nombre de divisions cellulaires par minute a été suivi en fonction de la concentration en cortisol dans le milieu.

Pour chacune des expériences, la population initiale est constituée d'environ $1{,}5 \times 10^5$ lymphocytes.

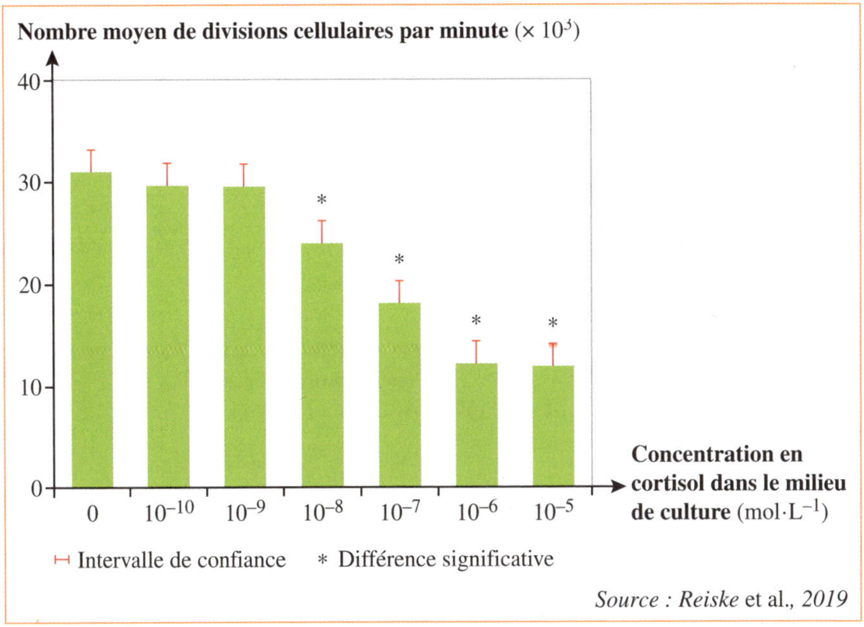

Nombre moyen de divisions cellulaires de lymphocytes par minute en fonction de la concentration en cortisol dans le milieu de culture

L'astérisque indique une différence significative avec l'expérience contrôle (0). Les concentrations utilisées sont des concentrations pouvant être observées en fonction de l'intensité du stress.

À partir de l'analyse des histogrammes, proposer une explication à la fragilisation temporaire du système immunitaire lors de périodes de stress.

→ Corrigé p. 391

7 25 min ★★★ Stress et activité de la télomérase

Lors de la réplication de l'ADN, les extrémités des chromosomes, non codantes, nommées télomères, ne sont pas répliquées totalement : au fur et à mesure des cycles, les chromosomes raccourcissent. Quand le raccourcissement est trop important et impacte les séquences codantes du chromosome, la cellule entre en apoptose (mort cellulaire).

Certaines cellules, notamment les lymphocytes, possèdent une enzyme nommée télomérase qui maintient les télomères évitant le raccourcissement des chromosomes.

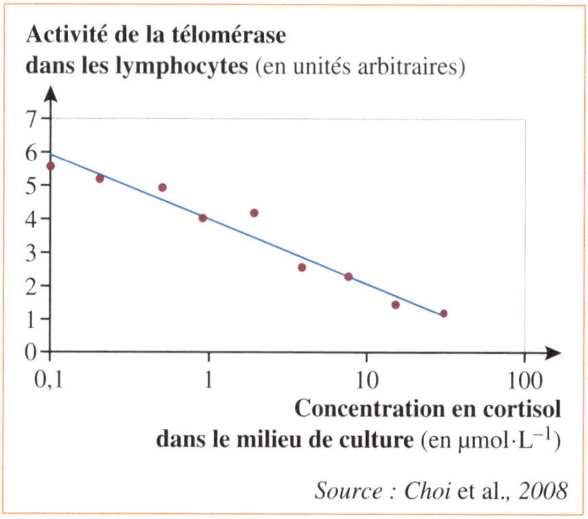

Activité de la télomérase dans les lymphocytes en fonction de la concentration en cortisol dans le milieu de culture

La concentration physiologique (sans stress) de cortisol est de 0,1 $\mu mol \cdot L^{-1}$. À cette concentration, le cortisol n'a aucun effet sur l'activité de la télomérase.

Les concentrations supérieures à 0,1 $\mu mol \cdot L^{-1}$ correspondent à des concentrations de cortisol observées lors de situations de stress.

À partir de l'analyse du graphique, proposer une explication à la fragilisation temporaire du système immunitaire lors de périodes de stress.

→ Corrigé p. 392

SUJET DU BAC

Exercice 1 : Maîtrise des connaissances 1 h 30 7 points

Le stress aigu

Un examen, ou bien encore une compétition sportive, peuvent conduire à un état de stress aigu chez l'individu. Il s'agit d'une réponse normale de l'organisme soumis à des perturbations de son environnement.

Présenter le fonctionnement du stress aigu chez un individu soumis à des perturbations de son environnement.

L'exposé structuré sera illustré et comportera une introduction et une conclusion. La conclusion prendra la forme d'un schéma de synthèse.

→ Corrigé p. 392

CORRIGÉS

1 → Énoncé p. 385

Les affirmations exactes sont b) et c).

2 → Énoncé p. 385

Les affirmations exactes sont a), c) et d).

3 → Énoncé p. 385

L'exposition d'un organisme à des agents stresseurs conduit à la production très rapide d'adrénaline. Cette production dépend du système limbique, un ensemble de structures dans le cerveau intervenant dans le comportement et les émotions. Le système limbique stimulé par les agents stresseurs produit un message nerveux en direction des glandes médullo-surrénales. La stimulation nerveuse des glandes médullo-surrénales conduit à la production d'adrénaline par ces dernières. L'adrénaline est libérée dans le sang.

L'adrénaline provoque une augmentation du rythme cardiaque, de la fréquence respiratoire et la libération de glucose dans le sang par le foie. Cela prépare l'organisme à la réponse aux agents stresseurs.

Méthode

Le schéma doit comporter **un titre et une légende** pour être compréhensible.

4 → Énoncé p. 385

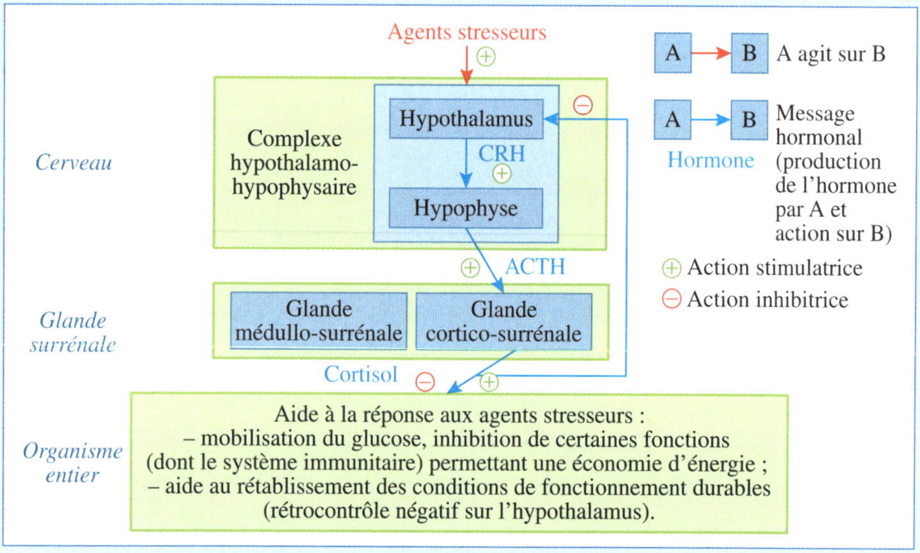

Schéma du fonctionnement de l'axe hypothalamo-hypophyso-corticosurrénalien lors du stress aigu

5 → *Énoncé p. 386*

1. L'adrénaline est produite par les glandes médullo-surrénales. Cette production est sous contrôle nerveux. Ainsi la stimulation du nerf innervant les glandes médullo-surrénales conduit à la production d'adrénaline par ces dernières et donc à l'augmentation de la quantité d'adrénaline dans le sang.

2. On peut expliquer l'augmentation de la glycémie 20 minutes après la stimulation du nerf innervant les glandes médullo-surrénales par l'action de l'adrénaline sur le foie : l'adrénaline stimule le foie, entraînant la libération de glucose dans le sang et donc une augmentation de la glycémie.

6 → *Énoncé p. 387*

On observe que le nombre moyen de divisions cellulaires des lymphocytes est d'environ 30 000 par minute lorsqu'il n'y a pas de cortisol et lorsque la concentration est très faible (10^{-10} et 10^{-9} mol · L^{-1}). Cependant, dès lors que la concentration en cortisol augmente, une baisse significative du nombre moyen de divisions cellulaires est observée : par exemple, pour une concentration de cortisol de 10^{-5} mol · L^{-1}, le nombre moyen de divisions cellulaires est d'environ 15 000 par minute, soit près de moitié moins que dans la situation de contrôle.

> **Conseil**
>
> Il faut **structurer son propos** lorsqu'on analyse une expérience (j'observe que…, je sais que…, j'en déduis que…) et **utiliser des valeurs et des comparaisons** si possible.

On sait que la concentration en cortisol est un reflet de l'état de stress de l'organisme : plus la concentration en cortisol est importante, plus l'état de stress est important.

Ainsi, on en déduit que le stress inhibe la division cellulaire des lymphocytes. L'inhibition est d'autant plus importante que l'état de stress est important.

On sait que les lymphocytes sont nécessaires à la réponse immunitaire. Suite à l'infection par un agent pathogène, les lymphocytes spécifiques de ce dernier se divisent (phase d'amplification). La réponse immunitaire s'appuie donc sur un nombre important de lymphocytes en mesure de détruire spécifiquement le pathogène.

Ainsi, la diminution du nombre de divisions cellulaires chez les lymphocytes conduit à une diminution de la population de lymphocytes spécifiques du pathogène. Cela entraîne une réponse immunitaire plus faible et moins efficace. Par conséquent, le stress, via la production de cortisol, fragilise temporairement le système immunitaire en réduisant le nombre de divisions cellulaires des lymphocytes.

> **Rappel**
>
> La **phase d'amplification** est aussi appelée phase de prolifération ou phase d'expansion clonale.

7 → *Énoncé p. 388*

On observe que l'activité « normale » de la télomérase dans les lymphocytes est de 6 ua pour une concentration de cortisol de 0,1 $\mu mol \cdot L^{-1}$ (sans stress). Dès lors que la concentration en cortisol augmente, l'activité de la télomérase diminue : elle passe de 6 ua pour une concentration en cortisol de 0,1 $\mu mol \cdot L^{-1}$ à environ 1 ua pour une concentration en cortisol supérieure à 10 $\mu mol \cdot L^{-1}$.

On sait que la concentration en cortisol est un reflet de l'état de stress de l'organisme : plus la concentration en cortisol est importante, plus l'état de stress est important.

Ainsi, on en déduit que le stress inhibe l'activité de la télomérase des lymphocytes. L'inhibition est d'autant plus importante que l'état de stress est important.

L'activité de la télomérase permet le maintien des télomères évitant le raccourcissement des chromosomes qui conduirait à la mort de la cellule. Ainsi, une diminution de l'activité de la télomérase quand la concentration en cortisol augmente conduit à une augmentation de la mort des lymphocytes.

Or, on sait que les lymphocytes sont nécessaires à la réponse immunitaire.

Ainsi une diminution du nombre de lymphocytes entraîne une réponse immunitaire plus faible et moins efficace.

Par conséquent, le stress, via la production de cortisol, fragilise temporairement le système immunitaire en entraînant une mort prématurée des lymphocytes par réduction de l'activité de la télomérase.

SUJET DU BAC

Exercice 1 : Maîtrise des connaissances → *Énoncé p. 389*

Ce sujet de synthèse peut correspondre au cours.

Méthode

- Veiller à bien **expliciter toutes les notions** et à faire des **schémas de qualité** : de grande taille, clairs, légendés et avec des titres.
- Pour le **schéma de conclusion** (voir schéma de synthèse du cours), il doit reprendre les informations essentielles. Il faut alors porter son attention sur la **légende** qui doit être présente et compréhensible. Par ailleurs, ce schéma doit être de **grande taille** (A4 ou A3).

Remarque

Lors du **baccalauréat**, il est possible d'utiliser l'intérieur d'une copie double pour réaliser le schéma de conclusion et avoir ainsi la place nécessaire.

Le stress chronique

CHAPITRE 20

L'étude du **stress aigu*** montre l'adaptabilité de l'organisme à des changements de son environnement. Cependant, le système complexe de réponse au stress est fragile et ces mécanismes physiologiques peuvent être débordés si l'action des **agents stresseurs*** est trop intense ou si elle se prolonge dans le temps : on parle alors de **stress chronique***.

1 Conséquences du stress chronique sur le cerveau

■ La **résilience*** est la capacité d'un organisme à retrouver des conditions de fonctionnement durables après une perturbation. Dans le cas d'un stress intense ou prolongé, l'organisme s'adapte en réponse aux agents stresseurs, mais ses mécanismes physiologiques sont déréglés.

■ Certaines structures cérébrales peuvent être modifiées sous l'effet du stress chronique : le **système limbique*** (amygdale, hippocampe) et le **cortex préfrontal***. Ces structures interviennent dans les processus liés aux émotions, à la mémoire et aux **fonctions cognitives*** (raisonnement, comportement…).

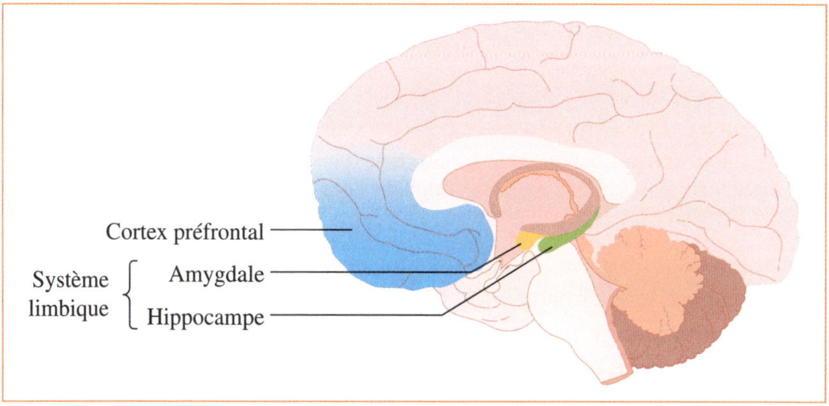

Figure 1 *Structures cérébrales affectées par le stress chronique*

Remarque

Les **effets du stress chronique sur le cerveau** sont étudiés de différentes manières. Dans le cadre d'expérimentations animales, on peut soumettre des lots d'animaux à des situations stressantes, stimuler ou léser certaines zones cérébrales, et comparer les résultats à des lots témoins. Chez l'humain, on a recours à l'**imagerie anatomique et fonctionnelle** (IRM, imagerie par résonance magnétique). On peut comparer des individus entre eux, en relation avec leur niveau de stress, mais aussi suivre l'évolution de leur cerveau sur plusieurs années.

■ La perception d'agents stresseurs a pour effet de libérer du cortisol dans le sang (*voir chapitre 19 : Stress aigu*). En cas de stress prolongé, le niveau sanguin de cortisol est donc élevé de façon continue. Or, l'hippocampe présente de nombreux récepteurs au cortisol. Chez l'animal, il a été montré qu'un stress chronique provoque une dégénérescence de l'hippocampe. En effet, quelques semaines d'exposition à un stress intense, ou à un niveau élevé constant de cortisol sanguin, suffisent à contribuer à la diminution du nombre de neurones et à affecter le processus de formation des nouvelles **synapses***, compromettant ainsi la **plasticité cérébrale***.

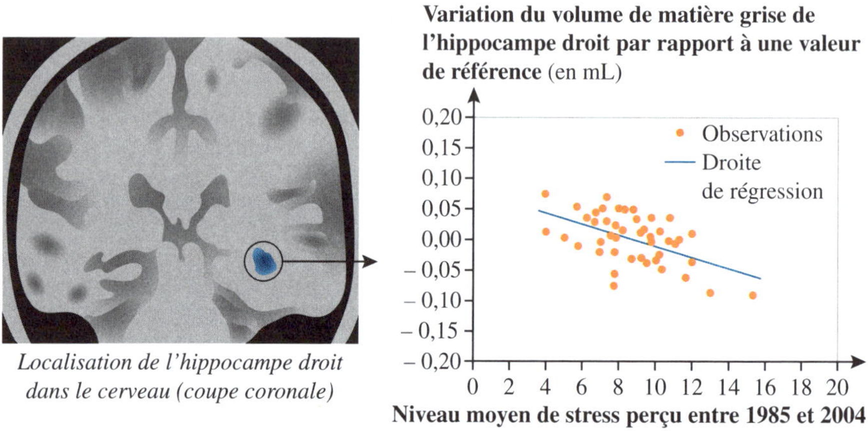

Localisation de l'hippocampe droit dans le cerveau (coupe coronale)

Source : Gianaros et al.*, 2007*

Figure 2 *Lien entre le stress chronique et le volume de l'hippocampe*

Étude menée sur 48 femmes en bonne santé, sur la base d'un questionnaire standardisé d'évaluation du stress. La matière grise contient les corps cellulaires des neurones. Les valeurs sont « ajustées » selon l'âge et le volume total de matière grise.

■ Ces modifications de structure et de fonctionnement de zones cérébrales constituent une forme de plasticité cérébrale dite mal-adaptative : les dérèglements engendrés par le stress chronique se traduisent ainsi par diverses pathologies. En particulier, l'**anxiété*** liée au stress chronique peut s'accompagner de troubles de l'attention et de la mémoire, ainsi que d'une diminution des performances cognitives (capacité à raisonner, s'exprimer et agir).

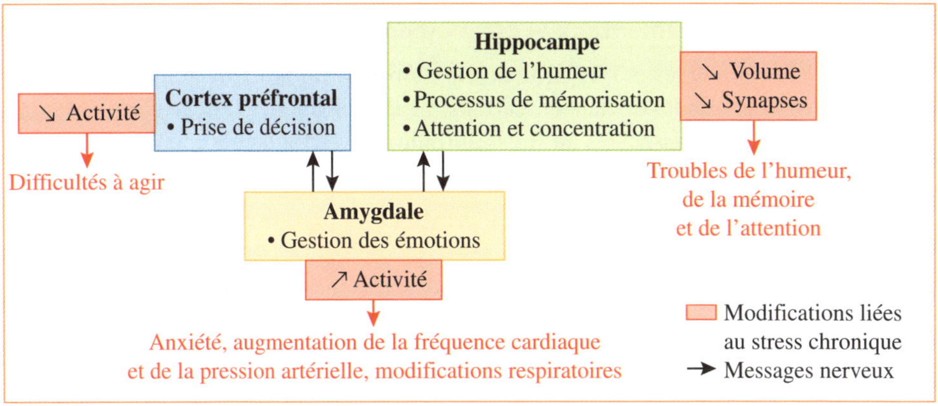

Figure 3 *Pathologies liées au stress chronique*

2 Traitement du stress chronique

A. Prévention et remèdes non médicamenteux

■ La solution la plus évidente pour remédier au stress chronique est d'identifier précisément les agents stresseurs afin de les supprimer de l'environnement de l'individu, ou de limiter leur action (durée, intensité). Cela n'est pas toujours possible immédiatement.

■ Pour de multiples raisons (facteurs génétiques, histoire personnelle...), chaque individu réagit différemment face aux agents stresseurs. Ainsi, dans une même situation, les mécanismes de réponse au stress d'un individu pourront suffire à la résilience, tandis qu'un autre individu subira des perturbations durables et nuisibles pour sa santé.

■ Certaines pratiques sont susceptibles de limiter les dérèglements et de favoriser la résilience du système : une bonne gestion du sommeil (nombre d'heures suffisant et régularité), des efforts physiques modérés, des exercices de contrôle de la respiration et de détente musculaire qui doivent être encadrés par des professionnels (sophrologie, yoga...). Dans le cadre de la vie quotidienne, ces pratiques ont un effet calmant et permettent une meilleure gestion du stress.

Remarque

Comme pour les médicaments, l'**évaluation de l'efficacité des pratiques alternatives** doit s'appuyer sur des **méthodes scientifiques rigoureuses**, bien que cela soit plus délicat. Des études qualitatives portant sur un nombre suffisant de patients pourraient permettre de tester les effets à court et long terme, par le traitement des données grâce à des outils statistiques.

Figure 4 *Des exercices permettent la gestion du stress à l'approche des examens*

B. Traitement médicamenteux et effets secondaires

■ Si les bonnes pratiques et l'hygiène de vie globale d'un individu sont insuffisantes à maintenir sa santé hors de danger, certains médicaments peuvent être utilisés pour traiter les pathologies associées au stress chronique. L'effet de ces médicaments vise à favoriser la résilience en agissant sur le système nerveux.

■ En cas d'anxiété, des benzodiazépines peuvent être prescrites. Ces molécules sont capables de se fixer sur les récepteurs à **GABA*** (acide γ-aminobutyrique, un neurotransmetteur inhibiteur) de la membrane plasmique des neurones, au niveau des synapses. De cette manière, les benzodiazépines favorisent l'entrée d'ions chlorure (Cl^-) et inhibent ainsi, par **hyperpolarisation***, certains neurones impliqués dans les troubles nerveux liés au stress chronique. Les benzodiazépines peuvent aider à réduire l'anxiété (effet **anxiolytique***) et faciliter le sommeil en agissant sur le cerveau (amygdale, hippocampe). Ces molécules agissent également au niveau des **motoneurones*** (neurones moteurs) de la moelle épinière et peuvent donc être utilisés comme relaxant musculaire (myorelaxant).

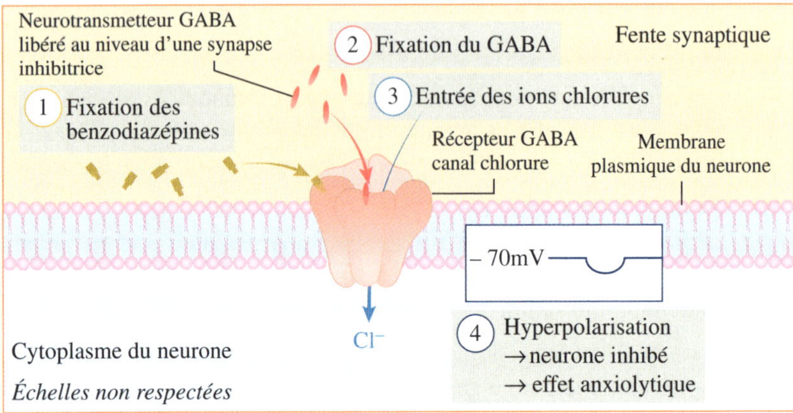

Figure 5 *Action des benzodiazépines au niveau d'un neurone impliqué dans les troubles liés au stress chronique*

Les benzodiazépines augmentent l'effet du GABA en se fixant sur un récepteur associé à un canal chlorure.

■ Les effets secondaires des benzodiazépines peuvent cependant affecter la vie quotidienne des patients (risque de **dépendance***, troubles de l'attention, sédation, c'est-à-dire baisse de vigilance excessive). Ainsi, l'obtention de ces médicaments exige une ordonnance médicale et le protocole thérapeutique doit être suivi rigoureusement. Un usage occasionnel ou de courte durée est recommandé.

Remarque

Très souvent, les molécules médicamenteuses peuvent agir sur le cerveau car elles interagissent avec les sites d'action de molécules produites par le cerveau lui-même. En effet, des études récentes ont montré que des benzodiazépines endogènes seraient produites par les **cellules gliales***.

ORIGINES, CONSÉQUENCES ET TRAITEMENTS DU STRESS CHRONIQUE

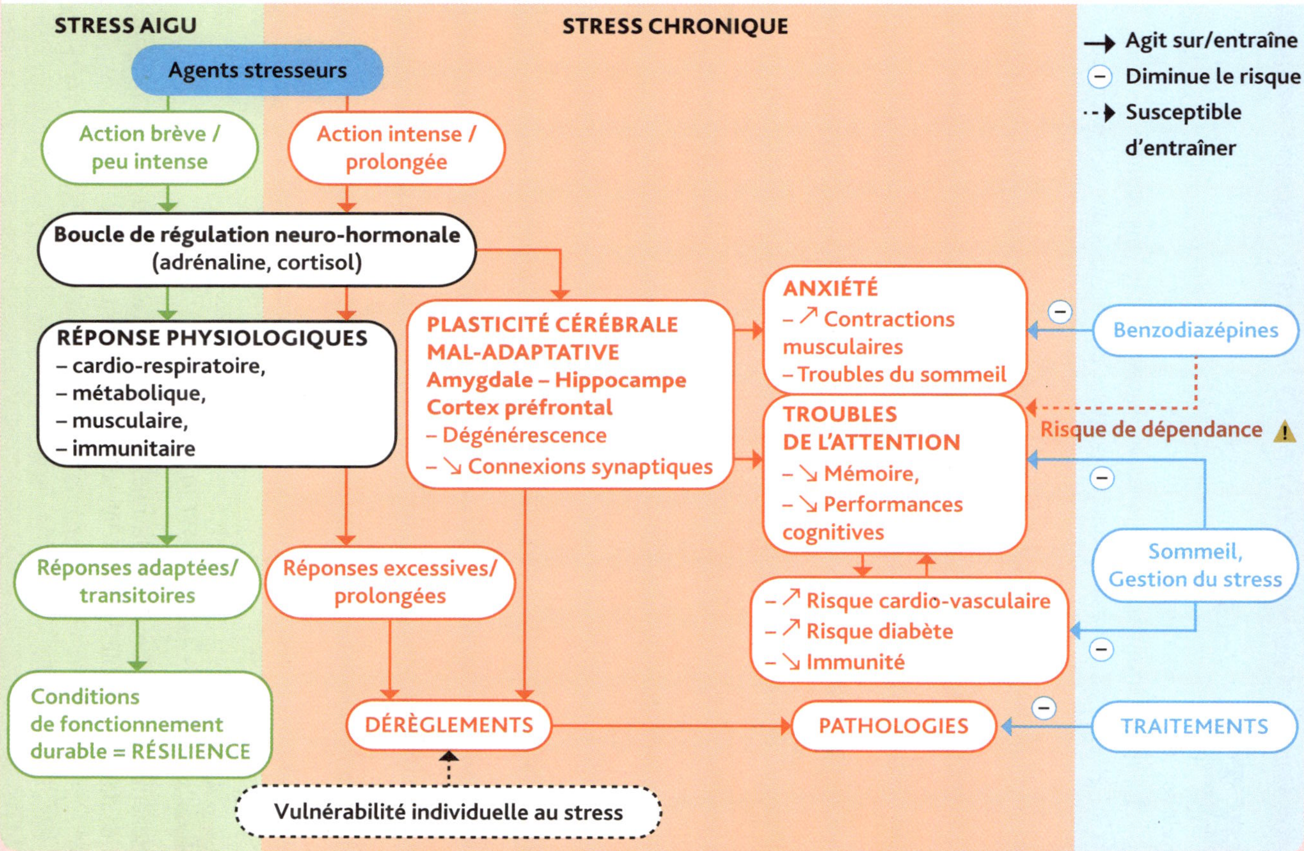

EXERCICES

Connaître le cours

1 2 min ★ Vrai ou faux ?

Relever la (ou les) affirmation(s) exacte(s).

a) « Le stress chronique a un impact sur la santé sur le long terme. »

b) « Les effets du stress chronique peuvent être apaisés par des exercices respiratoires. »

c) « Sous l'effet du stress chronique, le volume de l'hippocampe augmente. »

d) « Le stress chronique peut affecter le processus de formation des nouvelles synapses. »

→ Corrigé p. 401

2 2 min ★ Vrai ou faux ?

Relever la (ou les) affirmation(s) exacte(s).

a) « Les benzodiazépines sont des médicaments sans danger. »

b) « Les benzodiazépines sont des neurotransmetteurs inhibiteurs. »

c) « Le GABA est un neurotransmetteur inhibiteur. »

d) « Les benzodiazépines favorisent la naissance de potentiels d'action dans les neurones. »

→ Corrigé p. 401

3 10 min ★★ Restitution de connaissances

Expliquer comment le stress chronique peut affecter la plasticité cérébrale au niveau de l'hippocampe.

→ Corrigé p. 401

4 15 min ★★ Schématiser le cours

Schématiser l'action des médicaments de type benzodiazépines sur un neurone impliqué dans les troubles anxieux liés au stress chronique.

→ Corrigé p. 401

S'entraîner

5 30 min ★★★ Effets du stress sur le cerveau

Les effets du stress ont été étudiés à partir d'expérimentations sur l'hippocampe, une région du cerveau impliquée dans le processus de mémorisation et appartenant au système limbique.

Document 1 : Expression des gènes Ntrk2 et Arc

- Gène Ntrk2 : code une protéine impliquée dans la survie, la prolifération, la migration et la différenciation des cellules nerveuses, ainsi que dans la formation des synapses.
- Gène Arc : code une protéine agissant sur le fonctionnement des synapses.

L'intensité de l'expression de ces gènes a été mesurée dans l'hippocampe de souris soumises à un stress d'immobilisation durant plusieurs jours. D'autres n'ont pas été soumises à un stress et constituent les mesures témoin.

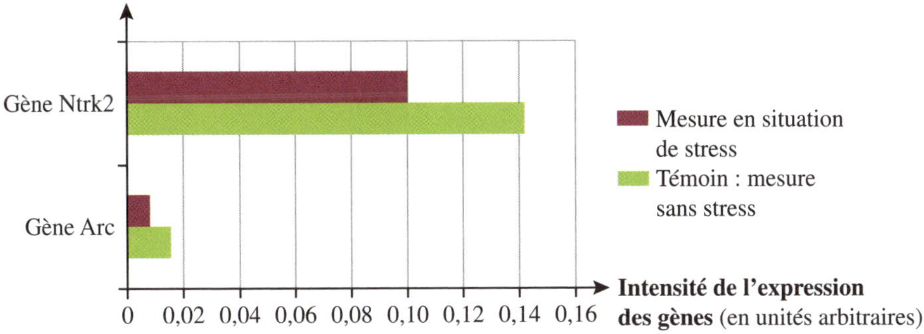

Source : Randesi et al.*, 2018*

Effet du stress sur l'expression de deux gènes dans l'hippocampe

Les différences observées entre la situation témoin et la situation de stress sont significatives.

Document 2 : Stress et plasticité cérébrale

La plasticité cérébrale désigne la capacité du cerveau à réorganiser ses réseaux de neurones durant le développement et au cours des apprentissages. La plasticité cérébrale implique notamment la formation de nouveaux neurones et de nouvelles connexions entre ceux-ci. La possibilité de connexions nerveuses dépend de la quantité de ramifications dendritiques des neurones.

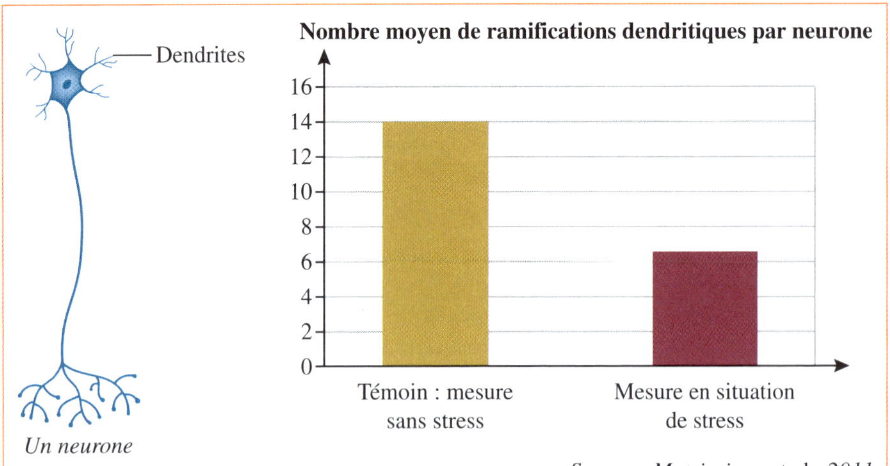

Source : Matrisciano et al., *2011*

Effet du stress sur les ramifications dendritiques dans l'hippocampe

Les différences observées entre les deux situations sont significatives.

1. À l'aide des documents, expliquer comment le stress peut affecter la plasticité cérébrale.

2. À l'aide des connaissances, expliquer en quoi les effets du stress sur la plasticité cérébrale peuvent avoir des conséquences sur les capacités cognitives.

→ Corrigé p. 402

CORRIGÉS

1 → *Énoncé p. 398*

Les affirmation exactes sont a), b) et d).

Conseils

Au baccalauréat, veiller à **respecter les consignes des énoncés**.
Si un schéma est demandé, ne pas répondre par un texte.
Cependant, **il est toujours possible de placer un schéma dans l'exposé**, même si cela n'est pas demandé.

2 → *Énoncé p. 398*

L'affirmation exacte est c).

3 → *Énoncé p. 398*

L'hippocampe est une structure cérébrale appartenant au système limbique. Il présente des récepteurs au cortisol, une hormone libérée dans le sang en cas de stress. Lorsque le stress est prolongé, une dégénérescence de l'hippocampe a été constatée : son volume diminue (il y a moins de neurones) et le processus de formation de nouvelles synapses est affecté. Or, la plasticité cérébrale correspond à la capacité de réorganisation des réseaux de neurones du cerveau. Ainsi, le stress chronique nuit à la plasticité cérébrale au niveau de l'hippocampe.

4 → *Énoncé p. 398*

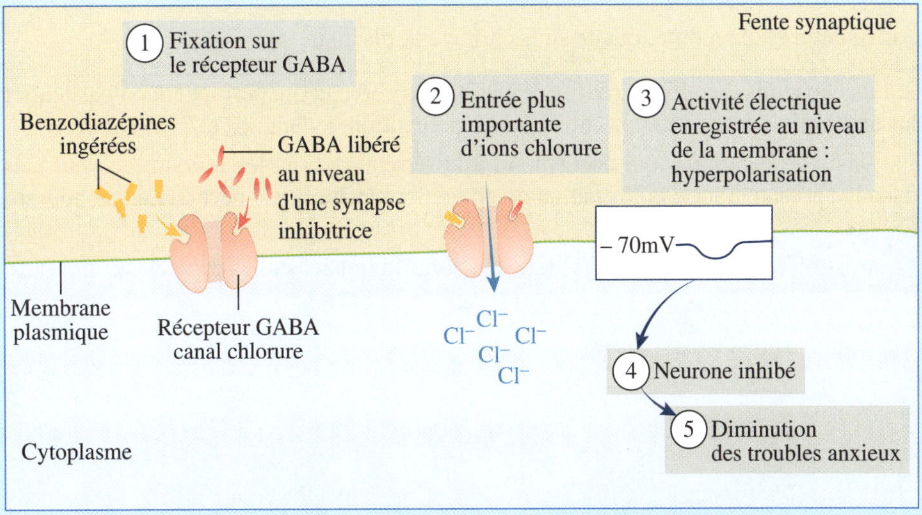

Action anxiolytique des médicaments de type benzodiazépines sur un neurone impliqué dans les troubles liés au stress chronique

5 → *Énoncé p. 399*

Méthode

Utiliser des **connecteurs logiques** (donc, ainsi, or…) pour mettre en relation les différentes informations issues de l'analyse des documents.

1. Étude du document 1

On a mesuré l'intensité de l'expression de deux gènes dans l'hippocampe de deux lots de souris, dont l'un était soumis à un stress durant plusieurs jours. Les résultats expérimentaux montrent que le stress diminue l'intensité de l'expression des gènes Ntrk2 (1,4 fois moins importante par rapport au lot témoin) et Arc (2 fois moins importante par rapport au lot témoin). Les protéines issues de l'expression de ces deux gènes seront donc moins produites.

Or, ces protéines sont impliquées dans les processus en lien avec la survie, la prolifération, la migration et la différenciation des neurones, la formation et le fonctionnement des synapses (connexions entre les neurones). Ainsi, ces processus sont affectés.

La plasticité cérébrale implique notamment la formation de nouveaux neurones et de nouvelles connexions entre ceux-ci, grâce à des synapses. Le stress affecte donc la plasticité cérébrale.

Étude du document 2

La possibilité d'établir des synapses dépend également de la quantité de ramifications dendritiques des neurones.

Or, l'étude sur les souris montre que celles soumises au stress présentent un nombre moyen de ramifications dendritiques par neurone plus de deux fois inférieur par rapport aux souris témoins (6,2 contre 14). Les neurones de l'hippocampe des souris stressées peuvent donc établir moins de synapses.

Ainsi, cette étude montre que le stress affecte la plasticité cérébrale.

2. Les capacités cognitives sont les capacités du cerveau qui permettent en particulier les apprentissages, en faisant intervenir la perception, le langage et la mémoire.

La plasticité cérébrale, qui correspond à la réorganisation des réseaux de neurones dans le cerveau grâce à la formation de nouvelles synapses, est nécessaire aux apprentissages.

Le stress affecte la plasticité cérébrale et a donc un impact sur les capacités cognitives.

LEXIQUE

A

Acétylcholine
Neurotransmetteur libéré par les motoneurones au niveau des synapses neuromusculaires, et provoquant la contraction des cellules musculaires.

Adaptabilité
Faculté de s'adapter.

Addiction
Dépendance à une substance ou une activité, avec des conséquences néfastes.

ADN
Acide désoxyribonucléique, support de l'information génétique chez les êtres vivants.

Aérobie
En présence de dioxygène.

Agent stresseur
Perturbation de l'environnement d'un organisme à l'origine du stress.

Agronomie
Science qui étudie les procédés liés aux pratiques agricoles

Aire motrice primaire
Aire cérébrale commandant la contraction des muscles dans la réalisation des mouvements.

Aire motrice supplémentaire
Aire cérébrale impliquée dans la planification et l'organisation du mouvement.

Aire prémotrice
Aire cérébrale impliquée dans la planification et l'organisation du mouvement.

Albédo
Pouvoir réfléchissant d'une surface correspondant au rapport de l'énergie lumineuse réfléchie sur l'énergie lumineuse reçue.

Allèle
Version d'un gène, caractérisée par sa séquence légèrement différente des autres allèles du même gène.

Allèles codominants
Versions d'un même gène, dont l'expression conjointe, chez un individu hétérozygote, produit un phénotype intermédiaire.

Allèle dominant
Version d'un gène dont l'expression est apparente au niveau du phénotype et masque celle d'un autre allèle du même gène si l'individu est hétérozygote pour ce gène.

Allèle récessif
Version d'un gène dont l'expression n'est apparente au niveau du phénotype que si l'individu est homozygote pour ce gène.

Anaérobie
Sans dioxygène.

Angiosperme
Plante à fleurs.

Antibiotique
Substance capable de détruire certaines bactéries ou d'empêcher leur multiplication.

Anxiété
Trouble psychique causé par l'anticipation excessive de difficultés ou de dangers.

Anxiolytique
Se dit d'un médicament aidant à lutter contre les troubles anxieux.

Arborisation terminale
Extrémité d'un neurone où se trouvent les boutons (terminaisons) synaptiques pour la transmission des messages nerveux.

Arbre phylogénétique
Figure représentant les relations de parenté entre des espèces.

Arc réflexe
Circuit emprunté par les messages nerveux, de la réception d'un stimulus à la réponse involontaire.

Archées
Micro-organismes unicellulaires procaryotes qui se distinguent des bactéries aux niveaux génétique et métabolique.

ARN
Acide ribonucléique.

ARN ribosomique
ARN qui constitue les ribosomes (sites d'assemblage des acides aminés lors de la traduction).

Asexuée (reproduction)
Voir *Reproduction asexuée*.

ATP
Molécule dont l'hydrolyse en ADP + Pi libère de l'énergie chimique utilisable par les cellules.

Autofécondation
Chez les Angiospermes, la fécondation des gamètes femelles par les gamètes mâles de la même fleur.

Avantage sélectif
Caractère héréditaire permettant à un être vivant de mieux survivre et/ou de se reproduire plus que les autres individus de son espèce dans un milieu donné.

Axone
Prolongement unique d'un neurone (fibre nerveuse), le long duquel se propagent les messages nerveux, du corps cellulaire vers l'arborisation terminale.

B

Biodiversité
Variété des formes de vie sur Terre aux différentes échelles : écosystèmes, espèces et gènes.

Biotechnologies
Techniques dans lesquelles l'être humain utilise et modifie les organismes vivants à son profit (recherche, production d'aliments, médecine...).

Brassage génétique
Recombinaison des associations d'allèles au cours de la reproduction sexuée (méiose et fécondation).

Brassage interchromosomique
Brassage génétique qui résulte de la migration indépendante et aléatoire des différentes paires des chromosomes homologues au cours de l'anaphase de la première division de méiose d'une cellule diploïde.

Brassage intrachromosomique
Brassage génétique qui résulte des échanges de portions de chromatides (*crossing-over*) entre les chromosomes homologues d'une même paire, au cours de la prophase de la première division de méiose.

C

Canal ionique
Ensemble de protéines associées à la membrane plasmique d'une cellule et permettant le passage d'ions entre les milieux intra et extracellulaires, par exemple le canal calcique.

Cancer
Maladie caractérisée par la prolifération anormale et incontrôlée de cellules, formant alors des tumeurs, susceptibles de s'implanter dans différentes parties du corps.

Caryotype
Ensemble des chromosomes d'une cellule. Un caryotype se caractérise par le nombre de chromosomes et la ploïdie (nombre de lots de chromosomes).

Ceinture orogénique
Chaîne de montagnes (anciennes ou actuelles).

Cellules gliales
Cellules formant l'environnement des neurones dans le cerveau.

Centre nerveux
Structure regroupant des corps cellulaires de neurones (substance grise du cerveau et de la moelle épinière).

Chaîne photosynthétique
Ensemble de protéines de la membrane des thylakoïdes participant aux réactions de la phase photochimique de la photosynthèse.

Chaine respiratoire mitochondriale
Ensemble de protéines de la membrane interne des mitochondries participant à la réoxydation des composés réduits dans le cadre de la respiration cellulaire.

Changement climatique
Augmentation de la température moyenne de surface de notre planète à cause des activités humaines. Synonyme : réchauffement climatique.

Chimiosynthèse
Synthèse de substances organiques grâce à une source d'énergie chimique.

Chloroplaste
Organite impliqué dans la photosynthèse.

Chromatide
Une chromatide contient une molécule d'ADN. La duplication d'un chromosome (réplication de l'ADN) aboutit à la formation d'une deuxième chromatide.

Chromosome
Chez les cellules eucaryotes, structure formée par une molécule d'ADN associée à des protéines. Chez les Bactéries, molécule d'ADN circulaire.

Chromosomes homologues
Chromosomes qui portent les mêmes gènes à la même position. Chez les espèces diploïdes, les chromosomes homologues forment des paires.

Chronologie absolue
Méthode s'appuyant sur la décroissance radioactive permettant de fournir un âge absolu et de mesurer la durée de phénomènes géologiques.

Chronologie relative
Méthode permettant d'ordonner les événements géologiques ou biologiques, les uns par rapport aux autres, sans précision d'âge.

Chronomètre
En radioactivité, couple formé par un élément père radioactif et un élément fils radiogénique, permettant la datation absolue de phénomènes géologiques ou biologiques.

Circuit de la récompense
Ensemble de neurones du cerveau dont l'activation entraîne une sensation de plaisir.

Clone
Ensemble des cellules issues des divisions d'une cellule souche.

Coévolution
Évolution conjointe de deux espèces en relation l'une avec l'autre.

Composé réduit
Molécule présente dans les cellules et jouant le rôle de transporteur d'électrons, par exemple NADH, H^+.

Conjugaison
Transfert d'ADN d'une bactérie à une autre par contact direct et formation d'un « pont » cytoplasmique.

Cortex moteur
Ensemble des aires cérébrales concourant à la réalisation d'un mouvement. Il comprend l'aire motrice primaire, l'aire prémotrice et l'aire motrice supplémentaire.

Cortex pariétal
Région cérébrale impliquée dans l'élaboration des intentions de mouvements.

Cortex préfrontal
Région située à l'avant du cerveau, siège de fonctions cognitives telles que le langage et le raisonnement.

Croisement-test
En génétique, croisement d'un individu avec un homozygote récessif pour tous les gènes étudiés. Synonyme : *test-cross*.

Crossing-over
Échange de portions de chromatides entre les chromosomes homologues d'une même paire au cours de la prophase de la première division de méiose.

Crossing-over inégal
Mauvais appariement d'une paire de chromosomes homologues, menant à un échange non réciproque de portions de chromatides et pouvant entraîner une duplication génique.

Cycle de Krebs
Ensemble de réactions métaboliques organisées en un cycle où le pyruvate est dégradé, conduisant à la production de CO_2 et de composés réduits (NADH, H^+). Se déroule dans le cadre de la respiration cellulaire.

Cytosquelette
Réseau complexe de filaments protéiques à l'intérieur d'une cellule et qui la structure.

D

Délétion
Perte d'une ou plusieurs paires de nucléotides dans une séquence d'ADN.

Dépendance
Besoin irrépressible de consommer une substance ou d'exercer une activité. Synonyme : addiction.

Dépolarisation
Inversion transitoire de la polarité de la membrane plasmique.

Dérive génétique
Variation aléatoire des fréquences alléliques au cours des générations dans les populations de taille finie.

Diabète
Maladie caractérisée par une hyperglycémie chronique.

Diagramme pollinique
Figure représentant l'abondance des pollens/spores de différentes espèces au cours du temps dans un endroit donné.

Diploïde
Cellule ou organisme qui possède deux lots de chromosomes homologues.

Diversité allélique
Mesure de la variation génétique dans une population par le nombre d'allèles différents pour une séquence d'ADN donnée.

Diversité génétique
Mesure de la variation génétique au sein d'une espèce.

Dominance
Voir *Allèle dominant*.

Duplication génique
Apparition de deux copies d'un même gène sur un chromosome, suite à un *crossing-over* inégal.

E

Effet de serre
Processus naturel d'augmentation de la température d'une planète par la présence de certains gaz (gaz à effet de serre) dans l'atmosphère.

Effet fondateur
Processus qui explique que la composition génétique d'un groupe ayant quitté une population puisse différer fortement de celui de sa population d'origine, en raison de la taille réduite de ce groupe.

Embryon
Désigne un organisme en développement, de la fécondation jusqu'à la formation de l'ensemble des organes.

Encéphale
Structure du système nerveux constituée du cerveau, du cervelet, du tronc cérébral et du bulbe rachidien.

Endocrine
Qualifie une cellule ou une glande qui libère des substances directement dans le sang.

Endosymbiose
Forme de symbiose où l'un des organismes est contenu dans l'autre.

Enzymes
Protéines accélérant les réactions métaboliques (biocatalyseurs).

Espèce
Groupe d'individus génétiquement isolés, au sein duquel peut se réaliser la reproduction sexuée.

Étamine
Organe mâle de la fleur d'Angiosperme, formé par anthère (où est produit le pollen) et filet.

Eucaryote
Se dit d'une cellule qui possède de nombreux organites et un noyau contenant l'ADN. Se dit également d'un organisme présentant de telles cellules.

Exhumation
En géologie, retour à la surface de roches par des mouvements tectoniques.

F

Faisceau musculaire
Ensemble de fibres musculaires.

Famille multigénique
Ensemble de gènes présentant des séquences ressemblantes, car issus de duplications à partir d'un gène ancestral au cours de l'évolution.

Fécondation
Fusion d'un gamète mâle et d'un gamète femelle aboutissant à un zygote.

Fermentation lactique
Réaction métabolique anaérobie conduisant à la production d'ATP et d'acide lactique.

Fibre musculaire
Cellule constitutive du muscle aussi nommée cellule musculaire striée.

Fibre nerveuse
Prolongement cytoplasmique d'un neurone, le long duquel se propagent les messages nerveux.

Fleur
Organe reproducteur des Angiospermes (plantes à fleurs).

Flux génétique
Échange d'allèles entre différentes populations en raison de la migration d'individus fertiles ou de leurs gamètes.

Fonctions cognitives
Capacités du cerveau en lien avec des processus mentaux tels que le langage, le raisonnement, la prise de décision...

Fossile stratigraphique
Fossile caractéristique d'une période géologique, utilisé en chronologie relative.

Fréquence allélique
Proportion d'un allèle donné pour un gène donné dans une population.

Fruit
Résultat de la transformation de l'ovaire d'une fleur, suite à la fécondation des ovules, devenus alors des graines.

Fuseau neuromusculaire
Cellules musculaires différenciées en récepteur sensible à l'étirement, en lien avec l'extrémité d'un neurone sensitif.

G

GABA
Acide γ-aminobutyrique, neurotransmetteur inhibiteur.

Gamète
Cellule reproductrice haploïde issue de la méiose (spermatozoïde, ovule).

Ganglion rachidien ou spinal
Structure située au niveau de la racine dorsale d'un nerf rachidien, et contenant les corps cellulaires des neurones sensitifs.

Gène
Séquence d'ADN codant pour une ou plusieurs protéines, intervenant dans la détermination d'un ou plusieurs caractères héréditaires.

Gènes indépendants
Gènes portés par des paires de chromosomes différentes (pour une cellule diploïde).

Gènes liés
Gènes portés par la même paire de chromosomes (pour une cellule diploïde).

Génome
Ensemble du matériel génétique d'un être vivant ou d'un virus.

Glucagon
Hormone sécrétée par les cellules du pancréas, ayant pour effet une hausse de la glycémie.

Glycémie
Concentration sanguine de glucose.

Glycogène
Polymère du glucose, forme de stockage glucidique dans le foie et les muscles.

Glycolyse
Réaction d'oxydation du glucose en pyruvate qui se déroule dans le cytoplasme.

Graine
Chez les Angiospermes, structure constituée de l'embryon d'une future plante, protégé par une enveloppe résistante, et contenue dans le fruit.

H

Haploïde
Cellule ou organisme qui ne possède qu'un lot de chromosomes.

Hérédité cytoplasmique
Transmission des caractères héréditaires par l'ADN des plasmides ou des organites (mitochondries, chloroplastes).

Hormone
Molécule synthétisée par un organe endocrine, libérée dans le sang et agissant à distance sur un organe cible possédant des récepteurs à cette hormone. Le fonctionnement de l'organe cible est modifié en réponse à l'hormone.

Hyaloplasme
Fraction liquide du cytoplasme. Hyaloplasme + organites = cytoplasme.

Hybridation
Croisement par reproduction sexuée entre deux variétés ou deux espèces différentes.

Hydrolyse
Rupture d'une liaison chimique en présence d'eau.

Hyperglycémiant
Qui contribue à l'augmentation de la glycémie.

Hyperglycémie
Concentration sanguine de glucose supérieure à la valeur de référence d'environ $1\ g \cdot L^{-1}$.

Hyperpolarisation
On parle d'hyperpolarisation lorsque le potentiel membranaire de repos d'une cellule devient plus négatif.

Hypoglycémiant
Qui contribue la diminution de la glycémie.

Hypoglycémie
Concentration sanguine de glucose inférieure à la valeur de référence d'environ $1\ g \cdot L^{-1}$.

I

Inflorescence
Disposition des fleurs sur la tige d'une plante.

Insertion
Mutation ponctuelle qui correspond à l'ajout d'un ou plusieurs nucléotides dans une séquence d'ADN.

Insuline
Hormone sécrétée par les cellules du pancréas, ayant pour effet une baisse de la glycémie.

Insulinodépendant
Se dit d'un diabète qui peut être traité par la prise d'insuline pour pallier la déficience de la sécrétion de cette hormone.

Insulinorésistant
Se dit d'un tissu cible sur lequel l'insuline ne fait plus effet.

J

Jonction neuromusculaire
Zone de synapse entre un neurone moteur et une cellule musculaire. Synonyme : plaque motrice.

L

Lignée germinale
Ensemble de cellules formées par les gamètes, les cellules-souches des gamètes et tous les stades de formation intermédiaires.

Lignée pure
En génétique, désigne les individus homozygotes pour les gènes étudiés.

M

Maladie auto-immune
Pathologie liée à un dysfonctionnement du système immunitaire, qui détruit les propres cellules de l'organisme.

Marge passive
Zone de transition sans sismicité entre la croûte continentale et la croûte océanique.

Matrice extra-cellulaire
Réseau de molécules entre les cellules des organismes pluricellulaires.

Méiose
Suite de deux divisions cellulaires qui aboutit à quatre cellules haploïdes à partir d'une cellule diploïde.

Méristème
Groupe de cellules végétales indifférenciées (cellules souches) ayant la capacité de se diviser un nombre indéfini de fois, et participant à la mise en place des tissus et des organes.

Métabolisme
Ensemble des réactions chimiques catalysées par des enzymes se déroulant à l'intérieur d'un être vivant.

Métazoaires
Ensemble des animaux.

Microbiote
Ensemble des micro-organismes symbiotiques d'un être vivant.

Microbiote intestinal
Ensemble des micro-organismes symbiotiques qui vivent dans l'intestin.

Microsatellites
Courtes séquences d'ADN répétées, que l'on trouve dans la plupart des génomes, le nombre de répétitions variant d'un individu à l'autre dans une espèce donnée.

Mitochondrie
Organite siège de la respiration cellulaire (production d'ATP).

Mitose
Division d'une cellule eucaryote, avec partage égal de l'information génétique entre les deux cellules-filles.

Moelle épinière
Centre nerveux situé dans le prolongement de l'encéphale et contenu dans la colonne vertébrale.

Molécule exogène
Molécule provenant de l'extérieur de l'organisme (alcool, médicaments, drogues...).

Moraine
Relief formé par des amas de débris rocheux transportés par un glacier.

Motoneurone
Neurone directement connecté à un muscle et commandant sa contraction. Synonyme : neurone moteur.

Muscle strié squelettique
Muscle permettant la mise en mouvement du squelette d'un organisme. Il est formé d'un ensemble de faisceaux musculaires.

Muscles antagonistes
Couple de muscles formé par un muscle extenseur et un muscle fléchisseur au niveau d'une articulation.

Mutation ponctuelle
Modification de la séquence nucléotidique de l'ADN.

Mutualiste
Qualifie une interaction non durable à bénéfices réciproques.

Mycorhize
Symbiose entre les racines d'une plante et un champignon.

Myofibrille
Dans les cellules musculaires striées, longue fibre de cytosquelette ayant une capacité de contraction.

Myopathie
Maladie affectant les muscles.

N

Nerf
Structure constituée d'un ensemble de fibres nerveuses entourées de tissus de protection. Les nerfs relient les centres nerveux aux différentes parties du corps.

Neurone
Cellule nerveuse capable de générer, conduire et transmettre des messages nerveux de nature électrique.

Neurone moteur
Cellule nerveuse directement connectée à un muscle et commandant sa contraction. Synonyme : motoneurone.

Neurone sensitif
Cellule nerveuse conduisant les messages nerveux d'un récepteur sensoriel à un centre nerveux.

Neurotransmetteur
Molécule libérée par un neurone au niveau d'une synapse, et agissant au niveau d'un autre neurone (synapse neuro-neuronale) ou d'un effecteur, comme une cellule musculaire (synapse neuromusculaire).

O

Obduction
Chevauchement du domaine continental par la lithosphère océanique dans un contexte de convergence.

OGM
Organisme génétiquement modifié obtenu par transgénèse.

Ophiolites
Succession de roches appartenant à une portion de lithosphère océanique et charriée sur un continent lors d'un phénomène d'obduction.

Orogenèse
Ensemble des processus géologiques conduisant à la formation des chaînes de montagnes.

Ostiole
Au niveau de l'épiderme des feuilles, orifice délimité par deux cellules stomatiques, par lequel s'effectuent les échanges gazeux entre la plante et l'atmosphère.

Ovule
Gamète femelle haploïde, issu de la méiose.

Oxydation
Réaction chimique au cours de laquelle un ou plusieurs électrons sont libérés par une molécule.

P

Paramètres de Milanković
Paramètres orbitaux cycliques (excentricité, obliquité et précession des équinoxes) influençant le climat.

Parasite
Individu ou espèce qui vit obligatoirement en se nourrissant aux dépens de son hôte.

Parasitisme
Association durable où un parasite puise ses ressources dans l'hôte, sans contreparties.

Parenchyme chlorophyllien
Tissu foliaire impliqué dans la photosynthèse.

Période (ou demi-vie)
Pour un isotope radioactif, temps au bout duquel la moitié des noyaux pères initialement présents se sont désintégrés.

Période glaciaire
Période de vaste extension des calottes glaciaires.

Période interglaciaire
Période de faible extension des calottes glaciaires.

Phase chimique
Phase de la photosynthèse ne dépendant pas directement de la lumière et se déroulant dans le stroma des chloroplastes. Au cours de cette phase, le CO_2 est réduit conduisant à la formation de glucose et d'autres sucres solubles.

Phase photochimique
Phase de la photosynthèse dépendant directement de la lumière et se déroulant au niveau des thylakoïdes des chloroplastes. Au cours de cette phase, il y a conversion de l'énergie lumineuse en énergie chimique.

Phénotype
Ensemble des caractères d'un organisme, issu de l'expression de ses gènes.

Phénotype étendu
Ensemble formé par les caractères de l'organisme déterminés génétiquement et ceux issus du fonctionnement de l'organisme dans son milieu.

Phloème
Voir *Tissu du phloème*.

Photolyse de l'eau
Réaction d'oxydation de l'eau se déroulant au niveau de la chaîne photosynthétique de la membrane des thylakoïdes. Elle permet le retour à l'état initial de la chlorophylle *a* et conduit à une libération de dioxygène.

Photosynthèse
Ensemble des transformations chimiques réalisées par les organismes chlorophylliens permettant la production de matière organique (sucres) à partir de matière minérale, avec la lumière comme source d'énergie.

Photosystème
Ensemble formé par des protéines et des pigments se trouvant dans les membranes des thylakoïdes des chloroplastes et participant à la capture de l'énergie lumineuse nécessaire à la photosynthèse.

Phytomère
Unité d'organisation d'une tige composée d'un entre-nœud et d'un nœud avec une feuille et un bourgeon axillaire.

Pistil
Organe femelle de la fleur d'Angiosperme, formé par l'ovaire (contenant les ovules), le style et le stigmate.

Plante domestiquée
Espèce végétale cultivée, dont les caractéristiques sont transformées par les actions des êtres humains.

Plaque lithosphérique
Portion de lithosphère (croûte + partie rigide du manteau supérieur) qui se déplace sur l'asthénosphère, et aux frontières de laquelle sont observées des activités sismiques et/ou volcaniques.

Plaque motrice
Zone de synapse entre un neurone moteur et une cellule musculaire. Synonyme : jonction neuromusculaire.

Plasmide
Molécule d'ADN circulaire présente chez les bactéries et distincte de l'ADN chromosomique.

Plasticité cérébrale
Capacité du cerveau à modifier l'organisation des connexions neuronales en fonction des stimulations environnementales.

Ploïdie
Nombre de lots de chromosomes dans une cellule (un lot : cellule haploïde, deux lots : cellule diploïde, *etc.*).

Poil absorbant
Cellule racinaire spécialisée dans l'absorption de l'eau et des ions minéraux du sol.

Pollen
Ensemble de grains produits par les anthères des étamines de la fleur d'Angiosperme et contenant les gamètes mâles.

Pollinisateur
Animal qui transporte les grains de pollen des étamines d'une fleur au pistil d'une autre.

Pollinisation
Transport des grains de pollen jusqu'au pistil d'une fleur.

Polymorphisme
Existence, dans une population ou une espèce, de plusieurs allèles pour les gènes

qui distinguent les différents individus entre eux.

Polyploïde
Qualifie une cellule ou un être vivant qui possède plus de deux lots de chromosomes.

Pont d'union
Lien entre une tête de myosine et un filament d'actine.

Population
Ensemble d'individus d'une même espèce vivant dans un même milieu.

Potentiel d'action
Dépolarisation transitoire de la membrane plasmique d'un neurone. Ce signal stéréotypé correspond à la propagation d'un message nerveux.

Potentiel membranaire de repos
Différence de potentiel électrique entre les faces interne et externe de la membrane plasmique d'un neurone (environ -70 mV).

Principe d'actualisme
Principe selon lequel les processus passés sont les mêmes que les processus actuels.

Principe d'identité paléontologique
Principe de chronologie relative selon lequel deux couches contenant les mêmes fossiles stratigraphiques sont de même âge.

Principe d'inclusion
Principe de chronologie relative selon lequel toute roche, ou tout fragment de roche inclus dans une roche, est plus ancien que celle-ci.

Principe de continuité
Principe de chronologie relative selon lequel une strate est de même âge sur toute son étendue.

Principe de recoupement
Principe de chronologie relative selon lequel les strates sont plus anciennes que les failles ou les roches qui les recoupent.

Principe de superposition
Principe de chronologie relative selon lequel, de deux strates superposées, la strate supérieure est toujours la plus jeune (en l'absence de remaniements tectoniques).

Procaryote
Se dit d'un organisme constitué d'une seule cellule, qui ne possède pas d'organites et dont le matériel génétique n'est pas contenu dans un noyau.

R

Ravageur
Organisme qui détruit les plantes cultivées.

Récepteur membranaire
Protéine associée à la membrane plasmique d'une cellule et capable de se lier à des molécules (hormones, neurotransmetteurs).

Récepteur sensoriel
Structure cellulaire spécialisée, sensible à un type de stimulus précis (physique ou chimique) et en lien avec un neurone sensitif.

Récessivité
Voir *Allèle récessif*.

Réchauffement climatique
Augmentation de la température moyenne de surface de la Terre à cause des activités humaines. Synonyme : changement climatique.

Réduction
Réaction chimique au cours de laquelle un ou plusieurs électrons sont capturés par une molécule.

Réflexe
Mouvement involontaire stéréotypé en réponse à un stimulus.

Réflexe médullaire ou spinal
Réflexe dont le seul centre nerveux impliqué est la moelle épinière (il ne fait pas intervenir le cerveau).

Réflexe myotatique
Contraction réflexe d'un muscle en réponse à son propre étirement.

Réplication
Processus de copie de l'ADN d'une cellule qui précède une division cellulaire.

Reproduction asexuée
Mode de reproduction au cours de laquelle un individu donne naissance à d'autres individus génétiquement identiques, sans implication de gamètes.

Reproduction sexuée
Mode de reproduction faisant intervenir des gamètes haploïdes, issus de la méiose et réunis lors de la fécondation.

Réseau phylogénétique
Représentation des relations évolutives entre des espèces, tenant compte des transferts horizontaux de matériel génétique et des endosymbioses.

Résilience
Capacité d'un organisme à retrouver des conditions de fonctionnement durables après une perturbation.

Respiration cellulaire
Réaction métabolique aérobie conduisant à la production d'ATP.

Rétroaction
Action en retour.

Rétrocontrôle
Action de régulation de l'activité d'un organe par l'organe dont il stimule l'activité. Le rétrocontrôle peut être positif (stimulation) ou négatif (inhibition).

Rétrovirus
Virus dont le matériel génétique est constitué d'ARN.

Ribosome
Structure constituée de protéines et d'ARN ribosomique (ARNr). Il s'agit du site d'assemblage des acides aminés lors de la traduction.

Roche métamorphique
Roche provenant de la transformation d'une roche à l'état solide, sous l'effet de changement des conditions de pression et/ou de température.

S

Sarcomère
Dans une cellule musculaire, unité répétitive constituée de filaments d'actine et de myosine formant les myofibrilles.

Scissiparité
Mode de multiplication asexué qui consiste en une division binaire de la cellule.

Sélection artificielle
Processus de contrôle de la reproduction d'espèces domestiquées par l'être humain, permettant de choisir des caractères intéressants.

Sélection naturelle
Processus de variation de la fréquence de certains caractères et allèles au sein d'une population, lorsque ceux-ci confèrent un avantage aux individus qui les portent (survie et/ou reproduction).

Semences
Graines destinées à l'agriculture.

Semencier
Entreprise ou association qui a pour activité la production de semences pour l'agriculture.

Séquençage
Détermination de l'ordre d'enchaînement des nucléotides pour un fragment d'ADN ou le génome d'une espèce.

Séquence codante
Séquence du génome traduite en protéines au cours de l'expression génétique.

Séquence non codante
Séquence du génome non traduite en protéines.

Séquence nucléotidique
Ordre d'enchaînement des nucléotides dans une portion d'ADN ou d'ARN.

Service écosystémique
Service apporté par la biodiversité à l'espèce humaine.

Sève brute
Sève constituée d'eau et d'ions minéraux circulant dans les tissus du xylème.

Sève élaborée
Sève constituée d'eau et de sucres principalement, circulant dans les tissus du phloème.

Sexuée (reproduction)
Voir *Reproduction sexuée*.

Sommation
Intégration par un neurone des informations nerveuses reçues de différents neurones. On distingue la sommation temporelle et la sommation spatiale.

Sommation spatiale
Intégration par un neurone des informations nerveuses provenant de différents neurones à un même instant.

Sommation temporelle
Intégration par un neurone des informations nerveuses provenant d'un même neurone à différents instants.

Spéciation
Formation d'espèces nouvelles au cours de l'évolution.

Stimulus
Modification physique ou chimique détectable par un récepteur sensoriel.

Stomate
Au niveau de l'épiderme des feuilles, ensemble de deux cellules stomatiques délimitant un orifice (ostiole), par lequel s'effectuent les échanges gazeux entre la plante et l'atmosphère.

Strate
Couche géologique de nature sédimentaire.

Stratégie d'adaptation
Stratégie visant à réduire la vulnérabilité face aux effets du changement climatique actuel et à venir.

Stratégie d'atténuation
Stratégie visant à réduire les émissions de gaz à effet de serre et/ou à accroître le stockage des gaz à effet de serre (notamment le CO_2).

Stress
État de déséquilibre physiologique provoqué par des agents stresseurs. Désigne aussi la réponse d'un organisme soumis à ces agents stresseurs.

Stress aigu
Réponse normale d'un organisme soumis ponctuellement à des agents stresseurs.

Stress chronique
Réponse d'un organisme soumis à des agents stresseurs de façon répétée ou prolongée.

Stroma
Milieu intérieur des chloroplastes où se déroule la phase chimique de la photosynthèse.

Subduction
Enfoncement de la lithosphère dans l'asthénosphère sous-jacente.

Substance grise
Partie d'un centre nerveux qui contient les corps cellulaires des neurones.

Substitution
Remplacement d'une paire de nucléotides par une autre dans une séquence d'ADN.

Symbiose
Association durable à bénéfices réciproques entre deux êtres vivants.

Symbiote
Membre d'une association symbiotique.

Synapse
Zone de transmission de l'information nerveuse entre la terminaison axonique d'un neurone et le corps cellulaire d'un autre neurone ou un effecteur (ex : muscle).

Système limbique
Ensemble de structures du cerveau, dont l'amygdale et l'hippocampe, intervenant dans le comportement et les émotions

T

Thylakoïde
Compartiment membranaire à l'intérieur des chloroplastes où se déroule la phase photochimique de la photosynthèse.

Tissu du phloème
Tissu conducteur d'une plante transportant la sève élaborée.

Tissu du xylème
Tissu conducteur d'une plante transportant la sève brute.

Totipotence
Capacité d'une cellule à se différencier en tous les types cellulaires.

Transfert horizontal
Échange de matériel génétique hors de la reproduction.

Transfert vertical
Transmission de matériel génétique de génération en génération au cours de la reproduction.

Transformation
Transfert d'ADN étranger à une cellule receveuse (ex : transformation bactérienne).

Transgénèse
Introduction artificielle d'un gène étranger dans le génome d'un être vivant, cette technique est réalisée au stade embryonnaire.

Transgénique
Se dit d'un organisme issu d'une transgénèse, qui correspond à l'introduction d'un gène étranger dans le génome.

Tumeur
Amas de cellules causé par une multiplication excessive de celles-ci. Chez les animaux, une tumeur peut devenir cancéreuse si les cellules mutées se divisent de manière incontrôlée et envahissent différents organes.

V

Variété
Population de plantes d'une espèce cultivée donnée, qui a été sélectionnée pour des caractères distinctifs définis et stables au cours des générations.

Vecteur
Agent responsable d'un transfert d'un organisme à un autre, par exemple un animal vecteur d'une maladie humaine ou un virus transférant son ADN dans le génome d'une cellule infectée.

Virulence
Capacité à être pathogène pour un agent infectieux, liée à la capacité à se développer dans l'organisme infecté.

Virus
Particule constituée de matériel génétique (ADN ou ARN) entouré d'une enveloppe. Un virus est un parasite des cellules qu'il infecte et dans lesquelles il se multiplie.

X

Xylème
Voir *Tissu du xylème*.